2019
四川调查年鉴
SICHUAN SURVEY YEARBOOK

国家统计局四川调查总队　编
Compiled by Survey Office of the National Bureau of Statistics in Sichuan

图书在版编目（CIP）数据

四川调查年鉴. 2019 / 国家统计局四川调查总队编.
-- 北京 : 中国统计出版社, 2019.9
ISBN 978-7-5037-8909-0

Ⅰ. ①四… Ⅱ. ①国… Ⅲ. ①统计资料－四川－2019－年鉴 Ⅳ. ①C832.71-54

中国版本图书馆 CIP 数据核字（2019）第 173100 号

四川调查年鉴-2019

作　　者 / 国家统计局四川调查总队
责任编辑 / 李　冲　张　洁
装帧设计 / 李雪燕
出版发行 / 中国统计出版社
通信地址 / 北京市丰台区西三环南路甲 6 号　邮政编码 / 100073
电　　话 / 邮购（010）63376909　书店（010）68783171
网　　址 / http://www.zgtjcbs.com/
印　　刷 / 河北鑫兆源印刷有限公司
经　　销 / 新华书店
开　　本 / 880mm×1230mm　1/16
字　　数 / 550 千字
印　　张 / 20　2.25 彩页
版　　别 / 2019 年 9 月第 1 版
版　　次 / 2019 年 9 月第 1 次印刷
定　　价 / 318.00 元

本书附同版本 CD-ROM 一张，光盘内容以书面文字为准。
如有印装差错，由本社发行部调换。

国家统计局总统计师曾玉平到四川调查总队检查指导工作

四川调查总队工作汇报会

全省统计调查工作会议

“不忘初心 牢记使命”主题教育动员部署视频会

全省国家调查系统党风廉政建设工作会

全省调查系统落实中央巡视整改暨重点工作推进会

学习贯彻党的十九大精神轮训班开班式

四川调查总队党组巡视整改专题民主生活会

四川调查总队“警示月”专题中心组理论学习（扩大）会

四川调查总队党组书记、总队长张小军到基层检查指导工作

四川调查系统庆祝建党98周年暨“七一”表彰大会

四川调查总队“不忘初心 牢记使命”主题教育学习测试

四川调查系统党务干部培训班

四川调查队系统新提升处级领导干部集体廉政谈话

国家调查主要数据媒体通报会

第 2 期全省县级住户调查专业人员培训班

四川调查总队组织干部职工参观省法纪教育基地

四川调查队系统纪检监察业务培训会

四川调查总队、成都调查队联办，成都信息工程大学协办
中国统计开放日四川分会场现场活动

四川调查总队 2018 年第一轮巡察工作动员培训会

四川调查总队机关团委换届选举会议

四川调查总队机关开展扶贫日自愿捐赠活动

四川调查总队开展“八一”建军节慰问活动

四川调查总队开展健步走和广播体操比赛

创新进取　担当作为
奋力推进四川国家调查事业持续发展

2018年是贯彻落实党的十九大精神的开局之年，是改革开放40周年，四川调查队系统深入学习贯彻习近平新时代中国特色社会主义思想和党的十九大精神，认真贯彻落实党中央、国务院和国家统计局党组的重大决策部署，坚持以党的政治建设为统领，以确保统计调查数据真实可信为核心，着力在落实中央巡视整改、加强统计法治建设、推进重点领域改革、提升调查能力水平、推进全面从严治党治队等方面积极作为，各项统计调查工作取得新成效。

一、真抓实干，2018年工作取得新成效

得益于国家统计局的坚强领导，得益于社会各界的大力支持，全省调查队系统全体干部职工和调查人员恪尽职守、努力拼搏，始终坚持干字当头、求真务实、创新奉献，努力推动统计调查工作实现新发展。

（一）畅通统计政令，贯彻落实中央重大决策部署坚决到位。系统各级党组旗帜鲜明讲政治，坚决贯彻落实习近平总书记关于统计工作重要讲话指示批示精神，始终将贯彻落实中央《关于深化统计管理体制改革提高统计数据真实性的意见》（以下简称《意见》）《统计违纪违法责任人处分处理建议办法》（以下简称《办法》）《防范和惩治统计造假、弄虚作假督察工作规定》（以下简称《规定》），作为重大政治任务，摆在突出位置，持续加大工作力度，强化责任落实举措，确保统计政令畅通。深化学习领会系列会议文件精神，通过召开工作会、党组专题会、业务培训会等多种途径，推进学习宣传贯彻的全员覆盖、全面推进。因地制宜抓落实谋发展，制定下发《关于进一步推进新形势下国家调查队改革和创新发展的实施意见》，为进一步推进全省调查队改革创新发展规划路径、细化任务、压实责任。坚持依法治统，强化统计法治建设。持续全面清理纠正违反统计法精神的文件和做法，做好领导干部违规干预统计工作记录台账填报工作，加强执法队伍建设，加大统计执法力度，共对248个企业进行“双随机”检查，共发现各类统计违法行为43起，立案15件，结案13件，警告处罚13件，罚款处罚7件，合计罚款4.7万元。一年来，坚决贯彻中央精神，净化统计工作环境、强化统计法治基础的重点工作取得了明显成效。

（二）强化政治担当，落实中央巡视整改取得积极成效。中央巡视意见反馈后，总队党组高度重视，迅速成立巡视整改领导小组，设置七个专项整改组和一个综合协调组，加强组织领导、统筹协调和指导督促，总队党组先后召开多次专题会议、巡视整改领导小组会议，认真开好专题民主生活会、系统落实中央巡视整改工作会，深入学习传达有关文件精神，研究巡视整改工作措施，安排部署整改具体任务。坚持问题导向，系统梳理分析，逐条对照研究，制定《关于落实中央巡视国家统计局党组整改工作方案》，印发《落实中央巡视国家统计局党组整改和选人用人专项检查整改问题清单、任务清单和责任清单》。扎实推进落实党建工作重点任务、国家统计局党组巡视整改情况全面自查、“以数谋私、数字腐败”全面排查和专项整治、对外提供数据清查、规范选人用人工作、切实改进调查队系统纪检工作等七个方面的专项自查整改工作，确保各项整改任务落地落实落细。截至目前，针对查找出的五个方面、27个具体问题制定的53项整改任务及措施，已整改落实52项，还有1项任务正抓紧推进落实。经过狠抓中央巡视反馈意见的整改落实，初步解决了学习贯彻习近平新时代中国特色社会主义思想和党的十九大精神认识上、行动上的偏差，进一步夯实了系统党的建设的基础，党组织和党员干部管党治党的主体意识、责任意识明显增强，防范统计数据造假、提高统计数据真实性的责任担当得到强化，巡视整改取得明显成效。

（三）聚焦重点任务，推进统计改革创新发展成效显著。全面落实优化局队业务分工，实现业务调整平稳过渡、顺利交接。扎实开展新一轮住户调查，不仅实现开好头、起好步，而且实现城乡居民收入消费数据总体和结构的良好衔接；联合省统计局下发《关于进一步做好全省住户调查工作的通知》，对四川分市县住户调查的职责分工、业务实施、经费保障和工作机制等作出制度安排，实现统一归口管理。按照“因地制宜、确保质量、稳妥推进”总体思路，系统有序推进住户调查电子记账，截至年底，全省电子记账比例达到45%以上，圆满完成年度目标任务。健全贫困监测工作保障机制，纵深推进住户调查对口协作帮扶，在全国贫困监测培训会上作经验交流。稳步实施农业统计改革，大力推进农业遥感测量业务化运行，开展农业统计快速调查综合服务平台试点，着力加强专业人才队伍培养，强化无人机调查实战运用，部分业内技术工作实现自主实施。率先开展畜牧业调查无人机应用试点，获得国家统计局领导充分肯定。坚持“尊重历史、反映现实”的基本原则，完成2007-2017年全省粮食作物和主要畜禽历史数据的核定修订工作，确保数据科学衔接。高质量推进新增调查业务。认真组织实施国际比较项目调查，扎实开展时间利用调查工作，抓好固定资产投资价格调查改革试点，全力推进畜禽监测样本轮换，认真做好新增劳动力调查业务，组织开展邮政业快递服务业价格调查，规范实施国务院大督查营商环境调查，高质量完成全面从严治党民意调查，扎实推进服务消费调查试点，精心组织实施文明城市测评。一年来，系统上下聚焦主责主业，各项业务工作整体推进、重点突出、亮点纷呈。

（四）夯实基层基础，提高调查数据质量取得新进展。狠抓基层基础规范建设。

认真落实国家统计局安排部署，完成20个基层国家调查机构建设情况的摸底调查。全面修订《四川调查队系统调查工作规范化规程》，规范完善业务调查操作流程。深化基层调查业务、调查网点、调查阵地的规范化建设，按照应挂必挂原则，对全省所有住户调查网点和调查户实行铭牌悬挂规范管理。夯实源头数据采集基础。全面推行调查日志制度，强化基层调查痕迹化管理。建立实施基层基础工作定期通报制度，严把数据质量源头关。深入开展全省住户调查基础工作和数据质量交叉大检查，坚持以问题为导向量化评分指标，系统分析各层次情况，将检查结果运用于数据评估和专业考核，并通过开展系统整改、会议整改及派驻工作组实地帮助督促整改的办法，对全面夯实住户调查基础、提高数据质量起到积极推动作用，得到国家住户办充分肯定。系统各主要专业通过市县自查、总队抽查等多种方式，组织对5615个单位（个体）进行拉网式大排查，取得良好效果。规范数据质量管控评估，修订完善各专业调查数据核查和质量管理控制办法，着力提高数据评估的协调性、支撑性。通过不懈努力，符合国家制度规范，又有四川特色的数据质量基础保障、技术保障和制度保障又有新的提高。

（五）融入中心大局，强化统计优质服务再上新台阶。立足统计服务决策，围绕民生经济运行、“三大攻坚战”、乡村振兴等重点热点焦点问题，积极开展专题调研和约稿调查。全年编发各类信息分析350篇，其中，被中办国办采用12篇次，被国家统计局采用84篇次，被省“两办”采用138篇次，被省部级以上领导批示23篇次，信息分析采用在国家统计局和省委省政府“两办”的考核中位居前列，总队在全省政府系统政务信息工作会议上作经验交流。深入开展民生经济形势分析，加强对农牧业生产、居民收入、劳动就业、价格运行和先行指标走势变化的分析研判，总队季度分析通稿列入省委常委会印发材料，综合服务水平实现新的拓展和提升。强化数据信息解读宣传，每季度举办媒体通气会；精心组织第九届“中国统计开放日”和改革开放40周年等重大宣传活动；加大对《中国信息报》投稿力度，办好总队门户网站，改版《四川调查》内部刊物，讲好国家调查故事；高质量编辑出版《四川调查年鉴（2018）》，扩大《四川调查数据》手册发送范围，宣传展示国家调查成果。一年来，我们的优质服务，不仅在量上基本稳定，更在质上有明显进步，针对性和影响力进一步提升。

此外，总队认真落实中央和省委省政府脱贫攻坚重要决策部署，积极参与、规范实施全省脱贫攻坚督导和有关考核，受到各方充分肯定。扎实做好金阳县丝窝乡扎兰姑村的定点扶贫工作，实施扶贫攻坚巩固提升工程，开展新一轮“金秋助学”活动，增派优秀年轻党员干部到基层专职开展脱贫攻坚，深化巩固脱贫成效。继续开展“走基层、解难题、办实事、惠民生”进社区活动，努力为基层解难事、办实事、做好事。

（六）强化系统管理，支撑事业发展动能环境不断优化。坚持党管干部原则和“好干部”标准，做好干部选拔任用工作，全年系统共提拔任用干部56名；注重选优配强各级领导班子，先后调整充实27个市县队领导班子；多元化推进干部交流，系统内外交流干部32名；新录用53名公务员充实一线，进一步优化基层队伍结构。实施人才培养工程，系统近500余人（次）参加各级党校和培训机构组织的培训活动；组织参加全国统计建模大赛，喜获二等奖的良好成绩。严格规范系统管理。修订完善政务管理等45项规章制度，进一步织密制度笼子，规范政务管理行为；全面清理总队各类议事协调机构，提升机关管理效率。加强人事基础管理，推进总队内设机构职能调整和人员调配。积极筹建龙泉驿、资中2个新建县级调查队，各项工作有序推进。落实从严治队要求，严格执行干部个人有关事项报告制度，对未按规定如实报告的7名干部作出组织处理；加强系统财务监督管理，对18个市县队实施现场审计和审计整改跟踪检查。积极应对财税体制改革，强化财务业务培训；深化预算绩效管理，全面保障系统医疗保险经费需求；加强基础设施项目建设，顺利完成总队视频会议室等10多项设施设备的更新改造，系统保障条件不断改善。

（七）坚持党建引领，纵深推进全面从严治党呈现新气象。坚持党建引领事业改革发展，着力加强系统党的建设。强化思想理论武装，分两期组织系统115名县处级以上干部学习贯彻党的十九大精神轮训班，实现主题教育全覆盖。从严落实党建责任制，开展基层党建工作督导检查，强化基层党组织规范化建设，打造基层党建示范点。严格落实“两个责任”，制定各市县队党组和班子成员主体责任清单，开展“两个责任”落实情况专项检查，督促党员领导干部履职尽责。加强纪检干部队伍建设，全部配齐县级调查队纪检组长。持续推动正风肃纪。集中整治国家调查队系统形式主义、官僚主义，深入开展扶贫领域腐败和作风问题专项治理；强化廉政常态教育，扎实开展统计调查部门警示教育月活动。加强巡察监督，修订完善《巡察工作办法》，研究制定《总队党组巡察工作规划（2018-2022）》；发挥巡察利剑作用，组织两轮对12个市县队的政治巡察，开展巡视巡察整改工作专项检查，取得良好实效。强化执纪问责，加强干部日常监督，对42名系统领导干部进行廉政谈话，对2名县队队长进行函询。一年来，系统各级党组织的政治意识、政治担当不断强化，抓党建的工作力度不断加大，逐步形成党建与业务同抓共管的良好态势，政治生态正在发生良好变化。

在过去一年，总队政务管理、财务管理、网络安全、群团工作、后勤服务和老干部工作都取得明显进步。

二、明确方向，推动调查事业新发展

四川国家调查事业经过十多年的努力，不断发展进步，从创业起步到相对高点，从相对高点到纵深推进，从纵深推进到稳步发展，走出了具有四川特色的国家调查工作发展之路。进入新时代，贯彻落实新发展理念，全面推进新时代中国特色社会主义建设，经济社会快速转型发展，构建现代化统计调查体系势在必行，统计改革创新快速推进，统计事业踏上了新的征程。在新的历史起点上，我们要善于学习和运用辩证唯物主义和历史唯物主义的世界观和方法论，从时代发展的要求审视和把握统计工作的阶段性特征，紧紧围绕2019年全国统计工作的总体要求，结合我们的工作实际，认清形势，明确方向，同心同力，努力在各项工作新进展中有新的作为。

（一）牢牢把握新机遇，不断健全完善体制机制

当前，我国发展正处于并将长期处于重要战略机遇期，统计改革发展也正处于前所未有的黄金机遇期，这为四川国家调查队系统完善体制机制、实现转型发展提供了难得的机遇。一是准确把握党中央、国务院高度重视统计工作的战略机遇。党的十八大以来，以习近平同志为核心的党中央高度重视统计工作，高度关注统计领域改革发展。习近平总书记对统计改革发展亲自谋划、亲自决策、亲自推动，多次作出重要讲话指示批示。李克强总理、栗战书委员长、韩正副总理也多次对统计工作提出明确要求。党的十九大站在“健全党和国家监督体系”的政治高度，明确提出要“完善统计体制”。中央先后出台《意见》《办法》《规定》等 7 部统计工作方面的重要文件。这些为我们做好新时代统计调查工作提供了行动指南和根本遵循。近年来，各级地方党政高度重视、关心支持统计调查工作，统计调查在服务各级党委政府宏观调控、科学决策中的作用日益凸显，统计保障条件显著改善，支持统计调查事业改革发展的政策环境和行政资源显著改善。二是要准确把握构建新时代现代化统计调查体系的决策机遇。党的十九大胜利召开后，国家统计局党组准确把握时代方位，审时度势，从战略全局的高度，作出了加快构建体系完整、富有效率、特色鲜明的新时代现代化统计调查体系的重大决策部署，提出要围绕统筹推进“五位一体”总体布局和协调推进“四个全面”战略布局推动统计改革创新，着力实现统计制度、统计指标、统计方法、统计手段和统计产品的现代化；提出要围绕贯彻新发展理念、建设现代化经济体系和推动高质量发展，进一步深化统计改革、完善统计体制，研究制定构建推动高质量发展统计体系的实施意见。这些为我们谋划构建现代化四川统计调查体系指明了方向、明确了定位、画定了蓝图。三是要准确把握新形势下国家调查队发展的改革创新机遇。国家调查队作为国家统计调查的重要力量，近年来，国家统计局加强组织领导，科学统筹谋划，完善顶层设计，印发了《关于进一步推进新形势下国家调查队改革和创新发展的意见》，明确提出要继续强化国家调查队“轻骑兵”作用，大力推进优化局队业务分工、改进完善抽样调查方法、完善国家调查队编制结构和基本架构、增强基层直接调查能力，并建立国家调查队系统协调工作机制，专门加强对国家调查队改革发展重大问题的调查研究、统筹协调和检查指导。这些重大制度安排，为我们进一步推进四川国家调查队系统改革创新发展提供了组织领导强化、体制机制完善、发展难题破解的重要保障。

时势决定方向，机遇引领未来。面对新时代、立足新方位，我们必须要因势而谋、顺势而为、乘势而上，着力在健全系统党建管理、落实“三定”规定、强化系统管理、优化业务布局等方面有新作为，不断推动四川统计调查机制体制更加健全完善。

（二）积极应对新挑战，坚持夯实巩固工作基础

随着发展，统计调查工作面临的时代条件、社会环境和形势任务都发生着深刻变化，

给统计工作带来一些新的挑战，我们必须要保持清醒认识、客观分析把握、积极从容应对。一是深刻认识我国经济社会转型发展给统计调查工作带来的影响。党的十九大报告作出了我国社会主要矛盾已经转化为人民日益增长的美好生活需要和不平衡不充分的发展之间的矛盾等重大判断，确定了决胜全面建成小康社会、开启全面建设社会主义现代化国家新征程的战略目标。中央经济工作会议提出我国经济已由高速增长阶段转向高质量发展阶段，作出了贯彻新发展理念、建设现代化经济体系、深化供给侧结构性改革、实施“三大攻坚战”等一系列重要战略部署，提出了稳就业、稳预期等“六稳”的经济目标。这都需要质量更高、内容更全、分组更细的统计调查数据支撑，需要分析更深、研判更准、时效更强的统计调查信息服务。这对我们增强统计调查能力、提升统计服务水平提出了新的挑战。二是深刻认识长期积累的一些深层次矛盾仍然存在给统计调查工作带来的影响。长期以来，受不正确的政绩观等多种因素影响，加之国家统计方法制度漏洞虽补犹存，统计调查实践中积累了一些历史性结构性深层次矛盾和问题。近年来，我们深入学习贯彻习近平总书记关于统计工作的重要讲话指示批示精神、认真贯彻落实中央《意见》《办法》，始终坚持依法治统、依法调查，全力筑牢基层基础，调查数据质量明显提升。但通过近年的政治巡察、基层检查和统计执法，还是发现少数地区防范数据造假的思想认识不够到位、保障数据质量的责任制落实不够严格、源头数据风险隐患仍然存在。三是深刻认识现代信息技术高速发展给统计调查工作带来的影响。进入 21 世纪，全球科技创新进入空前密集活跃时期，新一轮科技革命和产业变革正在重构全球创新版图，科学技术正深刻影响着经济社会发展和人民生活，也深刻影响着统计调查工作的开展。近年来，国家统计局大力加强统计信息化建设，加快推进现代信息技术与调查工作深度融合，现代空间遥感技术、网络电子记账、大数据采价等等新调查技术手段广泛应用。这就迫切需要我们进一步解放统计生产力，改进调查组织方式，提升调查工作现代科技水平。

事业前进的道路不会一帆风顺，总会不断遇到新的挑战。但无论发生什么变化、遇到什么挑战，只要我们坚定发展信心，牢牢把握夯实基础这个关键，着力在打牢调查网点阵地、创新调查组织管理、规范源头数据采集、加强基础数据管控上有新办法、新举措，就一定能够在应对挑战中推动四川统计调查事业持续发展。

（三）坚决落实新要求，不懈强化提升能力水平

站在新的历史起点，面对完善统计体制机制、构建服务高质量发展统计体系、加快现代统计调查技术应用、夯实统计基层基础的新要求、新目标，我们要努力做到“五个坚持”、努力提升“五种能力”。

——坚持把政治建设摆在首位，努力提升坚决贯彻落实上级决策部署的政治能力。统计调查事业是党的事业的重要组成部分。要坚持和加强党对统计调查工作的全面领导，把党的领导贯穿于统计工作各方面、全过程，确保四川国家调查队系统坚持坚定正确的政治方向。要始终把加强党的政治建设摆在首位，旗帜鲜明讲政治，把是否坚

决贯彻上级部署安排作为是否讲政治的试金石，牢固树立国家调查队意识，坚决贯彻落实党中央、国务院关于统计工作各项决策部署，不折不扣完成国家统计局和总队党组安排部署的各项任务，不断增强党对统计调查事业发展的政治领导能力。

——坚持以确保数据质量为中心，努力提升搞准统计数据的调查能力。数据质量是统计调查工作的生命线。我们要深入贯彻落实习近平总书记关于防范和惩治统计造假、弄虚作假的重要讲话指示批示精神，认真贯彻落实中央《意见》《办法》《规定》，坚持以提高调查数据真实性为核心，综合提升依法调查、基层工作、数据采集、质量把控的专业能力。要坚持直接调查、独立调查，进一步强化基层基础工作，加快完善数据生产方式，健全基层直接调查制度机制，严格数据质量全流程管控，加大统计执法检查力度，强化依法治统的震慑作用，确保统计数据真实可信。

——坚持走改革创新之路，努力提升加快构建新时代现代化统计调查体系的发展能力。改革创新是引领发展的第一动力。我们要紧跟时代步伐，协调推进调查组织方式创新、调查技术手段创新，着力深化农业统计、住户调查、价格监测、劳动力就业等重点领域的统计改革，大力推动信息技术与统计调查工作的深度融合，不断提高数据采集能力、新技术应用能力、挖掘开发能力和分析研究能力，努力提升调查的质量与效益，积极构建新时代现代化四川国家调查体系。要进一步解放思想，以改革的思路破解前进中的难题，以创新的办法化解深层次问题，努力实现调查事业的新发展。

——坚持围绕中心服务大局，努力提升贯彻新发展理念的服务能力。习近平总书记指出，统计是经济社会发展重要的基础性工作，是宏观调控的重要依据。统计调查工作必须要以围绕中心服务大局为首要职责和根本使命。我们要深入贯彻落实中央和省委经济工作会议精神，牢牢把握贯彻新发展理念、建设现代化经济体系的要求，坚持“用数据说话、为决策服务”，加强经济运行在合理区间宏观政策指标和先行指标的统计监测，强化对改善民生、乡村振兴、社会管理等领域的统计调查，真实反映农业供给侧结构性改革、打好脱贫攻坚战等进展和成效，强化民生经济的深入分析，努力为各级党委政府和社会公众提供真实准确及时优质的统计调查服务。

——坚持全面从严管队治队，努力提升支撑调查事业发展的保障能力。全面从严治党永远在路上。我们要坚定履行管党治党的政治责任，认真落实从严管队治队的各项要求，进一步严明纪律、规范管理，始终做到按制度办事、按程序办事、按规矩办事，为营造风清气正的良好环境提供纪律制度保障。坚持依法统计、依法治统是确保调查工作科学规范、调查数据真实可信的强大保障，我们要自觉运用法治思维和法治方式开展统计调查，为实现调查事业行稳致远提供坚强法治保障。我们要树立以人为本的理念，以思想政治建设凝心聚力，以正风肃纪固本清源，不断加强干部队伍自身建设，打造一支高素质专业化干部队伍，为系统发展提供人才支撑。我们要努力践行以人民为中心的发展理念，关心基层条件改善、关心干部成长进步，激发和凝聚干部队伍的干事创业热情，为保障调查事业持续健康发展汇聚干事创业力量。

城镇居民人均可支配收入（元）

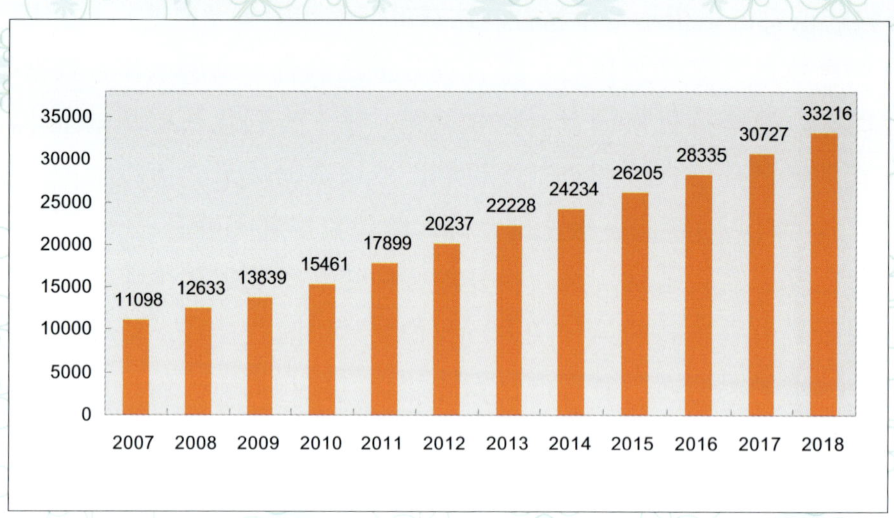

农村居民人均可支配收入（元）

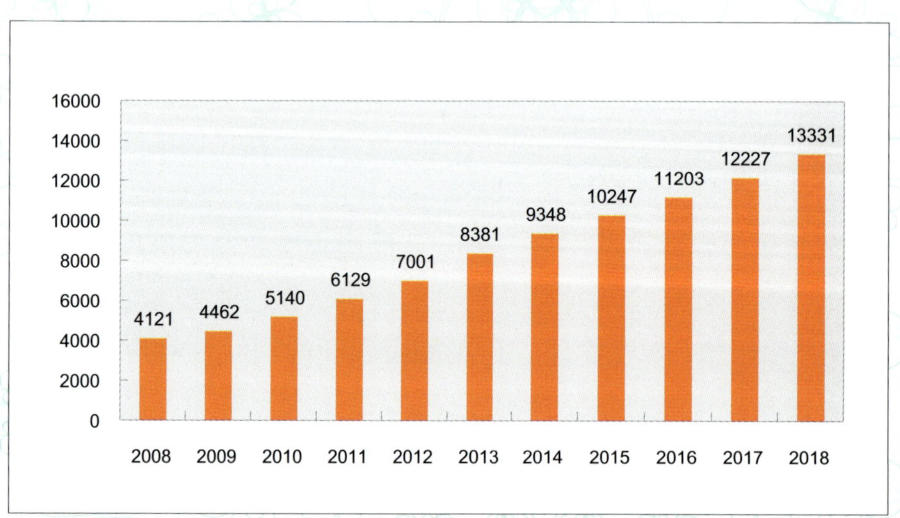

城镇居民人均生活消费支出（元）

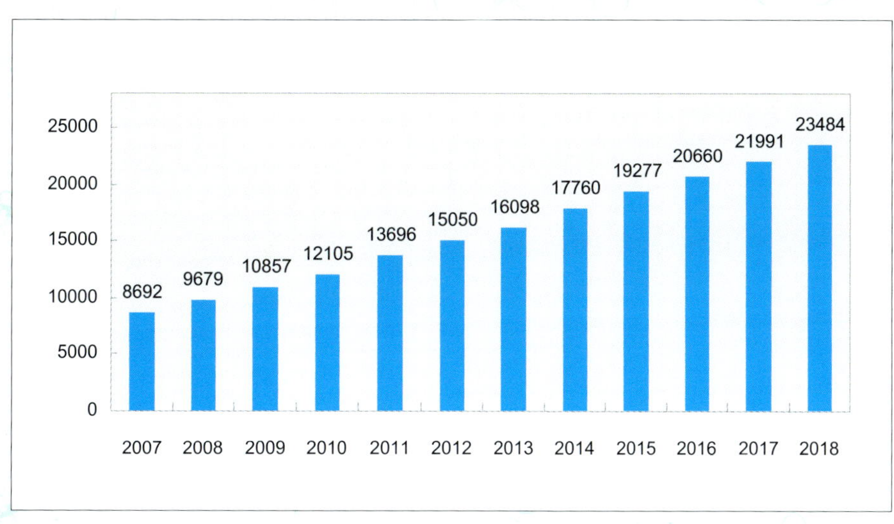

农村居民人均生活消费支出（元）

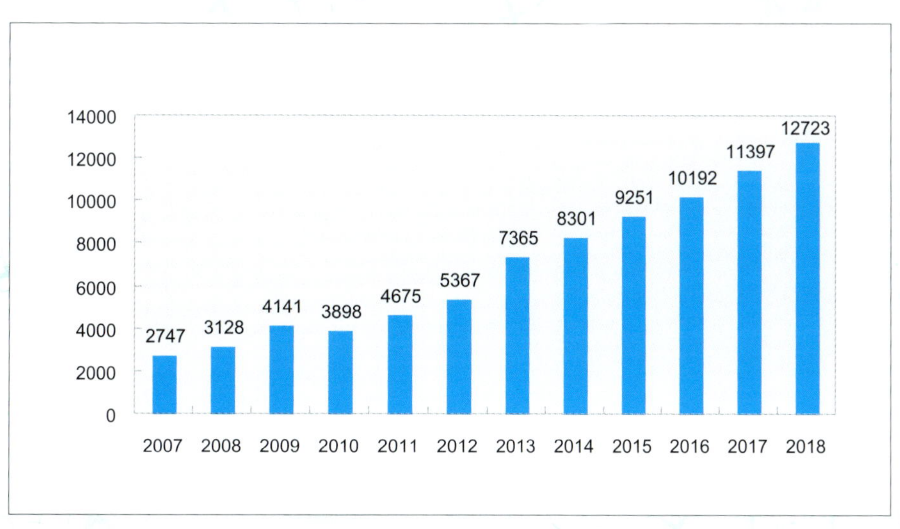

注：从2013年起，国家统计局开展了城乡一体化住户收支和生活状况调查，与2012年前的分城镇和农村住户调查的调查范围、调查方法、指标口径有所不同，2013年以前的农民收入为人均纯收入。

全省居民消费价格指数（上年 =100）

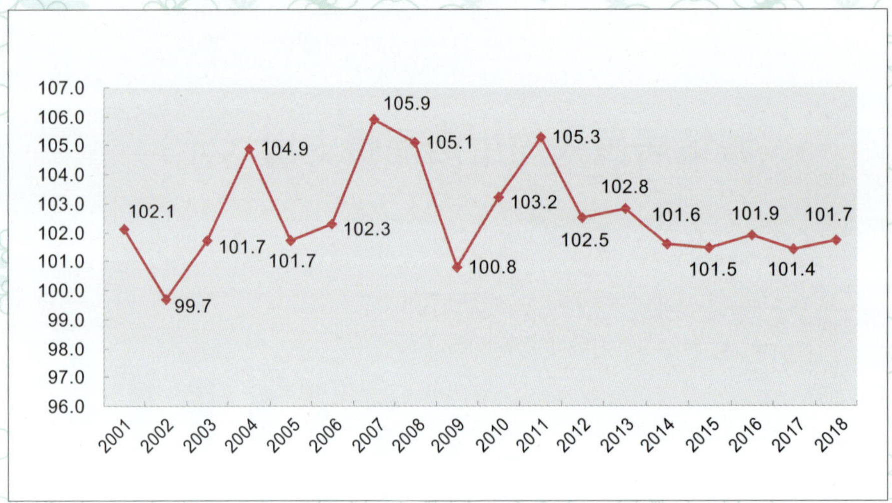

城市居民消费价格指数（上年 =100）

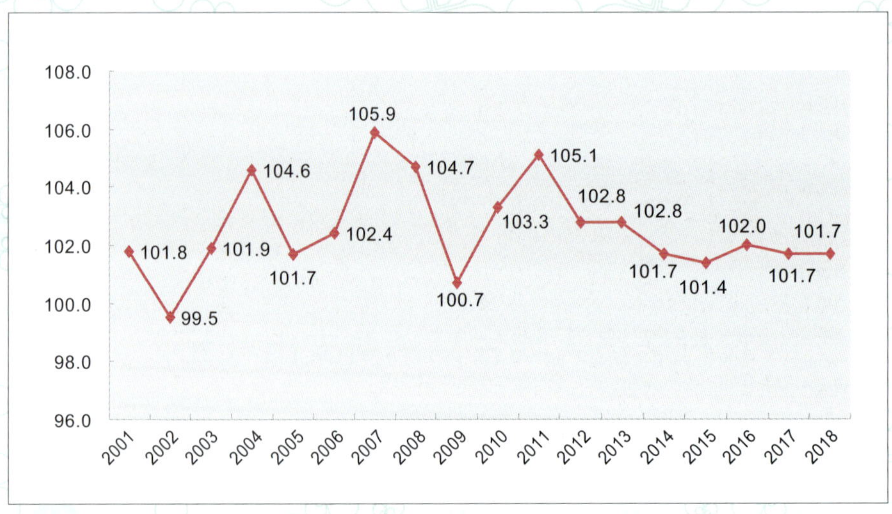

农村居民消费价格指数（上年 =100）

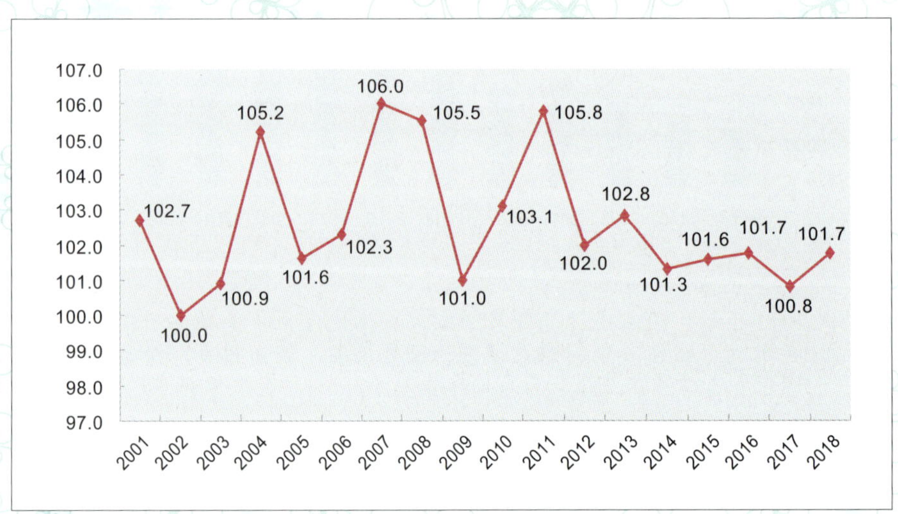

全省商品零售价格指数（上年 =100）

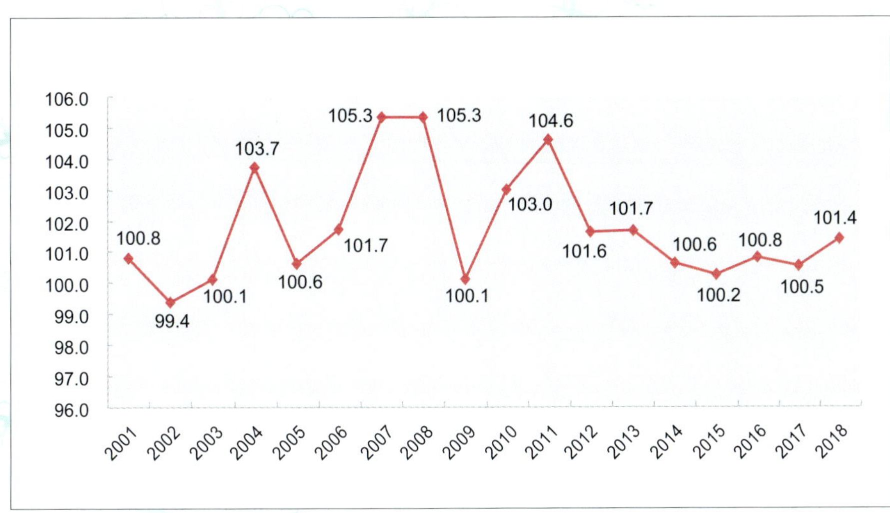

城市商品零售价格指数（上年 =100）

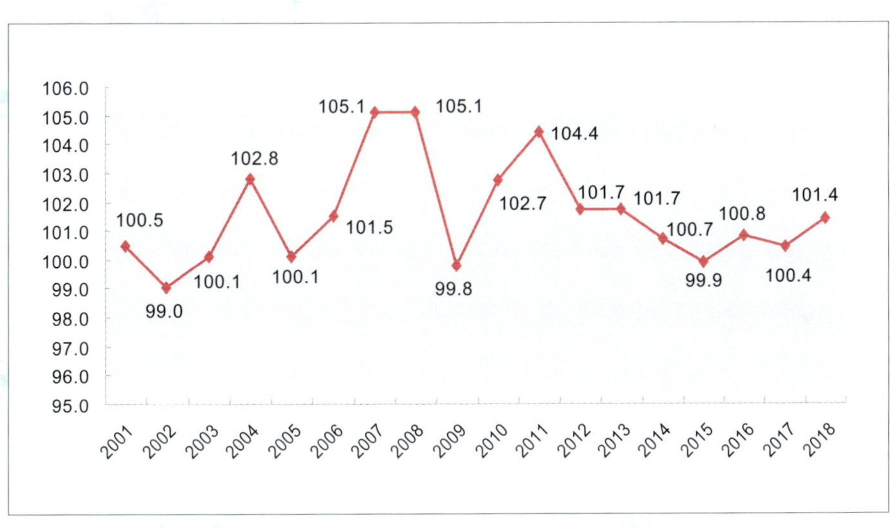

农村商品零售价格指数（上年 =100）

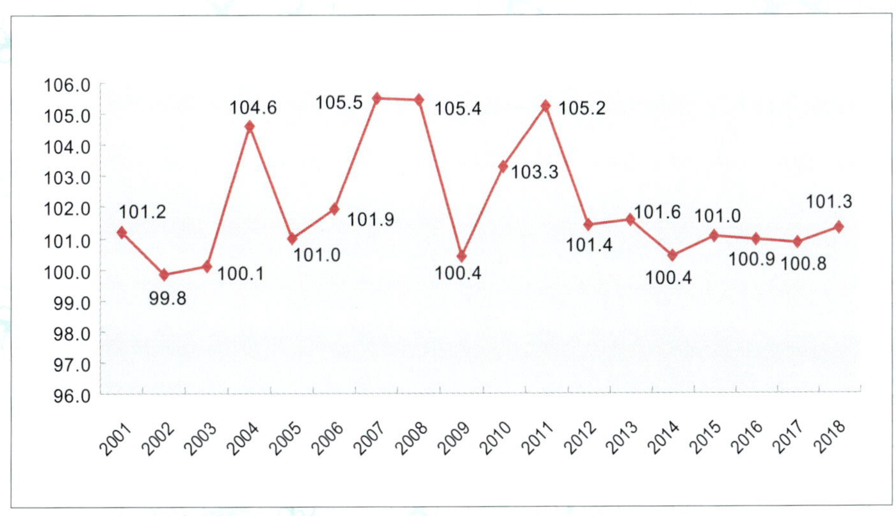

农业生产资料价格指数（上年 =100）

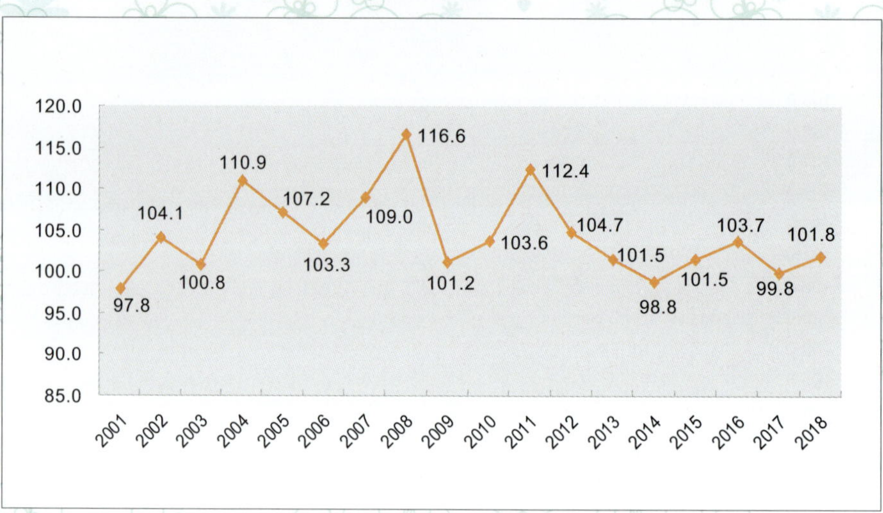

2018 年分月工业生产者出厂价格环比指数

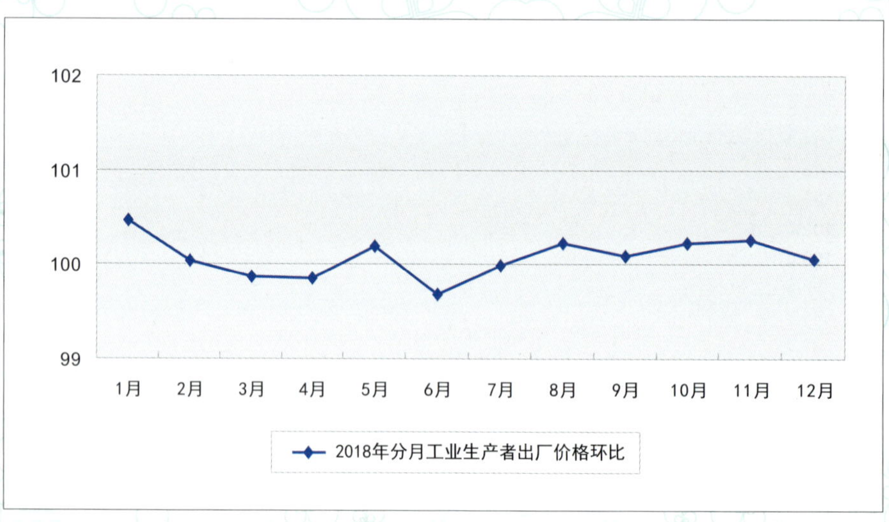

2018 年分月工业生产者购进价格环比指数

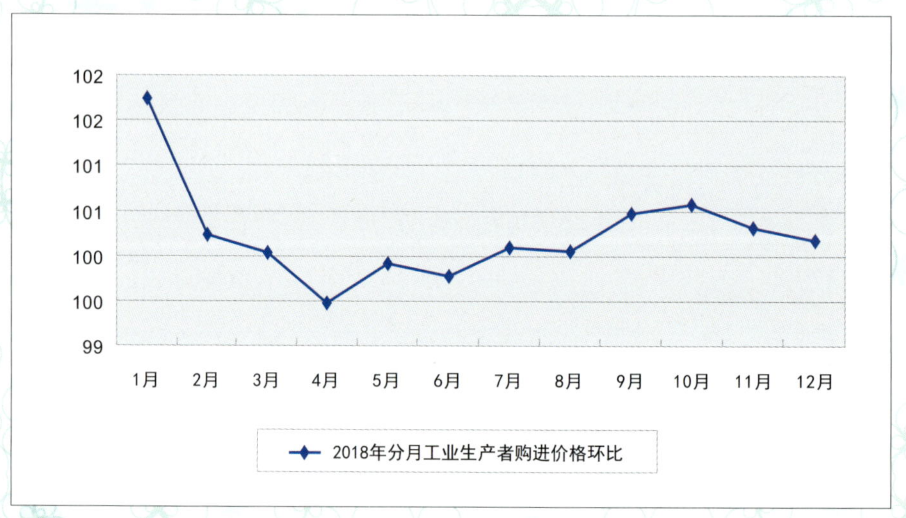

全省工业生产者出厂价格指数（上年 =100）

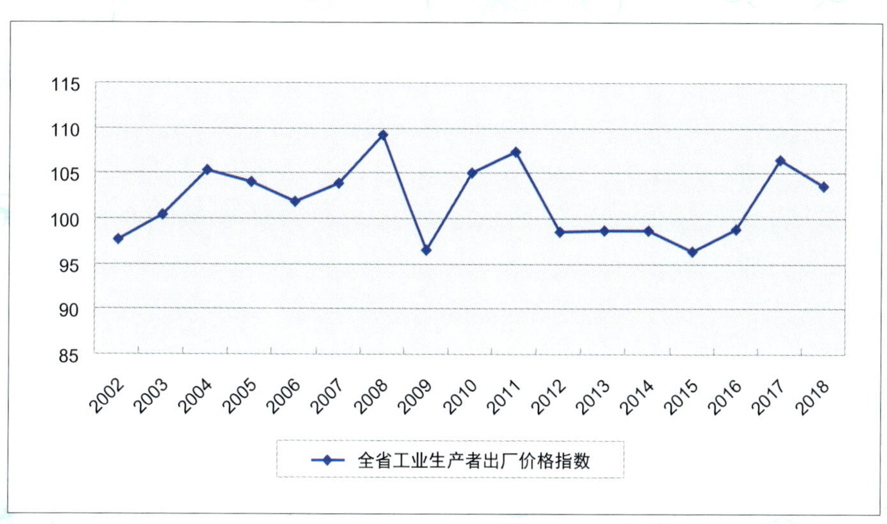

全省工业生产者购进价格指数（上年 =100）

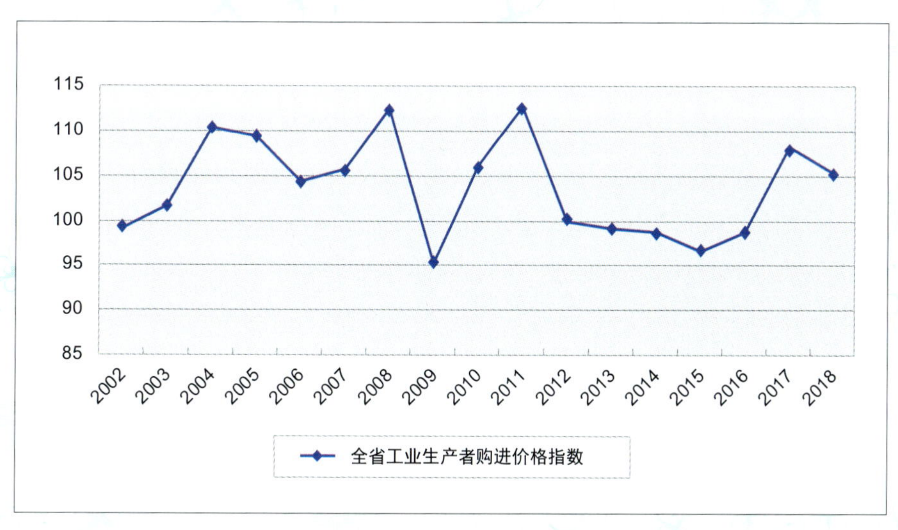

四川粮食产量走势图

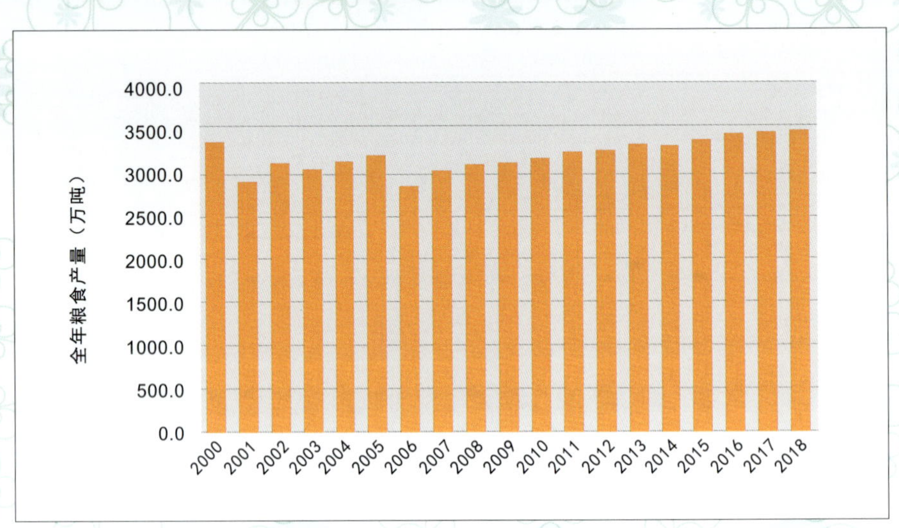

四川粮食产量增长情况图

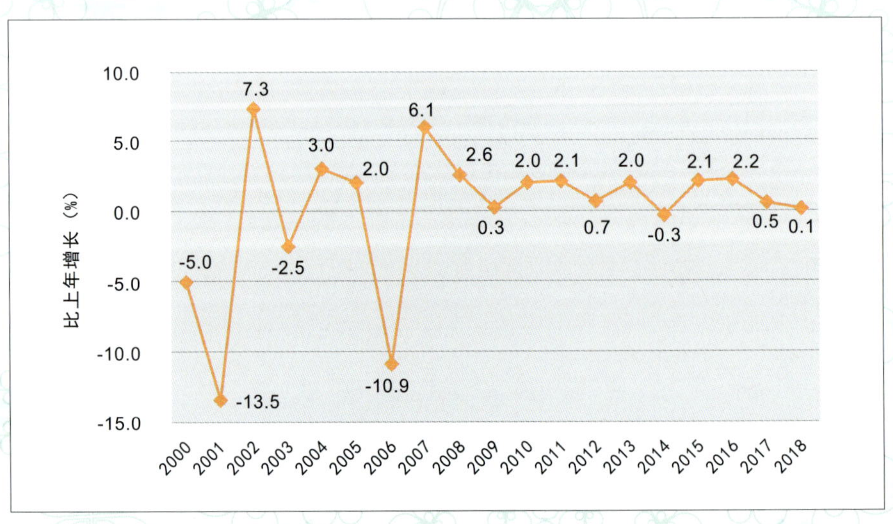

四川夏收粮食产量走势图

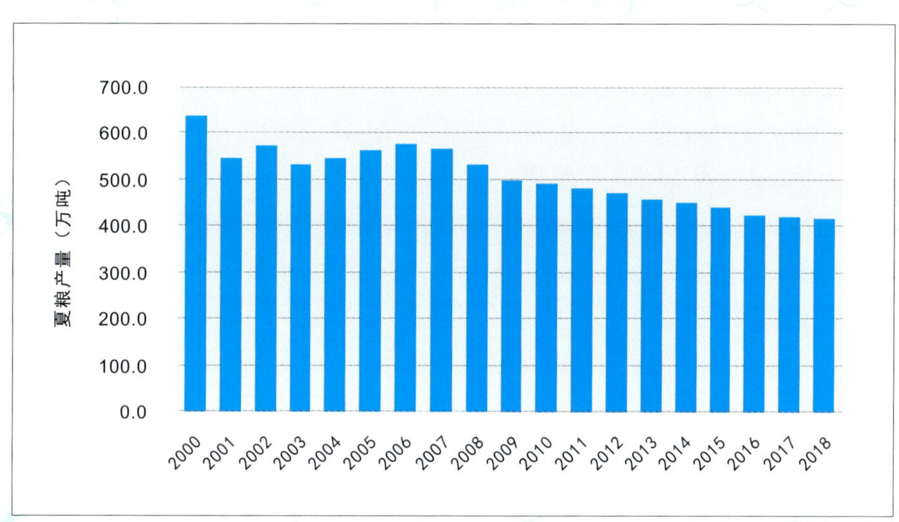

四川夏收粮食产量增长情况图

四川秋收粮食产量走势图

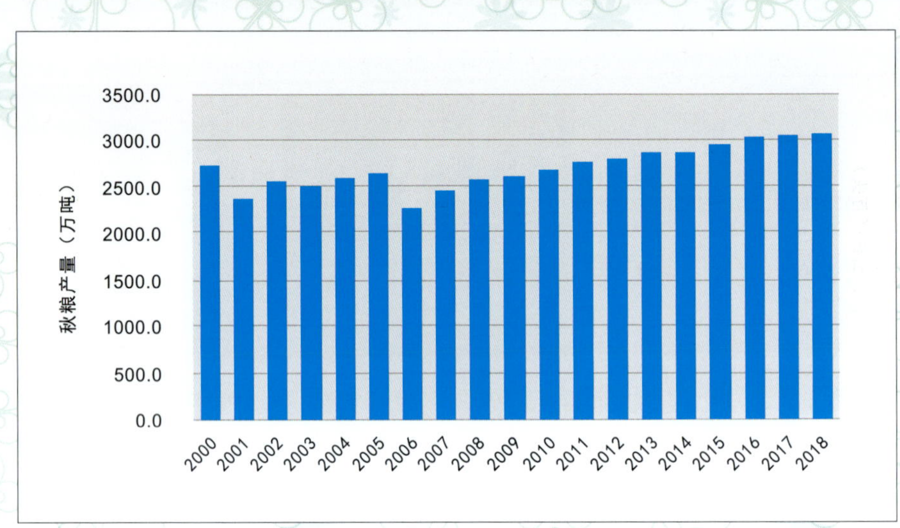

四川秋收粮食产量增长情况图

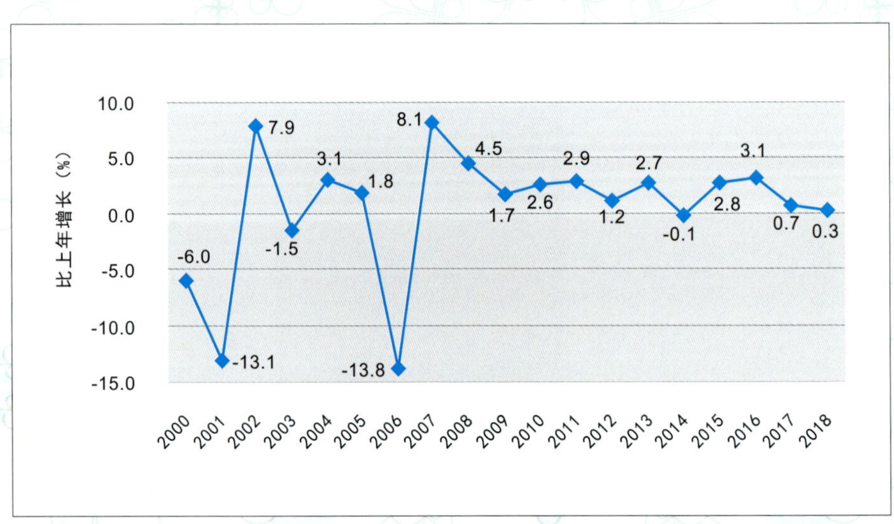

2011-2018 年四川生猪生产情况

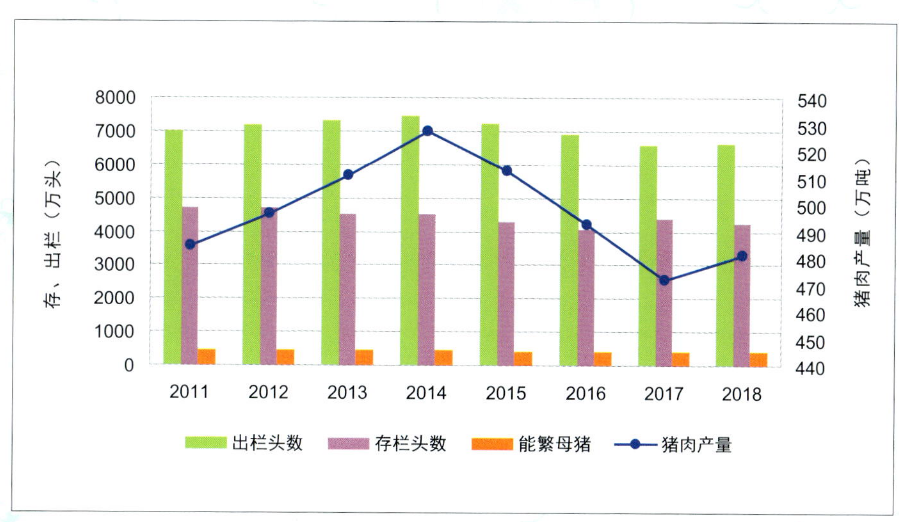

说明：根据第三次全国农业普查情况对 2011-2017 年数据重新核定修订。

2011—2018 年四川牛生产情况

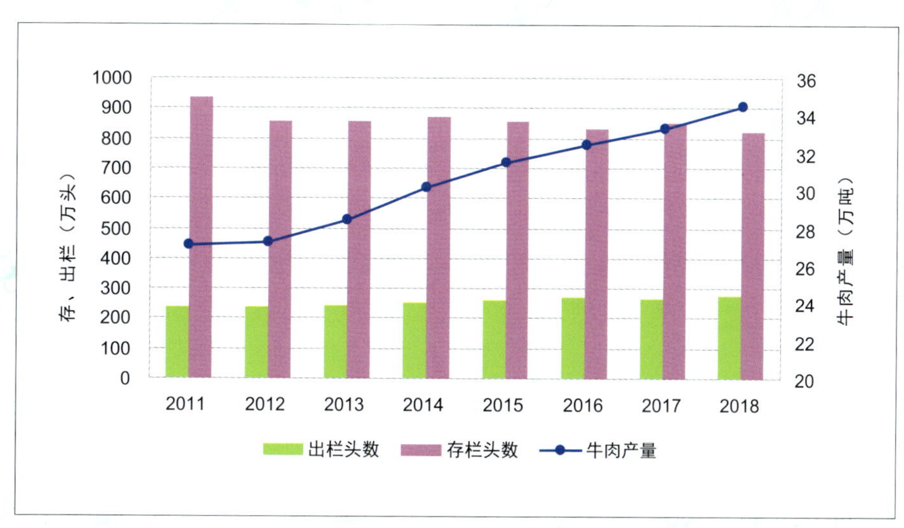

说明：根据第三次全国农业普查情况对 2011-2017 年数据重新核定修订。

2011—2018年四川羊生产情况

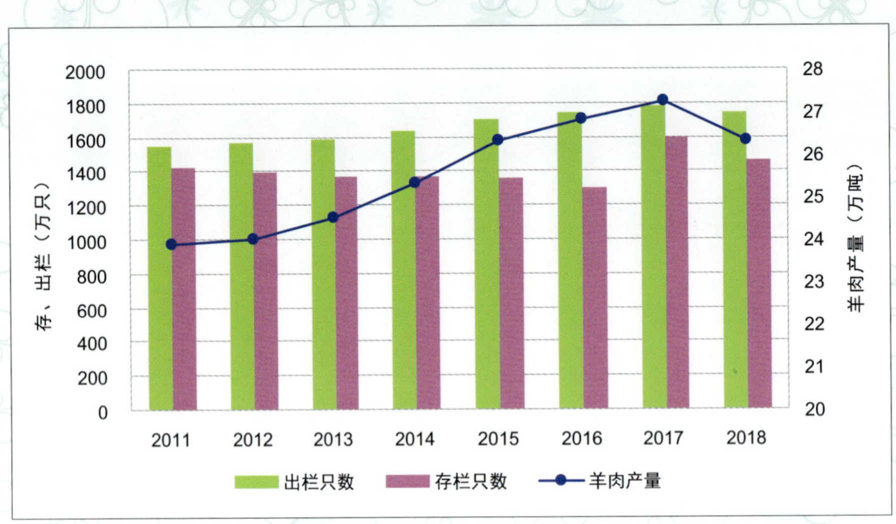

说明：根据第三次全国农业普查情况对2011-2017年数据重新核定修订。

2011—2018年四川家禽生产情况

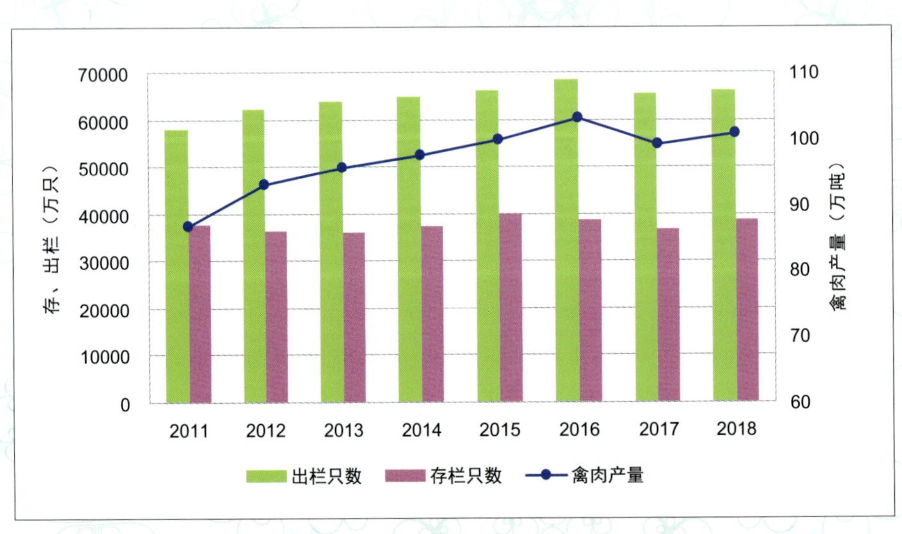

说明：根据第三次全国农业普查情况对2011-2017年数据重新核定修订。

四川制造业采购经理指数

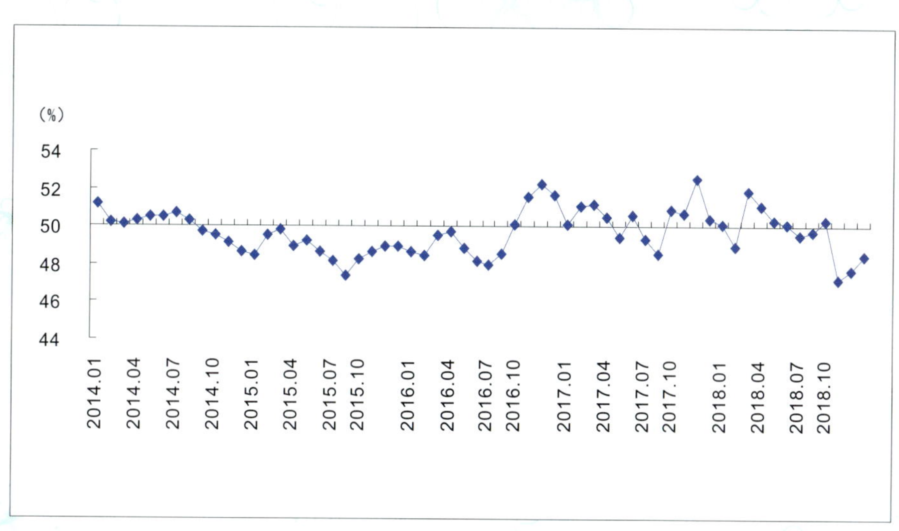

四川非制造业商务活动指数

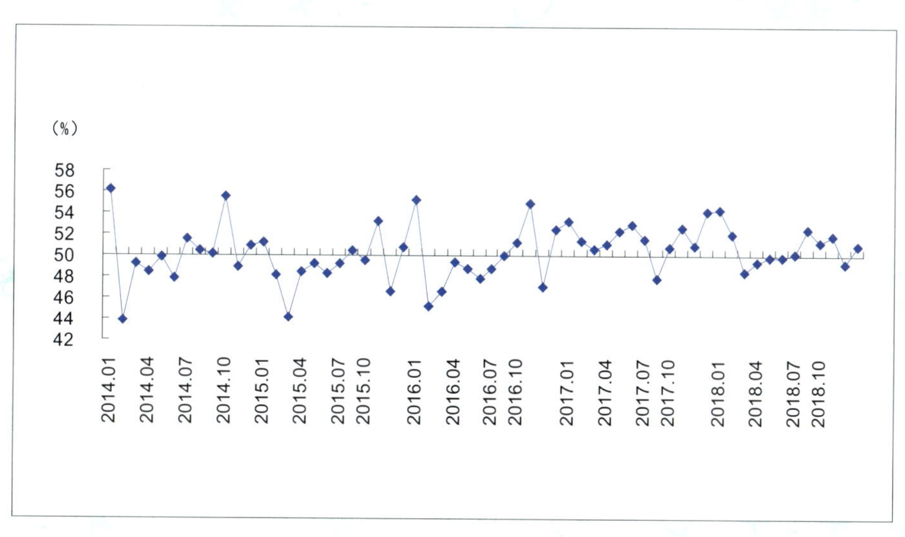

2018 年四川制造业采购经理指数

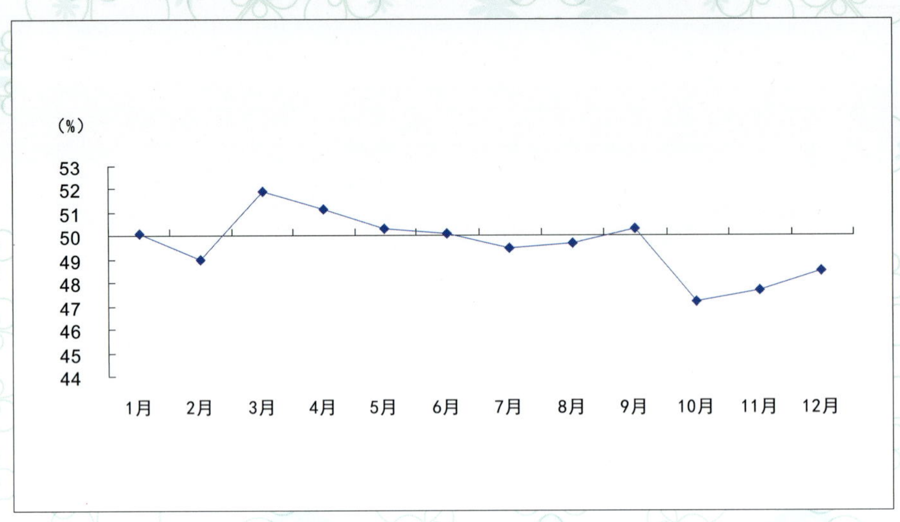

2018 年四川非制造业商务活动指数

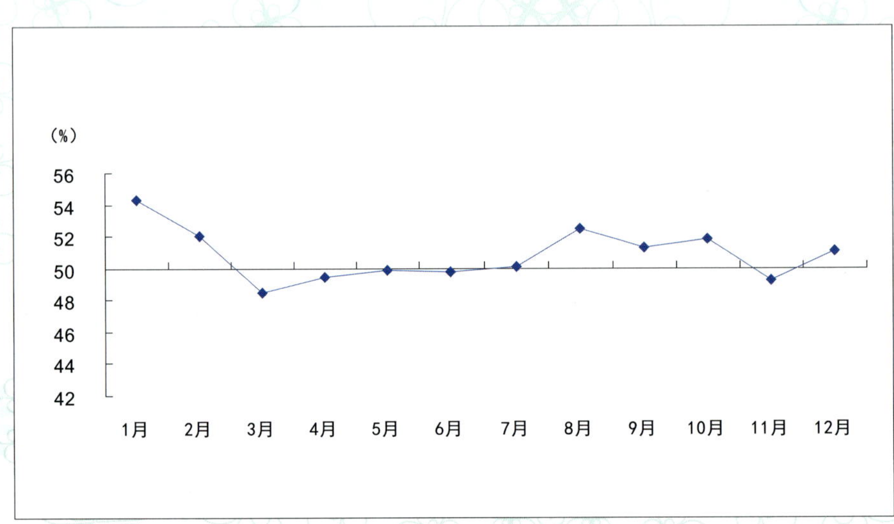

《四川调查年鉴-2019》
编委会和编辑人员

编辑委员会

编 辑 部

编者说明

一、《四川调查年鉴-2019》是国家统计局四川调查总队编辑出版的大型资料性年刊，本《年鉴》收录了近年全省农村、城市和企业等方面的各项统计调查数据，以及全国和各省市区重要年份的主要经济、社会指标。

二、全书内容分为6个篇章，即1.综合；2.住户调查；3.价格调查；4.农业调查；5.企业调查；6.附录.全国及各省市区主要统计调查指标。为方便读者使用，主要篇章末附有《主要统计指标解释》。

三、资料中所使用的度量衡单位均采用国际统一标准计量单位。

四、本《年鉴》总量指标计算所采用的价格均为现行价格。

五、本《年鉴》部分数据合计数或相对数对于单位取舍不同产生的计算误差均未作机械调整。

六、符号使用说明：

"…"表示数据不足本表最小计量单位数；

"#"表示其中的主要项；

" "表示没有、不详或未掌握该项数据；

"①"表示本表下有注解。

七、在本年鉴的编辑过程中，得到了许多单位和同志的大力支持，在此我们深表谢意。限于我们的水平，年鉴中的错误和不足之处在所难免，恳请广大读者给予批评指正。

目　　录

第一篇　综　　合

第二篇　住户调查

第三篇　价格调查

第四篇　农业调查

第五篇　企业调查

附 录

一　综　　合

2018年四川城镇居民收入消费增长变动分析

2018年，在省委省政府的正确领导下，全省上下坚持以习近平新时代中国特色社会主义思想为指导，统筹推进稳增长、促改革、调结构、惠民生及防风险各方面工作；不断适应新形势，抢抓新机遇，培育新动能、增创新优势。在实现全省经济社会持续健康发展的同时，实现了四川城镇居民收入持续平稳增长和消费结构的转型升级，2018年四川城镇居民人均可支配收入33216元，同比增长8.1%，扣除价格因素实际增长6.3%；人均生活消费支出23484元，同比增长6.8%。

一、城镇居民增收的主要特点

（一）从总体收入看，收入呈现平稳增长

2018年，四川城镇居民人均可支配收入为33216元，同比增加2489元，增长8.1%，增速较2017年同期减少0.3个百分点，略高于同期全省GDP增速（8.0%）。

（二）从收入构成看，四大类收入全面增长

一是工资性收入加快增长。2018年四川城镇居民人均工资性收入18530元，同比增加1231元，增长7.1%，增速较2017年和2016年同期分别加快0.4和0.7个百分点。根据汇总21个市州定点联系的104家企业2018年就业与工资情况，企业就业人数较2017年同期增长2.4%，人均工资同比增长9.4%。在四川经济继续保持平稳运行的大背景下，预计2019年城镇居民工资性收入增速将继续保持平稳。

二是转移净收入增长最快。失业保险金标准和退休人员基本养老金标准上调，最低生活保障标准的提高以及政府加大扶贫攻坚投入力度等多方面合力推动人均转移净收入快速增长。2018年城镇地区人均转移净收入为8017元，较2017年增加803元，继续保持两位数增速，达到11.1%。

三是经营、财产净收入平稳增长。2018年四川城镇居民人均经营净收入3849元，同比增加263元，增长7.3%，人均财产净收入2820元，较上年增加193元，增长7.4%。

图1　2016-2018年四川城镇居民人均可支配收入增长情况

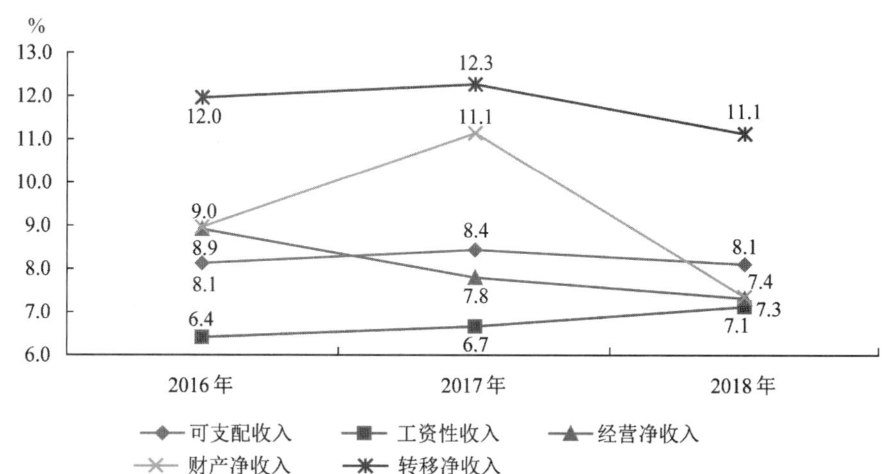

（三）从收入占比看，转移和工资性收入变动趋势明显

2018年，四川城镇居民转移净收入占比为24.1%，较2017年和2016年同期分别提升0.6和1.4个百分点，总体呈逐年上升趋势。相反，工资净收入虽仍是城镇居民收入的主要来源，占比则呈现出逐年下降态

势，工资性收入占比为55.8%，较2017年和2016年同期分别减少0.5和1.5个百分点。经营净收入和财产净收入占比相对稳定，其中经营净收入占比为11.6%，较2017年和2016年同期分别减少0.1和0.1个百分点；财产净收入占比为8.5%，与2017年同期持平，较2016年同期增加0.1个百分点。

表1 2018年四川城镇居民人均可支配收入构成变动情况

指　标	2018年（%）	2017年（%）	2016年（%）
工资性收入	55.8	56.3	57.3
经营净收入	11.6	11.7	11.7
财产净收入	8.5	8.5	8.3
转移净收入	24.1	23.5	22.7

（四）从贡献率变动看，“三降一升”趋势明显

2018年，工资性收入增长仍是城镇增收的主要来源，贡献为49.5%，较2017年和2016年同期分别上升4.3和3.6个百分点；经营净收入增收贡献率为10.5%，较2017年和2016年同期分别下降0.3和2.3个百分点；财产净收入增收贡献率为7.8%，较2017年和2016年同期分别减少3.2和1.8个百分点；转移净收入贡献率为32.2%，较2017年减少0.8个百分点，与2016年同期持平。最大程度促进就业，实现工资性收入稳定增长是推动城镇居民收入平稳增长的重要举措。

表2 2018年四川城镇居民人均可支配收入贡献率变动情况

指　标	2018年（%）	2017年（%）	2016年（%）
工资性收入	49.5	45.2	45.9
经营净收入	10.5	10.8	12.8
财产净收入	7.8	11.0	9.1
转移净收入	32.2	33.0	32.2

（五）横向对比看，水平和增速居全国及西部中游

据国家反馈资料，2018年四川城镇居民人均可支配收入为33216元，绝对值在全国31省市地区排第20位，在西部十二省份中排第6位；同比增长8.1%，高于全国平均0.3个百分点，在在全国31省市地区排第13位，在西部十二个省（市、区）中排第6位。四川城镇居民人均可支配收入占全国平均水平（39251元）比重为84.6%，较2017年同期提升0.2个百分点，表明四川城镇居民收入正与全国平均稳步接近。

二、2018年四川城镇居民消费变动的主要特点

伴随城镇居民收入的稳定增长，家庭消费支出也呈现稳定增长，消费结构调整明显。

（一）总体增速呈现趋稳态势

2018年，四川城镇居民人均消费支出23484元，较2017年同期增加1493元，增长6.8%，增速高于2017年同期0.4个百分点，较2016年同期回落0.4个百分点，城镇居民消费增速呈现趋稳态势。

（二）消费水平及增速居全国中游

据国家反馈资料，2018年四川城镇居民消费支出绝对额占全国平均水平的90.0%，占比与2017年持平，在全国31省市地区排第15位；消费增速为6.8%，与全国平均增速相等，在全国31个省市地区中排第22位。

（三）八大类消费支出呈“七增一降

从构成上看，八大类消费支出中除衣着消费支出同比下降外，其他七类均上涨。其中，衣着消费支出

同比下降 0.6%；食品烟酒、居住、生活用品及服务、交通通信、教育文化娱乐、医疗保健、其他用品和服务七大类消费支出分别增长 1.8%、14.4%、11.3%、5.2%、7.3%、16.7%、8.8%。

（四）消费升级趋势明显

一是恩格尔系数进一步降低。2018 年四川农村居民人均食品烟酒消费支出 4483 元，占消费支出的比重即恩格尔系数为 31.8%，比上年下降 1.5 个百分点。二是发展型消费占比进一步提高。全省城镇居民居住、交通通信、教育文化娱乐和医疗保健等发展型消费占比合计为 51.4%，较上年同期占比提升了 1.7 个百分点，其中居住和医疗保健占比提升明显，分别较 2017 年提升 1.3 和 0.7 个百分点，全省城镇居民消费结构逐渐由衣食为主的生存型逐步向发展型转变。

图 2　2017-2018 年四川城镇居民人均生活消费情况

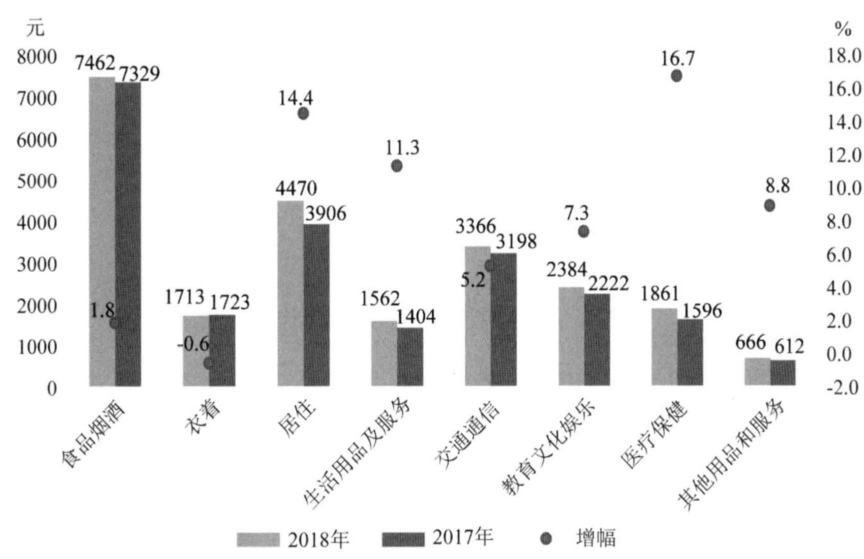

三、城镇居民增收因素分析

（一）从有利因素看

一是稳定健康的经济发展态势为城镇居民增收提供坚实基础；二是就业创业形势整体平稳为城镇居民提供了增收的有效保障；三是民生政策加快推进为城镇居民增收提供有效途径；四是房租收入较快增长，为财产净收入增加提供有力支撑。

（二）从不利因素看

一是中美经贸摩擦对总体经济影响比较有限，但对相关企业就业的影响仍需予以高度关注；二是汽车为代表的交通工具消费支出大幅回落，对汽车及上下游产业就业及工资收入增加造成较大压力；三是随着财政收入增速放缓、企业退休职工收入在连续 11 年保持 10%的上涨后，城镇居民的转移性收入继续增长面临较大压力。

2018 年四川农村居民收入消费增长变动分析

2018 年，在省委省政府的正确领导下，四川全省上下坚持以习近平新时代中国特色社会主义思想为指导，全面贯彻党的十九大和习近平总书记来川视察重要讲话精神，积极落实中央和省委关于“三农”工作的重大决策部署。着力推动乡村振兴战略，聚焦打好三大攻坚战，有力推动乡村振兴发展加快发展川粮(油)、川茶、川药、川菜、川竹等特色优势产业，全省农业农村经济形势总体平稳，农民增收工作成效明显。2018 年四川农村居民人均可支配收入 13331 元，同比增长 9.0%，扣除价格因素影响，同比增长 7.2%；人均生活消费支出 12723 元，同比增长 11.6%。

一、2018 年四川农村居民收入增长的主要特点

（一）从收入增长总体看，增速逐步放缓

2018 年四川农村居民人均可支配收入为 13331 元，较去年增加 1104 元，增长 9.0%，增速低于前三季度（9.2%），低于去年同期 0.1 个百分点，收入增速总体放缓趋势进一步延续。

（二）从四大类收入构成看，增幅放缓趋势明显

一是工资性收入增速持续放缓。2018 年农民人均工资性收入 4311 元，同比增加 295 元，同比增长 7.3%，增速与去年同期和 2016 年同期分别下降 0.2 和 0.6 个百分点，农民工资性收入增速持续放缓。近三年数据比较看，仅 2016 年一季度、2016 年上半年和 2017 年上半年增速高于 8.0%，2018 年上半年增幅为 7.1%，为近三年增幅新低，在经济发展增速放缓大背景下预计工资性收入增速放缓态势仍将延续。

二是经营净收入增幅继续回落。2018 年农民人均经营净收入 5117 元，同比增加 296 元，增长 6.1%，较去年和 2016 年同期分别回落 0.4 和 1.7 个百分点。据总队农产品生产价格调查，虽生猪价格从 6 月开始持续回升，但前三季度农产品生产价格均保持负增长，同比指数已连续六个季度低于 100，虽在四季度呈现出小幅回升，同比指数达到 105，但从全年整体看，农产品生产价格是近五年中第二波同比下跌，且跌幅深度超过 2014 年，对农民经营性收入增加影响不可忽视。

图 1　2016-2018 年四川农村居民人均可支配收入年度增长情况

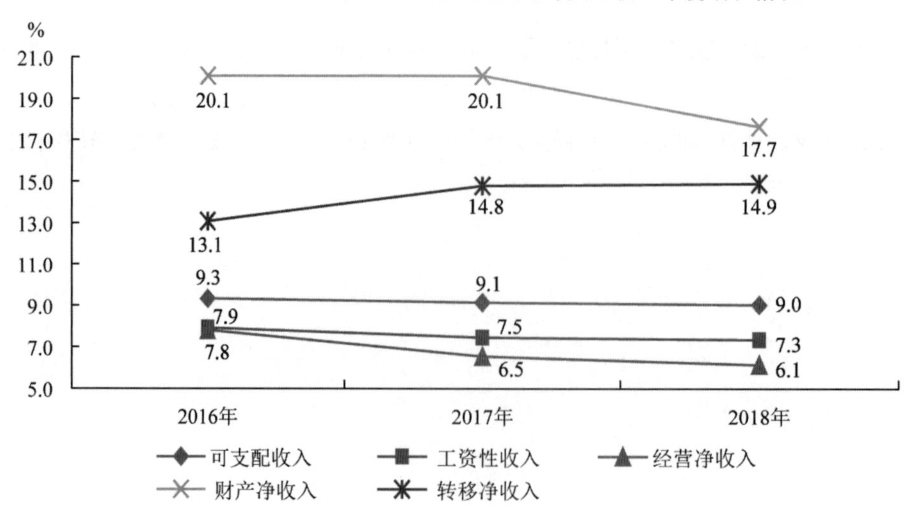

三是财产净收入增速有所减缓。受利息收入、理财产品收益和转让承包土地经营权租金净收入较大幅

度减少影响，财产净收入增速有所放缓。2018 年农民人均财产净收入 379 元，同比增加 57 元，增幅为 17.7%，增速较去年和 2016 年同期均下降 2.4 个百分点。

四是转移净收入持续呈现亮点。2018 年农民人均转移净收入 3524 元，较去年同期增加 457 元，增幅达 14.9%，较去年和 2016 年同期分别加快 0.1 和 1.8 个百分点。2018 年，全省扶贫政策持续发力，预计年底实现脱贫 104 余万贫困人口，退出 3513 个贫困村，摘帽 30 个贫困县；农村低保标准由 3300 元/年提高至 3720 元/年，增幅为 12.7%，涉及农村低保对象 357 万人；全省城乡居民基本养老金标准由每人每月 75 元提高至 100 元，增幅达 33%，惠及全省 1134 万城乡居民，以上因素均为农村居民转移性收入继续保持较快增长提供支撑。

（三）从收入占比看，“两升两降”特征明显

2018 年四川农村居民人均工资性收入占可支配收入的 32.3%，比去年和 2016 年同期分别下降 0.6 和 1.1 个百分点；经营净收入占 38.4%，比去年和 2016 年同期分别下降 1.0 和 2.0 个百分点；财产净收入和转移净收入占比则呈现出逐年上升态势，2018 年财产净收入占 2.9%，较去年和 2016 年同期分别提高 0.3 和 0.5 个百分点；转移净收入占比为 26.4%，较去年和 2016 年同期提高 1.3 和 2.6 个百分点，收入占比的“两升两降”表明农村居民收入来源、渠道和构成更加多元化。

图 2　2016-2018 年四川农村居民人均可支配收入构成情况（%）

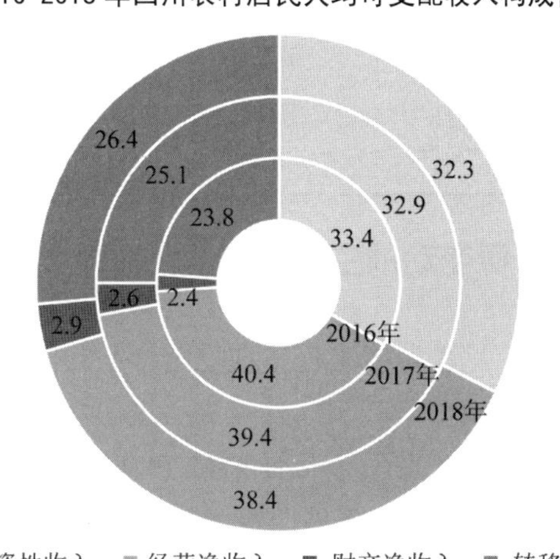

（四）从增收贡献看，转移净收入贡献率增长较快

2018 年转移净收入促农增收贡献率为 41.4%，较去年和 2016 年同期分别增加 2.8 和 9.1 个百分点，已经成为拉动农村居民持续增收的主要动力；财产净收入增收贡献率为 5.2%，较去年同期减少 0.1 个百分点，较 2016 年同期上升 0.5 个百分点；工资净收入和经营净收入增收贡献率则呈现出明显下降，2018 年工资性收入增收贡献率为 26.7%，较去年和 2016 年同期分别减少 0.5 和 2.0 个百分点；经营性收入增收贡献率为

图 3　2016-2018 年四川农村居民收入贡献率对比情况（%）

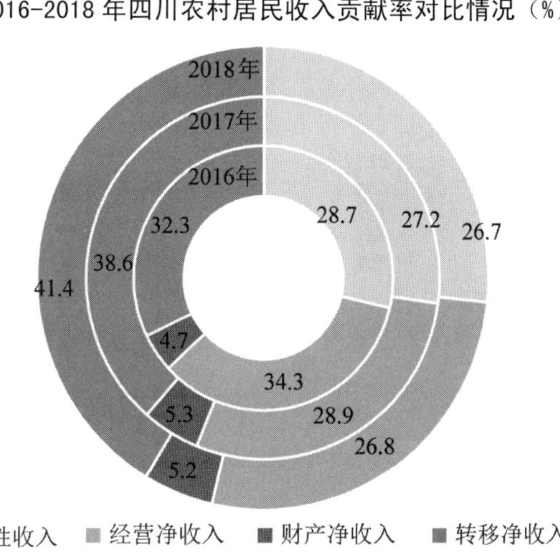

26.8%，较去年和2016年同期分别减少2.1和7.5个百分点。转移净收入贡献率持续提升表明一系列转移支付政策已经发挥效能，并实实在在增加农民收入。

（五）横向比较看，绝对值和增速居全国中游

据国家反馈资料，2018年四川农村居民人均可支配收入为13331元，绝对值在全国30省市地区（北京市不公布农村居民收支数据）排第20位，在西部十二省份中排第3位，仅次于内蒙和重庆；同比增长9.0%，高于全国平均0.2个百分点，在在全国30省市地区排第13位，在西部十二个省（市、区）中排第9位。四川占全国平均水平（14617元）的比重为91.2%，比去年同期提高0.2个百分点，四川农民人均可支配收入正稳步接近全国平均。

（六）从近三年比较看，收入增速回落态势明显

如表1所示，从近三年农民可支配收入增速比较看，四川农村居民人均可支配收入增速呈逐年下降态势，从2016年一季度的两位数增速到2018年前三个季度增速分别为9.0%、9.0%和 9.2%，全年增速为9.0%，较去年和2016年同期分别下降0.1和0.3个百分点，预计2019年增速放缓趋势仍将延续。

表1 2016-2018年四川农村居民人均可支配收入分季度增长情况（%）

指 标	一季度	前三季度	前三季度	全年
2016年	10.3	10.2	9.9	9.3
2017年	9.4	9.3	9.3	9.1
2018年	9.0	9.0	9.2	9.0

二、2018年四川农村居民消费变动的主要特点

伴随农村居民收入的稳定增长，家庭消费支出也呈现稳定增长，消费需求转变明显。

（一）消费增速快于收入，快于城镇

2018年农村居民人均生活消费支出12723元，同比增加1326元，同比增长11.6%，增速比同期农民人均可支配收入快2.6个百分点，比同期城镇居民人均消费增速快4.8个百分点。

（二）从构成上看，八大类支出全面增长

2018年四川农村居民人均八大类消费支出呈现全面增长态势，其中医疗保健、居住、交通通信和教育文化娱乐四大类均实现两位数增速较快增长，增速分别为29.3%、15.9%、14.5%和10.2%；其次是生活用品及服务、其他用品和服务、食品烟酒和衣着，增速分别为9.9%、8.3%、5.8%和4.9%。

图4 2017-2018年四川农村居民人均生活消费情况

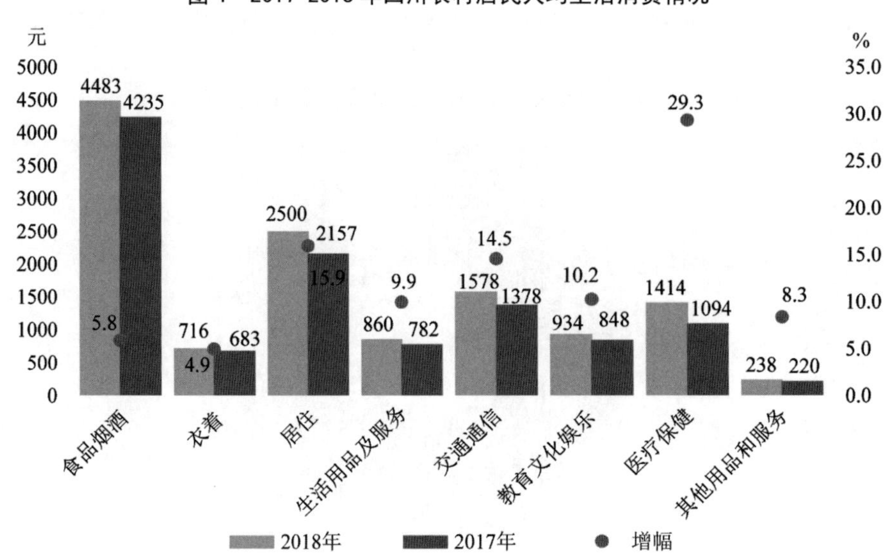

（三）从占比看，消费结构升级明显

一是恩格尔系数进一步降低。2018 年四川农村居民人均食品烟酒消费支出 4483 元，占消费支出的比重即恩格尔系数为 35.2%，比上年下降 1.9 个百分点。二是发展型消费占比进一步提高。农村居民居住、交通通信、教育文化娱乐和医疗保健等发展型消费占比合计为 50.5%，较上年同期占比提升了 2.4 个百分点，其中医疗保健和居住项消费占比分别较上年提升 1.5 和 0.7 个百分点，新农村建设及乡村振兴战略的不断推进，加之乡村旅游地蓬勃发展，农村居民对住房条件的改善需求不断提升，新农合的普及和标准提高，农村居民养生保健意识增强，医疗保健支出大幅增长。全省农村居民消费结构由衣食为主的生存型逐步向医疗保健、居住、交通通信和教育文化娱乐消费需求明显增多的发展型转变。

三、促进农村居民收支稳定增长的几点建议

（一）紧扣农民工服务主题，促进农民工就业增收

针对我省农民工就业多集中基础性岗位的实际，紧扣当前市场需求，大力实施农民工技能培训，增强企业用工匹配度；通过定期开展监测和形势预判，及时了解农民工就业状况，积极推进农民工公共就业信息服务平台建设；积极组织开展返乡下乡创业技能培训，加大政策宣传力度，简化各项程序，为农民工回乡创业提供更好的环境。

（二）坚持农村供给侧改革，促进农民经营性增收

通过实施高标准农田建设、改造和复垦，研发和筛选农业新品种，注重新技术的推广使用，提高农业生产机械化程度，促进农业现代化发展；积极支持和引导农村合作社、家庭农场及现代农业产业示范园区发展，引导农特产品生产经营主体从标准化、质量认证等方面打造农产品品牌，加快推进流通基础设施和农村电商（物流）服务体系建设，助力优质农产品走向市场。

（三）紧抓农村产业融合，促进农民财产性增收

进一步深化农村产权制度改革，力争农村各类产权确权颁证全覆盖，根据各地实际探索建立土地承包收入不断增加的土地产权流转交易机制，加强农村集体“三资”管理，不断提升集体经济分红收入；依托当地农村农业资源禀赋，以“农业+”为突破围绕市场需求，创新特色业态开发一批特色鲜明、形式多样的乡村产品，推进农业与加工、旅游、文创、康养、会展等一二三产业融合发展，带动农村居民房租等财产性收入平稳增长。

（四）持续加大转移支付，促进农民转移性增收

创新政策措施，瞄准薄弱环节加大政策供给和保障力度，通过项目库建设、公示公告等多种方式加大项目资金监管力度，确保资金落实到位；通过开展驻村干部示范培训、财政扶贫政策培训等多种方式打造一支脱贫攻坚先锋部队，通过加大勤劳致富榜样宣传激发贫困居民内生动力；继续推行低保、特困群体参加基本医疗保险全面资助，确保农村居民转移收入继续保持较快增长。

（五）结合消费结构升级，提升农村消费水平和质量

进一步完善消费基础设施建设，加快农村电子商务服务点和物流体系建设，加强城际配送、城市配送和农村配送的有效衔接，为农村消费升级打牢基础；进一步规范农村消费市场秩序，着力清除市场壁垒和地区封锁，打破行业垄断，维护市场公平竞争，为农村消费持续增长提供保障；鼓励零售企业与各类金融机构合作开拓农村信用消费市场，探索建立信用销售和信用信贷顺畅衔接机制，鼓励适度提前消费，全面提升居民消费水平和质量。

2018 年四川 CPI 运行平稳　涨幅温和

2018 年四川居民消费价格（CPI）上涨 1.7%，涨幅比 2017 年扩大 0.3 个百分点。总体来看，2018 年四川 CPI 呈现运行平稳，稳中有涨，涨幅温和的态势。

2018 年四川 CPI 呈现冲高、回落、再回升的走势，虽然受到节日、季节、极端天气、非洲猪瘟、石油价格震荡等因素影响，CPI 上下波动，但总体来看仍属平稳。各月 CPI 运行在 101.1-102.6 这个区间内，全年在 1.5 个百分点内波动。2018 年全年平均 1.7%的涨幅虽然有所扩大，但从近年看，已连续第五年涨幅低于 2%。分月看，有 7 个月涨幅低于 2%，有 5 个月涨幅大于或等于 2%，其中只有 2 月份达到 2.6%，其余 4 个月只达到或略超过 2%，显示当前 CPI 涨幅虽然有所扩大但依旧温和。

图 1　2011-2018 年四川 CPI

图 2　2018 年四川 CPI

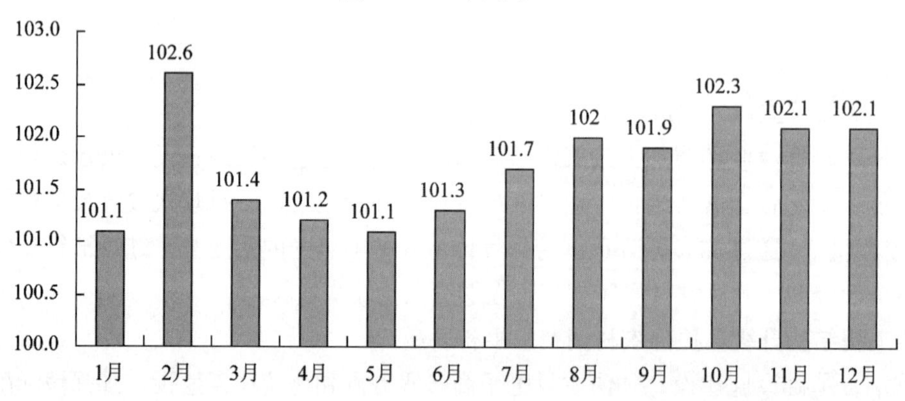

食品类价格由跌转升是 2018 年 CPI 涨幅回升的主要原因。2017 年四川食品类价格下跌 2.8%，拉低 CPI 约 0.57 个百分点。而 2018 年食品类全年上涨 1.3%，拉动 CPI 上涨约 0.27 个百分点。食品价格上涨既有周期性因素，也有天气、疫情等因素影响，上年基数较低也是一个原因。从主要品种看，猪肉价格全年多数月份运行在负增长区间，5 月份同比下跌 20%创下阶段性新低后，价格跌幅开始收窄。随着国内多地以及四川先后发现非洲猪瘟，下半年四川猪肉价格持续反弹，到 10 月份猪肉价格同比上涨 0.5%，由跌转涨，到 12 月疫情叠加制作腌腊制品旺季，刺激猪肉价格涨幅扩大，当月同比涨幅达到 16.4%。猪肉价格全年仍下跌 6.9%，但跌幅较 2017 年缩小 5.3 个百分点。鲜菜价格历来受天气变化和季节转换影响明显，2018 年波动依然较大，2 月份受寒冷天气叠加春节影响，同比上涨 25.3%，成为年内高点，12 月受冬季时令蔬菜大量上市影响，同比只上涨了3.1%，涨幅为年内最低。从全年看，2018年鲜菜价格由2017年下跌6.5%转为上涨9.2%。禽肉、蛋类2017年受禽流感影响，价格下跌0.7%和2.2%，2018年恢复性上涨，分别上涨5.7%和9.6%。其他食品涨跌情况和上年基本类似，相对稳定，其中粮食、水产品、鲜果价格小幅上涨，食用油价格小幅下跌。

图3　2018年四川猪肉环比与同比指数

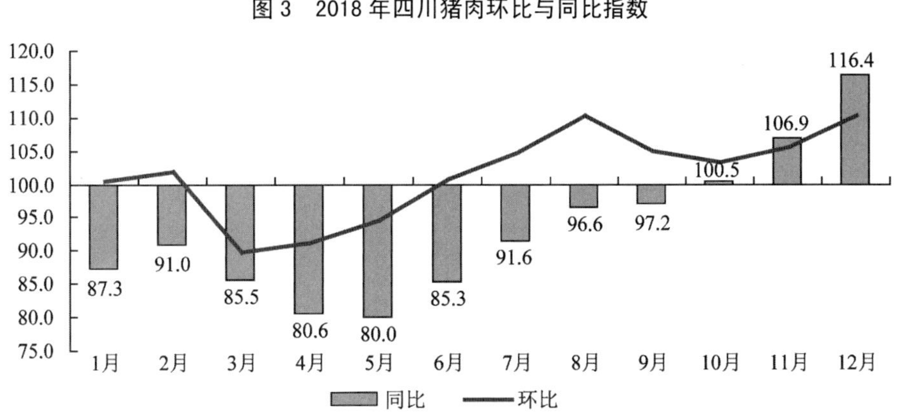

非食品价格涨幅有所收窄。2018年，四川非食品价格上涨1.8%，涨幅比2017年减小0.7个百分点，但仍影响CPI上涨约1.46个百分点。分月来看，非食品价格同比涨幅在1.4%-2.2%之间窄幅波动，运行较为稳定。在非食品中，四川服务项目价格上涨2.1%，涨幅较2017年收窄1.3个百分点，拉动CPI上涨约0.74个百分点。其中2018年受部分地区需求较旺影响，私房房租价格上涨5.1%，成本推动教育服务价格上涨2.6%，理顺公共服务价格机制，医疗服务价格上涨1.6%。与2017年相比，除私房房租涨幅扩大1.7个百分点外，教育服务、医疗服务涨幅分别低0.5和2.9个百分点。工业消费品价格上涨1.8%，涨幅比2017年略低0.1个百分点，影响CPI上涨约0.61个百分点。分类来看，有涨有跌，部分品种涨跌幅度较大。如受部分低价药涨幅大影响，2018年四川西药价格全年上涨6.1%，其中涨幅较大的有，抗肿瘤药上涨14.0%、呼吸系统用药上涨12.7%、神经系统用药上涨11.1%等。受国际原油价格一度大涨影响，国内油价经历了13涨12跌后，2018年四川汽柴油价格分别上涨12.6%和13.9%。受供给侧改革、环保治理等因素影响，四川部分建材、家具价格上涨，如水泥上涨15.6%、瓷砖上涨9.1%、家具上涨4.4%。受行业回暖、消费升级、成本上升等因素拉动，高端白酒带动部分次高端、中低端白酒价格上涨，影响2018年四川白酒价格上涨6.7%。受部分地区政策性调价影响，2018年四川管道燃气价格上涨2.4%。受市场需求不足、产品更新换代等因素影响，2018年小型汽车价格下跌5.2%，部分家电、数码设备、通信设备也出现不同程度下跌，如洗衣机下跌3.2%、电视机下跌6.9%、笔记本平板下跌3.5%、移动电话机下跌5.8%等。

2018 年四川工业生产者价格运行报告

2018 年，四川认真贯彻落实新发展理念，落实高质量发展要求，以供给侧结构性改革为主线，不断优化产业结构，稳步推进产业升级，工业生产运行稳定，全年工业生产者价格（PPI）总体温和波动，同比指数受去年翘尾因素的影响，涨幅呈逐月收窄趋势。

一、四川工业生产者价格运行概况

（一）出厂价格总体变动情况

2018 年，PPI 平均同比上涨 3.6%，年内各月均呈涨幅逐步收窄的走势。环比走势温和运行，全年 12 个月中 9 个月上涨，其中 1 月为 2018 年单月最大涨幅，上涨 0.5%；6 月为 2018 年单月最大降幅，下降 0.3%。

图 1　2017 年 1 月以来四川工业生产者出厂价格涨跌幅

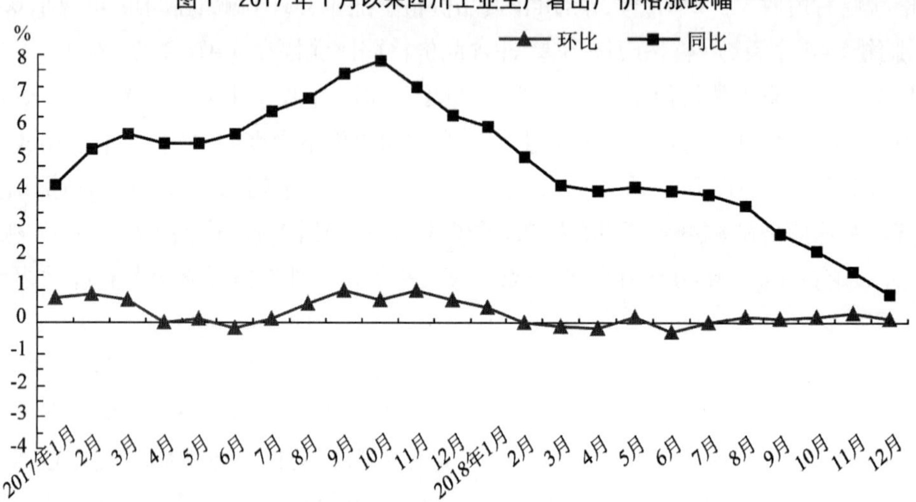

1. 从轻重工业看：1-12 月全省轻工业生产者出厂价格指数平均同比上涨 1.6%，重工业生产者出厂价格指数平均同比上涨 4.5%。

2. 从生产生活资料看：1-12 月生产资料出厂价格指数平均同比上涨 4.6%，其中：采掘类平均同比上涨 2.3%；原材料类平均同比上涨 5.3%；加工类平均同比上涨 4.6%。生活资料价格指数平均同比上涨 1.1%。其中：食品类平均同比上涨 1.9%；衣着类平均同比上涨 3.0%；一般日用品类平均同比上涨 1.7%；耐用消费品平均同比下降 2.7%。

（二）购进价格运行情况

全年 IPI 平均同比上涨 5.3%，各月走势与 PPI 相似，涨幅不断收窄。从环比来看，全年 12 个月中有 9 个月为上涨，其中 1 月为 2018 年单月最大涨幅，上涨 1.8%；4 月为 2018 年单月最大降幅，下降 0.5%。

1. IPI 与 PPI 走势一致，波动幅度大于 PPI。购进价格指数 IPI 同、环比走势与 PPI 走势基本一致，但波动幅度比 PPI 更宽。基于目前我国工业经济转型升级阶段的形势，工业企业对自身管理及成本控制要求更高，对市场价格反应更为敏感，而从出厂价格来说，企业为保证市场份额和自身利润，多数企业对出厂产品价格涨跌幅调整更为谨慎，故 PPI、IPI 走势相同，但波动幅度有所差异。

2. 九大类原材料产品价格全面上涨。从 2018 年全年 IPI 大类平均同比情况来看，九大类平均同比保持与 2017 年相同，全面上涨。其中：建筑材料及非金属类上涨 13.6%，黑色金属材料类上涨 10.2%，木材及纸浆类上涨 7.7%，化工原料类上涨 7.4%，有色金属材料及电线类上涨 5.8%，燃料、动力类上涨 5.6%，农副食品类上涨 2.6%，其他工业原材料及半成品类上涨 1.4%，纺织原材料类上涨 0.2%。

图 2　2017 年 1 月以来四川工业生产者购进价格涨跌幅

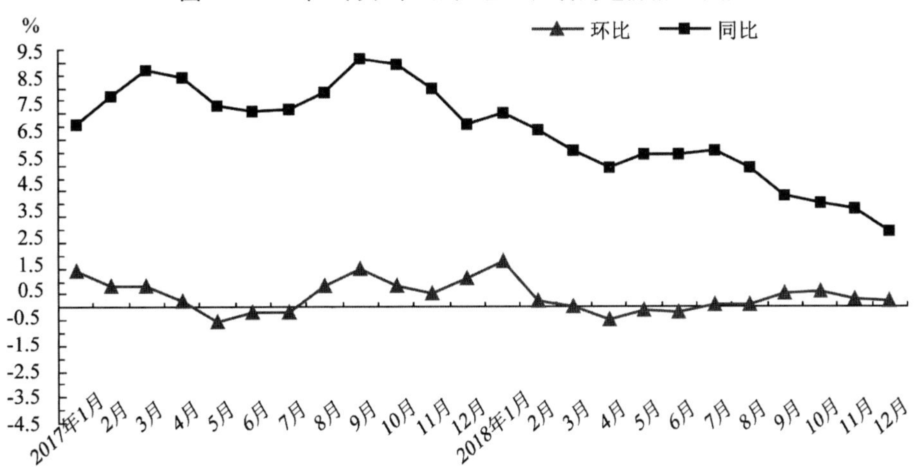

二、四川工业品价格运行的主要特点

（一）五大类产品上涨成为拉动 PPI 上涨的主要因素

调查的 39 个工业大类中，上涨的大类 34 个，持平的 1 个，下降的 4 个。其中影响全年平均同比上涨最大的前五位大类分别是：非金属矿物制品业、黑色金属冶炼和压延加工业、化学原料和化学制品制造业、石油、煤炭及其他燃料加工业和农副食品加工业（见表 1），5 个行业共拉动全年 PPI 平均上涨 2.3 个百分点。

表 1　1-12 月影响 PPI 总指数前五个行业

类　　别	平均同比涨幅（%）	影响程度（百分点）
非金属矿物制品业	10.9	0.7
黑色金属冶炼和压延加工业	10.3	0.7
化学原料和化学制品制造业	8.3	0.5
石油、煤炭及其他燃料加工业	10.0	0.2
农副食品加工业	2.3	0.2
小　计	拉动 1-12 月 PPI 平均同比上涨 2.3 个百分点	

（二）传统三大行业走势各异

1-12 月，非金属矿物制品业、黑色金属冶炼和压延加工业拉动 PPI 上涨 1.4 个百分点，煤炭开采和洗选业保持温和上涨。

表 2　2018 年 1-12 月钢材煤炭水泥价格走势

项　　目	单 位	钢 材	煤 炭	水 泥
2018 年最高时价格	元/吨	4480	1224	360.37
2018 年最低价格	元/吨	3810	1166	270.09
2018 年 1 月价格	元/吨	4030	1174	270.09
2018 年 12 月价格	元/吨	4280	1224	360.37

说明：1. 钢材取自攀钢集团热轧薄板价格。

2. 煤炭取自攀煤集团炼焦用洗精煤价格。

3. 水泥取自都江堰拉法基 42.5 水泥价格。

1. 非金属矿物制品业同比涨幅回落，环比上行为主。1-12 月，四川非金属矿物制品业产品出厂价格平均同比上涨 10.9%，其中水泥、石灰和石膏制造平均同比上涨 20.6%。总体看，全年水泥价格整体保持温和上涨势头，川内多数水泥企业销路良好，处于正常生产状态。水泥行业目前良好的生产经营形式主要是得益于以下几个方面：一是供给侧改革不断深入，错峰停窑时间安排有序，水泥行业供给端得到良好调控，价格上涨；二是煤炭、原料、运输等生产成本的持续上涨，助推了产品成本；三是全年全省房地产市场运行平稳，对水泥市场形成有力支撑。

图 3　2017 年 1 月以来四川非金属矿业制品业出厂价格涨跌幅

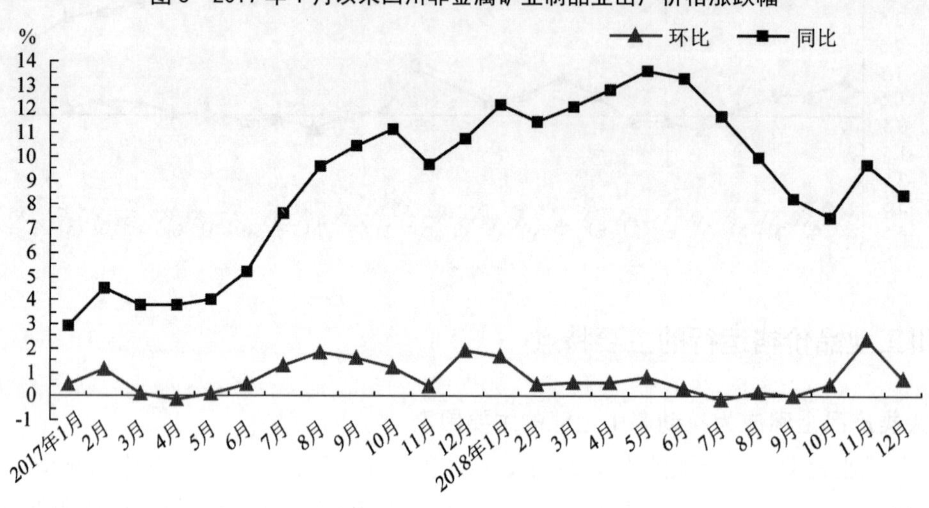

2. 黑色金属冶炼和压延加工业同比涨幅温和回落，环比波动加剧。2018 年，四川黑色金属冶炼和压延加工业品出厂价格平均同比上涨 10.3%，其中：钢压延加工平均同比上涨 8.5%。从 1-12 月的走势来看，1-4 月受传统行业淡季影响，价格有所回落，5-9 月呈现单边上行的局面，10-12 月涨幅回落，其中 12 月出现全年环比最大降幅，下降 3.8%。

图 4　2017 年 1 月以来四川黑色金属冶炼和压延加工业出厂价格涨跌幅

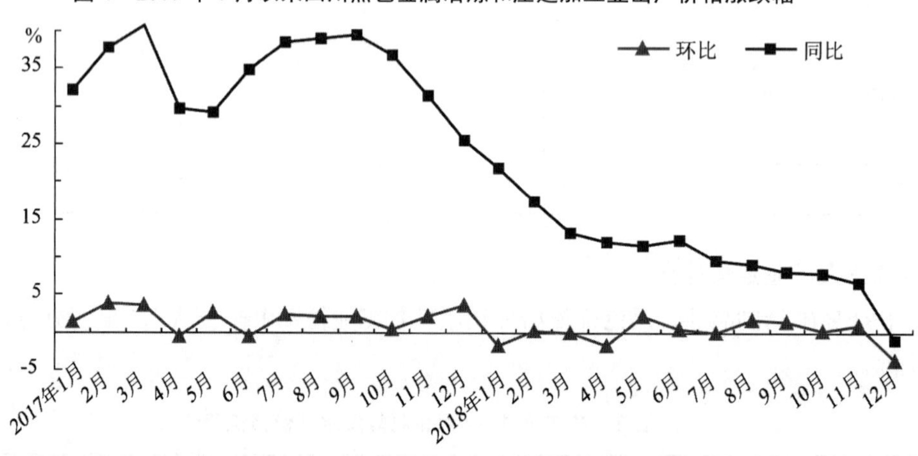

今年钢材价格走势受到影响，主要有三个方面的原因：一是限产措施影响钢铁需求释放节奏。今年以来，环保督查常态化、采暖季限产等多方面因素影响钢材价格。二是在上半年钢材企业处于盈利状态下，产量又有一定程度扩大，在下游行业没有需求明显增加的情况下，增加的社会库存对下半年的钢材价格影响明显。三是 11 月中旬螺纹钢开始使用国家新标准，目前仍需一定时间消化旧标准螺纹钢库存，短期对新国标螺纹钢短期市场需求不大，故 12 月涉及到添加钒钛、钒氮类合金使用量的新国标螺纹钢价格本月价格暴跌。

3. 煤炭开采和洗选业同比翘尾因素影响完全消退，环比整体由降转升。2018 年，煤炭开采和洗选业平均同比上涨 1.2%。一季度煤炭销售处于传统旺季，受去年大规模煤炭企业关停整改影响，局部地区供应偏紧，上涨较快；二、三季度随着多家煤炭企业全面复产，产能逐步释放，煤炭市场趋稳，供需减弱，价格不断走低；四季度新增产能开始进入投放周期，进口煤炭政策放松，抵消了部分由于 10 月份国内多个大型煤企陆续大幅上调长期协议煤价带来的涨价影响，导致四季度价格呈缓慢上升的趋势。

图 5　2017 年 1 月以来四川煤炭开采和洗选业出厂价格涨跌幅

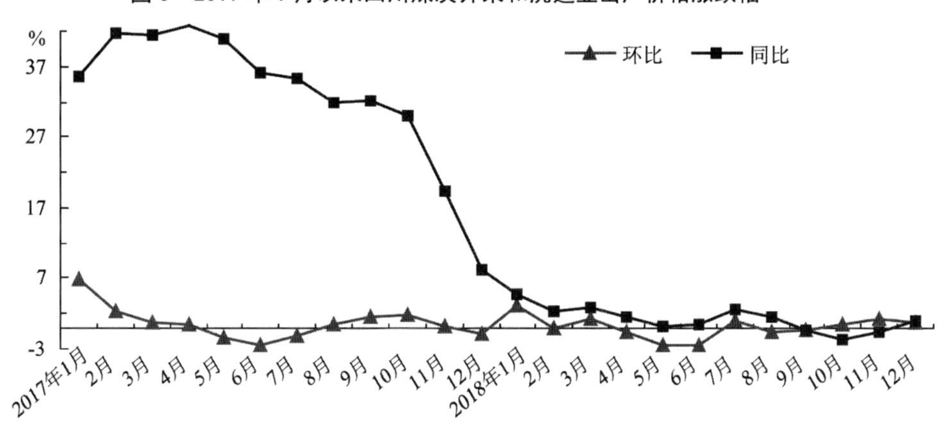

三、影响 2018 年四川 PPI 运行的主要动因

（一）“去产能、调结构”阶段性效果已显现，前期价格恢复上涨因素正逐步消退

经过 2017 年多个行业价格恢复性上涨，翘尾因素带来的影响正逐步消除，2018 年新的工业经济结构带来的效果开始显现。从 2018 年多个工业品 PPI 环比运行情况看，煤炭、钢铁、水泥等行业价格较往年运行更为稳定，往年行业淡旺季出现的价格大起大落的情况完全消失，也意味着我省“去产能、调结构”取得阶段性成果。目前价格稳定、市场有序的变化有助于企业保持稳定的生产经营格局。

（二）新兴行业与绿色环保升级行业涨幅明显

经过近几年工业结构调整及转型，一方面部分新兴工业得到振兴：从 2018 年四川 PPI 调查的 39 个大类看，其他制造业 2018 年平均同比上涨 14.5%，涨幅居 39 个大类第一；废弃资源综合利用业 2018 年平均同比上涨 13.6%，涨幅居 39 个大类第二位。另一方面，高能耗、高污染的传统工业正转型升级中，其产品价格稳步上升。涨幅排名的前 10 位的工业大类中，共涉及传统工业行业 6 类，涨幅由高到低的分别是非金属矿物制品业、黑色金属冶炼和压延加工业、石油、煤炭及其他燃料加工业、化学原料和化学制品制造业、造纸和纸制品业、纺织业。

（三）国际市场与 PPI、IPI 走势关系密切

伴随我国全球化进程的不断推进，国内价格与国际市场走势紧密相连，多个行业受国际市场价格波动影响明显。石油、煤炭及其他燃料加工业全年平均同比上涨 10%、天燃气生产和供应业全年平均同比上涨 5.6%，有色金属矿采选业全年平均同比上涨 5.3%、有色金属冶炼和压延加工业全年平均同比上涨 3%。

（四）中美贸易摩擦的影响需持续关注

今年，美国政府表现出的贸易保护主义和经济民族主义，使得国际价格秩序变得更为动荡。目前来看，中美贸易战对国内产生的影响温和可控，但部分行业因价格传导引起的国内产品价格上涨，需密切关注。目前，天然气、农产品等原材料价格走高，涉及到产品下游的工业品价格上涨明显。

以氮肥生产为例，全年价格走势与天然气价格走势呈正相关（四季度因农闲时节需求不大，涨幅有所回落）。8 月，美方将天然气列入制裁清单后，氮肥制造环比保持上涨走势，加之受冬季气温降低影响，局部地区气荒现象不时发生，更是提高了依赖天然气的工业企业运营难度和成本。需高度关注天然气价格的后继走势，及时防范对化工行业以及农业生产可能带来的负面影响。

图 6　2018 年 PPI 氮肥制造与天然气生产走势

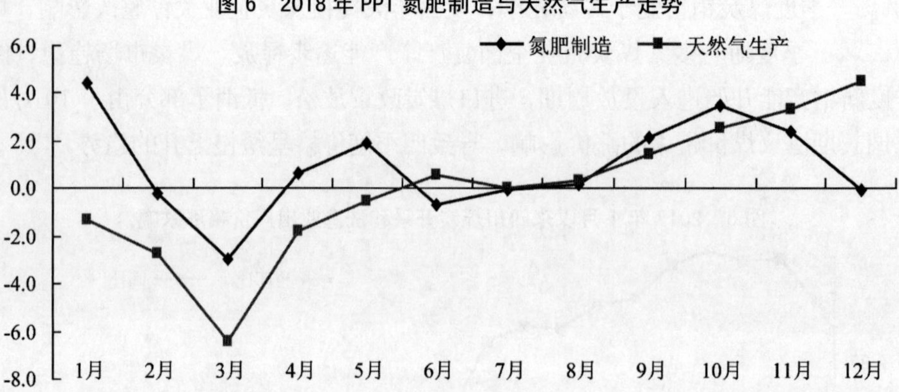

四、四川 PPI 涨幅高于全国平均水平

1-12 月，全国 PPI 平均同比上涨 3.5%，四川 PPI 同比上涨 3.6%，比全国涨幅高 0.1 个百分点。在 31 个省（市、区）指数由高到低排列第 15 位；西部地区比较，四川 PPI 涨幅全年平均同比列 3 位。

2018年四川粮食生产保持稳定

2018年，四川各地认真贯彻落实党的十九大、习近平总书记来川视察重要讲话精神和“三农”工作重要决策部署，以实施乡村振兴战略为总抓手，深入推进农业供给侧结构性改革，毫不放松抓好粮食生产，确保四川粮食生产保持稳定发展。

据国家统计局四川调查总队抽样调查，经国家统计局核定，2018年四川粮食产量稳中略增，全年粮食产量达到3493.7万吨（698.7亿斤），比2017年（说明: 2017年粮食生产数据根据三农普结果进行了修正，下同）增加4.8万吨（1亿斤），增长0.1%。

全国粮食总产量65789万吨（13158亿斤），比2017年减少371万吨（74亿斤），下降0.6%。四川粮食产量在全国各省（市、区）中居第9位。

一、四川粮食生产的主要特点

（一）从构成上看，面积减少，单产提高

2018年，四川深入推进农业供给侧结构性改革，调整农作物种植结构，主动调减部分谷物、薯类等粮食作物播种面积。2018年，四川粮食播种面积6265.6千公顷（9398.4万亩），比2017年减少26.4千公顷（39.6万亩），减0.4%。

2018年，四川农业气候总体适宜，常年危害四川的干旱灾害普遍偏轻，局部洪涝灾害影响有限，农业投入不断增加，科技兴农水平稳步提高，促使四川粮食单产水平提高。2018年，四川粮食平均单产5576公斤/公顷（371.7公斤/亩），比2017年提高31公斤/公顷（2公斤/亩），提高0.5%。

2018年，四川播种面积略减，但是由于粮食单产提高，增减相抵之后，四川粮食产量保持稳中略增态势。2018年四川粮食产量3493.7万吨（698.7亿斤），比2017年增加4.8万吨（1亿斤），增0.1%。全年粮食因播种面积减少而减少粮食产量14.6万吨，因单产提高而增加粮食产量19.4万吨，可以看出，全年粮食产量保持稳中略增是因粮食单产提高所致。

（二）分季节看，夏粮减产，秋粮增产

2018年，四川夏粮播种面积1113.2千公顷（1669.8万亩），比2017年减少22.1千公顷（33.2万亩），减1.9%。夏粮单产3768公斤/公顷（251.2公斤/亩），比2017年提高46公斤/公顷（3.0公斤/亩），提高1.2%。四川夏粮产量419.5万吨（83.9亿斤），比2017年减3.1万吨（0.6亿斤），减0.7%。

图1　2018年四川分季节粮食产量

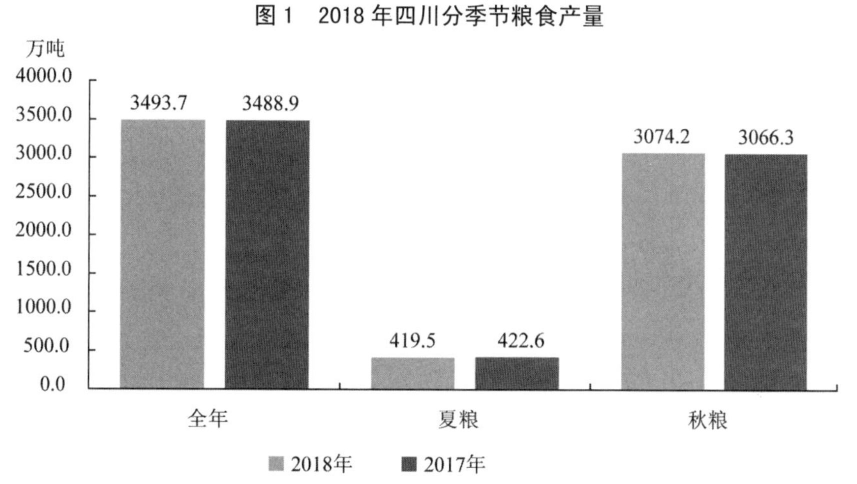

2018 年，四川秋粮播种面积 5152.4 千公顷（7728.6 万亩），比 2017 年减少 4.3 千公顷（6.4 万亩），减 0.1%。秋粮食单产 5967 公斤/公顷（397.8 公斤/亩），比 2017 年提高 21 公斤/公顷（1.4 公斤/亩），提高 0.4%。秋粮产量 3074.2 万吨（614.8 亿斤），比 2017 年增加 7.9 万吨（1.6 亿斤），增长 0.3%。

（三）分类看，谷物产量保中略减，豆类、薯类增产

2018 年，四川谷物播种面积 4479.5 千公顷（6719.2 万亩），比 2017 年减少 28.2 千公顷（42.4 万亩），减 0.6%。谷物单产 6320 公斤/公顷（421.3 公斤/亩），比 2017 年提高 37.7 公斤/公顷（2.5 公斤/亩），提高 0.6%。谷物产量 2830.9 万吨（566.2 亿斤），比 2017 年减少 0.9 万吨（0.2 亿斤）。

2018 年，四川豆类播种面积 524.9 千公顷（787.4 万亩），比 2017 年增加 6.5 千公顷（9.8 万亩），增长 1.3%。豆类单产 2315 公斤/公顷（154.3 公斤/亩），比 2017 年提高 15.7 公斤/公顷（1 公斤/亩），提高 0.7%。豆类产量 121.5 万吨（24.3 亿斤），比 2017 增加 2.3 万吨（0.5 亿斤），增长 7.4%。

2018 年，四川薯类播种面积 1261.2 千公顷（1891.8 万亩），比 2017 年减少 4.7 千公顷（7 万亩），减 0.4%。薯类单产 4292 千公斤/公顷（286.1 公斤/亩），比 2017 年提高 43.9 公斤/公顷（2.9 公斤/亩），提高 1%。薯类产量 541.3 万吨（108.3 亿斤），比 2017 年增加 3.5 万吨（0.7 亿斤），增长 0.6%。

表 1　2018 年粮食作物分类生产情况

单位：万亩、公斤/亩、万吨

	2018 年			2018 年比 2017 年增减绝对数			2018 年比 2017 年增减（%）		
	播种面积	亩产	产量	播种面积	亩产	产量	播种面积	亩产	产量
全年	9398.4	371.7	3493.7	-39.6	2.0	4.8	-0.4	0.5	0.1
谷物	6719.2	421.3	2830.9	-42.4	2.5	-0.9	-0.6	0.6	0.0
豆类	787.4	154.3	121.5	9.8	1.0	2.3	1.3	0.7	1.9
薯类	1891.8	286.1	541.3	-7.0	2.8	3.4	-0.4	1.0	0.6

（四）主要品种看，稻谷、大豆、甘薯增产，小麦、玉米、马铃薯减产

2018 年，四川主要粮食作物稻谷、小麦、玉米、大豆、马铃薯、甘薯等，面积减少的有稻谷、小麦、玉米、马铃薯，面积增加的有大豆和甘薯；主要作物单产水平都有所提高；总产量是三增三减，四川稻谷产量 1478.6 万吨（295.7 亿斤），比 2017 年增 0.3%；小麦 247.3 万吨（49.5 亿斤），比 2017 年减 1.7%；玉米 1066.3 万吨（213.3 亿斤），减少 0.2%；大豆 88.8 万吨（17.8 亿斤），增 3.4%；马铃薯 282.9 万吨（56.6 亿斤），减 0.3%；甘薯 258.4 万吨（51.7 亿斤），增 1.7%。

表 2　2018 年主要粮食作物生产情况

单位：万亩、公斤/亩、万吨

	2018 年			2018 年比 2017 年增减绝对数			2018 年比 2017 年增减（%）		
	播种面积	亩产	产量	播种面积	亩产	产量	播种面积	亩产	产量
稻谷	2811.0	526	1478.6	-1.4	2.0	4.9	0.0	0.4	0.3
小麦	952.5	260	247.3	-26.5	3.0	-4.3	-2.7	1.2	-1.7
玉米	2784.0	383	1066.3	-11.8	1.0	-1.7	-0.4	0.3	-0.2
大豆	565.5	157	88.8	11.5	1.9	2.9	2.1	1.2	3.4
马铃薯	1015.8	279	282.9	-10.3	1.9	-0.9	-1.0	0.7	-0.3
甘薯	876.0	295	258.4	3.3	3.8	4.3	0.4	1.3	1.7

二、2018 年全国粮食产量下降 0.6%

全国粮食播种面积 117037 千公顷（175555 万亩），比 2017 年减少 952 千公顷（1428 万亩），下降 0.8%。其中谷物播种面积 99685 千公顷（149528 万亩），比 2017 年减少 1079 千公顷（1619 万亩），下降 1.1%。

全国粮食单位面积产量 5621 公斤/公顷（375 公斤/亩），比 2017 年增加 14 公斤/公顷（0.9 公斤/亩），增长 0.2%。其中谷物单位面积产量 6121 公斤/公顷（408 公斤/亩），比 2017 年增加 16 公斤/公顷（1.1 公斤/亩），增长 0.3%。

全国粮食总产量 65789 万吨（13158 亿斤），比 2017 年减少 371 万吨（74 亿斤），下降 0.6%。其中谷物产量 61019 万吨（12204 亿斤），比 2017 年减少 502 万吨（100 亿斤），下降 0.8%。

三、2018 年四川粮食产量在全国各省（市、区）中居第 9 位

2018 年，四川粮食生产形势好于全国平均。2018 年，四川粮食产量比 2017 年增长 0.1%，全国粮食产量减少 06%，相当于四川粮食产量增幅比全国平均快 0.7 个百分点。

2018 年，四川粮食产量在全国 31 个省（市、区）中，排在黑龙江（7507 万吨）、河南（6649 万吨）、山东（5320 万吨）、安徽（4007 万吨）、河北（3701 万吨）、江苏（3660 万吨）、吉林（3633 万吨）、内蒙古（3553 万吨）之后，居全国第 9 位，排在四川后两位的是湖南（3023 万吨）、湖北（2839 万吨）。

图 2　2018 年全国粮食主产省粮食产量排位情况

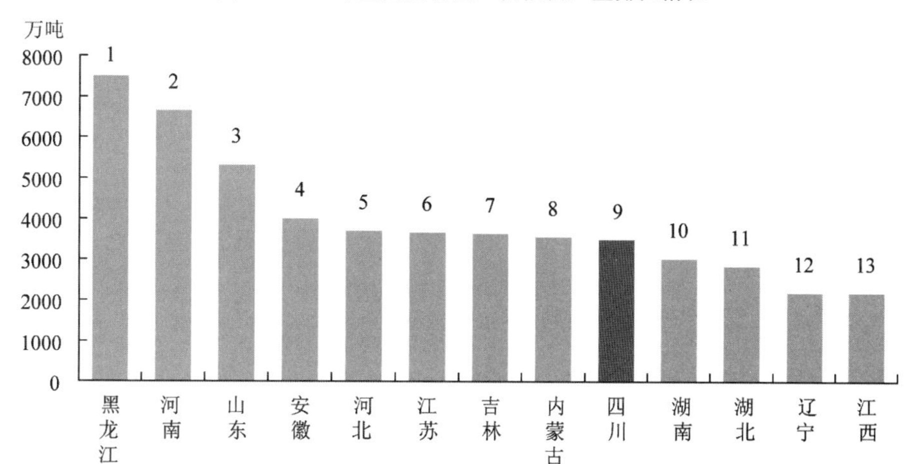

四、粮食生产主要影响因素

有利因素

（一）行政推动，生产基础进一步夯实

四川各地高度重视粮食生产，严格执行粮食安全省长责任制。年内多次召开农业生产工作会议和现场会议，工作上早安排，早落实。积极落实藏粮于地战略，划定粮食生产功能区，推进高标准农田建设，夯实粮食生产根基。2018 年，四川在 50 个县划定粮食生产功能区和重要农产品生产保护区 2000 万亩以上，计划建成高标准农田 387 万亩，建成高标准农田绿色示范区 50 万亩。

（二）政策到位，粮食价格基本稳定

2018 上半年，四川共下达农业专项资金 369 亿元，同比增长 26.8%。其中，中央补助资金 263 亿元，省级资金 106 亿元。四川完成第一产业投资 545.4 亿元，同比增加 94.8 亿元，增长 21.0%。产粮大县奖励政策保持不变。今年国家继续在稻谷主产区实行最低收购政策。由于国家价格政策的保底，市场粮食价格保持基本稳定态势。

（三）农业气候利大于弊，灾害损失减少

今年以来，农业气候总体适宜，特别是秋粮生产期间，降雨充沛，日照丰富，光、温、水匹配较好，无突出农业气象灾害影响，今年农业气象条件对粮食作物产量的形成是利大于弊，局部的灾害影响小于常年。

（四）科技引领，单产得到提高

四川以绿色高产高效创建为抓手，推广高产适用技术，辐射带动大面积平衡稳定增产。据省农业厅资料，四川共落实水稻、玉米、马铃薯、高粱等高产创建示范面积 976.1 万亩，同比增加 15.2 万亩，完成小麦高产创建示范面积 181.6 万亩。

（五）规模经营，提高生产能力

今年，四川实施新型农业经营主体培育工程，加快培育种粮大户、家庭农场、合作社、龙头企业、农业产业化联合体等新型经营主体。2018 年四川要新培育农民合作社省级示范社 250 个、家庭农场省级示范场 300 家、培训新型职业农民 4 万人。加快培育新型服务主体，积极发展多元化农业生产服务业。2018 年粮食规模经营面积将提高 5%。

不利影响

夏粮生产期间局部地区干旱。去冬今春，川中、川南、川西北以及龙泉山脉以东的部分农区出现明显的干旱，对夏收作物的生长和发育产生一定影响。但干旱发生的地区，不是四川小麦主产区，因此，干旱对今年四川夏收粮食影响十分有限。

秋粮生产期间阶段性、区域性阴雨和暴雨洪涝灾害。入夏以来，四川降水明显偏多，雨日多，降雨量大，还出现了几次大范围的暴雨天气过程，局部地区发生了洪涝灾害，造成了一定的损失。

疫情影响产销结构　养殖效益稳中向好

——2018年四川主要畜禽产销形势分析

2018年，以生猪生产为主导的四川畜牧业生产基本稳定，畜牧业生产稳步向现代化、绿色化、规模化方向发展。纵观全年，全省畜牧业养殖效益整体稳中向好，疫情风险和市场风险较为突出，产销形势错综复杂，尤其是8月后非洲猪瘟疫情在全国多数省份的爆发对畜牧业生产带来较大影响。分品种看，生猪存栏减少、出栏微增，上半年价格低迷养殖亏损，下半年疫情冲击价格回升，养殖效益由亏转盈；牛羊产能进一步调整，价格再创新高；家禽产销形势持续向好，产能恢复价格走高。

一、主要畜禽生产情况

（一）生猪：疫情影响供需结构，存栏减、出栏增

近年来全省生猪生产效率进一步加快，生产集中程度进一步提高，大型养殖企业数量和产能稳步增加。2018年春节过后，受供给过多、需求不足等方面的影响，全国生猪产能结构跟随价格走势开始调整，能繁母猪存栏下降，至8月全国发生非洲猪瘟疫情后，全国生猪调运受阻；11月中旬四川发生疫情后，省内调运受阻，部分地区生猪供应呈现偏紧局面。

受疫情影响，养殖户避险情绪加重，产能持续调整，生猪生产呈现存栏减少、出栏略增的局面。年末生猪存栏4258.5万头，同比下降2.7%，其中，能繁母猪存栏402.9万头，同比下降6.3%，能繁母猪占存栏比重为9.5%，种群比处于相对偏低的区间；全年生猪出栏6638.3万头，同比增长0.9%。

（二）牛羊：牛存栏降、出栏增，羊存、出栏有所减少

近年来，牛生产较为稳定，养殖户信心较好。下半年受猪瘟疫情影响，牛肉需求量和牛出栏量进一步增加。年末牛存栏824.3万头，同比下降3.4%；全年出栏276.2万头，同比增长3.3%。

受前两年肉羊价格低迷影响，养殖户亏损较深，退出较多，产能未能有效恢复。2018年肉羊价格虽大幅回升，但由于养殖周期相对较长，补栏成本较高，养殖户观望情绪较重，全年羊存、出栏量都有所减少。年末羊存栏1462.9万只，同比下降8.5%；全年出栏1740.9万只，同比下降2.2%。

（三）家禽：生产持续向好，存、出栏双增

2017年受禽流感疫情影响，全省家禽存、出栏量均有减少。随着疫情影响消退，2018年生产逐渐恢复，存出栏量稳步回升，特别进入四季度以来，受猪瘟疫情影响，禽肉、禽蛋需求增加，调动了养殖积极性，加之家禽生产周期短，投入见效快，产量在四季度明显增加。年末家禽存栏38440.7万只，同比增长5%；全年家禽出栏66071万只，同比增长1.2%，其中四季度家禽出栏24476.7万只，同比增长5.1%。

（四）主要畜禽产品：全年肉蛋奶产量稳定增加

受生猪、牛、家禽等主要畜禽产量增加的影响，全省肉蛋奶产量稳定增加。全年猪牛羊禽肉类总产量642.6万吨，同比增长1.7%。其中，猪肉产量481.2万吨，同比增长1.9%；牛肉产量34.5万吨，同比增长3.5%；羊肉产量26.3万吨，同比减少3.4%；禽肉产量100.6万吨，同比增长1.6%。禽蛋产量148.8万吨，同比增长3%；生牛奶产量64.2万吨，同比增长0.8%。

二、主要畜禽产品市场运行特点

（一）生猪：价格先跌后涨，养殖由亏转盈

1. 生猪价格先跌后涨，全年波动运行

2018 年，四川生猪价格波动较大，上半年价格走低持续探底，下半年价格企稳回升，尤其是四季度受猪瘟疫情影响，区域间供需矛盾加大，省内整体价格上涨明显。

全年四川生猪出栏均价 13.7 元/公斤，同比下跌 11.6%。分季度看，一季度均价 14.2 元/公斤，同比下跌 21.5%；二季度均价 10.8 元/公斤，同比下跌 26.8%；三季度均价 13.2 元/公斤，同比下跌 5.7%；四季度均价 16.7 元/公斤，同比上涨 9.2%。

上半年生猪价格持续回落，主要是受前期全国产能扩张的影响，加之季节性因素，春节后生猪价格持续回落，至年中价格企稳。下半年价格回升较快主要是受猪瘟疫情影响，8 月后跨省调运受阻，11 月中旬后省内调运受阻，又正值猪肉需求和消费旺季，价格呈现快速上涨态势，12 月生猪均价已达到 18.2 元/公斤，同比增长 17.4%，达到年内最高价，也为近年来的同期高峰。同时受猪瘟疫情及禁运等影响，省内区域间供需矛盾加大，12 月地区间价格差异明显，如邛崃、米易、安岳等地，出栏价格在 20 元/公斤左右；而剑阁、梓潼等地，价格不足 16 元/公斤。

图 1 2015-2018 年四川生猪价格月度走势

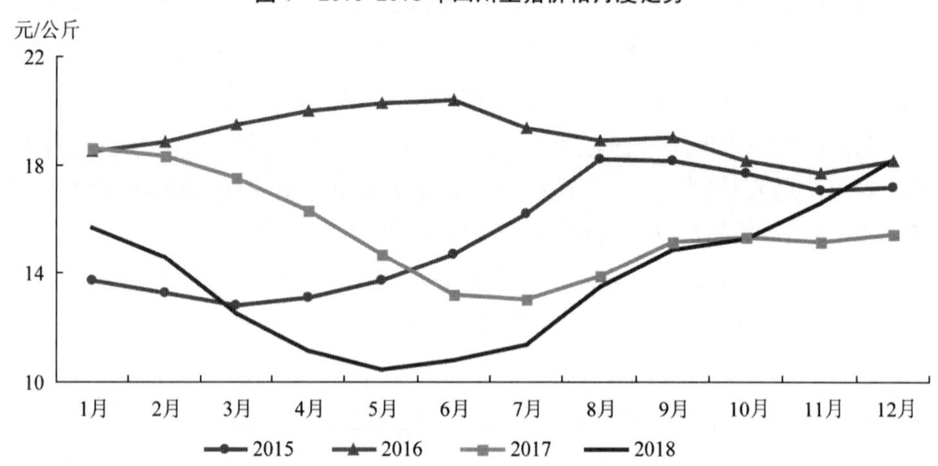

2. 仔猪价格低位运行，养殖户补栏积极性不高

全年仔猪均价 18.7 元/公斤，同比下跌 30.2%，仍在低位波动运行。虽然下半年生猪价格明显回升，但受疫情影响，养殖户观望情绪较重，补栏积极性不高，仔猪价格有一定回升，但仍低于往年同期。

图 2 2015-2018 年四川仔猪价格月度走势

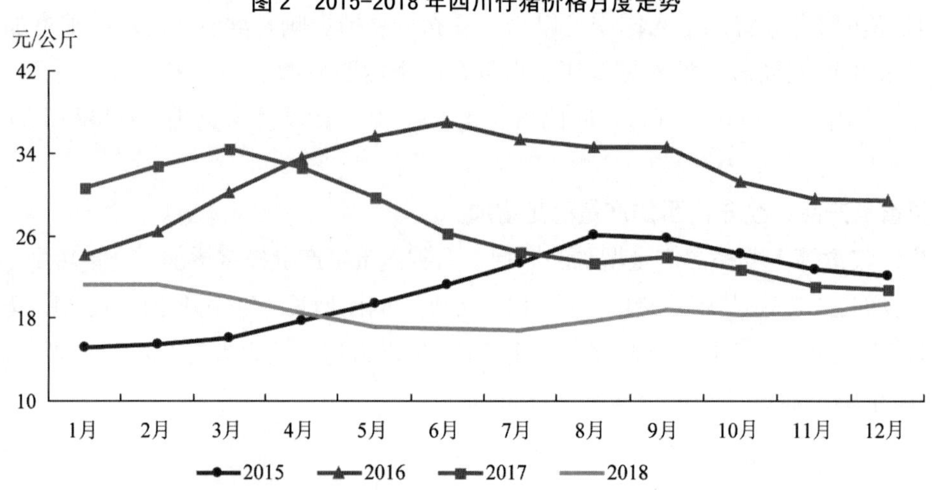

分季度看，一季度均价 20.8 元/公斤，同比下跌 36.6%；二季度均价 17.5 元/公斤，同比下跌 40.7%；三季度均价 17.8 元/公斤，同比下跌 25.5%；四季度均价 18.8 元/公斤，同比下跌 12.5%。

3. 四季度利润较好，全年养殖略有盈余

2018 年生猪养殖效益由亏转盈，波动较大，整体来看略有盈余。全年平均猪粮比为 6.2∶1，每头生猪盈利 50-100 元。分季度看，一季度猪粮比为 6.6∶1，每头生猪盈利 120-180 元；二季度猪粮比为 4.84∶1，每头生猪亏损 200-300 元；三季度猪粮比为 5.9∶1，略有亏损但已基本回到盈亏平均点；四季度猪粮比 7.4∶1，每头生猪盈利 300-400 元。

生猪养殖全年扭亏为盈，主要是四季度生猪价格明显上涨，带动养殖利润大幅回升。至 12 月，全省猪粮比已突破 8∶1，每头生猪盈利 500 元左右，已达到近年来较高水平，或将对后期生产积极性的稳定和提升起到了一定推动作用。

图 3　2015-2018 年四川猪粮比月度情况

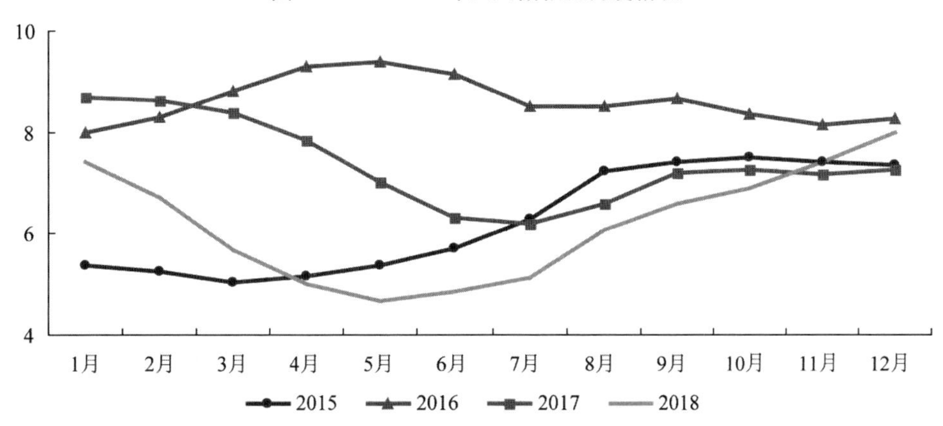

（二）牛羊价格走高，养殖效益增长

2018 年牛羊价格逐渐走高，养殖效益持续增长。肉牛全年出栏均价 26.3 元/公斤，同比增长 6.3%；肉羊出栏均价 27.9 元/公斤，同比增长 20.8%。尤其是四季度，受季节性利好因素以及猪瘟疫情影响，消费者对牛羊肉需求进一步增长。加之前期产能结构调整，尤其是肉羊产量下降较为明显，导致出栏价格快速上升。至 12 月，出栏价格创下三年内新高，肉牛出栏均价 28.3 元/公斤，同比上涨 10.5%；肉羊出栏均价 34 元/公斤，同比大涨 35.4%。

图 4　2016-2018 年四川肉牛出栏价格走势

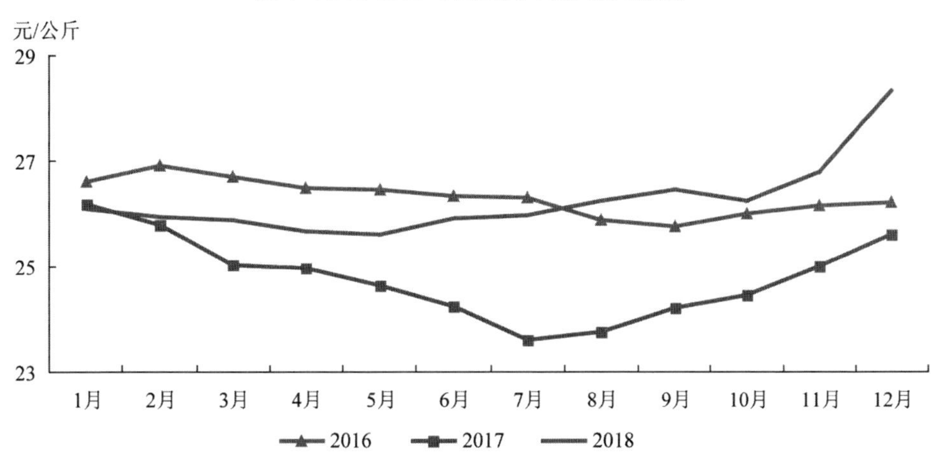

图 5　2016-2018 年四川肉羊出栏价格走势

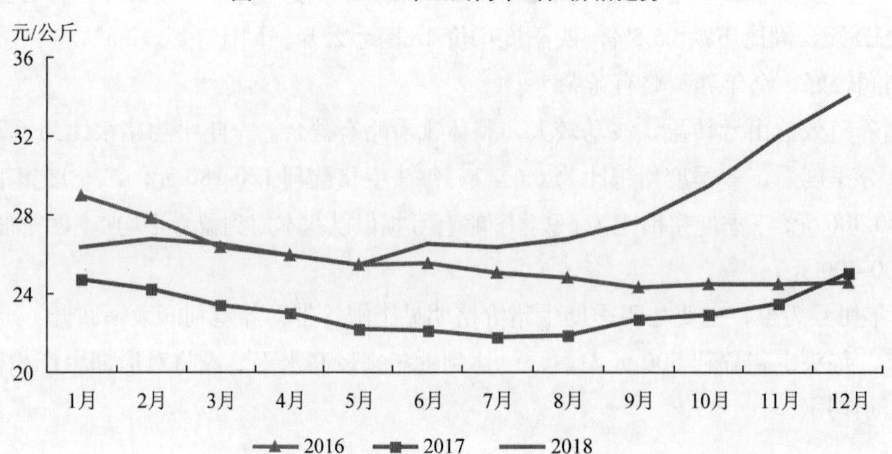

（三）家禽价格走出低谷，下半年快速上涨

2018 年全省家禽出栏量和产品价格稳步回升，受猪瘟疫情影响，下半年禽蛋等替代产品价格进一步上涨，养殖效益进一步趋好。全年肉鸡市场综合价格 21.4 元/公斤，同比上涨 15.1%；土鸡综合价格 37.5/公斤，同比上涨 10.9%；鸡蛋综合价格 14.6 元/公斤，同比上涨 20.7%；其他主要家禽产品也有 10%左右的涨幅。

三、非洲猪瘟对四川畜牧业产销形势的影响

自 11 月中旬四川确诊两起非洲猪瘟疫情后，全省启动非洲猪瘟特别重大（I 级）疫情应急响应，并进一步加强了生猪及其产品的调运和监管，省内调运受阻，加之年底需求增长，导致市场整体价格上涨。综合来看，此次疫情反映出了目前生猪生产、运输方面的问题，并将进一步影响四川畜牧业产销形势以及后期生猪产能结构，主要表现在三个方面：

（一）影响后期生猪生产

受疫情影响，近期省内生猪供应偏紧，全省生猪出栏速度加快，但补栏相对不足，尤其是考虑到运输过程及猪源地疫情的不确定性，很多养殖场的引种、引苗量大幅下降。从调查数据来看，全省年末能繁母猪存栏量有所下降，产能进一步收缩。同时，近期走访调研也显示，中小型养殖户整体担忧情绪较重，约有一半左右的中小养殖户倾向于缩减规模，尽快出栏减少风险；大多数散养户表示近期将减小规模或关停，以减轻环保压力和避免感染猪瘟加大损失。从生产规律来看，母猪怀孕到生猪出栏大约需要 10 个月至 1 年的时间，而仔猪育肥至少也需要 4 个月的时间，从目前补栏情况来看，生猪产量在 2019 年春节后将有所下降，预计这一影响将延续至 2020 年。

（二）改善居民消费结构和习惯

虽然媒体对疫情做了详细的讲解和报道，但消费者仍存在一定戒备担忧心理，转而加大对其替代品，如牛羊肉、禽蛋产品的消费，导致近期牛羊肉和禽蛋产品价格明显上涨。因此，疫情影响了居民消费结构以及主要畜禽产品的产销结构，这或将促使全省畜牧业生产结构向多样化、差异化方向发展，进一步扭转省内“一猪独大”的传统局面。

（三）改变生猪生产和运输方式

本次疫情的爆发和传播与生猪生产、运输方式以及生产经营观念密切相关。潲水猪的喂养、运输消毒不严、私屠滥宰以及不正确的经营观念都对疫情传播起到推波助澜的作用。因此，在疫情防控更加严格的情况下，落后的喂养方式将有所改进，传统活猪运输将向肉类冷链运输等方面转变，这将进一步倒逼畜牧业及其相关产业生产技术的革新，有助于调整生猪产业发展布局，并向规模化、产业化方向发展。

四、后期生产形势判断

整体看，目前全省主要畜禽产品价格较高，养殖效益较好，牛羊禽生产相对稳定，近期猪瘟疫情已得到一定控制，高县和新津县疫区得到解封，生产逐步恢复。

生猪生产预计仍将呈现供给偏紧的情况，价格在一定时期内仍将高位运行，但持续上涨的力度不强。从全国范围来看，由于主产省和主销省不同地，受疫情影响，全国猪价分化情况较严重，四川作为猪肉消费大省，近期生猪价格高位运行，养殖效益很好，而河南、辽宁等以生产为主的省份，生猪外销受阻，养殖亏损，部分养殖户已有减产。因此，即便后期调运政策解禁，但受全国大环境影响，从目前能繁母猪的存栏情况看，预计四川生猪产量在 2019 年上半年将呈现减少趋势。

牛羊禽预计仍将维持稳定生产的局面，短期内价格仍将高位运行，在生猪生产受疫情影响的情况下，牛羊禽肉、蛋等需求有所增长，养殖效益持续向好，预计后期产量将有所增加。

制造业继续回升　非制造业重现扩张

——2018年12月份四川采购经理调查报告

四川采购经理调查结果显示，2018年12月份四川制造业和非制造业PMI分别以48.5%、51.2%收官，两者较上月均有不同程度的回升。在制造业PMI和非制造业PMI双双回升的情况下，四川综合PMI上升为50.2%，恢复进入扩张区间，全省经济发展情况有所好转。但从全年看，2018年四川制造业PMI、非制造业PMI以及四川综合PMI年均值均低于上年，全省经济发展情况较上年略显不及。

一、综合PMI环比上升1.1个百分点

2018年12月份，四川综合PMI为50.2%，环比上升1.1个百分点，恢复进入了扩张区间，四川省经济总体的发展步伐有所加快。从全年看，2018年四川综合PMI年均值为50.4%，同比下降0.6个百分点，四川省经济发展情况略不如上年。从季度情况看，2018年四川综合PMI四个季度的均值分别为50.8%、50.4%、50.8%、49.5%，四川省经济前三个季度表现为扩张状态，仅四季度总体收缩。从月度情况看，四川综合PMI全年12个月份中共有9个月运行于扩张区间，最低点的11月为49.1%，四川省经济发展情况相对较差；最高点的1月达52.5%，四川省经济发展情况相对较好。

（一）制造业PMI环比上升0.8个百分点

2018年12月份，四川制造业PMI为48.5%，继11月份止跌回升后，环比再度上升0.8个百分点，四川省制造业发展情况继续趋于好转。从全年看，2018年四川制造业PMI年均值为49.6%，同比下降0.8个百分点，四川省制造业发展情况略不如上年。从季度情况看，四川制造业PMI全年四个季度的均值分别为50.3%、50.5%、49.8%、47.8%，四川省制造业前两个季度的发展情况好于后两个季度。从月度情况看，四川制造业PMI12个月中有6个月处于扩张区间，较上年少3个月，最高点出现在3月，为51.9%，四川省制造业发展情况相对较好；最低点出现在10月，为47.2%，四川省制造业发展情况相对较差。

表1　12月份四川制造业PMI及其分类指数

单位：%

指　标	12月	环比	区间	趋　势
四川制造业PMI	**48.5**	**0.8**	**收缩**	**连续3个月**
生产指数	50.5	1.7	扩张	首月
新订单指数	47.9	0.7	收缩	连续3个月
新出口订单指数	47.2	3.1	收缩	连续5个月
积压订单指数	42.7	0.7	收缩	连续113个月
产成品库存指数	46.8	1.8	收缩	连续77个月
采购量指数	48.0	0.6	收缩	连续3个月
进口指数	46.0	3.7	收缩	连续5个月
购进价格指数	51.1	-2.1	扩张	连续35个月
出厂价格指数	47.8	-2.6	收缩	首月
原材料库存指数	45.4	1.4	收缩	连续69个月
从业人员指数	47.1	0.1	收缩	连续60个月
供应商配送时间指数	49.9	-0.1	收缩	首月

1. 十二项分类指数“九升三降”。其中，生产指数为50.5%，环比上升1.7个百分点，企业生产恢复扩张；新订单指数为47.9%，环比上升0.7个百分点，企业市场需求减少情况略显改善；采购量指数为48.0%，环比上升0.6个百分点，企业采购量减少幅度略微收窄；主要原材料购进价格指数为51.1%，环比下降2.1个百分点，为年内最低值，企业投入成本上升速度进一步放缓；从业人员指数为47.1%，环比微升0.1个百分点，企业用工减少情况未再恶化。

2. 四大产业PMI“三升一降”。监测的四大重要产业中，高新技术产业PMI为51.8%，环比上升1.7个百分点，产业扩张步伐有所加快；高耗能产业PMI为46.6%，环比上升0.4个百分点，产业收缩状态趋于改善；消费品制造业PMI为51.4%，环比上升1.5个百分点，重新跃上荣枯临界线，产业整体恢复扩张；仅装备制造产业PMI仅为46.9%，环比下降1.1个百分点，产业收缩态势有所加剧。

图1　制造业不同产业PMI走势比较

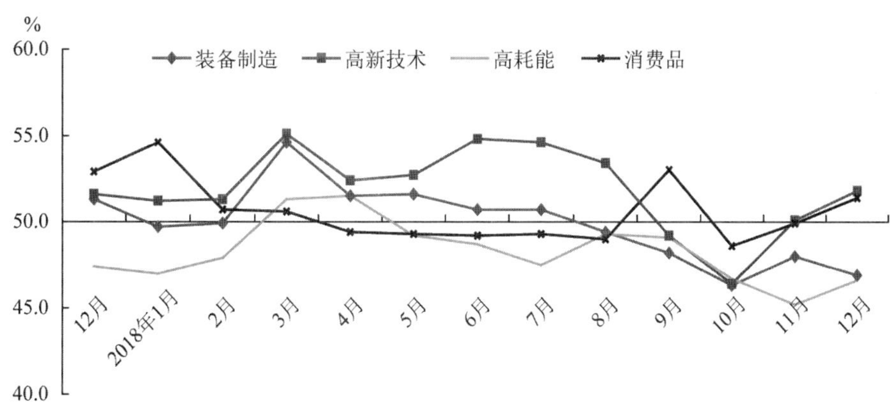

3. 四大经济区域制造业PMI“三升一降”。其中，成都平原经济区制造业PMI为48.6%，环比上升0.7个百分点，区域制造业收缩态势继续收敛；川东北经济区制造业PMI为48.8%，环比上升1.9个百分点，区域制造业发展情况好于上月；川南经济区制造业PMI为50.1%，环比上升2.3个百分点，区域制造业在全省范围内率先恢复扩张；但川西经济区（含攀西经济区和川西北经济区）制造业PMI为41.0%，环比下降6.6个百分点，区域制造业收缩态势明显加剧。

4. 小微型制造业企业PMI有所回升。12月份，小微型制造业企业PMI为48.0%，环比上升2.8个百分点，企业总体的生产经营状况较上月有所好转；但大型制造业企业PMI为49.8%，环比下降1.0个百分点，企业总体陷入收缩状态；中型制造业企业PMI为48.6%，环比下降0.4个百分点，企业总体的收缩态势趋于加剧。

图2　四川、中国制造业PMI走势比较

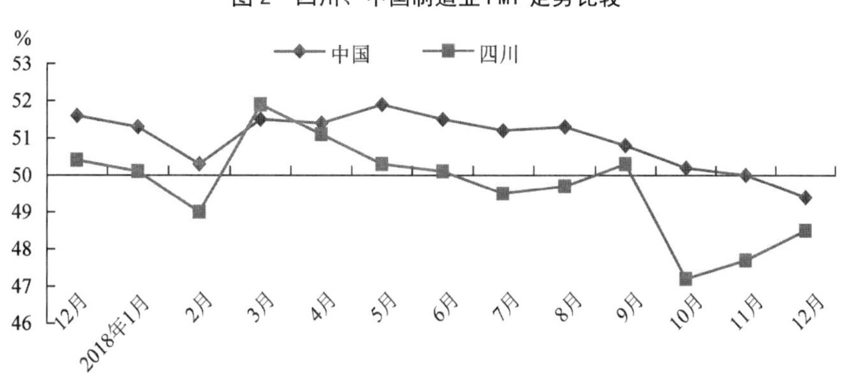

5. 指数低于全国0.9个百分点。12月份，中国制造业PMI为49.4%，环比下降0.6个百分点，全国制造业总体暂陷收缩。与全国相比，12月份四川制造业PMI为48.5%，环比上升0.8个百分点，略低于全国总体 0.9 个百分点，四川制造业与全国的发展差距趋于缩小。全国以省（市）为总体开展采购经理调查的省（市）中，江苏制造业 PMI 为 47.7%，环比上升 0.3 个百分点；浙江制造业 PMI 为 49.0%，环比下降 0.2 个百分点；广西制造业 PMI 为 46.1%，环比下降 1.7 个百分点；上海制造业 PMI 为 49.5%，环比上升 1.1 个百分点。与上述省（市）相比，12 月份四川制造业发展情况稍好于广西、江苏，尚不及上海、浙江。

（二）非制造业 PMI 环比上升 1.3 个百分点

2018 年 12 月份，四川非制造业 PMI 为 51.2%，环比上升 1.3 个百分点，在经历上月短暂收缩后重新进入扩张区间，得益于生活性服务业的拉动，四川省非制造业再现扩张态势。从全年看，2018 年四川非制造业 PMI 年均值为 50.9%，低于上年 0.4 个百分点，四川省非制造业总体发展情况亦略差于上年。从季度情况看，四川非制造业 PMI 四个季度的均值分别为 51.1%、50.4%、51.3%、50.6%，均高于临界点，四川省非制造业各季度均保持了扩张态势。从月度情况看，四川非制造业 PMI12 个月中共有 10 个月运行于扩张区间，最低的 3 月为 48.4%，四川省非制造业发展情况最差；最高的 1 月为 54.0%，四川省非制造业发展情况最好。

1. 九项分类指数“六升两降一平”。其中，商务活动指数为 51.0%，环比上升 1.8 个百分点，企业商务活动较上月活跃；新订单指数为 49.1%，环比上升 2.6 个百分点，企业市场需求减少幅度收窄；中间投入价格指数为 53.0%，环比下降 0.4 个百分点，企业投入成本上升速度趋缓；从业人员指数为 47.3%，环比上升 0.3 个百分点，企业用工减少情况趋于缓解。

表 2　12 月份四川非制造业商务活动指数及分类指数

单位：%

指　标	12 月	环比	区间	趋势
商务活动指数	51.0	1.8	扩张	首月
新订单指数	49.1	2.6	收缩	连续 4 个月
国外新订单指数	54.0	9.5	扩张	首月
积压订单指数	39.6	-0.1	收缩	连续 113 个月
存货指数	46.1	0.1	收缩	连续 10 个月
中间投入价格指数	53.0	-0.4	扩张	连续 45 个月
收费价格指数	48.9	0.1	收缩	连续 3 个月
从业人员指数	47.3	0.3	收缩	连续 62 个月
供应商配送时间指数	51.2	0.0	扩张	连续 10 个月

图 3　非制造业不同产业商务活动指数走势比较

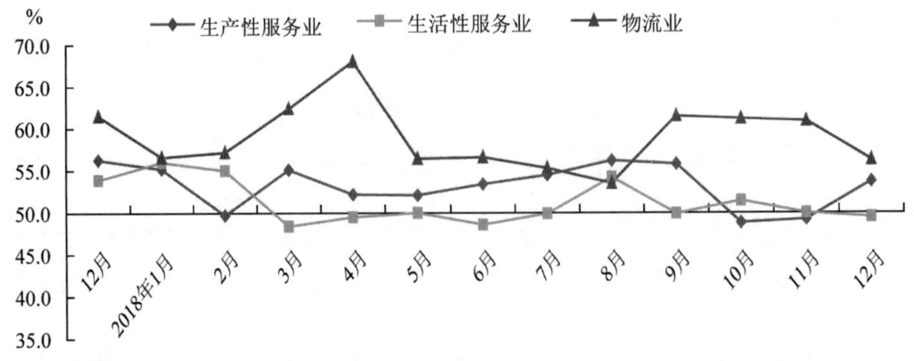

2. 两大行业门类 PMI 皆有所回升。其中，建筑业 PMI 为 50.6%，环比上升 0.5 个百分点，建筑业发展稳中趋快；服务业 PMI 为 51.3%，环比上升 1.4 个百分点，服务业总体恢复扩张。服务业主要行业中，生产性服务业 PMI 为 54.0%，环比上升 1.7 个百分点，行业扩张速度有所加快；生活性服务业 PMI 为 51.9%，环比上升 3.2 个百分点，随着节日效应逐渐显现，行业迅速回暖并步入扩张通道；物流业 PMI 为 55.6%，环比下降 2.7 个百分点，行业快速扩张步伐有所放缓；金融业 PMI 为 57.4%，环比下降 2.0 个百分点，行业强劲扩张势头有所减弱；房地产业 PMI 为 44.6%，环比下降 2.1 个百分点，行业景气度更加低迷。

3. 商务活动指数低于全国 2.8 个百分点。12 月份，中国非制造业商务活动指数为 53.8%，环比上升 0.4 个百分点，全国非制造业保持较快扩张态势。与全国相比，12 月份四川非制造业商务活动指数为 51.0%，环比上升 1.8 个百分点，在经历上月短暂收缩后再度升至临界点之上，虽仍低于全国 2.8 个百分点，但四川非制造业与全国总体的发展差距有所缩小。

图 4　四川、中国非制造业商务活动指数走势比较

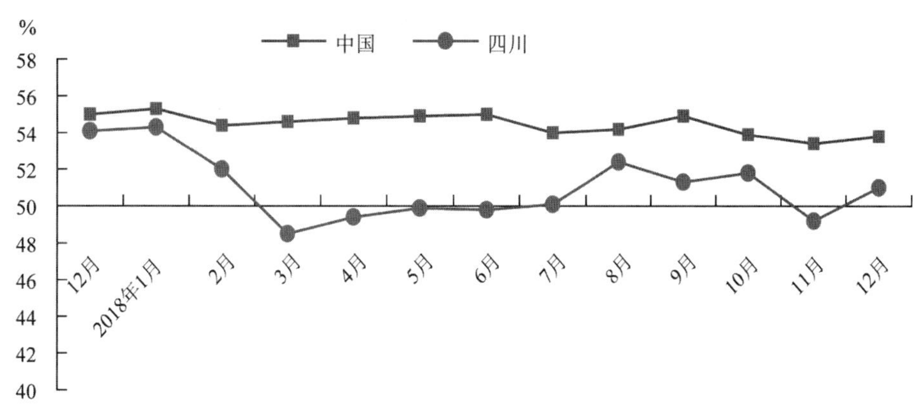

（三）综合 PMI 产出指数环比上升 1.8 个百分点

2018 年 12 月份，四川综合 PMI 产出指数为 50.8%，环比上升 1.8 个百分点，随着制造业与非制造业的产出情况均有好转，四川省企业产出恢复扩张态势。从全年看，2018 年四川综合 PMI 产出指数年均值为 50.9%，低于去年同期 0.9 个百分点，四川省企业总体的产出情况略差于上年。从季度情况看，四川综合 PMI 产出指数四个季度的均值分别为 51.6%、51.0%、51.0%、50.1%，均高于荣枯临界线，四川省企业产出四个季度一直保持扩张。从月度情况看，四川综合 PMI 产出指数 12 个月中有 11 个月处于扩张区间，波谷出现在 11 月，为 49.0%，四川省企业产出情况相对较差；峰值出现在 1 月，为 53.0%，四川省企业产出情况相对较好。

与全国相比，12 月份中国综合 PMI 产出指数为 52.6%，环比下降 0.2 个百分点，但仍高于四川 1.8 个百分点，全国企业总体的产出情况依然好于四川。

二、企业面临的资金、需求问题更加突出

调查显示，2018 年 12 月份企业反映资金紧张、市场需求不足等问题更加突出。具体看，样本企业中反映资金紧张的企业占比为 49.2%，较上月增加 1.0 个百分点，近半数企业发展受到资金制约。制造业样本企业中，反映资金紧张的企业占比为 53.7%，较上月增加 0.2 个百分点，其中通用设备制造业、金属制品业企业选择比重为 70.4%、68.4%，企业资金紧张最为普遍；非制造业样本企业中，反映资金紧张的企业占比为 44.2%，较上月增加 1.8 个百分点，其中房屋建筑业企业选择比重高达 72.6%，企业资金诉求最为强烈。

反映市场需求不足的企业占比为 43.2%，较上月增加 0.7 个百分点，企业需求不足问题趋于加剧。制造业样本企业中，反映市场需求不足的企业占比为 41.9%，较上月增加 0.9 个百分点，其中造纸及纸制品业、电气机械及器材制造业企业选择比重为 57.1%、56.1%，企业市场需求不足问题最为突出；非制造业样本企业中，反映市场需求不足的企业占比为 44.7%，较上月增加 0.5 个百分点，其中道路运输业、住宿业企业选择比重为 63.0%、59.5%，企业市场需求不足情况最为严重。

图5 2018年12月、11月样本企业反映的问题比重

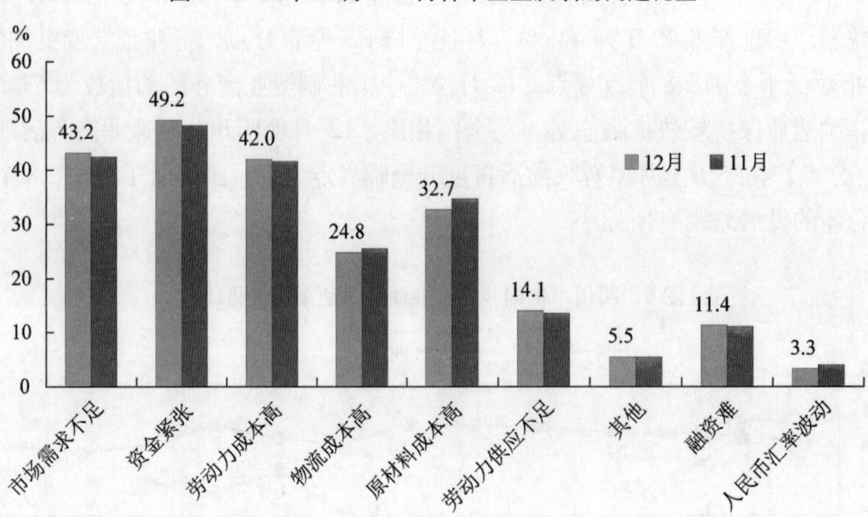

三、企业总体发展信心略微减弱

12月份，四川企业生产经营综合预期指数为55.5%，环比下降0.5个百分点，全省各类企业总体的发展信心趋于减弱。其中，制造业企业生产经营预期指数为52.2%，环比下降2.1个百分点，企业认为未来3个月的发展情况会有所趋差；非制造业企业经营活动预期指数为57.6%，环比上升0.5个百分点，企业认为未来3个月的发展情况会稳中向好。

图6 制造业、非制造业生产经营预期指数走势

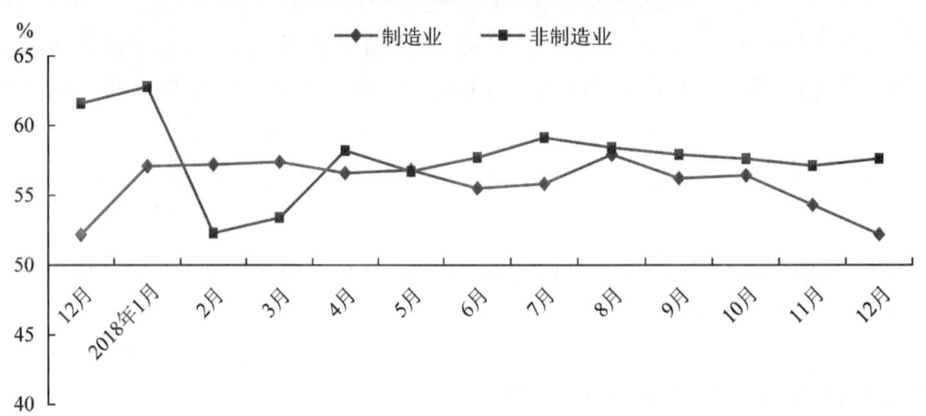

收入实现较快增长　脱贫攻坚成效显著

——2018 年四川农村减贫情况报告

2018 年是全面贯彻落实党的十九大精神的开局之年，是打赢脱贫攻坚战三年行动计划起步之年。四川省深入贯彻落实中央关于脱贫攻坚各项决策部署，突出精准，聚焦深度，综合施策，统筹发力，减贫成效十分显著。据国家统计局四川调查总队监测调查，2018 年四川农村贫困地区农村居民收入实现较快增长，贫困人口大量减少。2018 年末，四川农村贫困人口 98 万人，比 2017 年末减少 114 万人；贫困发生率为 1.4%，比 2017 年下降 1.7 个百分点。

一、脱贫攻坚成效显著

（一）收入突破万元大关

2018 年，四川贫困地区农村居民人均可支配收入突破万元大关，达到 10837 元，高于全国贫困地区农民人均可支配收入水平 466 元，比上年增加 1078 元，同比名义增长 11.0%，高于全国贫困地区农民人均可支配收入增速 0.4 个百分点。在全国 22 个开展贫困监测的省（市、区）中，收入增速排第七位，在西部 12 个省（市、区）中，收入增速位居第二，实现了脱贫攻坚战三年行动计划良好开局。

（二）提前实现收入翻番

扣除价格因素，2018 年四川贫困地区农村居民人均可支配收入实际增速 9.1%。按可比价计算，2018 年四川贫困地区农村居民人均可支配收入比 2012 年累计实际增长 105.9%，提前实现了收入增长翻番目标。

（三）收入差距进一步缩小

2018 年，四川贫困地区农村居民人均可支配收入增速高于全省农民收入增速 2 个百分点。党的十八大以来，四川贫困地区农村居民收入实现持续较快增长。2013-2018 年，贫困地区农村居民人均可支配收入名义增速分别为 17.0%、12.9%、12.3%、10.5%、10.9%、11.0%，年均名义增长 12.4%，扣除价格因素，年均实际增长 10.6%，实际增速比全省农村平均水平高 1.6 个百分点。2018 年，全省贫困地区农村居民人均可支配收入已达全省农民收入平均水平的 81.3%，比 2012 年提高了 13.3 个百分点，收入差距不断缩小。

图 1　2012-2018 年四川贫困地区与全省农民收入差距走势图

（四）贫困人口大量减少

2018 年末，四川农村贫困人口为 98 万，比 2017 年末减少 114 万人；贫困发生率为 1.4%，比 2017 年下降 1.7 个百分点。党的十八大以来，四川农村贫困人口从 2012 年末的 724 万人减少至 2018 年末的 98 万人，累计减少 626 万人；贫困发生率从 2012 年的 10.3%下降至 1.4%，累计下降 8.9 个百分点。2018 年四川在消除农村贫困方面取得了决定性进展，为打赢脱贫攻坚战奠定了坚实基础。

表 1　四川近年农村贫困人口变化情况

年　份	贫困人口（万人）		贫困发生率（%）	
	数量	下降	水平（%）	下降（百分点）
2012	724	—	10.3	—
2013	602	122	8.6	1.7
2014	509	93	7.3	1.3
2015	400	109	5.7	1.6
2016	306	94	4.4	1.3
2017	212	94	3.1	1.3
2018	98	114	1.4	1.7

二、农民收入稳步增长

从收入构成看，2018 年四川贫困地区农民四大项收入同比全面增长，其中转移净收入增长最快，对贫困地区农民增收的贡献率位居首位。

表 2　2018 年四川贫困地区农村常住居民收入情况

指标名称	2018 年（元）	2017 年（元）	比上年±（元）	增幅（%）	比重（%）	增长贡献率（%）
人均可支配收入	10837	9759	1078	11.0	—	—
1.工资性收入	3630	3400	230	6.8	33.5	21.3
2.经营净收入	4004	3742	262	7.0	36.9	24.3
3.财产净收入	228	206	21	10.4	2.1	2.0
4.转移净收入	2976	2411	565	23.4	27.5	52.4

（一）工资性收入增幅回落

2018 年，四川贫困地区农民人均工资性收入达到 3630 元，同比增加 230 元，增长 6.8%，增幅较上年同期回落 3.6 个百分点。工资性收入占贫困地区农村居民可支配收入的比重为 33.5%，较上年同期下降 1.3 个百分点；对可支配收入增长的贡献率为 21.3%，较上年同期下降 12 个百分点；拉动贫困地区农村居民人均可支配收入增长 2.4 个百分点，较上年同期下降 1.2 个百分点。

（二）经营净收入增幅上涨

2018 年四川扶贫产业快速发展，累计落地特色产业项目 5486 个，电商扶贫、旅游扶贫成为新的增长点，带来经营性收入的较快增长。2018 年四川贫困地区农村居民人均经营净收入 4004 元，同比增加 262 元，增长 7.0%，比上年提高 1.8 个百分点。对贫困地区农村居民收入增长的贡献率为 24.3%，比上年提高 5.0 个百分点。其中，第一产业经营净收入 3204 元，增长 2.9%；第二产业经营净收入 172 元，增长 31.3%；第三产业经营净收入 627 元，增长 26.0%。

（三）财产净收入平稳增长

2018 年四川贫困地区农村居民人均财产净收入为 228 元，同比增长 10.4%，增幅与去年同期持平，占可支配收入比重为 2.1%。尤其是农村土地流转加快，带来承包经营权转让收入快速增加，促进了财产性收入平稳增长。

（四）转移净收入贡献最大

全省加大脱贫攻坚投入力度，全面实施 22 个扶贫专项，深入推进住房、产业、就业等 13 项重点工作，仅 45 个深度贫困县当年就投入扶贫资金 624 亿元。坚持真抓实干，贫困对象最紧迫、最急需的住房安全、产业增收、教育扶贫、医疗救助等方面取得重大成效。2018 年人均转移净收入 2976 元，同比增加 565 元，增长 23.4%，对贫困地区农村居民增收贡献率达 52.4%，比上年提高 7.1 个百分点，拉动贫困地区农民收入增长 5.8 个百分点，已经成为贫困地区农民持续增收的主要动力。其中，人均养老金和离退休金收入 714 元，增长 22.0%；家庭外出从业人员寄回带回收入 1284 元，增长 37.5%；人均报销医疗费 191 元，增长 55.9%。

三、生活质量不断提高

监测数据显示，2018 年，四川贫困地区农村居民人均消费支出 9652 元，比上年增加 906 元，同比增长 10.4%，高于全国贫困地区农村居民平均消费水平 696 元。人均消费在全国 22 个开展贫困监测的省市区中列第六位。

（一）生活消费支出稳步增长

从构成看，八大类消费均实现稳步增长。其中其他用品和服务、交通通信、医疗保健增速较快，分别达 26.0%、21.9%、19.2%；教育文化娱乐、居住支出、生活用品及服务、衣着和食品烟酒五大类，增速分别为 12.2%、11.7%、10.0%、9.6%、5.1%。从八大类消费对生活消费增长的贡献来看，主要得益于居住、食品烟酒、交通通信和医疗保健的支撑，贡献率分别为 21.9%、21.4%、18.6%和 13.1%，各拉动增长 2.3、2.2、1.9、1.4 个百分点。

（二）恩格尔系数进一步降低

2018 年，四川贫困地区农村居民的食品烟酒消费支出比重（恩格尔系数）为 41.0%，比上年下降 2.0 个百分点。贫困地区农村居民人均粮食消费量下降，鲜瓜果、蛋类、奶类消费量增加。其中，人均谷物、薯类、豆类消费支出 777 元，同比下降 1.4%；人均肉类消费支出 985 元，同比增长 17.7%；人均奶和奶制品消费支出 106 元，同比增长 15.3%；人均蛋类及蛋制品消费支出 108 元，同比增长 15.8%。此外，农村居民人均饮食服务支出 433 元，同比增长 17.7%，其中在外饮食支出 292 元，同比增长 16.3%。

（三）发展型消费比重不断提高

四川贫困地区农村居民消费结构进一步优化。其中，吃、穿、住等生存型消费人均支出 6386 元，占生活消费支出的比重为 66.2%，同比下降 1.8 个百分点；教育、交通通信、医疗保健等发展型生活消费支出 2388 元，占生活消费支出的 24.7%，同比提高 1.6 个百分点。生存型消费比重继续下降，发展型消费比重不断提高。

（四）医疗保健消费持续增长

2018 年四川进一步完善贫困地区基本医疗保险、大病保险、医疗救助、医疗费用兜底“四重保障”，确保贫困患者县域内住院医疗费用个人支付占比均控制在 10%以内。政策措施的全面落实，促进贫困地区农村居民医疗保健支出持续增长。2018 年，四川贫困地区农民人均医疗保健支出 737 元，比上年增加 118 元，增长 19.2%。其中，医疗器具及药品消费支出 314 元，比上年增加 31 元，增长 10.9%；医疗服务消费支出 423 元，比上年增加 88 元，增长 26.2%。

（五）耐用消费品拥有量明显增加

2018 年，全省贫困地区农民家庭年末拥有的中低档耐用消费品基本普及，新型耐用消费品需求较旺。一是交通类耐用品较快增加。每百户拥有家用汽车 14.0 辆，比上年增长 3.9 辆。二是洗衣机、电冰箱和计算机等新式家电较快增加。每百户拥有洗衣机 81.8 台、电冰箱 82.2 台、计算机 14.1 台，分别比上年增长

1.1 台、1.0 台、1.3 台。三是移动电话拥有量继续增加。每百户拥有移动电话 244.7 部，比上年增长 14.6 部。

四、农村环境持续改善

（一）基础设施条件持续改善

2018 年四川不断加大对贫困地区基础设施建设的投入，新改建贫困地区农村道路 5.7 万公里、完成通村硬化路 3.19 万公里，改造 7568 个贫困村的配电网、实现 76.5 万贫困人口生活用电达标。调查显示，2018 年四川贫困地区通电的自然村达到 100%，较上年提高 1.9 个百分点。通有线电视信号的自然村比重达到 100%，较上年提高 4.6 个百分点。至此，四川贫困地区已实现通电、通电话、电视信号 100%全覆盖。通宽带的自然村比重为 93.3%，较上年提高 9.9 个百分点。而所在自然村进村主干道路硬化的农户比重为 97.7%，较上年提高 1.5 个百分点；所在自然村能便利乘坐公共汽车的农户比重为 61.8%，较上年提高 12.1 个百分点。

（二）居住生活条件持续改善

截至 2018 年底，全省 111.2 万贫困人口享受易地扶贫搬迁政策，38.9 万户贫困户得到危房改造政策扶持；建成高效节水灌面 80 万亩，解决 248 万贫困人口安全饮水问题。调查显示，2018 年，四川贫困地区农村居民居住竹草土坯结构住房的农户比重为 5.9%，与上年下降 2.2 个百分点；使用炊用柴草的农户比重为 59.8%，比上年下降 5.4 个百分点；使用管道供水的农户比重为 70.7%，比上年提高 14.8 个百分点。使用经过净化处理自来水的农户为 31.3%，比上年提高 5.8 个百分点；饮水无困难的农户比重为 92.3%，比上年提高 8.9 个百分点。

（三）公共服务条件持续改善

调查显示，2018 年四川贫困地区农村拥有合法行医证医生（卫生员）的村比重为 90.0%，比上年提高 0.5 个百分点；所在自然村有卫生站的农户比重为 93.7%，比上年提高 3.4 个百分点；所在自然村垃圾能处理的农户比重为 69.0%，比上年提高个 5.2 百分点；有文化活动室的村比重已达 93.5%，比上年提高 0.9 个百分点；所在自然村上幼儿园便利的农户比重达 87.5%，比上年提高 8.4 个百分点；上小学便利的农户比重达 84.7%，比上年提高 1.9 个百分点。

五、贫困地区农民增收和脱贫攻坚面临的主要问题

（一）部分贫困人口脱贫内生动力不足

在四川贫困地区人均可支配收入中，转移性收入占比达 27.5%，高额的转移性收入，可能导致脱贫攻坚后劲不足，也可能使部分群众滋生“等、靠、要”思想，不少贫困户收入来源主要依赖国家政策扶持，一旦政策扶持力度减弱，即使脱贫也极易返贫。尤其是民族地区一些贫困群众物质贫困和精神贫困并存，脱贫奔康的主体意识不强，缺乏自力更生、勤劳致富的内在动力，把脱贫攻坚看成是政府和干部的事情，有的享受到脱贫政策扶持还嫌少，总想戴着贫困帽子捞好处，不愿为改变当前生活状况而付出更多努力，“宁愿苦熬、不愿苦干”等消极现象不同程度存在，扶贫扶志的任务还很艰巨。

（二）工资性收入难以持续快速增长

2018 年贫困地区农民人均工资性收入增速较上年同期下降 3.6 个百分点，从四川农民工监测情况看，外出农民工收入增幅也有所回落。究其原因：一是随着“三去一降一补”政策的有力实施，产业结构调整持续优化升级，部分建筑业、制造业和产能过剩行业深度调整，加之中美贸易摩擦对实体经济的冲击，部分企业用工需求减少。二是四川省农民工文化水平和技能水平总体偏低，他们又缺乏技能培训的积极性，难以适应新产业、新业态、新模式的需要，一定程度上影响了农民工实现更高质量就业和更高水平增收。三是随着大量脱贫项目的竣工，用工需求也会明显减少，将会影响工资性收入的增长。

（三）产业发展还是薄弱环节

一是重生产轻市场，存在同质化严重的倾向。一些地方在产业规划中缺乏远见，在发展一些特色产业

时盲目跟风，同质化现象严重，待到大量盛产时，由于局部市场饱和、恶性竞争，导致价跌伤农。二是产业层级低，发展后劲不足。各地普遍以发展门槛低、见效快的传统种养业为主，基本都是生产初级产品，处于产业链条的底端，抗风险能力弱，致使收入结构单一、质量不高。三是发展机制不优。一些地方在扶贫产业发展上办法不多、作为不大、成效不显；一些地方对发展扶贫产业大包大揽，不顾农民意愿，留下不少后患；一些地方扶贫产业聚集在少数区域、少数乡镇，对面上贫困户带动能力不强；有的不重市场开拓，产销衔接不畅。四是村集体经济质量普遍不高，增长后劲不足，发展前景不乐观。

（四）均衡发展矛盾逐渐显现

在脱贫攻坚大背景下，主要财力物力聚焦到贫困村和贫困户，对于非贫困村、非贫困户和非贫困村中的贫困户投入较少，政策享受不一致，贫困村的巨大变化与非贫困村形成了较大反差，逐渐引发了一些矛盾和失衡。同时，由于精准识别与收入测算的复杂性，有些边缘贫困户与建档立卡贫困户之间的差距很小，也存在具体困难，但被排除在贫困户之外，容易滋生不满情绪，甚至成为不稳定因素。

住户调查

2-1 全体居民人均可支配收入(2013-2018年)

单位：人/元

指　　标	2013	2014	2015	2016	2017	2018
全体居民人均可支配收入	**14230.99**	**15749.01**	**17220.96**	**18808.26**	**20579.82**	**22460.55**
工资性收入	**7149.57**	**7932.05**	**8610.79**	**9278.25**	**10013.61**	**11069.86**
工资	6461.70	7277.42	7946.93	8600.95	9393.24	10304.85
按月发放的工资	5722.88	6325.56	7013.46	7561.43	7875.62	8598.01
补发工资	131.74	143.37	199.71	202.98	239.69	299.74
不按月发放的奖金、津贴、过节费等	607.09	808.49	733.75	836.54	1277.93	1407.10
实物福利	45.89	47.25	48.58	49.11	59.44	70.08
从单位或雇主得到的实物产品折价	9.97	7.13	8.32	9.60	10.25	11.16
食品	5.52	4.66	5.90	6.94	8.07	7.47
谷物、薯类及豆类	0.94	1.47	2.27	1.46	1.57	2.02
食用油(植物油)	1.60	1.21	1.39	1.72	1.71	1.60
蔬菜及制品	0.14	0.27	0.09	0.08	0.04	0.07
肉、禽、蛋、奶及制品	0.91	0.76	0.66	1.18	0.86	0.78
水产品及制品	0.02	0.01		0.03	0.00	0.01
糖、烟、酒、饮料类	0.55	0.35	0.72	1.20	1.49	1.68
干鲜瓜果类	0.27	0.08	0.17	0.23	0.20	0.30
其他类食品	1.09	0.51	0.61	1.03	2.21	1.01
衣着	0.24	0.33	0.22	0.22	0.22	0.14
居住	0.17	0.01	0.08	0.01	0.03	0.10
家庭设备和日用品	0.61	0.73	0.86	0.90	0.76	1.32
交通、通信工具及用品	0.53	0.61	0.28	0.21	0.49	1.00
教育文化娱乐用品	0.14	0.21	0.08	0.01	0.02	0.24
医疗保健用品	2.01	0.18	0.67	0.32	0.08	0.20
其他用品	0.76	0.41	0.22	0.98	0.57	0.70
从单位或雇主得到的服务折价	34.18	40.12	40.26	39.51	49.19	58.92
免费或低价提供的工作餐	28.71	36.40	38.01	38.28	47.15	55.27
免费或低价提供的住宿	0.79	1.03	0.24	0.26	1.01	1.52
单位缴纳的水电费、取暖费、物业费等	0.17	0.04	0.03	0.12	0.02	0.12
免费或低价提供的交通和通信服务	2.12	1.90	1.29	0.11	0.13	0.53
单位缴纳的教育入学赞助费	0.07	0.08	0.07	0.04	0.11	0.07
免费或低价提供的旅游服务	0.90	0.05	0.14	0.20	0.54	0.21
其他服务	1.43	0.61	0.49	0.49	0.24	1.20
单位或雇主实物福利报销所得	1.75					
其他	641.98	607.38	615.28	628.19	560.94	694.94
住房公积金	141.29	210.06	277.50	270.87	311.20	328.71
辞退金	4.34	2.12	0.84	6.92	5.60	6.14
自由职业劳动所得(如稿费、翻译费)	22.69	21.01	10.67	6.60	6.48	13.53
安家费	1.70	0.51	0.62	0.69		5.85
股票期权	1.67	0.23		0.08	0.39	
其他劳动所得	470.30	373.45	325.64	343.03	237.28	340.71
经营净收入	**3173.44**	**3459.05**	**3697.84**	**3993.17**	**4263.69**	**4558.13**
第一产业经营净收入	1732.04	1804.87	1913.16	2015.87	2099.77	2088.39
农业	1084.06	1181.59	1214.28	1183.68	1241.50	1278.79

2-1 续表 1

单位：人/元

指　　标	2013	2014	2015	2016	2017	2018
林业	112.04	107.25	117.13	123.30	147.79	201.80
牧业	512.02	490.95	555.37	668.40	676.55	576.58
渔业	23.92	25.08	26.38	40.49	33.94	31.22
第二产业经营净收入	135.47	148.02	163.01	125.41	138.99	150.50
采矿业	2.09	11.25	3.54	8.32	-0.52	3.03
制造业	34.43	44.44	32.14	51.72	66.06	72.96
电力、热力、燃气及水生产和供应业	2.30	-0.33	-0.86	4.44	11.97	6.34
建筑业	96.63	92.65	128.19	60.93	61.48	68.17
第三产业经营净收入	1305.94	1506.16	1621.66	1851.88	2024.93	2319.24
批发和零售业	569.82	716.80	817.62	964.37	987.02	1131.60
交通运输、仓储和邮政业	235.16	263.30	253.74	235.21	302.08	313.03
住宿和餐饮业	119.54	179.39	158.82	258.69	297.34	370.93
房地产业	11.14	9.09	11.87	5.65	1.44	3.91
租赁和商务服务业	62.49	20.18	18.84	15.35	15.49	27.80
居民服务、修理和其他服务业	220.92	270.49	315.26	312.52	334.79	376.56
其他	38.09	24.39	40.41	47.36	74.91	88.16
农林牧渔服务业	48.76	22.53	5.10	12.74	11.86	7.24
财产净收入	**863.97**	**918.54**	**1073.73**	**1198.49**	**1362.91**	**1443.14**
利息净收入	63.44	63.75	45.73	40.85	54.32	60.73
红利收入	67.98	55.20	55.05	101.53	104.82	131.30
集体分配的红利	16.97	5.71	14.52	15.95	17.41	42.04
其他红利收入	51.01	49.67	40.51	85.73	88.02	89.26
储蓄性保险净收益	2.66	1.85	3.48	2.24	4.76	6.61
转让承包土地经营权租金净收入	40.23	64.79	60.15	70.96	83.01	87.00
出租房屋财产性收入	186.04	226.76	355.63	413.60	458.46	419.60
出租机械、专利、版权等资产的收入	6.47	2.87	10.92	18.42	24.76	38.11
其他财产净收入	20.38	11.03	16.03	15.99	16.25	21.03
房屋虚拟租金	476.78	492.27	526.75	534.90	616.53	678.76
转移净收入	**3044.01**	**3439.37**	**3838.60**	**4338.35**	**4939.60**	**5389.42**
转移性收入	3730.36	4263.29	4845.72	5538.12	6244.73	6778.12
养老金或离退休金	2237.94	2564.72	2940.58	3418.08	3844.38	3720.75
离退休金	1779.59	1913.87	2302.13	2625.64	2896.17	2662.49
(城镇)居民社会养老保险	309.56	462.90	416.60	512.52	552.25	698.27
新型农村养老保险	109.30	111.32	125.01	144.35	168.98	171.98
其他养老金	39.49	76.63	96.85	135.56	226.98	188.01
社会救济和补助	89.08	113.38	112.82	133.39	159.53	187.22
最低生活保障费	40.95	42.43	39.96	47.81	53.34	61.40
五保户救助金	2.06	2.11	1.86	1.31	1.73	7.28
扶贫款	2.30	4.26	10.12	19.00	32.60	29.15
救灾款	17.21	26.40	10.19	2.24	2.32	0.49
抚恤金	14.32	17.82	26.05	34.74	40.30	38.32
其他社会救济收入	12.24	20.37	24.64	28.28	29.23	39.46
政策性生活补贴	30.28	34.98	47.20	44.42	53.62	129.53
家电补贴	1.22	0.11	2.34	1.33	1.71	0.62

2-1 续表 2

单位：人/元

指　　标	2013	2014	2015	2016	2017	2018
能源补贴	0.81	0.70	0.13	0.75	1.34	0.11
免费或低价提供的住宿(廉租房)	0.81				0.68	0.53
其他生活补贴	27.44	34.42	44.69	42.33	50.57	66.06
报销医疗费	135.95	187.01	212.37	247.84	253.93	296.26
家庭外出从业人员寄回带回收入	615.29	635.24	861.10	976.13	1103.10	1515.49
赡养收入	365.92	417.19	370.66	466.13	566.17	635.30
其他经常转移收入	139.22	146.60	105.37	102.23	103.26	131.40
失业保险金	6.00	8.81	9.65	10.04	11.45	18.04
经常性捐赠收入	17.90	8.99	6.38	4.59	6.48	6.27
经常性赔偿收入	1.03	1.44	2.89	2.26	3.74	5.22
其他转移性收入	114.29	128.50	85.24	85.35	81.72	96.14
从政府和组织得到的实物产品和服务折价	14.83	25.44	32.41	40.39	52.97	58.92
食品	7.04	7.81	8.19	12.91	11.54	15.98
谷物、薯类及豆类	2.29	2.46	1.49	2.35	2.74	3.70
食用油(植物油)	1.03	1.25	2.67	2.73	2.86	3.84
蔬菜及制品	0.06	0.01	0.03	0.00	0.00	0.02
肉、禽、蛋、奶及制品	1.19	2.92	3.21	5.82	2.60	3.07
水产品及制品	0.02			0.07	0.16	
糖、烟、酒、饮料类	0.35	0.10	0.06	0.41	0.54	0.26
干鲜瓜果类	0.05	0.05	0.03	0.04	0.02	0.06
其他类食品	2.05	1.01	0.70	1.49	2.61	5.02
衣着	0.48	0.10	0.29	0.17	2.73	0.27
居住	0.15	0.27	1.80	0.29	2.93	0.74
家庭设备和日用品	0.92	2.94	5.58	4.91	6.78	17.20
交通、通信工具及用品	0.05	0.05	0.15	0.12	0.28	0.30
教育文化娱乐用品	0.44	0.25	0.25	0.14	0.26	2.62
医疗保健用品	1.57	0.66	0.24	0.26	0.11	0.34
其他用品	0.79	1.70	0.60	1.63	6.59	2.30
其他服务折价(不含廉租房)	3.39	11.65	15.31	19.96	21.75	19.17
现金政策性惠农补贴	101.84	138.74	163.21	109.52	107.77	103.26
转移性支出	686.35	823.92	1007.12	1199.77	1305.13	1388.70
个人所得税	11.39	17.22	23.06	33.57	35.18	70.14
社会保障支出	517.41	632.21	771.84	955.14	1099.63	1106.49
个人缴纳的养老保险	370.20	410.61	496.76	636.97	742.13	703.45
个人缴纳的医疗保险	121.15	183.03	236.78	275.82	301.76	347.51
个人缴纳的失业保险	11.92	17.01	19.66	23.62	23.15	20.82
其他社会保障支出	14.14	21.56	18.64	18.74	32.58	34.71
外来从业人员寄给家人的支出	3.36	2.86	3.40	7.40	0.38	2.16
赡养支出	72.71	100.72	109.82	129.47	117.77	140.06
其他转移性支出	81.48	70.90	99.00	74.19	52.17	69.86
经常性捐赠支出	48.19	40.40	30.30	26.18	14.15	15.98
经常性赔偿支出	0.23	0.02	0.16	0.45	0.11	0.18
其他经常转移支出	33.06	30.49	68.54	47.56	37.91	53.70

2-2 全体居民人均总收入(2013-2018年)

单位：人/元

指标	2013	2014	2015	2016	2017	2018
全体居民人均总收入	**16815.09**	**18882.21**	**21055.49**	**23501.80**	**25784.73**	**28583.00**
工资性收入	**7148.80**	**7932.05**	**8610.79**	**9278.25**	**10013.61**	**11069.86**
工资	6461.70	7277.42	7946.93	8600.95	9393.24	10304.85
实物福利	45.12	47.25	48.58	49.11	59.44	70.08
其他	641.98	607.38	615.28	628.19	560.94	694.94
经营性收入	**5070.14**	**5709.43**	**6432.68**	**7396.37**	**8071.12**	**9102.97**
第一产业经营收入	3011.14	3257.98	3673.85	3895.64	3989.84	4051.08
第一产业经营收入(不含惠农补贴)	3011.14	3257.98	3673.85	3895.64	3989.84	4051.08
农业	1514.30	1659.23	1756.02	1666.75	1749.42	2017.21
林业	121.77	118.40	130.95	136.02	163.98	226.12
牧业	1338.43	1441.36	1734.69	2011.17	2004.22	1738.94
渔业	34.05	38.99	52.20	81.70	72.22	68.81
第二产业经营收入	223.35	281.86	299.78	398.87	432.86	574.55
采矿业	5.61	13.47	4.94	9.63	1.73	7.33
制造业	84.15	83.51	79.34	130.62	169.84	230.05
电力、热力、燃气及水生产和供应业	2.72	0.00	0.31	26.52	24.18	9.69
建筑业	130.87	184.88	215.19	232.10	237.11	327.49
第三产业经营收入	1835.64	2169.60	2459.05	3101.85	3648.43	4477.34
批发和零售业	809.93	1036.11	1255.30	1551.61	1803.47	2436.14
交通运输、仓储和邮政业	375.54	425.28	438.08	501.15	528.63	501.29
住宿和餐饮业	180.25	237.67	252.67	424.85	661.20	659.75
房地产业	11.90	13.12	13.95	5.73	2.26	4.66
租赁和商务服务业	68.39	31.33	22.54	21.83	38.02	44.65
居民服务、修理和其他服务业	280.90	352.10	404.35	480.08	475.66	655.76
其他	51.34	41.12	54.71	91.63	116.09	154.56
农林牧渔服务业	57.39	32.87	17.44	24.98	23.10	20.52
财产性收入	**866.91**	**977.45**	**1166.18**	**1289.08**	**1455.23**	**1632.03**
利息收入	63.44	111.65	134.17	127.44	144.77	146.33
红利收入	67.98	55.20	55.05	101.53	104.82	232.07
储蓄性保险净收益	2.66	1.85	3.48	2.24	4.76	6.61
转让承包土地经营权租金净收入	40.23	64.79	60.15	70.96	83.01	87.00
出租房屋财产性净收入	186.04	226.76	355.63	413.60	458.46	419.60
出租机械、专利、版权等资产的净收入	9.41	8.74	10.92	18.42	24.76	38.11
其他财产净收入	20.38	16.19	20.03	19.99	18.13	23.56
房屋虚拟租金	476.78	492.27	526.75	534.90	616.53	678.76
转移性收入	**3729.24**	**4263.27**	**4845.84**	**5538.11**	**6244.76**	**6778.14**
养老金或离退休金	2237.94	2564.72	2940.58	3418.08	3844.38	3720.75

2-2 续表

单位：人/元

指　　标	2013	2014	2015	2016	2017	2018
社会救济和补助	89.08	113.38	112.82	133.39	159.53	187.22
政策性生活补贴	29.59	34.98	47.20	44.42	53.62	129.53
家庭外出从业人员寄回带回收入	615.29	635.24	861.10	976.13	1103.10	1515.49
赡养收入	365.90	417.19	370.66	466.13	566.17	635.30
报销医疗费	136.04	187.01	212.37	247.84	253.93	296.26
从政府和组织得到的实物产品和服务折价	14.78	25.42	32.53	40.38	53.00	58.94
现金政策性惠农补贴	101.84	138.74	163.21	109.52	107.77	103.26
其他转移性收入	138.76	146.60	105.37	102.23	103.26	131.40
非收入所得	722.47	1232.68	1375.81	1564.27	2135.34	2339.91
出售资产所得	137.20	380.26	306.29	347.64	816.73	723.91
出售住房本金所得	0.90	16.23	60.46	19.04	66.42	242.75
出售住房溢价所得(含亏损)	2.34	11.85	22.03	0.07	6.41	1.69
出售股票、基金、收藏品本金所得	0.51	0.26	27.04	19.70	41.62	0.82
出售股票、基金、收藏品所得(含亏损)	0.28		14.95	4.21	1.40	4.99
出售生产性固定资产所得	9.67	13.87	13.72	35.29	32.02	18.49
拆迁征地补偿所得	101.83	296.44	109.97	227.92	513.49	377.15
出售其他财物和收回其他投资本金所得	21.68	41.61	58.12	41.42	155.38	78.03
非经常性转移所得	570.80	830.57	1054.87	1210.15	1308.88	1608.10
博彩所得	9.22	13.06	20.28	30.36	27.93	103.96
婚丧嫁娶礼金所得	254.67	342.30	426.07	545.79	440.43	556.13
遗产及一次性馈赠所得	40.44	95.12	159.47	207.13	218.65	338.44
一次性赔偿所得	68.94	50.43	58.41	53.97	133.69	84.27
提取住房公积金	2.42	9.66	23.70	27.03	20.16	60.28
调查补贴	135.86	246.21	286.82	310.38	397.62	448.72
其他非经常性转移所得	59.26	73.78	80.12	35.50	70.40	16.31
其他非收入所得	14.47	21.86	14.65	6.48	9.73	7.90
借贷性所得	1902.45	1774.95	1896.51	2425.31	2111.25	2524.98
提取储蓄存款	1396.84	1251.84	1357.96	1832.48	1565.31	1773.16
借入款	317.41	344.52	351.25	365.11	295.95	399.51
收回借出款	127.04	105.18	115.01	137.96	112.21	160.96
收回储蓄性保险本金	0.48	4.22	1.86	3.21	1.06	5.39
住房贷款	22.76	18.60	17.44	7.30	35.41	51.91
汽车贷款	0.33	10.67	1.45	0.81	5.94	10.56
教育贷款	0.10	2.26	1.76	3.01	4.53	11.26
其他贷款	32.04	32.64	41.43	61.61	78.89	94.54
其他借贷所得	5.45	5.02	8.36	13.83	11.95	17.71

2-3　全体居民人均总支出(2013-2018年)

单位：元/人

指　　标	2013	2014	2015	2016	2017	2018
全体居民人均总支出	**18317.25**	**19109.82**	**21660.62**	**24381.12**	**26197.45**	**29924.09**
消费支出	**11054.66**	**12368.40**	**13632.10**	**14838.52**	**16179.94**	**17663.55**
食品烟酒	4074.48	4548.25	5001.40	5321.22	5632.23	5937.88
食品	3016.82	3344.87	3613.68	3865.07	3977.10	4004.15
谷物	447.64	458.60	499.24	537.41	527.63	515.73
薯类	81.05	70.81	78.68	106.32	100.34	101.20
豆类	33.26	42.66	49.35	57.05	61.34	58.07
食用油	196.69	194.13	200.03	205.68	195.36	186.19
蔬菜和食用菌	409.11	485.42	507.98	545.00	562.70	519.80
肉类	889.89	940.32	997.14	1093.34	1129.29	1138.71
禽类	204.42	253.49	270.46	293.91	288.30	279.77
水产品	88.93	115.21	124.38	134.00	148.99	148.23
蛋类	86.15	99.95	122.72	123.01	115.12	126.79
奶类	137.01	167.78	176.46	194.88	217.58	277.18
干鲜瓜果类	194.05	264.81	286.49	295.29	338.92	345.68
糖果糕点类	69.90	93.95	94.35	107.19	116.11	130.59
其他食品	126.78	157.76	206.43	171.97	175.43	176.21
烟酒	386.18	430.87	499.74	500.76	545.12	638.04
烟草	248.70	282.73	337.72	342.02	360.57	441.25
酒类	137.48	148.15	162.02	158.74	184.54	196.79
饮料		69.82	82.26	85.86	90.30	106.04
饮食服务	671.49	702.68	805.72	869.54	1019.71	1189.65
食堂用餐	98.09	122.98	148.38	176.11	201.94	167.98
其他在外饮食	566.89	571.29	647.10	682.66	805.67	1010.50
食品加工服务费	6.51	8.41	10.24	10.77	12.11	11.18
衣着	906.07	974.32	1071.34	1140.83	1152.66	1173.77
衣类	700.22	725.79	800.48	868.89	880.20	922.38
鞋类	205.86	248.53	270.86	271.93	272.47	251.39
居住	2064.18	2217.32	2400.86	2734.40	2946.83	3368.02
租赁房房租	82.35	109.91	94.45	95.31	77.62	120.38
住房维修及管理	285.94	256.89	293.26	434.00	462.12	526.91
水电燃料及其他	433.52	493.85	518.22	559.84	619.12	657.17
自有住房折算租金	1262.37	1356.67	1494.93	1645.24	1787.97	2063.56
生活用品及服务	774.76	879.55	918.39	967.24	1062.95	1182.21
家具及室内装饰品	150.30	142.38	151.34	142.78	165.90	173.70
家用器具	226.63	226.50	222.37	240.71	293.85	321.42
家用纺织品	79.15	85.97	81.04	90.33	90.13	99.22
家庭日用杂品	208.30	281.86	302.75	305.47	294.29	302.94
个人用品	80.92	113.76	131.83	160.18	187.73	234.79
家庭服务	29.46	29.08	29.07	27.77	31.05	50.14
交通通信	1222.05	1436.97	1629.21	1850.32	2200.03	2398.83
交通	784.74	918.72	1057.58	1236.97	1543.23	1717.18
交通工具	328.36	310.67	347.29	475.99	655.42	576.88

2-3 续表 1

单位：元/人

指　　标	2013	2014	2015	2016	2017	2018
交通费	151.81	181.02	195.64	186.45	206.26	303.34
交通工具用燃料	179.24	267.14	317.11	359.22	446.20	525.00
交通工具使用及维修	125.32	159.88	197.54	215.31	235.36	311.96
其中：车辆保险支出	41.83	47.69	64.54	78.87	78.17	101.49
通信	437.31	518.25	571.63	613.35	656.80	681.65
通信工具	144.35	122.00	136.10	156.44	174.85	211.11
通信服务	292.97	396.25	435.53	456.91	481.95	470.54
教育文化娱乐	986.35	1061.00	1207.86	1284.78	1468.17	1599.72
教育	567.35	543.75	623.13	658.88	751.75	936.24
学前教育	62.44	63.82	71.67	72.26	84.13	156.41
小学教育	89.08	71.07	74.84	87.33	103.15	156.37
初中教育	87.27	78.36	78.01	88.03	102.00	126.71
高中教育	115.42	113.11	123.17	115.25	127.09	148.49
中专职高教育	18.49	12.60	26.69	19.16	24.12	17.74
大专及以上教育	165.09	172.53	199.62	213.85	255.19	261.58
成人教育	29.55	32.27	49.13	62.99	56.08	68.94
文化娱乐	419.00	517.25	584.72	625.89	716.41	663.47
文娱耐用消费品	130.91	108.87	104.28	101.01	112.27	108.78
其他文娱用品	60.68	79.64	90.68	95.92	112.21	146.28
文化娱乐服务	227.40	328.74	389.76	428.96	491.94	408.41
医疗保健	808.85	964.48	1071.20	1172.64	1320.24	1568.59
医疗器具及药品	264.99	320.05	364.95	432.04	423.33	485.17
医疗服务	543.85	644.43	706.25	740.60	896.91	1083.42
门诊总费用	182.16	219.92	263.52	278.67	347.69	423.36
住院总费用	361.69	424.52	442.73	461.93	549.22	660.06
其他用品和服务	217.91	286.51	331.84	367.10	396.83	434.52
其他用品	104.52	122.21	148.05	144.59	157.58	173.04
其他服务	113.40	164.30	183.80	222.51	239.25	261.48
生产经营费用支出	**1634.57**	**1969.08**	**2468.72**	**3096.72**	**3465.51**	**4187.22**
第一产业经营费用支出	1179.25	1330.25	1645.87	1762.42	1753.57	1825.69
农业	371.40	406.74	477.49	418.57	426.39	655.26
林业	9.44	10.16	13.69	12.59	15.96	23.47
牧业	780.55	900.31	1131.44	1291.61	1276.02	1110.20
渔业	9.55	13.04	23.25	39.65	35.20	36.76
第二产业经营费用支出	65.44	116.59	118.07	252.54	267.32	394.42
采矿业	3.21	2.08	1.20	1.18	2.12	3.48
制造业	38.37	31.17	38.47	74.93	91.37	149.81
电力、热力、燃气及水生产和供应业	0.41	0.23	1.10	20.42	10.51	2.28
建筑业	23.45	83.11	77.30	156.01	163.31	238.85
第三产业经营费用支出	389.89	522.24	704.77	1081.76	1444.62	1967.11
批发和零售业	190.13	269.21	388.29	512.64	734.88	1212.32
交通运输、仓储和邮政业	93.42	118.88	147.57	225.89	191.81	158.52
住宿和餐饮业	49.60	43.89	69.81	147.11	347.81	262.12
房地产业	0.76	4.03	2.08	0.08	0.82	0.75

2-3 续表 2

单位：元/人

指　　标	2013	2014	2015	2016	2017	2018
租赁和商务服务业	5.90	11.15	2.05	4.52	10.51	13.13
居民服务、修理和其他服务业	43.07	60.49	75.64	142.15	117.06	252.37
其他	7.01	6.23	12.57	41.88	36.11	57.29
农林牧渔服务业		8.36	6.76	7.49	5.62	10.60
财产性支出	**23.11**	**53.05**	**92.45**	**90.58**	**92.32**	**188.90**
生活贷款利息支出	21.55	47.90	88.44	86.59	90.45	186.36
住房贷款利息支出	16.99	43.08	80.81	79.49	82.14	169.68
其他生活贷款利息支出	4.57	4.81	7.63	7.09	8.30	16.68
其他财产性支出	1.56	5.16	4.00	4.00	1.87	2.53
非储蓄性财产保险支出	0.46	0.33	0.91	0.92	0.23	0.59
其他财产性支出	1.10	4.82	3.09	3.08	1.64	1.94
转移性支出	**687.89**	**823.95**	**1007.06**	**1199.75**	**1305.14**	**1388.70**
个人所得税	11.42	17.22	23.06	33.57	35.18	70.14
社会保障支出	518.83	632.21	771.84	955.14	1099.63	1106.49
个人缴纳的养老保险	370.03	410.61	496.76	636.97	742.13	703.45
个人缴纳的医疗保险	122.62	183.03	236.78	275.82	301.76	347.51
个人缴纳的失业保险	12.04	17.01	19.66	23.62	23.15	20.82
其他社会保障支出	14.14	21.56	18.64	18.74	32.58	34.71
外来从业人员寄给家人的支出						
城镇外来从业人员寄给家人的支出						
农村外来从业人员寄给家人的支出	3.36	2.86	3.40	7.40	0.38	2.16
赡养支出	72.74	100.72	109.82	129.47	117.77	140.06
其他转移性支出	81.54	70.93	98.94	74.16	52.18	69.86
部分商业保险支出	**38.29**	**46.43**	**46.87**	**44.65**	**61.29**	**137.92**
意外伤害保险	7.25	6.17	6.99	8.63	10.41	19.00
商业医疗保险(含大病保险)	9.30	11.89	19.61	14.94	23.99	63.96
其他非储蓄性商业保险	6.43	7.70	6.36	5.84	10.14	17.74
其他储蓄性商业保险	15.31	20.66	13.90	15.24	16.75	37.22
购置资产及非经常性转移支出	**1962.53**	**2274.07**	**2709.40**	**3072.23**	**3085.88**	**3757.33**
购置资产支出	620.47	670.88	785.99	914.43	877.82	1317.49
建造住房支出	270.93	297.67	273.18	312.37	171.50	246.95
建造住房材料	206.92	226.97	197.39	227.62	109.09	153.00
建造住房雇工	64.01	70.70	75.78	84.75	62.41	52.77
购买住房支出	223.69	260.63	394.38	441.73	539.15	834.24
购建第一产业生产性固定资产支出	54.08	72.37	69.25	75.26	92.19	76.57
购买或建造农业生产性用房	16.39	32.01	25.26	25.95	28.34	14.97
购买用房建筑材料	13.41	18.28	17.30	16.68	21.18	12.30
建筑农业生产用房雇工	2.24	9.64	6.69	7.79	6.49	2.00
购买农业生产用房	0.10		0.60	0.66		0.23
其他	0.63	4.10	0.67	0.81	0.67	0.44
购买役畜	9.92	10.44	9.41	5.27	11.17	6.68
购买产品畜	3.13	6.81	3.69	7.56	14.66	5.16
购买或建造农业设施	4.12	6.37	3.50	13.25	17.96	19.25
大棚、温室	0.88	2.37	2.04	10.88	16.45	15.79

2-3 续表 3

单位：元/人

指　　标	2013	2014	2015	2016	2017	2018
自备井	0.42	0.17	0.37		0.41	0.82
喷灌设施	0.94	0.27	0.16	0.13	0.20	1.26
其他农业设施	1.88	3.56	0.94	2.24	0.90	1.38
购买农业机械	20.53	16.75	27.40	23.24	20.06	30.51
大中型农用拖拉机	2.13		10.49	0.26	2.24	6.60
小型(手扶)农用拖拉机	1.39	3.32	0.95	1.21	1.11	2.31
农用排灌动力机械	1.05	0.80	0.68	0.57	0.45	0.49
插秧机		0.12		1.36	0.14	
收割机	0.64	1.63	2.20	3.42	1.00	1.17
脱粒机	1.86	1.84	1.20	1.33	1.20	2.49
其他农业机械	13.46	9.05	11.88	15.08	13.92	17.45
购建第二产业生产性固定资产支出	16.30	3.74	3.97	7.07	12.96	2.75
采矿业	0.01	0.99	0.04		0.00	
制造业	12.75	1.45	0.89	4.34	5.62	0.54
电力、热力、燃气及水生产和供应业	2.76	1.16	1.33	2.37	0.79	
建筑业	0.78	0.14	1.70	0.36	6.55	2.21
购建第三产业生产性固定资产支出	48.62	22.88	42.08	62.17	56.56	143.52
批发和零售业	12.20	4.89	6.00	10.91	14.88	33.15
交通运输、仓储和邮政业	24.03	14.13	9.18	36.55	16.76	32.75
住宿和餐饮业	2.35	1.17	2.58	11.14	9.53	56.13
房地产业	0.15		16.31			1.00
租赁和商务服务业	3.22	0.86	0.75	0.56	1.68	0.22
居民服务、修理和其他服务业	5.85	1.33	5.74	1.33	7.68	10.93
其他	0.82	0.49	1.52	1.70	6.03	9.34
购建其他资产支出	6.85	13.59	3.12	15.83	5.45	13.47
非经常性转移支出	1342.06	1603.19	1923.42	2157.80	2208.06	2439.84
博彩支出	15.92	21.11	25.05	30.42	24.45	51.12
婚丧嫁娶礼金支出	961.59	1221.05	1484.16	1558.89	1546.45	1617.77
一次性赔偿支出	7.34	7.09	8.85	7.98	9.78	3.72
一次性馈赠支出	236.12	252.16	340.04	331.83	377.03	478.73
其他非经常性转移支出	121.08	101.77	65.32	61.34	60.23	288.49
借贷性支出	**2916.20**	**1574.84**	**1704.02**	**2038.66**	**2007.38**	**2600.48**
存入储蓄款	2528.26	987.64	901.83	1093.10	1129.81	953.33
借出款	42.41	70.69	72.89	100.43	72.71	72.57
归还借款	166.59	211.41	238.78	221.27	191.10	312.16
购买有价证券	7.56	0.30	58.83	60.60	27.54	84.31
其他投资支出	16.43	23.09	39.80	16.80	24.64	111.11
归还住房贷款	95.99	187.50	286.96	377.46	391.10	674.67
归还汽车贷款	22.06	56.10	58.16	85.26	87.12	179.51
归还教育贷款			0.38	0.80	0.37	2.45
归还其他贷款	18.76	17.00	33.30	41.01	27.91	149.33
其他借贷支出	18.14	21.10	13.10	41.94	55.07	61.04

2-4 全体居民人均现金收入(2013-2018年)

单位：元/人

指标	2013	2014	2015	2016	2017	2018
全体居民现金收入	**15080.35**	**16986.02**	**19048.00**	**21573.89**	**23777.65**	**26512.57**
现金工资性收入	**7103.68**	**7884.80**	**8562.21**	**9229.14**	**9954.18**	**10999.78**
工资	6461.70	7277.42	7946.93	8600.95	9393.24	10304.85
其他工资性收入	641.98	607.38	615.28	628.19	560.94	694.94
现金经营性收入	**3985.47**	**4565.20**	**5245.42**	**6340.68**	**7046.94**	**8136.57**
第一产业现金经营收入	1924.73	2113.74	2486.59	2839.96	2965.65	3084.68
农业	718.30	789.85	925.04	962.92	1049.35	1377.63
林业	85.54	83.69	84.05	94.18	127.78	176.22
牧业	1078.79	1203.54	1429.66	1706.59	1721.27	1465.61
渔业	31.48	36.67	47.84	76.28	67.24	65.23
第二产业现金经营收入	223.35	281.86	299.78	398.87	432.86	574.55
采矿业	5.61	13.47	4.94	9.63	1.73	7.33
制造业	84.15	83.51	79.34	130.62	169.84	230.05
电力、热力、燃气及水生产和供应业	2.72	0.00	0.31	26.52	24.18	9.69
建筑业	130.87	184.88	215.19	232.10	237.11	327.49
第三产业现金经营收入	1837.40	2169.60	2459.05	3101.85	3648.43	4477.34
批发和零售业	809.93	1036.11	1255.30	1551.61	1803.47	2436.14
交通运输、仓储和邮政业	375.54	425.28	438.08	501.15	528.63	501.29
住宿和餐饮业	180.25	237.67	252.67	424.85	661.20	659.75
房地产业	11.90	13.12	13.95	5.73	2.26	4.66
租赁和商务服务业	68.39	31.33	22.54	21.83	38.02	44.65
居民服务、修理和其他服务业	280.90	352.10	404.35	480.08	475.66	655.76
其他行业	51.34	41.12	54.71	91.63	116.09	154.56
农林牧渔服务业	57.39	32.87	17.44	24.98	23.10	20.52
现金财产性收入	**412.79**	**485.18**	**639.43**	**754.17**	**838.71**	**953.28**
利息收入	85.00	111.65	134.17	127.44	144.77	146.33
红利收入	67.98	55.20	55.05	101.53	104.82	232.07
储蓄性保险收益	2.66	1.85	3.48	2.24	4.76	6.61
转让承包土地经营权租金收入	40.23	64.79	60.15	70.96	83.01	87.00
出租房屋财产性净收入	186.04	226.76	355.63	413.60	458.46	419.60
出租机械、专利、版权等资产的净收入	9.41	8.74	10.92	18.42	24.76	38.11
其他财产性收入	21.48	16.19	20.03	19.99	18.13	23.56
现金转移性收入	**3578.41**	**4050.84**	**4600.94**	**5249.89**	**5937.83**	**6422.94**
养老金或离退休金	2237.94	2564.72	2940.58	3418.08	3844.38	3720.75

2-4 续表

单位：元/人

指　　标	2013	2014	2015	2016	2017	2018
社会救济和补助	89.08	113.38	112.82	133.39	159.53	187.22
政策性生活补贴	29.59	34.98	47.20	44.42	53.62	129.53
家庭外出从业人员寄回带回收入	615.29	635.24	861.10	976.13	1103.10	1515.49
赡养收入	365.90	417.19	370.66	466.13	566.17	635.30
其他转移性收入	138.76	146.60	105.37	102.23	103.26	131.40
现金政策性惠农补贴	101.84	138.74	163.21	109.52	107.77	103.26
非收入所得	**722.47**	**1232.68**	**1375.81**	**1564.27**	**2135.34**	**2339.91**
出售资产所得	137.20	380.26	306.29	347.64	816.73	723.91
出售住房本金所得	0.90	16.23	60.46	19.04	66.42	242.75
出售住房溢价所得(含亏损)	2.34	11.85	22.03	0.07	6.41	1.69
出售股票、基金、收藏品本金所得	0.51	0.26	27.04	19.70	41.62	0.82
出售股票、基金、收藏品所得(含亏损)	0.28		14.95	4.21	1.40	4.99
出售生产性固定资产所得	9.67	13.87	13.72	35.29	32.02	18.49
拆迁征地补偿所得	101.83	296.44	109.97	227.92	513.49	377.15
出售其他财物和收回其他投资本金所得	21.68	41.61	58.12	41.42	155.38	78.03
非经常性转移所得	570.80	830.57	1054.87	1210.15	1308.88	1608.10
博彩所得	9.22	13.06	20.28	30.36	27.93	103.96
婚丧嫁娶礼金所得	254.67	342.30	426.07	545.79	440.43	556.13
遗产及一次性馈赠所得	40.44	95.12	159.47	207.13	218.65	338.44
一次性赔偿所得	68.94	50.43	58.41	53.97	133.69	84.27
提取住房公积金	2.42	9.66	23.70	27.03	20.16	60.28
调查补贴	135.86	246.21	286.82	310.38	397.62	448.72
其他非经常性转移所得	59.26	73.78	80.12	35.50	70.40	16.31
其他非收入所得	14.47	21.86	14.65	6.48	9.73	7.90
借贷性所得	**1902.45**	**1774.95**	**1896.51**	**2425.31**	**2111.25**	**2524.98**
提取储蓄存款	1396.84	1251.84	1357.96	1832.48	1565.31	1773.16
借入款	317.41	344.52	351.25	365.11	295.95	399.51
收回借出款	127.04	105.18	115.01	137.96	112.21	160.96
收回储蓄性保险本金	0.48	4.22	1.86	3.21	1.06	5.39
住房贷款	22.76	18.60	17.44	7.30	35.41	51.91
汽车贷款	0.33	10.67	1.45	0.81	5.94	10.56
教育贷款	0.10	2.26	1.76	3.01	4.53	11.26
其他贷款	32.04	32.64	41.43	61.61	78.89	94.54
其他借贷所得	5.45	5.02	8.36	13.83	11.95	17.71

2-5 全体居民人均现金支出(2013-2018年)

单位：元/人

指　　标	2013	2014	2015	2016	2017	2018
全体居民人均现金支出	**15901.24**	**16568.73**	**18772.68**	**21355.19**	**23070.86**	**26554.22**
现金消费支出	**8916.01**	**10111.90**	**11123.28**	**12136.20**	**13346.40**	**14573.59**
食品烟酒	3389.70	3891.37	4276.89	4572.93	4909.70	5295.76
食品	2360.37	2724.83	2927.17	3155.13	3301.77	3417.41
谷物	250.39	298.16	338.00	384.38	382.50	398.61
薯类	22.22	30.58	36.64	46.42	47.96	51.61
豆类	27.43	37.18	44.87	52.33	56.97	54.85
食用油	134.85	137.48	143.49	152.77	143.79	142.48
蔬菜和食用菌	307.26	370.61	396.74	425.44	438.45	436.84
肉类	739.06	803.14	804.70	906.44	966.28	971.18
禽类	157.05	189.40	204.92	222.66	211.19	223.76
水产品	86.32	112.88	120.05	128.56	143.88	144.63
蛋类	52.94	68.31	80.59	75.34	75.75	80.65
奶类	137.00	167.75	176.33	194.53	217.19	276.34
干鲜瓜果类	188.78	260.86	283.09	292.36	336.09	341.28
糖果糕点类	69.90	93.50	93.57	105.59	114.08	128.66
其他食品	51.92	154.99	204.18	168.30	167.64	166.53
烟酒	386.16	430.78	499.64	500.69	545.05	637.96
烟草	246.24	282.64	337.62	341.95	360.51	441.17
酒类	137.48	148.15	162.02	158.74	184.54	196.79
饮料		69.63	82.25	85.86	90.30	106.04
饮食服务	643.17	666.12	767.82	831.26	972.58	1134.35
食堂用餐	69.78	86.49	110.48	138.53	155.92	113.74
其他在外饮食	566.89	571.22	647.10	681.96	804.54	1009.43
食品加工服务费	6.51	8.41	10.24	10.77	12.11	11.18
衣着	905.33	973.81	1070.74	1140.40	1149.68	1173.31
衣类	695.61	725.28	799.88	868.46	877.22	921.92
鞋类	205.86	248.53	270.86	271.93	272.47	251.39
居住	766.07	823.81	856.87	1046.27	1118.34	1251.89
租赁房房租	82.35	109.91	94.45	95.31	77.62	120.38
住房维修及管理	285.94	256.89	293.26	434.00	462.12	526.91
水电燃料及其他	395.00	457.01	469.16	516.96	578.60	604.60
生活用品及服务	767.36	868.57	898.13	958.06	1051.34	1160.95
家具及室内装饰品	140.43	135.07	137.52	139.41	161.84	171.01
家用器具	226.63	226.50	222.37	240.71	293.85	321.42
家用纺织品	79.15	85.97	81.04	90.33	90.13	99.22
家庭日用杂品	208.30	278.18	296.31	299.66	286.75	284.37
个人用品	80.92	113.76	131.83	160.18	187.73	234.79
家庭服务	29.46	29.08	29.07	27.77	31.05	50.14
交通通信	1219.36	1434.42	1627.48	1849.87	2199.13	2397.00
交通	784.16	916.16	1055.85	1236.52	1542.33	1715.36
交通工具	327.79	310.67	347.29	475.99	655.42	576.88
交通费	151.81	178.47	193.92	186.01	205.36	301.51
交通工具用燃料	179.24	267.14	317.11	359.22	446.20	525.00

2-5 续表 1

单位：元/人

指 标	2013	2014	2015	2016	2017	2018
交通工具使用及维修	125.32	159.88	197.54	215.31	235.36	311.96
其中：车辆保险支出	41.83	47.69	64.54	78.87	78.17	101.49
通信	435.20	518.25	571.63	613.35	656.80	681.65
通信工具	144.35	122.00	136.10	156.44	174.85	211.11
通信服务	290.85	396.25	435.53	456.91	481.95	470.54
教育文化娱乐	984.79	1060.41	1207.31	1284.39	1467.23	1596.58
教育	567.28	543.67	623.06	658.84	751.64	936.18
学前教育	62.44	63.82	71.67	72.26	84.13	156.41
小学教育	89.08	71.07	74.84	87.33	103.15	156.37
初中教育	87.27	78.36	78.01	88.03	102.00	126.71
高中教育	115.42	113.11	123.17	115.25	127.09	148.49
中专职高教育	18.49	12.60	26.69	19.16	24.12	17.74
大专及以上教育	165.09	172.53	199.62	213.85	255.19	261.58
成人教育	27.83	32.18	49.07	62.95	55.97	68.87
文化娱乐	417.51	516.74	584.25	625.55	715.59	660.41
文娱耐用消费品	130.91	108.87	104.28	101.01	112.27	108.78
其他文娱用品	59.18	79.18	90.35	95.78	111.92	143.42
文化娱乐服务	225.92	328.69	389.61	428.76	491.39	408.20
医疗保健	669.28	776.81	856.99	923.71	1066.17	1271.02
医疗器具及药品	261.46	319.20	364.04	431.46	423.13	484.63
医疗服务(不含报销医疗费)	543.85	457.61	492.96	492.26	643.03	786.39
门诊费用(不含报销医疗费)	182.16	188.69	218.33	223.27	283.00	370.83
住院费用(不含报销医疗费)	361.69	293.65	274.63	268.98	360.04	415.56
其他用品和服务	214.13	282.71	328.86	360.56	384.80	427.07
其他用品	102.62	119.57	147.22	141.98	150.27	169.93
其他服务	111.51	163.13	181.64	218.59	234.53	257.14
生产经营现金费用支出	**1357.22**	**1684.49**	**2089.60**	**2773.12**	**3172.47**	**3907.31**
第一产业经营现金费用支出	901.89	1045.66	1266.75	1438.82	1460.53	1545.79
农业	334.65	372.78	424.66	364.25	383.85	606.58
林业	8.73	10.16	13.69	12.57	15.96	23.47
牧业	542.90	649.82	805.27	1022.48	1025.83	879.07
渔业	9.43	12.90	23.12	39.52	34.90	36.66
第二产业经营现金费用支出	65.44	116.59	118.07	252.54	267.32	394.42
采矿业	3.21	2.08	1.20	1.18	2.12	3.48
制造业	38.37	31.17	38.47	74.93	91.37	149.81
电力、热力、燃气及水生产和供应业	0.41	0.23	1.10	20.42	10.51	2.28
建筑业	23.45	83.11	77.30	156.01	163.31	238.85
第三产业经营现金费用支出	389.89	522.24	704.77	1081.76	1444.62	1967.11
批发和零售业	190.13	269.21	388.29	512.64	734.88	1212.32
交通运输、仓储和邮政业	93.42	118.88	147.57	225.89	191.81	158.52
住宿和餐饮业	49.60	43.89	69.81	147.11	347.81	262.12
房地产业	0.76	4.03	2.08	0.08	0.82	0.75
租赁和商务服务业	5.90	11.15	2.05	4.52	10.51	13.13
居民服务、修理和其他服务业	43.07	60.49	75.64	142.15	117.06	252.37
其他	7.01	6.23	12.57	41.88	36.11	57.29
农林牧渔服务业		8.36	6.76	7.49	5.62	10.60

2-5 续表 2

单位：元/人

指　　标	2013	2014	2015	2016	2017	2018
现金财产性支出	**23.11**	**53.05**	**92.45**	**90.58**	**92.32**	**188.90**
生活贷款利息支出	21.55	47.90	88.44	86.59	90.45	186.36
住房贷款利息支出	16.99	43.08	80.81	79.49	82.14	169.68
其他生活贷款利息支出	4.57	4.81	7.63	7.09	8.30	16.68
其他财产性支出	1.56	5.16	4.00	4.00	1.87	2.53
非储蓄性财产保险支出	0.46	0.33	0.91	0.92	0.23	0.59
其他财产性支出	1.10	4.82	3.09	3.08	1.64	1.94
现金转移性支出	**687.89**	**823.95**	**1007.06**	**1199.75**	**1305.14**	**1388.70**
个人所得税	11.42	17.22	23.06	33.57	35.18	70.14
社会保障支出	518.83	632.21	771.84	955.14	1099.63	1106.49
个人缴纳的养老保险	370.03	410.61	496.76	636.97	742.13	703.45
个人缴纳的医疗保险	122.62	183.03	236.78	275.82	301.76	347.51
个人缴纳的失业保险	12.04	17.01	19.66	23.62	23.15	20.82
其他社会保障支出	14.14	21.56	18.64	18.74	32.58	34.71
外来从业人员寄给家人的支出		2.86	3.40	7.40	0.38	2.16
农村外来从业人员寄给家人的支出		2.86	3.17	6.64	0.25	1.96
城镇外来从业人员寄给家人的支出	3.36		0.23	0.77	0.13	0.19
赡养支出	72.74	100.72	109.82	129.47	117.77	140.06
其他转移性支出	81.54	70.93	98.94	74.16	52.18	69.86
经常性捐赠支出	48.24	40.40	30.25	26.17	14.15	15.98
经常性赔偿支出	0.23	0.02	0.16	0.45	0.11	0.18
其他经常转移支出	33.07	30.51	68.53	47.54	37.92	53.70
部分商业保险支出	**38.29**	**46.43**	**46.87**	**44.65**	**61.29**	**137.92**
意外伤害保险	7.25	6.17	6.99	8.63	10.41	19.00
商业医疗保险(含大病保险)	9.30	11.89	19.61	14.94	23.99	63.96
其他非储蓄性商业保险	6.43	7.70	6.36	5.84	10.14	17.74
其他储蓄性商业保险	15.31	20.66	13.90	15.24	16.75	37.22
购置资产及非经常性转移支出	**1962.53**	**2274.07**	**2709.40**	**3072.23**	**3085.88**	**3757.33**
购置资产支出	620.47	670.88	785.99	914.43	877.82	1317.49
建造住房支出	270.93	297.67	273.18	312.37	171.50	246.95
建造住房材料	206.92	226.97	197.39	227.62	109.09	153.00
建造住房雇工	64.01	70.70	75.78	84.75	62.41	52.77
购买住房支出	223.69	260.63	394.38	441.73	539.15	834.24
购建第一产业生产性固定资产支出	54.08	72.37	69.25	75.26	92.19	76.57
购买或建造农业生产性用房	16.39	32.01	25.26	25.95	28.34	14.97
购买用房建筑材料	13.41	18.28	17.30	16.68	21.18	12.30
建筑农业生产用房雇工	2.24	9.64	6.69	7.79	6.49	2.00
购买农业生产用房	0.10		0.60	0.66		0.23
其他	0.63	4.10	0.67	0.81	0.67	0.44
购买役畜	9.92	10.44	9.41	5.27	11.17	6.68
购买产品畜	3.13	6.81	3.69	7.56	14.66	5.16
购买或建造农业设施	4.12	6.37	3.50	13.25	17.96	19.25

2-5 续表 3

单位：元/人

指　　标	2013	2014	2015	2016	2017	2018
大棚、温室	0.88	2.37	2.04	10.88	16.45	15.79
自备井	0.42	0.17	0.37		0.41	0.82
喷灌设施	0.94	0.27	0.16	0.13	0.20	1.26
其他农业设施	1.88	3.56	0.94	2.24	0.90	1.38
购买农业机械	20.53	16.75	27.40	23.24	20.06	30.51
大中型农用拖拉机	2.13		10.49	0.26	2.24	6.60
小型(手扶)农用拖拉机	1.39	3.32	0.95	1.21	1.11	2.31
农用排灌动力机械	1.05	0.80	0.68	0.57	0.45	0.49
插秧机		0.12		1.36	0.14	
收割机	0.64	1.63	2.20	3.42	1.00	1.17
脱粒机	1.86	1.84	1.20	1.33	1.20	2.49
其他农业机械	13.46	9.05	11.88	15.08	13.92	17.45
购建第二产业生产性固定资产支出	16.30	3.74	3.97	7.07	12.96	2.75
采矿业	0.01	0.99	0.04		0.00	
制造业	12.75	1.45	0.89	4.34	5.62	0.54
电力、热力、燃气及水生产和供应业	2.76	1.16	1.33	2.37	0.79	
建筑业	0.78	0.14	1.70	0.36	6.55	2.21
购建第三产业生产性固定资产支出	48.62	22.88	42.08	62.17	56.56	143.52
批发和零售业	12.20	4.89	6.00	10.91	14.88	33.15
交通运输、仓储和邮政业	24.03	14.13	9.18	36.55	16.76	32.75
住宿和餐饮业	2.35	1.17	2.58	11.14	9.53	56.13
房地产业	0.15		16.31			1.00
租赁和商务服务业	3.22	0.86	0.75	0.56	1.68	0.22
居民服务、修理和其他服务业	5.85	1.33	5.74	1.33	7.68	10.93
其他行业	0.82	0.49	1.52	1.70	6.03	9.34
购建其他资产支出	6.85	13.59	3.12	15.83	5.45	13.47
非经常性转移支出	1342.06	1603.19	1923.42	2157.80	2208.06	2439.84
博彩支出	15.92	21.11	25.05	30.42	24.45	51.12
婚丧嫁娶礼金支出	961.59	1221.05	1484.16	1558.89	1546.45	1617.77
一次性赔偿支出	7.34	7.09	8.85	7.98	9.78	3.72
一次性馈赠支出	236.12	252.16	340.04	331.83	377.03	478.73
其他非经常性转移支出	121.08	101.77	65.32	61.34	60.23	43.51
借贷性支出	**2916.20**	**1574.84**	**1704.02**	**2038.66**	**2007.38**	**2600.48**
存入储蓄款	2528.26	987.64	901.83	1093.10	1129.81	953.33
借出款	42.41	70.69	72.89	100.43	72.71	72.57
归还借款	166.59	211.41	238.78	221.27	191.10	312.16
购买有价证券	7.56	0.30	58.83	60.60	27.54	84.31
其他投资支出	16.43	23.09	39.80	16.80	24.64	111.11
归还住房贷款	95.99	187.50	286.96	377.46	391.10	674.67
归还汽车贷款	22.06	56.10	58.16	85.26	87.12	179.51
归还教育贷款			0.38	0.80	0.37	2.45
归还其他贷款	18.76	17.00	33.30	41.01	27.91	149.33
其他借贷支出	18.14	21.10	13.10	41.94	55.07	61.04

2-6 按五等份分组的全体居民人均可支配收入(2018年)

单位：元/人

指　　标	总平均	低收入户	中低收入户	中等收入户	中高收入户	高收入户
全体居民人均可支配收入	**22460.55**	**3003.47**	**11386.02**	**18959.81**	**29430.14**	**58753.53**
工资性收入	**11069.86**	**1501.36**	**4035.47**	**8494.25**	**14917.35**	**31618.87**
工资	10304.85	1309.63	3783.12	8054.78	14106.44	29057.29
按月发放的工资	8598.01	1014.33	2883.18	6741.40	12267.56	24081.62
补发工资	299.74	32.23	103.97	190.93	351.68	987.92
不按月发放的奖金、津贴、过节费等	1407.10	263.07	795.97	1122.45	1487.20	3987.76
实物福利	70.08	22.51	33.81	43.37	92.33	188.27
从单位或雇主得到的实物产品折价	11.16	4.16	3.62	5.36	11.40	37.53
食品	7.47	2.84	2.62	3.69	7.62	24.65
谷物、薯类及豆类	2.02	0.26	0.29	0.86	1.36	8.90
食用油(植物油)	1.60	0.65	0.64	0.95	1.65	4.92
蔬菜及制品	0.07	0.03	0.00		0.04	0.35
肉、禽、蛋、奶及制品	0.78	0.37	0.40	0.32	1.09	2.05
水产品及制品	0.01		0.01	0.04	0.01	0.00
糖、烟、酒、饮料类	1.68	0.78	0.87	1.14	2.01	4.21
干鲜瓜果类	0.30	0.15	0.09	0.14	0.29	0.98
其他类食品	1.01	0.60	0.33	0.25	1.18	3.24
衣着	0.14	0.01	0.01	0.17	0.03	0.56
居住	0.10	0.03	0.06	0.15	0.02	0.32
家庭设备和日用品	1.32	0.28	0.32	0.68	1.35	4.80
交通、通信工具及用品	1.00	0.20	0.25	0.22	1.19	3.80
教育文化娱乐用品	0.24	0.20	0.11	0.05	0.11	0.86
医疗保健用品	0.20	0.01			0.39	0.76
其他用品	0.70	0.59	0.25	0.41	0.69	1.79
从单位或雇主得到的服务折价	58.92	18.35	30.19	38.01	80.93	150.74
免费或低价提供的工作餐	55.27	17.88	30.12	35.20	77.08	137.37
免费或低价提供的住宿	1.52	0.02	0.01	1.89	1.39	5.13
单位缴纳的水电费、取暖费、物业费等	0.12		0.03	0.27	0.03	0.30
免费或低价提供的交通和通信服务	0.53	0.06	0.03	0.07	0.58	2.37
单位缴纳的教育入学赞助费	0.07	0.01		0.31		
免费或低价提供的旅游服务	0.21				1.03	0.02
其他服务	1.20	0.38	0.01	0.27	0.82	5.53
单位或雇主实物福利报销所得						
其他	694.94	169.23	218.54	396.09	718.58	2373.31
住房公积金	328.71	9.79	18.51	59.85	251.65	1598.84
辞退金	6.14	0.02		5.57	9.35	19.13
自由职业劳动所得(如稿费、翻译费)	13.53	2.63	9.22	16.28	17.77	24.81
安家费	5.85	0.19		0.51		35.01
股票期权						
其他劳动所得	340.71	156.59	190.81	313.89	439.82	695.51
经营净收入	**4558.13**	**74.87**	**3589.03**	**4560.52**	**5094.78**	**11067.46**
第一产业经营净收入	2088.39	1322.51	2639.95	2298.35	1467.44	2839.59
农业	1278.79	849.32	1598.27	1478.96	913.61	1599.83

2-6 续表 1

单位：元/人

指标	总平均	低收入户	中低收入户	中等收入户	中高收入户	高收入户
林业	201.80	231.71	418.85	147.75	88.48	82.85
牧业	576.58	231.28	607.43	622.61	427.76	1108.10
渔业	31.22	10.21	15.41	49.02	37.59	48.82
第二产业经营净收入	150.50	-561.17	82.88	193.22	419.55	793.51
采矿业	3.03	-15.24		-0.35	-1.73	41.14
制造业	72.96	-105.84	86.44	57.07	185.15	175.21
电力、热力、燃气及水生产和供应业	6.34	-0.01	1.39	-0.32	-0.98	38.67
建筑业	68.17	-440.08	-4.95	136.83	237.11	538.49
第三产业经营净收入	2319.24	-686.48	866.20	2068.96	3207.78	7434.36
批发和零售业	1131.60	-709.85	398.68	948.22	1894.68	3833.39
交通运输、仓储和邮政业	313.03	89.37	148.82	471.72	462.81	436.36
住宿和餐饮业	370.93	-47.58	80.88	304.64	276.99	1501.99
房地产业	3.91	0.47	-0.17	0.93	-0.32	22.82
租赁和商务服务业	27.80	-1.67	3.10	16.35	35.18	105.07
居民服务、修理和其他服务业	376.56	-9.26	214.03	284.03	418.44	1166.96
其他	88.16	-11.25	15.06	17.08	112.62	378.01
农林牧渔服务业	7.24	3.29	5.80	25.98	7.38	-10.24
财产净收入	**1443.14**	**226.61**	**384.55**	**865.11**	**2001.90**	**4514.50**
利息净收入	-40.04	26.77	54.30	9.95	-66.78	-284.97
红利收入	232.07	29.54	21.09	52.00	199.23	1049.86
集体分配的红利	42.04	17.77	13.41	12.69	54.90	134.36
其他红利收入	190.03	11.77	7.68	39.32	144.33	915.51
储蓄性保险净收益	6.61	0.32	5.13	8.46	6.82	14.18
转让承包土地经营权租金净收入	87.00	76.67	73.52	99.21	78.97	112.12
出租房屋财产性收入	419.60	53.82	71.78	211.65	672.17	1324.62
出租机械、专利、版权等资产的收入	38.11	12.30	3.39	9.11	4.64	195.78
其他财产净收入	21.03	4.35	9.35	12.67	50.98	33.13
房屋虚拟租金	678.76	22.84	146.00	462.06	1055.86	2069.78
转移净收入	**5389.42**	**1200.63**	**3376.97**	**5039.92**	**7416.11**	**11552.70**
转移性收入	6778.12	1860.76	4009.21	5998.08	9116.41	15079.96
养老金或离退休金	3720.75	506.86	1221.82	2610.44	5522.82	10507.46
离退休金	2662.49	111.75	313.30	1230.95	3900.37	9479.06
(城镇)居民社会养老保险	698.27	82.60	416.50	941.26	1320.21	812.62
新型农村养老保险	171.98	208.06	224.36	206.87	115.58	78.08
其他养老金	188.01	104.45	267.66	231.36	186.65	137.71
社会救济和补助	187.22	225.68	214.11	177.99	139.14	171.18
最低生活保障费	61.40	107.12	93.96	48.08	31.74	11.49
五保户救助金	7.28	17.55	10.14	5.67	0.76	
扶贫款	29.15	30.00	20.20	33.60	53.98	4.12
救灾款	0.49	0.21	0.80	0.45	0.93	
抚恤金	38.32	26.46	42.76	47.34	26.55	50.47
其他社会救济收入	39.46	27.16	29.55	34.14	19.60	99.53
政策性生活补贴	129.53	45.45	69.38	133.79	153.09	285.25
家电补贴	0.62	0.04	0.72	0.38	0.75	1.39

2-6 续表 2

单位：元/人

指　　标	总平均	低收入户	中低收入户	中等收入户	中高收入户	高收入户
能源补贴	0.11		0.15	0.28	0.11	
免费或低价提供的住宿(廉租房)	0.53	0.66	0.24	1.00	0.45	0.24
其他生活补贴	66.06	38.28	52.35	63.13	47.24	147.03
报销医疗费	296.26	118.94	185.72	255.33	342.43	672.31
家庭外出从业人员寄回带回收入	1515.49	553.59	1462.19	1852.35	1812.56	2051.49
赡养收入	635.30	172.34	608.09	724.36	834.17	923.05
其他经常转移收入	131.40	39.84	52.41	95.45	198.09	322.15
失业保险金	18.04	5.84	4.42	17.51	57.85	4.76
经常性捐赠收入	6.27	0.37	0.98	7.46	14.61	9.40
经常性赔偿收入	5.22	0.40	1.89	7.27	14.20	2.47
其他转移性收入	96.14	31.47	43.28	60.52	110.94	279.24
从政府和组织得到的实物产品和服务折价	58.92	53.39	73.13	54.96	50.72	62.48
食品	15.98	16.36	18.17	13.68	14.13	17.78
谷物、薯类及豆类	3.70	1.88	3.06	3.57	4.66	5.96
食用油(植物油)	3.84	1.96	3.42	3.81	4.44	6.19
蔬菜及制品	0.02				0.08	0.04
肉、禽、蛋、奶及制品	3.07	7.17	2.60	1.39	2.42	1.32
水产品及制品						
糖、烟、酒、饮料类	0.26	0.14	0.36	0.16	0.24	0.44
干鲜瓜果类	0.06		0.09	0.01	0.08	0.10
其他类食品	5.02	5.20	8.64	4.74	2.22	3.73
衣着	0.27	0.43	0.40	0.18	0.11	0.22
居住	0.74	0.20	0.19	0.30	1.32	2.05
家庭设备和日用品	17.20	15.33	16.67	18.36	16.17	20.08
交通、通信工具及用品	0.30	0.73	0.39	0.06	0.18	0.05
教育文化娱乐用品	2.62	2.43	1.72	2.06	2.92	4.44
医疗保健用品	0.34	0.34	0.45	0.21	0.58	0.10
其他用品	2.30	1.21	2.14	2.79	2.89	2.61
其他服务折价(不含廉租房)	19.17	16.35	33.00	17.32	12.40	15.16
现金政策性惠农补贴	103.26	144.68	122.35	93.40	63.41	84.58
转移性支出	1388.70	660.13	632.24	958.15	1700.30	3527.26
个人所得税	70.14	2.50	3.73	5.62	40.34	366.29
社会保障支出	1106.49	541.23	543.63	801.89	1429.57	2597.72
个人缴纳的养老保险	703.45	315.37	284.61	480.38	931.10	1781.15
个人缴纳的医疗保险	347.51	218.86	244.46	297.65	438.96	606.92
个人缴纳的失业保险	20.82	3.54	5.62	8.83	24.06	75.24
其他社会保障支出	34.71	3.47	8.94	15.02	35.45	134.41
外来从业人员寄给家人的支出	2.16	3.26		3.54	0.51	3.76
赡养支出	140.06	46.32	35.98	94.09	181.69	410.00
其他转移性支出	69.86	66.81	48.90	53.02	48.19	149.49
经常性捐赠支出	15.98	23.96	5.62	15.46	6.88	30.83
经常性赔偿支出	0.18	0.14				0.91
其他经常转移支出	53.70	42.71	43.28	37.56	41.31	117.75

2-7 按五等份分组的全体居民人均总收入(2018年)

单位：元/人

指　　标	总平均	低收入户	中低收入户	中等收入户	中高收入户	高收入户
常住居民人均总收入	**28583.00**	**9746.87**	**14896.52**	**23279.42**	**34494.14**	**71128.37**
工资性收入	**11069.86**	**1501.36**	**4035.47**	**8494.25**	**14917.35**	**31618.87**
工资	10304.85	1309.63	3783.12	8054.78	14106.44	29057.29
实物福利	70.08	22.51	33.81	43.37	92.33	188.27
其他	694.94	169.23	218.54	396.09	718.58	2373.31
经营性收入	**9102.97**	**6115.46**	**6435.17**	**7835.77**	**8211.97**	**19263.19**
第一产业经营收入	4051.08	3368.84	4680.58	3879.00	2433.64	6286.67
第一产业经营收入(不含惠农补贴)	4051.08	3368.84	4680.58	3879.00	2433.64	6286.67
农业	2017.21	1612.46	2386.63	2071.94	1318.61	2830.65
林业	226.12	258.86	453.46	175.04	104.74	95.70
牧业	1738.94	1474.96	1788.82	1566.57	956.55	3185.70
渔业	68.81	22.57	51.67	65.45	53.73	174.61
第二产业经营收入	574.55	613.00	175.23	388.23	673.84	1173.92
采矿业	7.33	0.50				44.34
制造业	230.05	271.83	137.65	93.66	367.16	309.43
电力、热力、燃气及水生产和供应业	9.69		5.99			51.53
建筑业	327.49	340.67	31.59	294.57	306.68	768.63
第三产业经营收入	4477.34	2133.62	1579.36	3568.55	5104.49	11802.60
批发和零售业	2436.14	1691.09	821.03	1627.09	3274.71	5587.19
交通运输、仓储和邮政业	501.29	245.58	264.73	681.91	670.75	709.92
住宿和餐饮业	659.75	32.57	133.34	753.87	410.32	2355.12
房地产业	4.66	0.47		1.06	0.33	26.22
租赁和商务服务业	44.65	1.32	4.90	28.46	43.47	176.39
居民服务、修理和其他服务业	655.76	139.83	302.04	416.42	533.66	2257.56
其他	154.56	9.80	34.35	23.93	149.94	678.52
农林牧渔服务业	20.52	12.96	18.97	35.79	21.30	11.68
财产性收入	**1632.03**	**269.17**	**416.68**	**951.40**	**2248.41**	**5166.28**
利息收入	146.33	67.31	85.47	93.42	177.31	361.75
红利收入	232.07	29.54	21.09	52.00	199.23	1049.86
储蓄性保险净收益	6.61	0.32	5.13	8.46	6.82	14.18
转让承包土地经营权租金净收入	87.00	76.67	73.52	99.21	78.97	112.12
出租房屋财产性净收入	419.60	53.82	71.78	211.65	672.17	1324.62
出租机械、专利、版权等资产的净收入	38.11	12.30	3.39	9.11	4.64	195.78
其他财产净收入	23.56	6.37	10.31	15.49	53.40	38.18
房屋虚拟租金	678.76	22.84	146.00	462.06	1055.86	2069.78
转移性收入	**6778.14**	**1860.87**	**4009.19**	**5998.01**	**9116.41**	**15080.04**
养老金或离退休金	3720.75	506.86	1221.82	2610.44	5522.82	10507.46

2-7 续表

单位：元/人

指　　标	总平均	低收入户	中低收入户	中等收入户	中高收入户	高收入户
社会救济和补助	187.22	225.68	214.11	177.99	139.14	171.18
政策性生活补贴	129.53	45.45	69.38	133.79	153.09	285.25
家庭外出从业人员寄回带回收入	1515.49	553.59	1462.19	1852.35	1812.56	2051.49
赡养收入	635.30	172.34	608.09	724.36	834.17	923.05
报销医疗费	296.26	118.94	185.72	255.33	342.43	672.31
从政府和组织得到的实物产品和服务折价	58.94	53.50	73.11	54.89	50.72	62.57
现金政策性惠农补贴	103.26	144.68	122.35	93.40	63.41	84.58
其他转移性收入	131.40	39.84	52.41	95.45	198.09	322.15
非收入所得	**2339.91**	**2187.48**	**1519.56**	**1675.59**	**1991.78**	**4905.78**
出售资产所得	723.91	696.99	170.69	402.72	303.48	2413.46
出售住房本金所得	242.75	64.43	27.56	108.91	81.19	1129.26
出售住房溢价所得(含亏损)	1.69		0.02			10.32
出售股票、基金、收藏品本金所得	0.82		0.00	0.00	4.18	
出售股票、基金、收藏品所得(含亏损)	4.99	0.12	1.27	0.02		28.74
出售生产性固定资产所得	18.49	42.43	16.48	20.13	7.16	1.24
拆迁征地补偿所得	377.15	510.78	109.01	204.50	152.65	1050.74
出售其他财物和收回其他投资本金所得	78.03	79.24	16.34	69.15	58.30	193.16
非经常性转移所得	1608.10	1479.03	1341.30	1267.91	1684.65	2479.72
博彩所得	103.96	28.16	24.66	55.52	52.47	433.04
婚丧嫁娶礼金所得	556.13	571.04	521.76	564.70	467.35	677.70
遗产及一次性馈赠所得	338.44	258.53	260.52	215.59	594.42	397.55
一次性赔偿所得	84.27	218.15	133.02	20.63	16.16	9.13
提取住房公积金	60.28		13.87	1.60	48.80	290.74
调查补贴	448.72	379.22	376.70	398.14	496.68	642.92
其他非经常性转移所得	16.31	23.93	10.77	11.73	8.77	28.63
其他非收入所得	7.90	11.47	7.57	4.96	3.64	12.59
借贷性所得	**2524.98**	**2544.30**	**2158.31**	**2017.59**	**2305.42**	**3907.83**
提取储蓄存款	1773.16	1808.43	1545.60	1484.28	1723.62	2462.57
借入款	399.51	438.92	382.62	327.01	280.48	607.75
收回借出款	160.96	82.66	111.84	91.03	242.05	321.73
收回储蓄性保险本金	5.39	19.54	0.75	2.55	2.30	0.36
住房贷款	51.91	35.49	1.67	1.32	11.68	253.99
汽车贷款	10.56	0.13	0.87	1.08	0.97	60.90
教育贷款	11.26	22.71	16.43	3.38	6.33	5.59
其他贷款	94.54	132.77	96.66	72.31	10.95	171.16
其他借贷所得	17.71	3.66	1.87	34.63	27.04	23.78

2-8 按五等份分组的全体居民人均总支出(2018年)

单位：元/人

指　标	总平均	低收入户	中低收入户	中等收入户	中高收入户	高收入户
常住居民人均总支出	**29924.09**	**21115.35**	**18138.75**	**24050.78**	**32059.27**	**62098.16**
消费支出	**17663.55**	**11002.68**	**11594.17**	**15117.20**	**20349.50**	**34486.47**
食品烟酒	5937.88	3948.88	4327.71	5303.41	6918.90	10315.23
食品	4004.15	2909.38	3218.78	3779.74	4675.64	5959.60
谷物	515.73	500.08	487.92	470.86	483.88	669.69
薯类	101.20	112.73	108.51	104.68	90.22	85.11
豆类	58.07	42.25	47.53	58.28	70.08	77.99
食用油	186.19	152.52	166.45	181.87	212.57	230.27
蔬菜和食用菌	519.80	325.51	361.10	477.93	688.17	835.76
肉类	1138.71	858.69	980.45	1116.53	1320.03	1525.30
禽类	279.77	167.07	203.37	289.17	352.04	429.16
水产品	148.23	70.65	88.35	131.70	196.88	291.89
蛋类	126.79	100.40	112.26	129.40	135.79	166.33
奶类	277.18	161.79	191.70	252.60	349.64	486.01
干鲜瓜果类	345.68	198.29	223.17	298.60	427.70	663.11
糖果糕点类	130.59	86.17	96.38	110.25	151.47	235.32
其他食品	176.21	133.24	151.60	157.88	197.16	263.66
烟酒	638.04	459.50	494.67	571.02	674.83	1104.29
烟草	441.25	326.79	345.56	396.59	478.34	731.05
酒类	196.79	132.70	149.11	174.42	196.49	373.24
饮料	106.04	72.55	79.05	87.89	112.23	201.76
饮食服务	1189.65	507.46	535.21	864.77	1456.20	3049.58
食堂用餐	167.98	121.31	144.97	152.86	194.96	246.71
其他在外饮食	1010.50	374.79	377.74	700.32	1250.37	2793.85
食品加工服务费	11.18	11.35	12.50	11.60	10.88	9.02
衣着	1173.77	635.21	648.52	935.85	1423.51	2581.99
衣类	922.38	477.40	489.08	722.76	1118.56	2101.19
鞋类	251.39	157.81	159.43	213.09	304.95	480.79
居住	3368.02	2143.20	2196.28	2954.63	3857.83	6468.62
租赁房房租	120.38	49.67	37.27	103.08	156.11	302.27
住房维修及管理	526.91	364.90	328.34	506.40	483.08	1080.98
水电燃料及其他	657.17	463.43	488.21	622.33	775.22	1037.40
自有住房折算租金	2063.56	1265.20	1342.47	1722.82	2443.42	4047.98
(1)租赁房房租中租赁公房房租	5.24	1.14	2.22	3.25	8.64	13.08
(2)租赁房房租中租赁私房房租	115.14	48.53	35.05	99.83	147.47	289.19
(3)住房维修及管理中物业管理费	82.77	19.43	12.78	47.96	105.62	275.98
生活用品及服务	1182.21	762.60	750.24	957.64	1287.55	2467.83
家具及室内装饰品	173.70	142.25	101.87	123.75	181.78	364.98
家用器具	321.42	204.52	208.87	276.33	354.52	642.06
家用纺织品	99.22	55.10	57.47	73.26	107.96	235.43
家庭日用杂品	302.94	231.76	243.77	275.33	320.91	488.64
个人用品	234.79	105.32	116.26	183.05	275.34	579.49
家庭服务	50.14	23.65	21.99	25.93	47.05	157.23
其中：家政服务	26.02	7.58	2.70	5.08	21.25	113.98

2-8 续表 1

单位：元/人

指　　标	总平均	低收入户	中低收入户	中等收入户	中高收入户	高收入户
交通通信	2398.83	1480.28	1252.90	1946.05	2814.66	5204.00
交通	1717.18	1089.82	823.95	1341.25	1994.69	3873.58
交通工具	576.88	498.50	225.18	468.97	666.35	1176.46
交通费	303.34	198.32	198.92	228.13	301.15	679.34
交通工具用燃料	525.00	228.79	249.48	391.52	677.00	1267.66
交通工具使用及维修	311.96	164.22	150.37	252.63	350.19	750.13
其中：车辆保险支出	101.49	47.94	45.56	87.73	115.16	246.97
通信	681.65	390.46	428.95	604.80	819.97	1330.42
通信工具	211.11	123.54	139.19	184.90	238.03	422.54
通信服务	470.54	266.92	289.75	419.90	581.94	907.88
教育文化娱乐	1599.72	803.59	1000.60	1265.99	1902.40	3504.01
教育	936.24	597.08	758.95	901.89	1156.27	1394.73
学前教育	156.41	76.29	115.67	153.89	208.97	255.22
小学教育	156.37	75.95	114.13	136.28	218.37	269.08
初中教育	126.71	90.36	91.86	114.94	148.39	209.60
高中教育	148.49	87.24	154.07	129.68	178.38	209.88
中专职高教育	17.74	14.04	19.51	28.39	20.13	3.53
大专及以上教育	261.58	208.44	222.98	278.80	288.95	326.85
成人教育	68.94	44.75	40.73	59.91	93.07	120.58
文化娱乐	663.47	206.51	241.64	364.10	746.13	2109.28
文娱耐用消费品	108.78	55.28	66.31	76.63	125.33	256.86
其他文娱用品	146.28	79.18	88.00	110.55	163.02	337.51
文化娱乐服务	408.41	72.05	87.34	176.92	457.78	1514.90
医疗保健	1568.59	1026.84	1209.73	1438.82	1673.14	2795.60
医疗器具及药品	485.17	329.97	378.15	430.25	504.44	878.19
医疗服务	1083.42	696.87	831.58	1008.56	1168.70	1917.41
门诊总费用	423.36	326.91	324.85	407.45	440.81	679.56
住院总费用	660.06	369.96	506.73	601.11	727.89	1237.85
其他用品和服务	434.52	202.09	208.21	314.81	471.51	1149.17
其他用品	173.04	92.90	86.64	139.30	179.91	427.77
其他服务	261.48	109.20	121.57	175.50	291.60	721.40
生产经营费用支出	**4187.22**	**5721.76**	**2576.76**	**2980.90**	**2802.67**	**7536.63**
第一产业经营费用支出	1825.69	1847.14	1896.86	1463.53	895.34	3295.09
农业	655.26	643.85	700.17	522.07	361.94	1137.39
林业	23.47	26.99	32.79	26.66	14.89	12.72
牧业	1110.20	1164.27	1129.00	899.18	502.58	2020.70
渔业	36.76	12.02	34.89	15.62	15.92	124.27
第二产业经营费用支出	394.42	1140.31	59.58	169.68	235.05	342.38
采矿业	3.48	11.91		0.35	1.73	3.19
制造业	149.81	367.59	44.40	34.44	175.06	122.92
电力、热力、燃气及水生产和供应业	2.28	0.01		0.32	0.98	12.40
建筑业	238.85	760.81	15.18	134.56	57.28	203.87
第三产业经营费用支出	1967.11	2734.31	620.33	1347.69	1672.28	3899.17
批发和零售业	1212.32	2364.79	389.78	600.62	1264.46	1519.27
交通运输、仓储和邮政业	158.52	141.45	89.15	184.50	155.68	242.09

2-8 续表 2

单位：元/人

指　　标	总平均	低收入户	中低收入户	中等收入户	中高收入户	高收入户
住宿和餐饮业	262.12	74.61	47.46	435.09	119.38	738.37
房地产业	0.75		0.17	0.13	0.65	3.41
租赁和商务服务业	13.13	2.00		4.26	4.34	67.17
居民服务、修理和其他服务业	252.37	126.68	77.20	110.71	91.42	1026.50
其他	57.29	17.96	6.87	4.21	24.94	283.40
农林牧渔服务业	10.60	6.82	9.68	8.18	11.40	18.96
财产性支出	**188.90**	**42.56**	**32.13**	**86.29**	**246.51**	**651.78**
生活贷款利息支出	186.36	40.54	31.17	83.48	244.09	646.72
住房贷款利息支出	169.68	34.93	27.72	73.90	230.70	584.84
其他生活贷款利息支出	16.68	5.61	3.46	9.57	13.39	61.88
其他财产性支出	2.53	2.02	0.96	2.81	2.41	5.06
非储蓄性财产保险支出	0.59	0.98	0.19	0.77	0.86	0.04
其他财产性支出	1.94	1.04	0.77	2.04	1.56	5.01
转移性支出	**1388.70**	**660.13**	**632.24**	**958.15**	**1700.30**	**3527.26**
个人所得税	70.14	2.50	3.73	5.62	40.34	366.29
社会保障支出	1106.49	541.23	543.63	801.89	1429.57	2597.72
个人缴纳的养老保险	703.45	315.37	284.61	480.38	931.10	1781.15
个人缴纳的医疗保险	347.51	218.86	244.46	297.65	438.96	606.92
个人缴纳的失业保险	20.82	3.54	5.62	8.83	24.06	75.24
其他社会保障支出	34.71	3.47	8.94	15.02	35.45	134.41
外来从业人员寄给家人的支出						
城镇外来从业人员寄给家人的支出						
农村外来从业人员寄给家人的支出	2.16	3.26		3.54	0.51	3.76
赡养支出	140.06	46.32	35.98	94.09	181.69	410.00
其他转移性支出	69.86	66.81	48.90	53.02	48.19	149.49
部分商业保险支出	**137.92**	**64.72**	**49.10**	**119.46**	**152.37**	**357.75**
意外伤害保险	19.00	12.25	12.89	13.66	13.47	49.52
商业医疗保险(含大病保险)	63.96	31.05	13.17	48.49	75.39	180.50
其他非储蓄性商业保险	17.74	3.78	8.83	21.02	26.02	33.56
其他储蓄性商业保险	37.22	17.64	14.21	36.30	37.48	94.17
购置资产及非经常性转移支出	**3757.33**	**2869.98**	**2627.73**	**3249.74**	**4135.88**	**6616.18**
购置资产支出	1317.49	1025.68	757.07	997.53	1470.05	2672.23
购建造住房支出	246.95	206.54	293.93	289.97	235.56	195.73
建造住房材料	153.00	164.92	217.32	133.71	83.15	161.71
建造住房雇工	52.77	36.48	63.19	88.56	52.90	13.67
购买住房支出	834.24	610.39	347.00	513.57	867.34	2148.02
购建第一产业生产性固定资产支出	76.57	84.20	101.89	92.39	47.12	48.02
购买或建造农业生产性用房	14.97	12.73	29.64	11.93	8.12	10.79
购买用房建筑材料	12.30	9.18	26.32	8.15	7.51	9.05
建筑农业生产用房雇工	2.00	3.11	1.44	3.77	0.60	0.69
购买农业生产用房	0.23		1.06			
其他	0.44	0.44	0.82	0.00		1.05
购买役畜	6.68	12.53	11.39	5.39	2.08	
购买产品畜	5.16	10.37	2.43	6.93	0.40	5.34
购买或建造农业设施	19.25	23.51	30.85	18.84	6.31	14.46

2-8 续表 3

单位：元/人

指 标	总平均	低收入户	中低收入户	中等收入户	中高收入户	高收入户
大棚、温室	15.79	21.81	26.13	15.50	0.30	13.31
自备井	0.82		1.54	0.36	2.11	
喷灌设施	1.26	0.24	1.72	2.99	0.07	1.15
其他农业设施	1.38	1.47	1.45		3.83	
购买农业机械	30.51	25.06	27.58	49.29	30.22	17.42
大中型农用拖拉机	6.60		6.12	24.92		
小型(手扶)农用拖拉机	2.31	2.55		6.06		2.94
农用排灌动力机械	0.49	0.15	1.05		0.97	0.23
插秧机						
收割机	1.17	0.58		4.56	0.09	0.36
脱粒机	2.49	2.60	4.38	2.86	0.39	1.92
其他农业机械	17.45	19.18	16.04	10.89	28.76	11.98
购建第二产业生产性固定资产支出	2.75	5.03	2.94	1.62	0.87	3.23
采矿业						
制造业	0.54	2.05		0.27		0.30
电力、热力、燃气及水生产和供应业						
建筑业	2.21	2.98	2.94	1.35	0.87	2.94
购建第三产业生产性固定资产支出	143.52	114.50	10.82	85.05	301.96	241.95
批发和零售业	33.15	61.38	0.81	7.76	22.78	84.31
交通运输、仓储和邮政业	32.75	17.36	7.68	64.88	0.83	82.67
住宿和餐饮业	56.13		0.04	1.96	277.42	7.73
房地产业	1.00			4.72		
租赁和商务服务业	0.22			0.84	0.24	
居民服务、修理和其他服务业	10.93	35.04	2.29	0.93	0.71	16.02
其他	9.34	0.71		3.95		51.22
购建其他资产支出	13.47	5.02	0.49	14.93	17.18	35.28
非经常性转移支出	2439.84	1844.30	1870.66	2252.21	2665.84	3943.95
博彩支出	51.12	21.29	27.12	59.93	57.97	102.23
婚丧嫁娶礼金支出	1617.77	1369.75	1234.95	1554.62	1795.91	2315.92
一次性赔偿支出	3.72	2.40	1.48	6.78	1.82	6.71
一次性馈赠支出	478.73	208.71	239.49	381.44	553.14	1185.55
婚丧嫁娶宴请支出	244.98	199.87	295.28	228.52	210.22	301.04
其他非经常性转移支出	43.51	42.28	72.36	20.90	46.78	32.49
借贷性支出	**2600.48**	**753.53**	**626.62**	**1539.04**	**2672.05**	**8922.09**
存入储蓄款	953.33	241.08	217.17	497.14	1119.45	3252.25
借出款	72.57	23.30	15.54	51.69	73.33	238.72
归还借款	312.16	221.03	143.09	308.88	262.89	718.42
购买有价证券	84.31			0.38	8.73	506.32
其他投资支出	111.11	8.62	27.77	52.03	116.95	425.33
归还住房贷款	674.67	139.45	140.29	405.82	807.49	2271.56
归还汽车贷款	179.51	33.73	27.13	144.00	164.10	636.54
归还教育贷款	2.45		3.84	3.12	1.28	4.39
归还其他贷款	149.33	58.10	11.48	43.38	60.16	696.11
其他借贷支出	61.04	28.22	40.32	32.60	57.66	172.47

2-9 居民家庭基本情况(2018年)

指 标	单位	全体居民	城镇常住居民	农村常住居民
住户常住地				
城镇住户	%	15.41	33.40	
农村住户	%	17.80		33.40
居委会住户	%	13.78	28.45	1.08
村委会住户	%	19.75	4.85	32.13
城镇居委会住户	%	13.17	28.45	
城镇村委会住户或农村住户	%	20.09	4.85	33.40
户主文化程度				
未上过学	%	3.72	1.66	5.51
小学	%	35.07	20.08	48.01
初中	%	37.70	36.07	39.11
高中	%	12.31	19.33	6.24
大学专科	%	6.77	13.50	0.95
大学本科	%	4.21	8.87	0.19
研究生	%	0.23	0.49	
住户经营情况				
生产经营户	%	50.98	27.43	71.42
#农业户	%	31.98	6.91	53.73
#农业兼业户	%	1.45	0.24	2.50
#非农兼业户	%	2.14	0.58	3.49
#非农业户		15.41	19.69	11.70
非生产经营户	%	49.02	72.57	28.58
按家庭规模分的住户类型				
一人户	%	9.53	5.01	10.16
二人户	%	33.52	23.57	34.19
三人户	%	25.80	27.39	23.35
四人户	%	16.47	20.76	16.62
五人户	%	9.15	14.50	9.50
六人及以上户	%	5.53	8.78	6.19
按世代分的住户类型				
一代户	%	28.91	33.02	25.33
二代户	%	39.68	42.80	36.95
三代户	%	31.41	24.17	37.72
四代及以上户	%			
住户特征				
纯老人户	%	29.02	24.94	32.34
家中有未成年子女户	%	65.56	66.40	64.89
年轻夫妻无子女户	%	1.10	2.29	0.14
无劳动力户	%	4.31	6.38	2.64

2-10 居民家庭人口和就业情况(2018年)

指　标	单位	全体居民	城镇常住居民	农村常住居民
期内住户家庭常住成员数	**人/户**	**3.02**	**2.99**	**3.04**
常住成员情况				
性别				
男性	%	48.99	48.33	49.55
女性	%	51.01	51.67	50.45
年龄				
5岁及以下	%	5.94	6.12	5.79
6-15岁	%	12.58	11.18	13.78
16-19岁	%	3.83	3.98	3.71
20-24岁	%	4.21	4.26	4.16
25-29岁	%	4.27	5.23	3.46
30-34岁	%	5.14	6.67	3.83
35-40岁	%	5.61	7.33	4.14
41-50岁	%	18.11	19.32	17.08
51-60岁	%	15.26	14.28	16.09
61-65岁	%	8.69	8.06	9.23
66岁及以上	%	16.35	13.55	18.75
民族				
汉族	%	93.40	96.59	90.67
壮族	%	0.07	0.10	0.05
回族	%	0.10	0.19	0.02
苗族	%	0.22	0.12	0.31
维吾尔族	%	0.01		0.02
蒙古族	%	0.02		0.03
藏族	%	3.31	1.37	4.98
满族		0.05	0.08	0.02
其他民族	%	2.82	1.56	3.89
户口性质				
农业	%	67.87	37.53	93.81
非农业	%	32.13	62.47	6.19
其他	%			
参加医疗保险情况	-			
新型农村合作医疗	%	58.36	25.90	86.12
城镇职工基本医疗保险	%	13.63	26.64	2.51
城镇居民基本医疗保险	%	23.04	38.18	10.09
公费医疗	%	0.18	0.33	0.05
商业医疗保险	%	0.98	1.77	0.30
其他医疗保险	%	1.24	2.32	0.31
没有参加任何医疗保险	%	2.98	5.50	0.83
住户成员受教育程度(6周岁以上)				
未上过学	%	6.46	3.46	9.02
小学	%	36.88	25.92	46.22
初中	%	31.36	30.64	31.98

2-10 续表 1

指　　标	单位	全体居民	城镇常住居民	农村常住居民
高中	%	13.08	18.78	8.21
大学专科	%	7.22	12.20	2.98
大学本科	%	4.70	8.49	1.47
研究生	%	0.30	0.51	0.12
住户成员婚姻状况(15周岁以上)				
未婚	%	12.58	12.96	12.25
有配偶	%	79.11	79.63	78.65
离婚	%	2.06	2.33	1.82
丧偶	%	6.25	5.07	7.28
常住从业人员情况				
劳动力人数	人/户	2.10	2.11	2.09
整劳动力人数	人/户	0.91	1.08	0.77
半劳动力人数	人/户	1.19	1.03	1.32
性别				
男性	%	49.22	48.18	50.11
女性	%	50.78	51.82	49.89
年龄				
16-19岁	%	0.58	0.38	0.75
20-24岁	%	3.68	3.64	3.72
25-29岁	%	5.94	7.28	4.77
30-34岁	%	7.26	9.33	5.46
35-40岁	%	8.00	10.35	5.95
41-50岁	%	25.54	27.07	24.20
51-60岁	%	21.03	19.17	22.65
61-65岁	%	11.44	10.14	12.56
66岁及以上	%	16.54	12.63	19.93
住户成员受教育程度				
未上过学	%	5.68	2.60	8.35
小学	%	32.93	19.55	44.59
初中	%	35.58	34.11	36.85
高中	%	13.15	20.08	7.11
大学专科	%	7.91	14.14	2.48
大学本科	%	4.48	8.97	0.58
研究生	%	0.28	0.56	0.04
是否离退休人员				
行政事业单位离退休	%	2.04	3.74	0.55
其他单位离退休	%	8.50	15.16	2.70
未退休	%	89.46	81.09	96.74
参加养老保险情况				
新型农村社会养老保险	%	44.42	15.54	69.56
城镇职工基本养老保险	%	20.31	38.55	4.43
(城镇)居民社会养老保险	%	13.33	20.35	7.21
商业养老保险	%	0.68	1.01	0.40

2-10 续表 2

指　　标	单位	全体居民	城镇常住居民	农村常住居民
其他养老保险	%	2.79	2.71	2.85
没有参加任何养老保险	%	18.67	22.22	15.58
本季度就业类型				
雇主	%	1.33	1.26	1.38
公职人员	%	1.58	3.51	0.26
事业单位人员	%	3.78	8.44	0.59
国有企业雇员	%	1.91	4.56	0.10
其他雇员	%	39.90	57.69	27.74
农业自营	%	40.87	10.76	61.44
非农自营	%	10.63	13.77	8.48
从事主要行业				
第一产业	%	42.32	11.71	63.24
第二产业	%	15.75	17.24	14.74
采矿业	%	0.44	0.72	0.24
制造业	%	5.42	6.23	4.86
电力、热力、燃气及水生产供应业	%	0.97	1.71	0.47
建筑业	%	8.93	8.58	9.17
第三产业	%	41.92	71.05	22.03
批发和零售业	%	9.64	15.07	5.94
交通运输、仓储和邮政业	%	3.75	5.75	2.38
住宿和餐饮业	%	4.45	6.32	3.18
信息传输、软件业和信息技术服务业	%	1.27	2.69	0.29
金融业	%	0.91	2.16	0.06
房地产业	%	0.47	1.10	0.04
租赁和商务服务业	%	1.10	2.40	0.22
科学研究和技术服务业	%	0.22	0.52	0.02
水利、环境和公共设施管理业	%	0.40	0.80	0.14
居民服务、修理和其他服务业	%	10.06	16.32	5.78
教育	%	2.24	4.76	0.52
卫生和社会工作	%	2.22	4.18	0.88
文化、体育和娱乐业	%	0.65	1.36	0.16
公共管理、社会保障和社会组织	%	4.52	7.61	2.40
国际组织	%	0.01		0.02
从事主要职业				
国家机关、党群组织、企业、事业单位负责人	%	2.00	3.53	0.94
专业技术人员	%	7.23	13.08	3.23
办事人员和有关人员	%	8.91	15.76	4.22
商业、服务业人员	%	16.55	27.05	9.37
农、林、牧、渔、水利业生产人员	%	41.66	11.13	62.52
生产、运输设备操作人员及有关人员	%	5.90	7.13	5.05
军人	%	0.08	0.17	0.02
不便分类的其他从业人员	%	17.68	22.14	14.63

2-11 居民家庭住房基本情况(2018年)

指　　标	单位	全体居民	城镇常住居民	农村常住居民
现住房建筑面积	平方米/人	42.70	36.72	47.77
现住房情况	-			
居住空间样式	-			
单栋楼房	%	39.52	18.70	57.49
单栋平房	%	21.64	5.85	35.26
四居室及以上单元房	%	2.38	4.31	0.72
三居室单元房	%	19.08	38.94	1.94
二居室单元房	%	11.79	24.68	0.68
一居室单元房	%	2.44	5.14	0.11
筒子楼或连片平房	%	1.08	1.38	0.82
其他	%	2.06	0.99	2.98
主要建筑材料	-	100.00	100.00	100.00
钢筋混凝土	%	40.93	61.17	23.46
砖混材料	%	37.99	32.72	42.53
砖瓦砖木	%	15.49	4.96	24.58
竹草土坯	%	2.04	0.46	3.40
其他	%	3.56	0.69	6.03
现住房房屋来源	-	100.00	100.00	100.00
租赁公房	%	0.89	1.90	0.02
租赁私房	%	3.32	6.49	0.59
自建住房	%	62.13	25.26	93.96
购买商品房	%	21.98	45.54	1.64
购买房改住房	%	2.93	6.11	0.19
购买保障性住房	%	0.89	1.77	0.14
拆迁安置房	%	5.94	10.22	2.26
继承或获赠住房	%	0.65	0.59	0.69
免费借用房	%	0.91	1.47	0.42
雇主提供免费住房	%	0.11	0.24	
其他来源	%	0.24	0.42	0.09
现住房建筑面积	-			
10平方米以内	%	0.02	0.04	
10-20平方米	%	0.20	0.43	
20-30平方米	%	0.48	0.70	0.30
30-60平方米	%	7.34	10.66	4.47
60-90平方米	%	21.15	29.34	14.08
90-120平方米	%	32.65	32.64	32.66
120-200平方米	%	27.92	21.01	33.88
200平方米以上	%	10.24	5.17	14.62
现住房建筑年份				
当年新建	%	0.55	0.24	0.55
1-5年	%	15.18	13.24	15.18
6-10年	%	26.74	27.02	26.74
11-20年	%	29.86	35.31	29.86
21-50年	%	26.96	23.78	26.96
51-99年	%	0.70	0.38	0.70
100年以上	%	0.02	0.04	0.02

2-12 居民家庭固定资产投资及拥有情况(2018年)

指　　标	单位	全体居民	城镇常住居民	农村常住居民
农业生产投资情况	–			
主要农业生产性固定资产数量	–			
生产性用房及建筑物	平方米/户	15.26	3.10	25.75
大中型农用拖拉机	台/百户	0.35	0.02	0.63
小型农用拖拉机	台/百户	2.40	0.33	4.18
农用排灌动力机械	台/百户	1.88	0.55	3.03
插秧机	台/百户	0.09		0.17
收割机	台/百户	0.81	0.19	1.35
脱粒机	台/百户	6.97	0.92	12.18
役畜	头/百户	5.56	0.16	10.21
产品畜	头/百户	32.03	6.78	53.83
其他农业机械	台/百户	8.75	1.52	14.99
期末农业生产性固定资产原价	–			
农业固定资产原价	元/人	1247.53	231.50	2109.94
生产性用房及建筑物	元/人	686.31	146.18	1144.77
役畜	元/人	76.09	1.97	139.01
农业设施	元/人	62.55	26.28	93.33
农业机械	元/人	348.84	30.14	619.36
林业固定资产原价	元/人	12.74	2.02	21.83
生产性用房及建筑物	元/人	10.73	1.71	18.39
机械设备	元/人	0.69	0.32	1.00
牧业固定资产原价	元/人	782.26	144.87	1323.28
生产性用房及建筑物	元/人	557.64	93.03	952.01
产品畜	元/人	146.23	39.72	236.64
渔业固定资产原价	元/人	12.44	2.31	21.03
农林牧渔服务业固定资产原价	元/人	40.15	4.66	70.28
期内农业生产性固定资产投资及资金来源	–			
期内自建农业生产性用房	–			
期内自建农业生产性用房建筑面积	平方米/人	1.21	0.31	1.97
期内自建农业生产性用房价值	元/人	167.03	37.85	276.68
期内固定资产投资总额	元/人	383.12	104.70	619.45
来自银行、信用社贷款	元/人	8.01	11.91	4.71
来自亲友借款	元/人	35.68	9.04	58.29
来自自筹资金	元/人	347.26	83.48	571.16
来自其他资金	元/人	3.35	0.35	5.90

2-12 续表

指　　标	单位	全体居民	城镇常住居民	农村常住居民
非农业生产投资情况	–			
非农产业固定资产数量	–			
出租住房	平方米/人	2.36	4.26	0.74
出租商用建筑物	平方米/人	0.37	0.63	0.15
期末非农产业固定资产原价	–			
采矿业	元/人	12.28	26.75	
制造业	元/人	109.22	123.86	96.79
电力、热力、燃气及水生产和供应业	元/人	15.98	2.45	27.46
建筑业	元/人	306.96	381.24	243.91
批发和零售业	元/人	1383.28	2289.95	613.69
交通运输、仓储和邮政业	元/人	446.11	598.84	316.46
住宿和餐饮业	元/人	400.47	730.06	120.72
房地产业	元/人	1.26	2.74	
租赁和商务服务业	元/人	55.74	100.13	18.07
居民服务、修理和其他服务业	元/人	402.41	570.50	259.73
其他行业	元/人	136.65	278.27	16.45
期内非农产业固定资产投资及资金来源	–			
期内非农产业固定资产投资总额	元/人	1232.91	2066.95	524.97
期内非农产业固定资产投资构成	–			
生产性用房及建筑物	元/人	394.84	647.01	180.80
机械设备	元/人	436.17	756.74	164.08
其他	元/人	408.01	663.70	190.98
期内非农产业固定资产投资资金来源	–			
银行、信用社贷款	元/人	174.00	363.73	12.96
亲友借款	元/人	54.13	103.34	12.37
自筹资金	元/人	988.36	1552.51	509.50
其他资金	元/人	21.36	46.46	0.05
生活投资情况	–			
期内新建住房情况	–			
期内新建住房竣工建筑面积	平方米/人	0.32	0.10	0.50
期内新建住房总费用	万元/人	0.04	0.02	0.06
期内新建住房资金来源	–			
银行、信用社贷款	万元/人	0.00	0.00	0.00
亲友借款	万元/人	0.01	0.00	0.01
自筹资金	万元/人	0.02	0.01	0.04
其他资金	万元/人	0.00	0.00	0.01
期内住房大修或装修费用	万元/人	0.01	0.01	0.01

2-13 居民家庭主要食品消费量(2018年)

单位：公斤/人

指　　标	全体居民	城镇常住居民	农村常住居民
粮食消费量	**146.58**	**108.82**	**178.63**
谷物消费量	134.18	96.05	166.54
小麦	26.92	23.72	29.65
稻谷	95.55	62.93	123.24
玉米	6.04	3.97	7.80
其他谷物	5.67	5.44	5.86
薯类消费量	4.24	3.48	4.90
红薯	1.69	0.90	2.36
马铃薯	2.09	1.97	2.19
其他薯类	0.47	0.61	0.35
豆类消费量	8.16	9.29	7.19
大豆	1.30	0.69	1.82
其他豆类	6.85	8.60	5.37
油脂类消费量	**12.07**	**12.20**	**11.96**
植物油	10.82	11.26	10.44
动物油	1.26	0.95	1.52
蔬菜及菜制品消费量	**120.75**	**129.31**	**113.48**
鲜菜	117.68	124.60	111.80
干菜及菜制品	1.26	1.91	0.70
鲜菌	1.61	2.47	0.88
干菌及菌制品	0.21	0.33	0.12
肉类	**45.44**	**45.70**	**45.22**
猪肉	38.86	36.14	41.17
牛肉	1.73	2.60	1.00
羊肉	0.48	0.63	0.35
其他肉类及制品	4.36	6.33	2.69
禽类	**10.45**	**11.59**	**9.48**
鸡	6.32	6.26	6.38
鸭	2.68	3.40	2.08
鹅	0.10	0.10	0.09
其他禽类及制品	1.35	1.83	0.94
水产品	**7.20**	**9.36**	**5.36**
鱼类	6.17	7.72	4.86
虾、贝、蟹类	0.33	0.60	0.11
藻类	0.30	0.44	0.18
其他	0.39	0.60	0.21
蛋类及蛋制品	**8.43**	**8.52**	**8.36**
鲜蛋	8.14	8.04	8.22
蛋制品	0.29	0.47	0.14
奶和奶制品	**12.48**	**17.43**	**8.27**
鲜奶	8.70	12.53	5.45
酸奶	2.08	3.04	1.26
奶粉	0.59	0.82	0.40
其他奶制品	1.12	1.05	1.17
干鲜瓜果类	**40.56**	**52.17**	**30.70**
鲜瓜果	35.61	46.01	26.78
瓜果制品	0.49	0.78	0.24
坚果类	4.46	5.38	3.68
糖果糕点类	**6.09**	**6.80**	**5.48**
食糖	1.93	1.75	2.08
糖果	0.92	0.98	0.87
糕点	2.74	3.48	2.11
其他糖果糕点	0.50	0.60	0.42
饮料	**0.31**	**0.31**	**0.32**
茶叶	0.31	0.31	0.32
烟叶消费量	**35.62**	**27.73**	**42.31**
酒	**9.81**	**7.44**	**11.83**
白酒	4.54	3.39	5.51
啤酒	5.18	3.90	6.26
果酒	0.10	0.15	0.05

2-14 居民家庭农产品自产自用情况(2018年)

单位：元/人

指　　标	全体居民	城镇常住居民	农村常住居民
农产品自产自用	**966.39**	**177.33**	**1636.15**
农业产品	**639.59**	**111.31**	**1087.99**
谷物	344.36	53.43	591.31
薯类	116.94	18.69	200.34
豆类	7.45	1.79	12.25
棉花	0.17	0.02	0.29
麻类			
油料	60.50	14.23	99.77
糖料	0.00	0.00	0.00
烟草	0.08		0.15
蔬菜及食用菌	82.86	21.78	134.71
水果	2.72	0.33	4.74
果用瓜	0.06	0.02	0.09
干制水果及水果籽	0.03		0.05
坚果	1.24	0.08	2.22
饮料原料	0.00	0.00	0.01
香料原料	0.40	0.04	0.71
中草药	0.01	0.02	
初加工农产品	0.25	0.01	0.46
其他农产品	22.51	0.85	40.89
林业产品	**49.90**	**5.96**	**87.19**
人工林产品	0.11	0.00	0.20
采集林产品	0.22	0.02	0.40
其他林产品	49.56	5.94	86.59
牧业产品	**273.33**	**59.22**	**455.06**
家畜	163.68	35.53	272.45
家禽	56.02	13.10	92.44
蛋类	46.14	9.54	77.21
奶类	0.84	0.14	1.43
其他牧业产品	6.04	0.82	10.47
其他动物	0.62	0.09	1.06
狩猎和捕捉野生动物			
渔业产品	**3.58**	**0.83**	**5.92**
养殖产品	3.48	0.82	5.73
捕捞产品	0.11	0.01	0.18
其他渔业产品	0.00		0.00

2-15 全省居民平均每百户年末主要耐用消费品拥有量(2013-2018年)

指　标	单位	2013	2014	2015	2016	2017	2018
家用汽车	辆	11.2	13.2	15.3	20.4	22.6	26.9
摩托车	辆	31.7	39.9	38.0	35.9	35.9	34.7
助力车	台	17.2	18.8	21.0	25.8	28.0	31.4
洗衣机	台	82.9	85.5	88.6	91.5	94.0	95.7
电冰箱(柜)	台	79.7	84.5	88.9	94.6	98.1	99.5
微波炉	台	21.9	24.0	25.2	27.8	30.4	29.1
彩色电视机	台	113.0	115.5	117.6	117.9	120.8	118.4
其中：接入有线电视	台	58.6	66.8	65.7	65.9	68.2	72.7
空调	台	47.6	53.3	60.4	73.1	81.4	99.1
热水器	台	59.7	64.8	68.2	75.1	79.8	86.2
其中：太阳能热水器	台	14.5	16.8	18.4	20.3	21.4	18.4
洗碗机	台	0.4	0.6	0.4	0.5	0.7	0.9
排油烟机	台	26.0	26.8	28.5	32.9	35.9	45.7
固定电话	线	31.5	39.0	29.5	26.5	26.1	22.5
移动电话	部	195.2	210.0	221.6	238.0	243.5	257.2
其中：接入互联网	部	41.9	55.8	57.3	80.8	99.8	167.9
计算机	台	27.8	31.7	35.4	38.8	40.5	39.9
其中：接入互联网	台	20.6	24.9	27.2	30.3	31.2	31.1
照相机	台	12.7	12.4	11.9	10.3	11.0	7.9
中高档乐器	架	1.0	1.1	1.0	1.6	2.1	2.9
健身器材	台	1.2	1.6	1.6	1.7	2.2	3.5
空气净化器(含新风系统)	套					0.3	2.6
吸尘器	台					0.3	4.0

注：根据国家制度，空气净化器(含新风系统)、吸尘器拥有量2017年开始统计调查。

2-16 土地经营和主要农产品产量情况(2018年)

指　　标	单位	全体居民	城镇常住居民	农村常住居民
家庭实际经营土地情况				
期初实际经营土地面积	亩/人	1.46	0.20	2.52
耕地面积	亩/人	0.87	0.13	1.50
有效灌溉面积	亩/人	0.44	0.06	0.76
林地面积	亩/人	0.47	0.05	0.82
园地面积	亩/人	0.06	0.01	0.09
牧草地面积	亩/人	0.05	0.00	0.08
养殖水面面积	亩/人	0.01	0.00	0.02
期末实际经营土地面积	亩/人	1.43	0.19	2.48
耕地面积	亩/人	0.86	0.12	1.48
其中：有效灌溉面积	亩/人	0.43	0.06	0.75
林地面积	亩/人	0.45	0.05	0.79
园地面积	亩/人	0.06	0.01	0.09
牧草地面积	亩/人	0.04	0.00	0.08
养殖水面面积	亩/人	0.02	0.00	0.04
期内土地种植情况				
期内主要粮食播种面积	亩/人	0.86	0.11	1.51
小麦播种面积	亩/人	0.19	0.01	0.34
水稻播种面积	亩/人	0.31	0.04	0.53
玉米播种面积	亩/人	0.23	0.03	0.41
大豆播种面积	亩/人	0.03	0.00	0.05
薯类播种面积	亩/人	0.10	0.02	0.17
期内主要经济作物播种面积	亩/人	0.31	0.06	0.52
棉花播种面积	亩/人	0.00	0.00	0.00
油料作物播种面积	亩/人	0.11	0.02	0.19
糖料作物播种面积	亩/人	0.00	0.00	0.00
蔬菜播种面积	亩/人	0.13	0.02	0.22
其中：设施蔬菜播种面积	亩/人	0.03	0.00	0.05
水果播种面积	亩/人	0.07	0.01	0.11
其中：设施水果播种面积	亩/人	0.01	0.00	0.01
农业生产技术应用情况	亩/人	0.91	0.08	1.61
1.机耕面积	亩/人	0.36	0.03	0.64
2.机播面积	亩/人	0.10	0.01	0.17
3.机收面积	亩/人	0.32	0.03	0.57
4.机电灌溉面积	亩/人	0.13	0.01	0.22
主要农产品产量				
谷物产量	公斤/人	345.91	40.73	604.95
面积	亩/人	1.01	0.18	1.71

2-16 续表

指　　标	单位	全体居民	城镇常住居民	农村常住居民
小麦产量	公斤/人	61.91	4.86	110.34
面积	亩/人	0.20	0.02	0.35
稻谷产量	公斤/人	176.97	22.52	308.07
面积	亩/人	0.44	0.13	0.70
玉米产量	公斤/人	105.07	12.89	183.31
面积	亩/人	0.36	0.04	0.64
高粱产量	公斤/人	0.79	0.10	1.37
面积	亩/人	0.00	0.00	0.01
谷子产量	公斤/人			
面积	亩/人			
青稞产量	公斤/人			
面积	亩/人			
其他谷物产量	公斤/人	1.17	0.36	1.86
面积	亩/人	0.00	0.00	0.01
薯类产量	公斤/人	24.42	3.90	41.84
面积	亩/人	0.14	0.04	0.21
红薯产量	公斤/人	21.15	3.46	36.16
面积	亩/人	0.11	0.04	0.17
马铃薯产量	公斤/人	3.21	0.44	5.56
面积	亩/人	0.02	0.00	0.04
其他薯类产量	公斤/人	0.06	0.00	0.12
面积	亩/人	0.00	0.00	0.00
豆类产量	公斤/人	5.34	0.76	9.22
面积	亩/人	0.04	0.01	0.07
大豆产量	公斤/人	4.54	0.67	7.83
面积	亩/人	0.04	0.01	0.06
其他豆类产量	公斤/人	0.79	0.09	1.40
面积	亩/人	0.01	0.00	0.01
棉花产量	公斤/人	0.02	0.00	0.04
面积	亩/人	0.00	0.00	0.00
油料产量	公斤/人	23.14	5.18	38.38
面积	亩/人	0.16	0.04	0.27
花生产量	公斤/人	2.12	0.46	3.54
面积	亩/人	0.01	0.00	0.02
芝麻产量	公斤/人	0.12	0.02	0.20
面积	亩/人	0.00	0.00	0.00
油菜籽产量	公斤/人	20.89	4.70	34.64
面积	亩/人	0.15	0.03	0.25

2-17 城镇居民家庭人均收支及恩格尔系数(1980-2018年)

年份	城镇居民家庭人均可支配收入		城镇居民家庭人均消费性支出		恩格尔系数(%)
	绝对数(元)	比上年±%	绝对数(元)	比上年±%	
1980	391		364		58.51
1981	412	5.4	396	9.0	59.51
1982	445	8.0	407	2.6	59.77
1983	493	10.8	457	12.3	59.03
1984	581	17.8	517	13.1	57.27
1985	695	19.6	680	31.5	51.45
1986	849	22.2	787	15.8	52.69
1987	948	11.7	889	13.0	52.85
1988	1130	19.2	1086	22.1	51.82
1989	1349	19.4	1184	9.0	55.66
1990	1490	10.5	1281	8.3	53.82
1991	1691	13.5	1488	16.1	51.91
1992	1989	17.6	1651	11.0	54.12
1993	2408	21.1	2034	23.2	52.08
1994	3297	37.0	2806	38.0	51.71
1995	4003	21.4	3429	22.2	51.33
1996	4406	10.1	3733	8.9	51.57
1997	4723	7.2	4093	9.6	49.10
1998	5127	8.5	4383	7.1	44.92
1999	5478	6.8	4499	2.7	43.88
2000	5894	7.6	4856	7.9	41.47
2001	6360	7.9	5176	6.6	40.22
2002	6611	3.9	5413	4.6	39.83
2003	7042	6.5	5759	6.4	38.91
2004	7710	9.5	6371	10.6	40.18
2005	8386	8.8	6891	8.2	39.33
2006	9350	11.5	7525	9.2	37.71
2007	11098	18.7	8692	15.5	41.19
2008	12633	13.8	9679	11.4	43.96
2009	13839	9.5	10857	12.2	40.40
2010	15461	11.7	12105	11.5	39.49
2011	17899	15.8	13696	13.1	40.68
2012	20307	13.5	15050	9.9	40.36
2013	22228	10.1	16098	8.6	34.88
2014	24234	9.0	17760	10.3	34.94
2015	26205	8.1	19277	8.5	35.19
2016	28335	8.1	20660	7.2	34.50
2017	30727	8.4	21991	6.4	33.33
2018	33216	8.1	23484	6.8	31.78

注：从2013年起，国家统计局开展了城乡一体化住户收支和生活状况调查，与2012年前的分城镇和农村住户调查的调查范围、调查方法、指标口径有所不同。

2-18 城镇居民人均可支配收入(2013-2018年)

单位：元/人

项　　目	2013	2014	2015	2016	2017	2018
城镇常住居民人均可支配收入	**22227.51**	**24234.41**	**26205.25**	**28335.30**	**30726.87**	**33215.97**
工资性收入	**13115.74**	**14262.37**	**15242.25**	**16219.06**	**17299.32**	**18530.03**
工资	12368.99	13365.21	14253.89	15179.29	16244.59	17260.12
按月发放的工资	11100.56	11805.49	12808.64	13654.27	13905.23	14766.47
补发工资	256.82	240.22	364.44	351.35	425.35	470.58
不按月发放的奖金、津贴、过节费等	1011.60	1319.50	1080.81	1173.66	1914.02	2023.07
实物福利	93.20	93.09	90.86	75.16	89.52	94.10
从单位或雇主得到的实物产品折价	18.49	13.06	14.47	13.10	15.98	17.40
食品	10.36	8.20	9.61	9.79	12.62	11.32
谷物、薯类及豆类	1.91	2.43	3.57	2.19	2.50	3.70
食用油(植物油)	3.33	2.61	2.84	3.02	3.24	2.45
蔬菜及制品	0.05	0.39	0.15	0.11	0.07	0.14
肉、禽、蛋、奶及制品	1.53	1.41	1.07	1.27	1.42	1.06
水产品及制品	0.04	0.02		0.05	0.00	0.00
糖、烟、酒、饮料类	0.93	0.34	0.71	1.10	1.36	2.18
干鲜瓜果类	0.57	0.13	0.31	0.27	0.24	0.39
其他类食品	1.99	0.88	0.96	1.77	3.79	1.38
衣着	0.38	0.48	0.44	0.32	0.37	0.15
居住	0.29	0.02	0.19	0.00	0.03	0.17
家庭设备和日用品	0.93	1.18	1.58	1.46	1.06	2.21
交通、通信工具及用品	1.10	1.41	0.60	0.04	0.85	1.90
教育文化娱乐用品	0.33	0.43	0.19	0.02	0.05	0.34
医疗保健用品	3.39	0.42	1.53	0.70	0.16	0.42
其他用品	1.72	0.92	0.33	0.78	0.84	0.89
从单位或雇主得到的服务折价	70.84	80.03	76.40	62.06	73.54	76.70
免费或低价提供的工作餐	58.66	71.72	71.71	60.62	71.51	70.19
免费或低价提供的住宿	1.72	2.40	0.51	0.01	0.10	2.44
单位缴纳的水电费、取暖费、物业费等	0.26	0.09	0.03		0.01	0.24
免费或低价提供的交通和通信服务	4.95	4.37	2.83	0.07	0.14	1.09
单位缴纳的教育入学赞助费	0.15		0.15	0.10	0.19	
免费或低价提供的旅游服务	2.12	0.11	0.18	0.30	1.19	0.44
其他服务	2.97	1.35	0.99	0.95	0.40	2.30
单位或雇主实物福利报销所得	3.87					
其他	653.55	804.07	897.50	964.61	965.21	1175.79
住房公积金	323.67	472.62	611.12	573.05	643.59	664.85
辞退金	9.64	0.64	1.11	12.04	11.31	6.61
自由职业劳动所得(如稿费、翻译费)	52.61	41.22	4.59	7.74	9.24	14.46
安家费	4.02		0.31	1.35		12.10
股票期权	3.95	0.53		0.19	0.87	
其他劳动所得	259.67	289.06	280.36	370.24	300.20	477.77
经营净收入	**2567.40**	**2903.80**	**3054.36**	**3326.73**	**3586.19**	**3849.04**
第一产业经营净收入	386.04	378.27	424.76	498.56	527.82	419.06
农业	237.48	218.69	255.11	267.19	280.93	252.36

2-18 续表 1

单位：元/人

项　　目	2013	2014	2015	2016	2017	2018
林业	5.26	10.30	7.87	7.51	1.84	27.92
牧业	141.22	146.49	159.65	201.07	240.09	129.91
渔业	2.08	2.80	2.13	22.79	4.96	8.89
第二产业经营净收入	156.75	176.38	186.32	78.04	88.94	99.12
采矿业	-1.42	20.05	3.16	-0.54	-3.66	6.86
制造业	47.19	64.68	23.72	19.29	15.98	17.39
电力、热力、燃气及水生产和供应业	2.46	-0.43	-0.19	12.49	26.53	14.04
建筑业	108.52	92.09	159.64	46.79	50.09	60.83
第三产业经营净收入	2024.60	2349.14	2443.28	2750.13	2969.43	3330.86
批发和零售业	990.66	1143.28	1285.75	1475.22	1492.77	1602.00
交通运输、仓储和邮政业	303.44	335.68	265.35	169.76	255.25	325.99
住宿和餐饮业	198.73	336.38	286.52	478.53	534.68	627.29
房地产业	17.60	13.95	18.44	11.69	3.08	7.31
租赁和商务服务业	131.34	56.19	37.77	29.02	32.69	33.49
居民服务、修理和其他服务业	310.85	435.92	489.88	492.02	520.88	584.89
其他	67.05	23.00	54.35	78.90	123.73	146.94
农林牧渔服务业	4.92	4.74	5.21	14.99	6.36	2.95
财产净收入	**1842.35**	**1891.24**	**2168.96**	**2363.48**	**2626.80**	**2819.97**
利息净收入	83.89	72.98	21.90	-0.78	18.56	-192.18
红利收入	150.57	106.76	99.12	184.71	192.44	476.58
集体分配的红利	35.54	10.52	25.09	26.29	29.67	80.94
其他红利收入	115.03	96.66	74.03	158.75	162.77	395.65
储蓄性保险净收益	5.71	4.14	7.58	2.08	7.28	9.13
转让承包土地经营权租金净收入	26.25	51.38	29.60	41.60	44.46	54.32
出租房屋财产性收入	401.39	497.78	774.04	865.94	928.41	830.28
出租机械、专利、版权等资产的收入	7.37	2.81	17.59	36.55	44.86	72.05
其他财产净收入	38.71	10.58	13.77	28.40	25.29	23.55
房屋虚拟租金	1128.47	1144.82	1205.37	1204.98	1365.48	1546.24
转移净收入	**4702.02**	**5177.00**	**5739.68**	**6426.03**	**7214.56**	**8017.23**
转移性收入	5891.93	6659.14	7417.36	8435.29	9286.13	10450.03
养老金或离退休金	4736.64	5342.90	5973.81	6727.52	7262.83	7249.74
离退休金	4000.45	4228.12	5003.80	5614.49	6058.12	5722.46
(城镇)居民社会养老保险	622.66	961.64	810.59	918.87	975.62	1279.73
新型农村养老保险	84.90	53.46	36.71	46.88	51.15	77.83
其他养老金	28.63	99.68	122.71	147.28	177.94	169.72
社会救济和补助	77.12	80.12	83.22	107.76	113.70	131.34
最低生活保障费	49.25	43.86	39.84	52.09	53.29	41.13
五保户救助金	0.86	0.40	0.80	0.27	0.29	2.94
扶贫款	0.74	0.75	2.04	1.30	2.53	1.23
救灾款	6.98	2.17	3.75	0.04	1.78	
抚恤金	11.02	13.26	20.24	31.24	38.27	35.17
其他社会救济收入	8.28	19.67	16.56	22.82	17.53	50.88
政策性生活补贴	38.67	31.59	38.10	23.68	54.03	51.82
家电补贴	2.59	0.00	2.73	0.59	1.00	1.05

2-18 续表 2

单位：元/人

项目	2013	2014	2015	2016	2017	2018
能源补贴	1.05	0.05		1.42	0.32	0.18
免费或低价提供的住宿(廉租房)	1.30				0.14	0.67
其他生活补贴	33.74	32.12	35.40	21.67	52.71	50.59
报销医疗费	157.73	234.33	245.75	279.94	273.60	326.95
家庭外出从业人员寄回带回收入	178.68	130.27	477.79	616.38	780.31	1711.26
赡养收入	431.70	574.78	439.14	500.88	627.97	732.06
其他经常转移收入	225.62	224.46	115.85	137.56	127.64	177.72
失业保险金	5.25	8.78	12.53	17.15	22.75	23.48
经常性捐赠收入	26.27	13.65	7.65	0.86	3.75	10.49
经常性赔偿收入	0.16	0.29	2.50	4.22	4.74	6.78
其他转移性收入	193.93	204.30	90.29	115.33	96.41	136.97
从政府和组织得到的实物产品和服务折价	15.76	16.95	16.35	18.31	30.23	45.50
食品	6.76	3.13	7.11	9.41	9.58	15.74
谷物、薯类及豆类	2.07	0.91	1.77	2.83	3.41	5.40
食用油(植物油)	1.82	0.80	2.60	3.47	3.53	5.18
蔬菜及制品	0.10	0.01	0.06	0.01	0.00	0.02
肉、禽、蛋、奶及制品	0.52	0.63	1.61	2.06	0.94	1.59
水产品及制品	0.05			0.00		
糖、烟、酒、饮料类	0.57	0.22	0.08	0.28	0.78	0.35
干鲜瓜果类	0.09	0.10	0.01	0.07	0.04	0.11
其他类食品	1.54	0.45	0.98	0.69	0.87	3.09
衣着	0.63	0.16	0.52	0.07	1.95	0.13
居住	0.13	0.14	0.61	0.01	0.34	1.48
家庭设备和日用品	0.76	3.44	5.10	3.77	7.81	16.85
交通、通信工具及用品	0.01	0.05	0.06	0.03	0.10	0.13
教育文化娱乐用品	0.69	0.42	0.03	0.11	0.18	3.49
医疗保健用品	3.68	1.50	0.51	0.27	0.12	0.08
其他用品	0.79	0.43	0.36	1.26	5.46	1.78
其他服务折价(不含廉租房)	2.30	7.67	2.06	3.38	4.68	5.81
现金政策性惠农补贴	30.02	23.75	27.34	23.25	15.83	23.64
转移性支出	1189.91	1482.14	1677.67	2009.25	2071.57	2432.80
个人所得税	25.13	38.44	50.82	72.66	74.36	155.51
社会保障支出	897.46	1134.09	1316.63	1594.44	1698.13	1911.40
个人缴纳的养老保险	659.22	763.93	853.26	1096.72	1153.83	1292.06
个人缴纳的医疗保险	193.24	302.31	386.76	414.39	439.26	506.15
个人缴纳的失业保险	26.62	37.47	41.81	48.61	44.54	43.42
其他社会保障支出	18.38	30.39	34.80	34.73	60.50	69.76
外来从业人员寄给家人的支出	4.19	4.23	2.82	1.73	0.21	2.86
赡养支出	145.25	196.50	204.74	236.73	219.71	265.99
其他转移性支出	117.88	108.89	102.68	103.70	79.14	97.04
经常性捐赠支出	74.16	68.78	46.20	38.89	20.55	21.05
经常性赔偿支出	0.18	0.03	0.27	0.96	0.24	0.41
其他经常转移支出	43.55	40.08	56.20	63.84	58.36	75.58

2-19 城镇居民人均总支出(2013-2018年)

单位：元/人

指　　标	2013	2014	2015	2016	2017	2018
城镇常住居民人均总支出	**24247.06**	**24913.93**	**27762.78**	**31489.82**	**33570.79**	**38626.09**
消费支出	**16098.17**	**17759.93**	**19276.85**	**20659.81**	**21990.58**	**23483.94**
食品烟酒	5614.48	6203.83	6783.10	7118.40	7329.30	7462.32
食品	3905.87	4358.81	4746.35	5002.02	4995.34	4794.02
谷物	437.18	468.25	518.10	601.61	558.01	504.10
薯类	49.10	56.62	64.53	81.39	81.01	75.77
豆类	43.46	59.10	68.14	76.52	80.29	72.52
食用油	221.81	225.90	241.19	248.90	223.77	200.70
蔬菜和食用菌	592.24	696.70	735.01	777.23	787.32	717.68
肉类	1113.13	1180.07	1238.25	1393.17	1379.43	1279.73
禽类	290.62	341.48	367.49	389.58	363.37	347.18
水产品	146.33	182.99	193.88	203.85	221.89	217.62
蛋类	96.99	120.99	136.30	129.37	129.80	131.49
奶类	233.69	261.73	277.72	294.53	314.24	385.90
干鲜瓜果类	317.73	416.88	445.97	438.67	489.75	485.69
糖果糕点类	107.83	135.54	137.34	147.08	151.55	170.65
其他食品	177.13	212.55	322.43	220.12	214.91	204.98
烟酒	485.24	528.09	609.01	571.44	623.90	684.28
烟草	310.78	342.92	407.35	376.02	389.38	457.91
酒类	174.45	185.17	201.66	195.41	234.52	226.36
饮料		97.01	118.31	116.70	110.99	130.06
饮食服务	1223.37	1219.92	1309.43	1428.24	1599.07	1853.97
食堂用餐	159.16	187.39	197.06	219.00	242.44	184.80
其他在外饮食	1058.63	1026.11	1106.51	1202.18	1348.99	1661.45
食品加工服务费	5.58	6.41	5.87	7.07	7.64	7.72
衣着	1462.60	1539.35	1703.84	1767.47	1723.33	1712.61
衣类	1150.84	1168.20	1307.38	1369.93	1335.32	1370.60
鞋类	311.76	371.15	396.46	397.54	388.00	342.01
居住	3055.88	3186.13	3335.46	3756.46	3906.22	4470.20
租赁房房租	158.31	228.53	185.88	183.34	140.66	200.64
住房维修及管理	378.24	342.13	349.72	619.25	614.56	620.66
水电燃料及其他	599.60	678.50	696.83	759.91	783.87	828.77
自有住房折算租金	1919.73	1936.97	2103.04	2193.96	2367.12	2820.12
生活用品及服务	1103.77	1210.64	1251.42	1311.10	1403.82	1562.01
家具及室内装饰品	186.90	172.84	185.08	198.41	224.53	211.63
家用器具	303.10	316.34	295.08	305.02	380.72	406.57
家用纺织品	114.19	116.08	113.85	131.02	123.01	141.00
家庭日用杂品	291.61	364.84	388.73	389.37	349.86	350.82
个人用品	154.38	196.10	222.05	247.74	281.60	369.70
家庭服务	53.58	44.44	46.62	39.53	44.10	82.28
家政服务					24.06	50.62
交通通信	1848.51	2168.78	2414.36	2697.60	3198.33	3365.51
交通	1198.36	1357.23	1541.84	1778.75	2256.37	2395.07
交通工具	532.02	474.87	519.21	689.06	1047.25	770.16

2-19 续表 1

单位：元/人

指　　标	2013	2014	2015	2016	2017	2018
交通费	215.60	216.52	237.22	218.54	229.25	405.02
交通工具用燃料	257.60	415.47	501.55	577.31	681.71	788.90
交通工具使用及维修	193.14	250.37	283.85	293.85	298.15	430.99
其中：车辆保险支出	65.13	75.60	99.97	114.33	104.24	140.35
通信	650.15	811.56	872.52	918.84	941.95	970.44
通信工具	215.58	188.71	201.81	229.80	237.24	289.06
通信服务	434.57	622.85	670.71	689.04	704.71	681.38
教育文化娱乐	1607.41	1672.40	1862.96	2008.36	2221.90	2383.78
教育	808.85	704.27	775.82	848.98	924.71	1252.62
学前教育	97.46	77.93	94.51	95.58	102.12	238.19
小学教育	138.60	95.32	92.78	121.14	139.88	231.44
初中教育	122.76	101.13	103.19	123.07	129.73	166.23
高中教育	146.20	143.65	141.45	146.46	148.31	188.50
中专职高教育	17.74	11.33	34.13	11.94	12.83	14.40
大专及以上教育	239.62	231.25	250.73	257.72	319.86	326.93
成人教育	46.47	43.67	59.03	93.06	71.98	86.93
文化娱乐	798.56	968.13	1087.15	1159.38	1297.19	1131.16
文娱耐用消费品	212.82	169.77	148.74	148.46	154.80	144.66
其他文娱用品	102.10	124.68	133.55	127.91	144.27	204.69
文化娱乐服务	483.64	673.68	804.86	883.02	998.12	781.81
医疗保健	1037.95	1283.60	1369.30	1423.36	1595.62	1861.37
医疗器具及药品	389.77	450.50	501.06	611.06	542.69	1241.62
医疗服务	648.18	833.11	868.24	812.30	1052.93	515.04
门诊总费用	238.44	268.11	304.96	304.82	420.65	213.64
住院总费用	409.74	564.99	563.28	507.48	632.27	301.39
其他用品和服务	367.58	495.19	556.40	577.08	612.08	666.15
其他用品	177.65	199.90	241.02	202.77	212.79	241.91
其他服务	189.92	295.28	315.38	374.30	399.29	424.24
生产经营费用支出	**862.78**	**1064.79**	**1111.14**	**2192.01**	**2805.84**	**3600.49**
第一产业经营费用支出	256.29	283.81	320.49	408.12	457.53	368.73
农业	68.78	83.79	91.22	110.98	121.65	203.56
林业	1.41	2.41	1.52	8.80	5.35	5.77
牧业	183.92	196.62	225.70	267.20	327.72	153.80
渔业	1.20	0.99	2.05	21.15	2.81	5.59
第二产业经营费用支出	88.60	155.00	104.40	390.91	343.95	636.19
采矿业	2.72	1.08	0.51	0.97	3.94	7.01
制造业	71.25	41.09	7.37	65.12	85.63	196.40
电力、热力、燃气及水生产和供应业		0.34	0.41	43.27	23.26	4.55
建筑业	14.64	112.49	96.11	281.54	231.11	428.22
第三产业经营费用支出	517.89	625.99	686.25	1392.98	2004.36	2595.57
批发和零售业	245.29	327.33	261.81	555.40	852.50	1527.00
交通运输、仓储和邮政业	103.05	129.25	167.77	243.61	158.27	153.00
住宿和餐饮业	92.69	66.61	110.99	242.94	705.30	345.27
房地产业	1.80	1.68	1.70	0.18	0.37	1.16

2-19 续表 2

单位：元/人

指　　标	2013	2014	2015	2016	2017	2018
租赁和商务服务业	11.07	8.94	3.21	9.02	20.02	25.89
居民服务、修理和其他服务业	54.60	85.11	116.76	259.97	195.39	430.38
其他	9.38	5.39	22.58	77.45	68.58	111.00
农林牧渔服务业		1.68	1.43	4.40	3.94	1.89
财产性支出	**40.09**	**107.75**	**186.28**	**178.92**	**183.28**	**370.32**
生活贷款利息支出	37.65	98.35	179.87	173.47	181.04	367.78
住房贷款利息支出	32.77	93.09	167.73	164.66	168.51	337.85
其他生活贷款利息支出	4.89	5.27	12.14	8.81	12.53	29.93
其他财产性支出	2.44	9.39	6.41	5.45	2.24	2.54
非储蓄性财产保险支出	0.69	0.57	1.05	1.34	0.13	0.56
其他财产性支出	1.75	8.83	5.36	4.10	2.11	1.97
转移性支出	**1193.64**	**1482.25**	**1677.61**	**2009.21**	**2071.59**	**2301.15**
个人所得税	25.20	38.44	50.82	72.66	74.36	147.10
社会保障支出	900.80	1134.09	1316.63	1594.44	1698.13	1807.96
个人缴纳的养老保险	658.81	763.93	853.26	1096.72	1153.83	1222.14
个人缴纳的医疗保险	196.72	302.31	386.76	414.39	439.26	478.76
个人缴纳的失业保险	26.90	37.47	41.81	48.61	44.54	41.07
其他社会保障支出	18.38	30.39	34.80	34.73	60.50	65.99
外来从业人员寄给家人的支出						
城镇外来从业人员寄给家人的支出						
农村外来从业人员寄给家人的支出	4.19	4.23	2.82	1.73		2.71
赡养支出	145.44	196.50	204.74	236.73	219.71	251.60
其他转移性支出	118.01	108.99	102.61	103.65	79.17	91.79
部分商业保险支出	**65.05**	**78.62**	**68.01**	**45.64**	**83.77**	**214.72**
意外伤害保险	11.06	4.97	6.62	7.39	11.11	24.00
商业医疗保险(含大病保险)	16.65	20.96	35.95	20.56	33.95	105.03
其他非储蓄性商业保险	10.39	12.53	6.55	4.99	16.06	31.72
其他储蓄性商业保险	26.95	40.16	18.88	12.70	22.65	53.96
购置资产及非经常性转移支出	**2218.38**	**2180.11**	**2679.55**	**2972.46**	**2891.32**	**4221.61**
购置资产支出	554.87	372.02	658.50	750.21	514.24	1634.74
建造住房支出	98.69	54.65	78.15	43.12	26.46	68.07
建造住房材料	72.55	48.43	55.11	38.06	18.76	51.70
建造住房雇工	26.14	6.22	23.04	5.06	7.70	16.07
购买住房支出	375.41	273.08	509.24	580.00	376.46	1280.49
购建第一产业生产性固定资产支出	3.59	15.83	10.71	30.91	33.92	21.12
购买或建造农业生产性用房	0.72	5.78	1.93	15.10	1.84	1.85
购买用房建筑材料	0.43	4.83	1.32	9.77	1.55	0.93
建筑农业生产用房雇工	0.29	0.62	0.43	4.65	0.14	0.85
购买农业生产用房						
其他		0.34	0.17	0.68	0.16	0.07
购买役畜	0.75	2.56	0.43	0.71	8.83	0.16
购买产品畜	0.44	3.86	2.09	0.44	1.73	2.04
购买或建造农业设施	0.14	0.65	0.75	10.29	10.19	14.67
大棚、温室				7.42	9.46	14.32

2-19 续表 3

单位：元/人

指 标	2013	2014	2015	2016	2017	2018
自备井			0.75		0.61	0.10
喷灌设施	0.11			0.23	0.12	0.03
其他农业设施	0.03	0.65		2.64		0.22
购买农业机械	1.54	2.98	5.51	4.38	11.33	2.40
大中型农用拖拉机						
小型(手扶)农用拖拉机		0.61	1.21	0.26	2.45	0.17
农用排灌动力机械			0.30	0.53	0.12	0.08
插秧机		0.05				
收割机			0.08			0.23
脱粒机	0.04	0.10	0.73	0.18	0.45	0.43
其他农业机械	1.50	2.22	3.19	3.41	8.31	1.49
购建第二产业生产性固定资产支出	9.29	0.10	1.77	1.04	4.45	4.09
采矿业						
制造业	7.89	0.10			0.54	1.08
电力、热力、燃气及水生产和供应业	0.16		1.77	0.33	0.77	
建筑业	1.25			0.71	3.14	3.01
购建第三产业生产性固定资产支出	55.62	15.79	54.81	73.20	68.51	242.15
批发和零售业	24.12	3.47	5.09	15.95	25.38	53.11
交通运输、仓储和邮政业	15.37	8.69	0.22	29.79	6.56	36.79
住宿和餐饮业	0.26	2.43	2.90	24.34	21.11	122.09
房地产业	0.34		37.33			2.18
租赁和商务服务业	7.63	0.03	0.04	0.00		0.49
居民服务、修理和其他服务业	7.07	1.17	9.09	1.53	2.58	7.49
其他	0.82		0.13	1.59	12.88	20.01
购建其他资产支出	12.27	12.58	3.82	21.94	4.44	18.81
非经常性转移支出	1663.51	1808.09	2021.05	2222.26	2377.08	2586.88
博彩支出	23.13	28.80	30.06	39.32	30.76	59.24
婚丧嫁娶礼金支出	1121.88	1289.82	1437.32	1537.20	1572.01	1642.80
一次性赔偿支出	9.42	2.04	5.52	2.65	8.16	3.60
一次性馈赠支出	366.36	383.16	473.59	473.60	531.08	668.19
婚丧嫁娶宴请支出					174.07	189.11
其他非经常性转移支出	142.71	104.26	74.56	50.75	61.00	23.94
借贷性支出	**3768.95**	**2240.49**	**2763.35**	**3431.78**	**3544.41**	**4433.85**
存入储蓄款	3278.31	1365.67	1530.05	1921.83	2144.47	1650.89
借出款	55.48	100.22	111.14	139.99	109.45	119.18
归还借款	123.40	172.80	183.62	178.03	165.74	333.96
购买有价证券	17.09	0.64	123.78	136.03	60.98	178.26
其他投资支出	28.03	51.64	67.31	36.61	45.07	224.37
归还住房贷款	178.23	389.07	584.29	770.71	782.56	1253.39
归还汽车贷款	35.31	123.82	123.00	166.11	154.20	317.53
归还教育贷款			0.87	0.47	0.81	3.02
归还其他贷款	28.80	18.00	24.13	17.13	9.00	265.04
其他借贷支出	24.30	18.63	15.15	64.86	72.13	88.20

2-20 城镇居民人均总收入(2013-2018年)

单位：元/人

指　　标	2013	2014	2015	2016	2017	2018
城镇常住居民总收入	**24543.10**	**27148.04**	**29422.32**	**33016.09**	**36135.84**	**39853.75**
工资性收入	**13113.91**	**14262.37**	**15242.25**	**16219.06**	**17299.32**	**19032.67**
工资	12368.99	13365.21	14253.89	15179.29	16244.59	17728.34
实物福利	91.37	93.09	90.86	75.16	89.52	96.65
其他	653.55	804.07	897.50	964.61	965.21	1207.69
经营性收入	**3690.72**	**4221.12**	**4407.48**	**5819.36**	**6740.31**	**7865.82**
第一产业经营收入	657.66	687.20	769.81	928.28	1022.32	818.67
第一产业经营收入(不含惠农补贴)	657.66	687.20	769.81	928.28	1022.32	818.67
农业	316.69	318.42	361.73	392.37	427.92	474.66
林业	6.77	12.77	9.40	16.31	7.33	34.19
牧业	330.59	351.95	391.94	475.64	574.50	295.07
渔业	3.30	4.06	6.74	43.96	12.58	14.75
第二产业经营收入	280.88	348.32	311.19	495.02	470.53	772.23
采矿业	1.30	21.13	3.66	0.43	0.28	15.74
制造业	133.95	109.12	34.08	88.26	113.62	222.28
电力、热力、燃气及水生产和供应业	2.46		0.22	59.51	53.55	18.94
建筑业	143.16	218.08	273.23	346.81	303.08	515.27
第三产业经营收入	2752.18	3185.60	3326.48	4396.07	5247.45	6274.93
批发和零售业	1326.85	1545.74	1623.57	2159.45	2481.86	3302.66
交通运输、仓储和邮政业	462.30	514.32	480.98	457.75	447.37	523.19
住宿和餐饮业	312.24	431.75	443.53	748.95	1267.96	1029.45
房地产业	19.41	15.62	20.14	11.87	3.45	8.56
租赁和商务服务业	142.41	65.13	43.81	42.45	76.26	66.49
居民服务、修理和其他服务业	394.35	559.21	627.60	797.86	758.57	1060.97
其他	88.74	47.19	79.99	157.90	201.45	278.42
农林牧渔服务业	5.89	6.63	6.86	19.84	10.53	5.18
财产性收入	**1848.87**	**2005.43**	**2355.24**	**2542.40**	**2810.07**	**3066.61**
利息收入	83.89	171.33	201.76	172.69	199.60	184.03
红利收入	150.57	106.76	99.12	184.71	192.44	455.68
储蓄性保险净收益	5.71	4.14	7.58	2.08	7.28	8.73
转让承包土地经营权租金净收入	26.25	51.38	29.60	41.60	44.46	51.93
出租房屋财产性净收入	401.39	497.78	774.04	865.94	928.41	793.86
出租机械、专利、版权等资产的净收入	13.89	9.24	17.59	36.55	44.86	68.89
其他财产净收入	38.71	19.97	20.18	33.85	27.53	25.06
房屋虚拟租金	1128.47	1144.82	1205.37	1204.98	1365.48	1478.42
转移性收入	**5889.60**	**6659.12**	**7417.35**	**8435.26**	**9286.14**	**9888.65**
养老金或离退休金	4736.64	5342.90	5973.81	6727.52	7262.83	6860.24

2-20 续表

单位：元/人

指　　标	2013	2014	2015	2016	2017	2018
社会救济和补助	77.12	80.12	83.22	107.76	113.70	124.28
政策性生活补贴	37.65	31.59	38.10	23.68	54.03	49.04
家庭外出从业人员寄回带回收入	178.68	130.27	477.79	616.38	780.31	1619.33
赡养收入	431.32	574.78	439.14	500.88	627.97	692.73
报销医疗费	157.97	234.33	245.75	279.94	273.60	309.38
从政府和组织得到的实物产品和服务折价	15.65	16.92	16.35	18.29	30.24	43.11
现金政策性惠农补贴	30.02	23.75	27.34	23.25	15.83	22.37
其他转移性收入	224.55	224.46	115.85	137.56	127.64	168.17
非收入所得	**458.79**	**939.47**	**1375.67**	**1424.19**	**1901.15**	**2385.73**
出售资产所得	42.14	246.21	438.59	388.55	738.13	763.51
出售住房本金所得	0.78	31.57	127.58	42.88	123.12	477.91
出售住房溢价所得(含亏损)	4.74	27.57	50.41		0.31	3.66
出售股票、基金、收藏品本金所得	0.26		61.85	39.76	92.17	1.79
出售股票、基金、收藏品所得(含亏损)	0.67		34.21	9.49	2.43	10.80
出售生产性固定资产所得	1.66	1.57	0.50	10.90	40.86	23.74
拆迁征地补偿所得	23.72	159.25	80.15	245.52	418.94	161.80
出售其他财物和收回其他投资本金所得	10.31	26.26	83.89	40.00	60.31	83.82
非经常性转移所得	408.42	682.59	925.13	1029.58	1157.78	1613.18
博彩所得	8.80	13.32	13.54	29.37	35.61	169.12
婚丧嫁娶礼金所得	105.38	209.14	240.36	333.70	334.07	425.90
遗产及一次性馈赠所得	49.77	87.55	166.31	178.17	202.68	380.97
一次性赔偿所得	7.85	23.11	71.44	32.73	77.80	8.32
提取住房公积金	3.74	22.47	46.52	60.85	44.51	123.36
调查补贴	174.95	279.98	325.59	365.42	437.05	493.58
其他非经常性转移所得	57.93	47.02	61.37	29.35	26.06	11.93
其他非收入所得	8.23	10.67	11.95	6.06	5.23	9.04
借贷性所得	**2331.35**	**1816.93**	**1950.16**	**2441.46**	**2261.93**	**2363.22**
提取储蓄存款	1921.97	1567.31	1722.88	2206.94	1844.77	1680.12
借入款	248.94	133.03	163.52	130.48	198.02	311.89
收回借出款	99.29	53.09	41.32	79.64	109.17	180.20
收回储蓄性保险本金	0.95	6.81	0.80	5.75	0.35	0.59
住房贷款	38.13	21.86	8.40	0.15	43.75	95.32
汽车贷款	0.79	0.29	3.31	1.13	6.85	22.43
教育贷款	0.23	1.51	1.72		1.53	5.87
其他贷款	18.70	32.12	4.59	6.58	44.58	45.14
其他借贷所得	2.35	0.90	3.63	10.81	12.92	21.68

2-21 城镇居民人均现金收入(2013-2018年)

单位：元/人

指　　标	2013	2014	2015	2016	2017	2018
城镇常住居民人均现金收入	**23034.77**	**25465.16**	**27685.57**	**31290.19**	**34218.06**	**37748.86**
现金工资性收入	**13022.53**	**14169.29**	**15151.39**	**16143.90**	**17209.80**	**18936.02**
工资	12368.99	13365.21	14253.89	15179.29	16244.59	17728.34
其他工资性收入	653.55	804.07	897.50	964.61	965.21	1207.69
现金经营性收入	**3536.46**	**4027.40**	**4229.06**	**5671.84**	**6581.37**	**7688.49**
第一产业现金经营收入	499.24	493.48	591.39	780.75	863.39	641.34
农业	207.58	179.64	243.79	302.92	326.68	363.35
林业	4.15	6.06	4.37	11.30	2.93	28.23
牧业	284.36	304.05	337.01	423.04	522.17	235.85
渔业	3.16	3.74	6.21	43.49	11.62	13.91
第二产业现金经营收入	280.88	348.32	311.19	495.02	470.53	772.23
采矿业	1.30	21.13	3.66	0.43	0.28	15.74
制造业	133.95	109.12	34.08	88.26	113.62	222.28
电力、热力、燃气及水生产和供应业	2.46		0.22	59.51	53.55	18.94
建筑业	143.16	218.08	273.23	346.81	303.08	515.27
第三产业现金经营收入	2756.33	3185.60	3326.48	4396.07	5247.45	6274.93
批发和零售业	1326.85	1545.74	1623.57	2159.45	2481.86	3302.66
交通运输、仓储和邮政业	462.30	514.32	480.98	457.75	447.37	523.19
住宿和餐饮业	312.24	431.75	443.53	748.95	1267.96	1029.45
房地产业	19.41	15.62	20.14	11.87	3.45	8.56
租赁和商务服务业	142.41	65.13	43.81	42.45	76.26	66.49
居民服务、修理和其他服务业	394.35	559.21	627.60	797.86	758.57	1060.97
其他行业	88.74	47.19	79.99	157.90	201.45	278.42
农林牧渔服务业	5.89	6.63	6.86	19.84	10.53	5.18
现金财产性收入	**759.80**	**860.61**	**1149.87**	**1337.42**	**1444.59**	**1588.19**
利息收入	121.54	171.33	201.76	172.69	199.60	184.03
红利收入	150.57	106.76	99.12	184.71	192.44	455.68
储蓄性保险收益	5.71	4.14	7.58	2.08	7.28	8.73
转让承包土地经营权租金收入	26.25	51.38	29.60	41.60	44.46	51.93
出租房屋财产性净收入	401.39	497.78	774.04	865.94	928.41	793.86
出租机械、专利、版权等资产的净收入	13.89	9.24	17.59	36.55	44.86	68.89
其他财产性收入	40.46	19.97	20.18	33.85	27.53	25.06
现金转移性收入	**5715.98**	**6407.86**	**7155.25**	**8137.04**	**8982.30**	**9536.16**
养老金或离退休金	4736.64	5342.90	5973.81	6727.52	7262.83	6860.24

2-21 续表

单位：元/人

指　　标	2013	2014	2015	2016	2017	2018
社会救济和补助	77.12	80.12	83.22	107.76	113.70	124.28
政策性生活补贴	37.65	31.59	38.10	23.68	54.03	49.04
家庭外出从业人员寄回带回收入	178.68	130.27	477.79	616.38	780.31	1619.33
赡养收入	431.32	574.78	439.14	500.88	627.97	692.73
其他转移性收入	224.55	224.46	115.85	137.56	127.64	168.17
现金政策性惠农补贴	30.02	23.75	27.34	23.25	15.83	22.37
非收入所得	**458.79**	**939.47**	**1375.67**	**1424.19**	**1901.15**	**2385.73**
出售资产所得	42.14	246.21	438.59	388.55	738.13	763.51
出售住房本金所得	0.78	31.57	127.58	42.88	123.12	477.91
出售住房溢价所得(含亏损)	4.74	27.57	50.41		0.31	3.66
出售股票、基金、收藏品本金所得	0.26		61.85	39.76	92.17	1.79
出售股票、基金、收藏品所得(含亏损)	0.67		34.21	9.49	2.43	10.80
出售生产性固定资产所得	1.66	1.57	0.50	10.90	40.86	23.74
拆迁征地补偿所得	23.72	159.25	80.15	245.52	418.94	161.80
出售其他财物和收回其他投资本金所得	10.31	26.26	83.89	40.00	60.31	83.82
非经常性转移所得	408.42	682.59	925.13	1029.58	1157.78	1613.18
博彩所得	8.80	13.32	13.54	29.37	35.61	169.12
婚丧嫁娶礼金所得	105.38	209.14	240.36	333.70	334.07	425.90
遗产及一次性馈赠所得	49.77	87.55	166.31	178.17	202.68	380.97
一次性赔偿所得	7.85	23.11	71.44	32.73	77.80	8.32
提取住房公积金	3.74	22.47	46.52	60.85	44.51	123.36
调查补贴	174.95	279.98	325.59	365.42	437.05	493.58
其他非经常性转移所得	57.93	47.02	61.37	29.35	26.06	11.93
其他非收入所得	8.23	10.67	11.95	6.06	5.23	9.04
借贷性所得	**2331.35**	**1816.93**	**1950.16**	**2441.46**	**2261.93**	**2363.22**
提取储蓄存款	1921.97	1567.31	1722.88	2206.94	1844.77	1680.12
借入款	248.94	133.03	163.52	130.48	198.02	311.89
收回借出款	99.29	53.09	41.32	79.64	109.17	180.20
收回储蓄性保险本金	0.95	6.81	0.80	5.75	0.35	0.59
住房贷款	38.13	21.86	8.40	0.15	43.75	95.32
汽车贷款	0.79	0.29	3.31	1.13	6.85	22.43
教育贷款	0.23	1.51	1.72		1.53	5.87
其他贷款	18.70	32.12	4.59	6.58	44.58	45.14
其他借贷所得	2.35	0.90	3.63	10.81	12.92	21.68

2-22 城镇常住居民人均现金支出(2013-2018年)

单位：元/人

指　标	2013	2014	2015	2016	2017	2018
城镇常住居民人均现金支出	**21905.85**	**22472.09**	**25143.40**	**28763.53**	**30665.28**	**35245.10**
现金消费支出	**13799.44**	**15361.98**	**16699.31**	**17975.53**	**19118.36**	**20140.98**
食品烟酒	5423.81	6008.14	6580.97	6927.24	7126.76	7353.71
食品	3773.75	4235.33	4615.81	4871.61	4864.45	4718.68
谷物	364.20	439.64	489.42	575.63	534.36	480.85
薯类	40.45	52.57	60.39	75.26	75.52	71.01
豆类	42.58	58.38	67.53	75.75	79.65	73.14
食用油	206.67	211.81	228.03	235.46	209.69	187.12
蔬菜和食用菌	569.45	672.21	712.11	753.59	762.97	706.18
肉类	1086.47	1151.06	1204.34	1360.82	1351.59	1260.24
禽类	280.63	328.67	352.91	375.06	346.51	339.13
水产品	146.09	182.65	193.36	203.33	220.92	219.96
蛋类	91.23	114.97	128.12	120.94	122.61	123.87
奶类	233.69	261.73	277.71	294.50	314.22	391.38
干鲜瓜果类	316.22	415.74	444.95	438.11	489.08	491.82
糖果糕点类	107.83	134.98	136.55	145.70	149.41	170.56
其他食品	78.63	210.90	320.39	217.47	207.91	203.42
烟酒	485.23	527.99	608.86	571.32	623.76	694.24
烟草	305.37	342.82	407.20	375.90	389.24	464.58
酒类	174.45	185.17	201.66	195.41	234.52	229.66
饮料		96.96	118.31	116.70	110.99	131.95
饮食服务	1164.83	1147.85	1237.99	1367.62	1527.56	1808.84
食堂用餐	100.61	115.49	125.61	159.93	173.42	117.70
其他在外饮食	1058.63	1025.95	1106.51	1200.62	1346.50	1683.32
食品加工服务费	5.58	6.41	5.87	7.07	7.64	7.83
衣着	1461.65	1538.71	1702.88	1767.08	1721.00	1712.33
衣类	1141.14	1167.56	1306.42	1369.55	1333.00	1370.32
鞋类	311.76	371.15	396.46	397.54	388.00	342.01
居住	1130.83	1237.36	1225.94	1557.44	1534.11	1609.83
租赁房房租	158.31	228.53	185.88	183.34	140.66	197.08
住房维修及管理	378.24	342.13	349.72	619.25	614.56	609.62
水电燃料及其他	588.29	666.70	690.35	754.85	778.89	803.14
生活用品及服务	1102.22	1204.30	1243.25	1304.40	1394.19	1543.44
家具及室内装饰品	179.68	171.12	183.58	196.93	223.78	211.32
家用器具	303.10	316.34	295.08	305.02	380.72	406.57
家用纺织品	114.19	116.08	113.85	131.02	123.01	141.00
家庭日用杂品	291.61	360.23	382.06	384.15	340.99	332.56
个人用品	154.38	196.10	222.05	247.74	281.60	369.70
家庭服务	53.58	44.44	46.62	39.53	44.10	82.28
交通通信	1842.46	2162.96	2410.87	2697.45	3197.24	3362.31
交通	1197.26	1351.40	1538.35	1778.61	2255.28	2391.87
交通工具	530.92	474.87	519.21	689.06	1047.25	770.16
交通费	215.60	210.69	233.73	218.39	228.17	401.82
交通工具用燃料	257.60	415.47	501.55	577.31	681.71	788.90

2-22 续表 1

单位：元/人

指标	2013	2014	2015	2016	2017	2018
交通工具使用及维修	193.14	250.37	283.85	293.85	298.15	430.99
其中：车辆保险支出	65.13	75.60	99.97	114.33	104.24	140.35
通信	645.20	811.56	872.52	918.84	941.95	970.44
通信工具	215.58	188.71	201.81	229.80	237.24	289.06
通信服务	429.61	622.85	670.71	689.04	704.71	681.38
教育文化娱乐	1604.09	1671.45	1862.42	2007.82	2220.29	2379.68
教育	808.70	704.27	775.66	848.88	924.52	1252.62
学前教育	97.46	77.93	94.51	95.58	102.12	238.19
小学教育	138.60	95.32	92.78	121.14	139.88	231.44
初中教育	122.76	101.13	103.19	123.07	129.73	166.23
高中教育	146.20	143.65	141.45	146.46	148.31	188.50
中专职高教育	17.74	11.33	34.13	11.94	12.83	14.40
大专及以上教育	239.62	231.25	250.73	257.72	319.86	326.93
成人教育	42.53	43.67	58.87	92.96	71.79	86.93
文化娱乐	795.39	967.17	1086.75	1158.95	1295.77	1127.05
文娱耐用消费品	212.82	169.77	148.74	148.46	154.80	144.66
其他文娱用品	98.54	123.83	133.33	127.78	144.04	201.03
文化娱乐服务	480.49	673.57	804.69	882.71	996.93	781.36
医疗保健	873.01	1047.15	1119.39	1142.10	1321.89	1521.21
医疗器具及药品	382.81	448.57	499.02	610.09	542.41	609.53
医疗服务(不含报销医疗费)	648.18	598.58	620.36	532.01	779.48	911.68
门诊费用(不含报销医疗费)	238.44	230.23	253.37	244.20	349.38	459.67
住院费用(不含报销医疗费)	409.74	408.41	366.99	287.81	430.10	452.01
其他用品和服务	361.37	491.90	553.60	572.00	602.88	658.48
其他用品	175.15	198.56	240.33	200.73	206.19	239.06
其他服务	186.22	293.35	313.27	371.26	396.69	419.41
生产经营现金费用支出	**820.30**	**1020.91**	**1069.29**	**2150.00**	**2772.55**	**3562.46**
第一产业经营现金费用支出	213.81	239.93	278.65	366.11	424.24	330.70
农业	62.34	76.82	87.01	104.31	116.54	196.23
林业	1.17	2.41	1.52	8.80	5.35	5.77
牧业	148.49	159.71	188.09	231.86	299.54	123.12
渔业	1.14	0.99	2.02	21.15	2.80	5.59
第二产业经营现金费用支出	88.60	155.00	104.40	390.91	343.95	636.19
采矿业	2.72	1.08	0.51	0.97	3.94	7.01
制造业	71.25	41.09	7.37	65.12	85.63	196.40
电力、热力、燃气及水生产和供应业		0.34	0.41	43.27	23.26	4.55
建筑业	14.64	112.49	96.11	281.54	231.11	428.22
第三产业经营现金费用支出	517.89	625.99	686.25	1392.98	2004.36	2595.57
批发和零售业	245.29	327.33	261.81	555.40	852.50	1527.00
交通运输、仓储和邮政业	103.05	129.25	167.77	243.61	158.27	153.00
住宿和餐饮业	92.69	66.61	110.99	242.94	705.30	345.27
房地产业	1.80	1.68	1.70	0.18	0.37	1.16
租赁和商务服务业	11.07	8.94	3.21	9.02	20.02	25.89
居民服务、修理和其他服务业	54.60	85.11	116.76	259.97	195.39	430.38
其他	9.38	5.39	22.58	77.45	68.58	111.00
农林牧渔服务业		1.68	1.43	4.40	3.94	1.89

2-22 续表 2

单位：元/人

指　　标	2013	2014	2015	2016	2017	2018
现金财产性支出	**40.09**	**107.75**	**186.28**	**178.92**	**183.28**	**370.32**
生活贷款利息支出	37.65	98.35	179.87	173.47	181.04	367.78
住房贷款利息支出	32.77	93.09	167.73	164.66	168.51	337.85
其他生活贷款利息支出	4.89	5.27	12.14	8.81	12.53	29.93
其他财产性支出	2.44	9.39	6.41	5.45	2.24	2.54
非储蓄性财产保险支出	0.69	0.57	1.05	1.34	0.13	0.56
其他财产性支出	1.75	8.83	5.36	4.10	2.11	1.97
现金转移性支出	**1193.64**	**1482.25**	**1677.61**	**2009.21**	**2071.59**	**2301.15**
个人所得税	25.20	38.44	50.82	72.66	74.36	147.10
社会保障支出	900.80	1134.09	1316.63	1594.44	1698.13	1807.96
个人缴纳的养老保险	658.81	763.93	853.26	1096.72	1153.83	1222.14
个人缴纳的医疗保险	196.72	302.31	386.76	414.39	439.26	478.76
个人缴纳的失业保险	26.90	37.47	41.81	48.61	44.54	41.07
其他社会保障支出	18.38	30.39	34.80	34.73	60.50	65.99
外来从业人员寄给家人的支出		4.23	2.82	1.73	0.21	2.71
农村外来从业人员寄给家人的支出		4.23	2.35		0.03	2.29
城镇外来从业人员寄给家人的支出	4.19		0.47	1.73	0.19	0.42
赡养支出	145.44	196.50	204.74	236.73	219.71	251.60
其他转移性支出	118.01	108.99	102.61	103.65	79.17	91.79
经常性捐赠支出	74.27	68.78	46.15	38.89	20.55	19.91
经常性赔偿支出	0.17	0.03	0.27	0.96	0.24	0.39
其他经常转移支出	43.57	40.18	56.19	63.80	58.37	71.49
部分商业保险支出	**65.05**	**78.62**	**68.01**	**45.64**	**83.77**	**214.72**
意外伤害保险	11.06	4.97	6.62	7.39	11.11	24.00
商业医疗保险(含大病保险)	16.65	20.96	35.95	20.56	33.95	105.03
其他非储蓄性商业保险	10.39	12.53	6.55	4.99	16.06	31.72
其他储蓄性商业保险	26.95	40.16	18.88	12.70	22.65	53.96
购置资产及非经常性转移支出	**2218.38**	**2180.11**	**2679.55**	**2972.46**	**2891.32**	**4221.61**
购置资产支出	554.87	372.02	658.50	750.21	514.24	1634.74
建造住房支出	98.69	54.65	78.15	43.12	26.46	68.07
建造住房材料	72.55	48.43	55.11	38.06	18.76	51.70
建造住房雇工	26.14	6.22	23.04	5.06	7.70	16.07
购买住房支出	375.41	273.08	509.24	580.00	376.46	1280.49
购建第一产业生产性固定资产支出	3.59	15.83	10.71	30.91	33.92	21.12
购买或建造农业生产性用房	0.72	5.78	1.93	15.10	1.84	1.85
购买用房建筑材料	0.43	4.83	1.32	9.77	1.55	0.93
建筑农业生产用房雇工	0.29	0.62	0.43	4.65	0.14	0.85
购买农业生产用房						
其他		0.34	0.17	0.68	0.16	0.07
购买役畜	0.75	2.56	0.43	0.71	8.83	0.16
购买产品畜	0.44	3.86	2.09	0.44	1.73	2.04
购买或建造农业设施	0.14	0.65	0.75	10.29	10.19	14.67
大棚、温室				7.42	9.46	14.32

2-22 续表 3

单位：元/人

指 标	2013	2014	2015	2016	2017	2018
自备井			0.75		0.61	0.10
喷灌设施	0.11			0.23	0.12	0.03
其他农业设施	0.03	0.65		2.64		0.22
购买农业机械	1.54	2.98	5.51	4.38	11.33	2.40
大中型农用拖拉机						
小型(手扶)农用拖拉机		0.61	1.21	0.26	2.45	0.17
农用排灌动力机械			0.30	0.53	0.12	0.08
插秧机		0.05				
收割机			0.08			0.23
脱粒机	0.04	0.10	0.73	0.18	0.45	0.43
其他农业机械	1.50	2.22	3.19	3.41	8.31	1.49
购建第二产业生产性固定资产支出	9.29	0.10	1.77	1.04	4.45	4.09
采矿业						
制造业	7.89	0.10			0.54	1.08
电力、热力、燃气及水生产和供应业	0.16		1.77	0.33	0.77	
建筑业	1.25			0.71	3.14	3.01
购建第三产业生产性固定资产支出	55.62	15.79	54.81	73.20	68.51	242.15
批发和零售业	24.12	3.47	5.09	15.95	25.38	53.11
交通运输、仓储和邮政业	15.37	8.69	0.22	29.79	6.56	36.79
住宿和餐饮业	0.26	2.43	2.90	24.34	21.11	122.09
房地产业	0.34		37.33			2.18
租赁和商务服务业	7.63	0.03	0.04	0.00		0.49
居民服务、修理和其他服务业	7.07	1.17	9.09	1.53	2.58	7.49
其他行业	0.82		0.13	1.59	12.88	20.01
购建其他资产支出	12.27	12.58	3.82	21.94	4.44	18.81
非经常性转移支出	1663.51	1808.09	2021.05	2222.26	2377.08	2586.88
博彩支出	23.13	28.80	30.06	39.32	30.76	59.24
婚丧嫁娶礼金支出	1121.88	1289.82	1437.32	1537.20	1572.01	1642.80
一次性赔偿支出	9.42	2.04	5.52	2.65	8.16	3.60
一次性馈赠支出	366.36	383.16	473.59	473.60	531.08	668.19
婚丧嫁娶宴请支出					174.07	189.11
其他非经常性转移支出	142.71	104.26	74.56	50.75	61.00	23.94
借贷性支出	**3768.95**	**2240.49**	**2763.35**	**3431.78**	**3544.41**	**4433.85**
存入储蓄款	3278.31	1365.67	1530.05	1921.83	2144.47	1650.89
借出款	55.48	100.22	111.14	139.99	109.45	119.18
归还借款	123.40	172.80	183.62	178.03	165.74	333.96
购买有价证券	17.09	0.64	123.78	136.03	60.98	178.26
其他投资支出	28.03	51.64	67.31	36.61	45.07	224.37
归还住房贷款	178.23	389.07	584.29	770.71	782.56	1253.39
归还汽车贷款	35.31	123.82	123.00	166.11	154.20	317.53
归还教育贷款			0.87	0.47	0.81	3.02
归还其他贷款	28.80	18.00	24.13	17.13	9.00	265.04
其他借贷支出	24.30	18.63	15.15	64.86	72.13	88.20

2-23 按五等份分组的城镇居民人均可支配收入(2018年)

单位：元/人

指　　标	总平均	低收入户	中低收入户	中等收入户	中高收入户	高收入户
城镇常住居民人均可支配收入	**33215.97**	**11197.45**	**22711.66**	**30984.70**	**42667.34**	**74203.69**
工资性收入	**18530.03**	**6648.35**	**12387.40**	**16999.17**	**23617.20**	**45089.97**
工资	17260.12	6291.25	11791.40	16096.14	22110.13	40992.07
按月发放的工资	14766.47	5397.10	10547.31	14396.15	19322.66	33046.45
补发工资	470.58	140.74	195.27	344.78	720.99	1334.88
不按月发放的奖金、津贴、过节费等	2023.07	753.41	1048.81	1355.21	2066.48	6610.74
实物福利	94.10	20.51	38.26	101.80	157.05	220.51
从单位或雇主得到的实物产品折价	17.40	3.00	5.57	13.01	29.28	51.68
食品	11.32	1.93	4.57	7.06	16.22	37.51
谷物、薯类及豆类	3.70	0.26	1.02	1.43	6.20	13.63
食用油(植物油)	2.45	0.33	1.14	1.94	2.46	8.76
蔬菜及制品	0.14	0.01	0.02	0.04	0.19	0.62
肉、禽、蛋、奶及制品	1.06	0.43	0.11	0.79	1.56	3.36
水产品及制品	0.00				0.00	
糖、烟、酒、饮料类	2.18	0.57	1.70	1.78	2.97	5.37
干鲜瓜果类	0.39	0.01	0.13	0.31	0.45	1.49
其他类食品	1.38	0.31	0.46	0.77	2.37	4.28
衣着	0.15	0.03	0.00		0.49	0.35
居住	0.17	0.20		0.04		0.75
家庭设备和日用品	2.21	0.39	0.70	1.44	4.00	6.49
交通、通信工具及用品	1.90	0.40	0.03	2.47	6.26	1.32
教育文化娱乐用品	0.34	0.01	0.01	0.22	0.26	1.69
医疗保健用品	0.42			0.81	0.01	1.76
其他用品	0.89	0.03	0.27	0.97	2.05	1.82
从单位或雇主得到的服务折价	76.70	17.51	32.69	88.79	127.76	168.83
免费或低价提供的工作餐	70.19	17.01	30.36	82.80	117.83	149.17
免费或低价提供的住宿	2.44	0.26	0.87	2.08	0.95	10.79
单位缴纳的水电费、取暖费、物业费等	0.24		0.61			0.70
免费或低价提供的交通和通信服务	1.09	0.18	0.32	0.61	2.49	2.79
单位缴纳的教育入学赞助费						
免费或低价提供的旅游服务	0.44			2.17	0.05	
其他服务	2.30	0.05	0.54	1.14	6.44	5.38
单位或雇主实物福利报销所得						
其他	1175.79	336.59	557.74	801.23	1350.02	3877.40
住房公积金	664.85	41.95	153.78	337.45	891.45	2659.61
辞退金	6.61				26.89	12.19
自由职业劳动所得(如稿费、翻译费)	14.46	0.15	17.81	4.81	39.52	16.89
安家费	12.10				24.99	51.39
股票期权						
其他劳动所得	477.77	294.49	386.14	458.96	367.17	1137.31
经营净收入	**3849.04**	**128.32**	**2900.37**	**3483.62**	**4760.51**	**10693.82**
第一产业经营净收入	419.06	619.13	340.18	211.50	214.73	785.89
农业	252.36	445.93	238.23	87.25	125.46	369.81

2-23 续表 1

单位：元/人

指　　标	总平均	低收入户	中低收入户	中等收入户	中高收入户	高收入户
林业	27.92	47.81	22.59	24.09	37.62	1.04
牧业	129.91	118.33	75.91	84.12	33.50	415.23
渔业	8.89	7.06	3.45	16.03	18.16	-0.19
第二产业经营净收入	99.12	-932.85	191.75	187.85	458.61	1008.13
采矿业	6.86	-31.57	-0.17		-1.24	95.78
制造业	17.39	-154.00	53.43	13.49	160.62	62.70
电力、热力、燃气及水生产和供应业	14.04	2.73	-0.65		75.79	-1.06
建筑业	60.83	-750.01	139.14	174.37	223.43	850.71
第三产业经营净收入	3330.86	442.04	2368.44	3084.27	4087.17	8899.80
批发和零售业	1602.00	-80.18	1190.67	1779.45	1754.63	4512.56
交通运输、仓储和邮政业	325.99	160.63	395.97	442.75	368.82	297.77
住宿和餐饮业	627.29	71.60	334.45	390.33	805.50	2070.00
房地产业	7.31	0.13	-0.89	0.02	24.10	20.67
租赁和商务服务业	33.49	-5.14	6.99	7.88	9.05	198.32
居民服务、修理和其他服务业	584.89	302.61	392.61	354.49	767.93	1440.71
其他	146.94	-8.31	38.57	109.69	353.36	360.22
农林牧渔服务业	2.95	0.70	10.06	-0.33	3.77	-0.45
财产净收入	**2819.97**	**1025.44**	**1634.93**	**2493.71**	**3167.56**	**6535.68**
利息净收入	-192.18	-35.70	-87.12	-145.48	-311.68	-451.55
红利收入	476.58	41.33	103.93	235.54	387.89	1986.67
集体分配的红利	80.94	36.88	16.13	80.39	61.31	245.27
其他红利收入	395.65	4.45	87.80	155.16	326.58	1741.40
储蓄性保险净收益	9.13	3.17	1.79	12.06	10.98	20.39
转让承包土地经营权租金净收入	54.32	36.35	44.15	54.16	70.06	62.65
出租房屋财产性收入	830.28	258.79	470.24	912.24	1004.28	1683.39
出租机械、专利、版权等资产的收入	72.05	1.85	0.37	5.01	84.83	339.20
其他财产净收入	23.55	2.70	2.24	56.76	24.86	34.38
房屋虚拟租金	1546.24	716.95	1099.34	1363.41	1896.34	2860.55
转移净收入	**8017.23**	**3395.34**	**5788.95**	**8008.19**	**11122.06**	**11884.22**
转移性收入	10450.03	4574.29	7373.82	9939.14	13800.19	17009.19
养老金或离退休金	7249.74	2494.90	4627.05	6926.74	10183.61	12790.68
离退休金	5722.46	1084.21	2846.69	5155.90	8969.73	11943.79
(城镇)居民社会养老保险	1279.73	1099.77	1492.79	1558.35	990.36	767.26
新型农村养老保险	77.83	136.78	90.92	42.66	44.54	27.38
其他养老金	169.72	174.14	196.66	169.83	178.98	52.26
社会救济和补助	131.34	204.35	62.30	51.34	139.19	172.09
最低生活保障费	41.13	101.17	25.49	27.70	15.30	6.29
五保户救助金	2.94	11.53	0.32			
扶贫款	1.23	3.91	0.36			1.06
救灾款						
抚恤金	35.17	43.39	19.34	9.44	66.59	30.18
其他社会救济收入	50.88	35.63	15.11	10.94	50.04	130.11
政策性生活补贴	51.82	41.87	44.49	43.57	58.74	62.44
家电补贴	1.05		0.77	1.47	0.12	3.23

2-23 续表 2

单位：元/人

指　　标	总平均	低收入户	中低收入户	中等收入户	中高收入户	高收入户
能源补贴	0.18	0.54		0.23		
免费或低价提供的住宿(廉租房)	0.67	0.80	0.76	0.58	0.39	0.55
其他生活补贴	50.59	41.33	39.01	37.99	57.57	52.56
报销医疗费	326.95	134.87	195.64	294.36	438.47	610.67
家庭外出从业人员寄回带回收入	1711.26	918.85	1625.33	1724.74	1962.50	2135.18
赡养收入	732.06	622.41	629.20	662.38	787.75	821.10
其他经常转移收入	177.72	73.98	135.91	182.66	172.42	336.15
失业保险金	23.48	10.64	36.52	49.26	7.90	
经常性捐赠收入	10.49	0.13	16.63	13.82	2.68	18.63
经常性赔偿收入	6.78	3.94	14.93	6.58	4.28	
其他转移性收入	136.97	58.50	67.56	113.00	107.15	316.90
从政府和组织得到的实物产品和服务折价	45.50	44.31	32.56	39.90	43.60	60.18
食品	15.74	16.75	9.60	13.67	15.36	20.95
谷物、薯类及豆类	5.40	4.84	3.68	5.45	4.98	7.38
食用油(植物油)	5.18	4.11	3.38	5.22	4.78	8.11
蔬菜及制品	0.02			0.02	0.08	
肉、禽、蛋、奶及制品	1.59	2.33	1.06	1.43	1.39	1.15
水产品及制品						
糖、烟、酒、饮料类	0.35	0.34	0.22	0.13	0.28	0.80
干鲜瓜果类	0.11	0.10	0.03	0.15	0.21	0.01
其他类食品	3.09	5.03	1.24	1.28	3.64	3.49
衣着	0.13	0.03	0.05	0.16	0.42	
居住	1.48	0.29	0.67	2.11	2.55	1.83
家庭设备和日用品	16.85	13.90	13.57	14.49	15.89	24.63
交通、通信工具及用品	0.13	0.08	0.04	0.17	0.24	0.13
教育文化娱乐用品	3.49	2.49	2.05	3.50	3.70	5.68
医疗保健用品	0.08	0.15		0.03	0.11	0.09
其他用品	1.78	0.99	1.04	2.11	1.42	3.43
其他服务折价(不含廉租房)	5.81	9.63	5.55	3.68	3.90	3.45
现金政策性惠农补贴	23.64	38.77	21.34	13.45	13.92	20.70
转移性支出	2432.80	1178.95	1584.87	1930.95	2678.13	5124.97
个人所得税	155.51	1.50	17.38	40.37	178.75	666.76
社会保障支出	1911.40	1004.86	1376.82	1646.07	2063.11	3588.66
个人缴纳的养老保险	1292.06	683.61	930.81	1051.28	1407.64	2485.40
个人缴纳的医疗保险	506.15	292.05	400.14	517.19	517.27	784.26
个人缴纳的失业保险	43.42	12.16	20.54	31.76	51.89	115.25
其他社会保障支出	69.76	17.04	25.32	45.84	86.31	203.75
外来从业人员寄给家人的支出	2.86	0.03	5.10	1.07	2.04	6.29
赡养支出	265.99	90.67	144.25	207.83	300.93	656.62
其他转移性支出	97.04	81.88	41.32	35.61	133.30	206.64
经常性捐赠支出	21.05	26.49	4.37	9.83	6.12	62.72
经常性赔偿支出	0.41	0.27			0.40	1.63
其他经常转移支出	75.58	55.12	36.94	25.79	126.79	142.29

2-24 按五等份分组的城镇居民人均总收入(2018年)

单位：元/人

指　　标	总平均	低收入户	中低收入户	中等收入户	中高收入户	高收入户
城镇常住居民人均总收入	**39853.75**	**19180.43**	**26258.05**	**35196.31**	**48101.05**	**88015.36**
工资性收入	**19032.67**	**6648.35**	**12387.40**	**16999.17**	**23617.20**	**45089.97**
工资	17728.34	6291.25	11791.40	16096.14	22110.13	40992.07
实物福利	96.65	20.51	38.26	101.80	157.05	220.51
其他	1207.69	336.59	557.74	801.23	1350.02	3877.40
经营性收入	**7865.82**	**6833.74**	**4647.65**	**5475.51**	**7018.29**	**18406.00**
第一产业经营收入	818.67	1226.44	564.71	366.74	406.46	1663.91
第一产业经营收入(不含惠农补贴)	818.67	1226.44	564.71	366.74	406.46	1663.91
农业	474.66	708.43	348.32	154.57	182.56	1079.18
林业	34.19	57.14	31.32	25.46	40.31	7.45
牧业	295.07	450.72	174.23	169.46	149.20	576.60
渔业	14.75	10.15	10.84	17.25	34.40	0.69
第二产业经营收入	772.23	1098.07	435.69	256.97	745.59	1487.31
采矿业	15.74				1.64	101.07
制造业	222.28	467.24	127.46	16.21	340.27	119.07
电力、热力、燃气及水生产和供应业	18.94	2.74			99.85	
建筑业	515.27	628.08	308.23	240.76	303.84	1267.17
第三产业经营收入	6274.93	4509.23	3647.25	4851.79	5866.23	15254.78
批发和零售业	3302.66	3479.63	1765.63	3073.49	2547.33	6509.02
交通运输、仓储和邮政业	523.19	343.29	595.79	635.52	558.30	500.65
住宿和餐饮业	1029.45	177.10	658.90	547.84	1127.51	3411.79
房地产业	8.56	0.13		0.70	26.87	22.70
租赁和商务服务业	66.49	10.52	22.78	12.88	13.02	352.72
居民服务、修理和其他服务业	1060.97	452.02	533.50	436.40	993.83	3689.43
其他	278.42	43.63	55.12	144.89	593.99	768.47
农林牧渔服务业	5.18	2.92	15.53	0.08	5.38	
财产性收入	**3066.61**	**1123.98**	**1849.20**	**2782.46**	**3665.19**	**7510.22**
利息收入	184.03	61.66	126.27	139.73	184.45	515.99
红利收入	455.68	41.33	103.93	235.54	387.89	1986.67
储蓄性保险净收益	8.73	3.17	1.79	12.06	10.98	20.39
转让承包土地经营权租金净收入	51.93	36.35	44.15	54.16	70.06	62.65
出租房屋财产性净收入	793.86	258.79	470.24	912.24	1004.28	1683.39
出租机械、专利、版权等资产的净收入	68.89	1.85	0.37	5.01	84.83	339.20
其他财产净收入	25.06	3.88	3.12	60.30	26.35	41.36
房屋虚拟租金	1478.42	716.95	1099.34	1363.41	1896.34	2860.55
转移性收入	**9888.65**	**4574.36**	**7373.80**	**9939.17**	**13800.37**	**17009.17**
养老金或离退休金	6860.24	2494.90	4627.05	6926.74	10183.61	12790.68

2-24 续表

单位：元/人

指　　标	总平均	低收入户	中低收入户	中等收入户	中高收入户	高收入户
社会救济和补助	124.28	204.35	62.30	51.34	139.19	172.09
政策性生活补贴	49.04	41.87	44.49	43.57	58.74	62.44
家庭外出从业人员寄回带回收入	1619.33	918.85	1625.33	1724.74	1962.50	2135.18
赡养收入	692.73	622.41	629.20	662.38	787.75	821.10
报销医疗费	309.38	134.87	195.64	294.36	438.47	610.67
从政府和组织得到的实物产品和服务折价	43.11	44.38	32.53	39.93	43.78	60.17
现金政策性惠农补贴	22.37	38.77	21.34	13.45	13.92	20.70
其他转移性收入	168.17	73.98	135.91	182.66	172.42	336.15
非收入所得	**2385.73**	**1254.76**	**2027.41**	**1349.05**	**3538.11**	**4654.90**
出售资产所得	763.51	389.12	243.49	192.61	1947.85	1447.69
出售住房本金所得	477.91	180.32		53.06	1379.86	1125.64
出售住房溢价所得(含亏损)	3.66				16.96	3.63
出售股票、基金、收藏品本金所得	1.79			8.76		
出售股票、基金、收藏品所得(含亏损)	10.80	2.53			28.73	32.34
出售生产性固定资产所得	23.74	68.52	27.15	7.50		
拆迁征地补偿所得	161.80	90.01	189.48	111.87	392.05	21.86
出售其他财物和收回其他投资本金所得	83.82	47.75	26.86	11.42	130.25	264.22
非经常性转移所得	1613.18	854.67	1781.07	1150.04	1587.19	3181.32
博彩所得	169.12	12.68	18.26	50.32	64.31	916.46
婚丧嫁娶礼金所得	425.90	291.07	520.82	263.38	483.68	640.89
遗产及一次性馈赠所得	380.97	174.21	790.59	288.22	317.86	294.32
一次性赔偿所得	8.32	5.11	15.13	6.08	10.74	3.28
提取住房公积金	123.36		13.00	34.39	109.89	610.73
调查补贴	493.58	360.79	417.39	501.99	577.97	697.64
其他非经常性转移所得	11.93	10.81	5.88	5.66	22.74	18.01
其他非收入所得	9.04	10.97	2.85	6.40	3.08	25.88
借贷性所得	**2363.22**	**2026.68**	**1645.54**	**2070.82**	**2823.99**	**3776.75**
提取储蓄存款	1680.12	1597.27	1117.34	1782.71	1832.04	2318.28
借入款	311.89	221.42	274.37	161.43	365.85	642.47
收回借出款	180.20	91.93	202.20	91.43	86.89	513.88
收回储蓄性保险本金	0.59			2.26		0.83
住房贷款	95.32	0.47	0.78	23.89	489.62	3.00
汽车贷款	22.43	1.68		2.04	2.27	138.79
教育贷款	5.87	5.39	6.74	5.37	10.84	
其他贷款	45.14	71.82	25.89	0.11	22.58	119.65
其他借贷所得	21.68	36.69	18.22	1.58	13.91	39.85

2-25 按五等份分组的城镇居民人均总支出(2018年)

单位：元/人

指　　标	总平均	低收入户	中低收入户	中等收入户	中高收入户	高收入户
城镇常住居民人均总支出	**38626.09**	**25076.57**	**27058.97**	**31937.69**	**44195.51**	**78766.07**
消费支出	**23483.94**	**13659.54**	**17744.93**	**21578.89**	**28593.34**	**43467.81**
食品烟酒	7462.32	4819.61	6057.91	7566.28	9108.04	12195.29
食品	4794.02	3515.08	4247.27	5106.85	5748.88	6460.80
谷物	504.10	400.83	424.87	480.05	578.61	770.49
薯类	75.77	71.59	71.69	80.59	81.24	82.41
豆类	72.52	63.56	71.00	75.45	81.54	80.75
食用油	200.70	169.34	183.65	216.45	223.22	245.15
蔬菜和食用菌	717.68	532.83	640.03	808.68	862.80	889.28
肉类	1279.73	1010.37	1169.57	1408.10	1520.96	1517.63
禽类	347.18	244.79	313.09	387.81	425.37	439.94
水产品	217.62	135.42	176.09	232.28	266.22	348.16
蛋类	131.49	102.28	120.37	140.00	151.72	169.72
奶类	385.90	235.72	363.55	403.01	501.20	525.43
干鲜瓜果类	485.69	295.02	399.13	486.26	597.77	817.62
糖果糕点类	170.65	102.00	140.47	173.25	210.02	286.26
其他食品	204.98	151.34	173.75	214.90	248.22	287.96
烟酒	684.28	411.26	532.49	626.85	828.44	1296.88
烟草	457.91	280.64	373.96	433.49	535.13	837.91
酒类	226.36	130.61	158.53	193.36	293.31	458.97
饮料	130.06	71.66	107.77	110.77	153.08	263.24
饮食服务	1853.97	821.61	1170.38	1721.82	2377.64	4174.38
食堂用餐	184.80	145.88	132.87	203.32	220.93	270.78
其他在外饮食	1661.45	665.81	1031.13	1512.53	2146.90	3896.72
食品加工服务费	7.72	9.91	6.39	5.97	9.81	6.87
衣着	1712.61	859.77	1220.50	1571.56	2209.91	3341.42
衣类	1370.60	667.44	956.20	1239.44	1785.44	2740.38
鞋类	342.01	192.33	264.30	332.12	424.47	601.04
居住	4470.20	2477.89	3338.70	3993.77	5300.74	8321.50
租赁房房租	200.64	102.41	142.65	163.50	229.02	429.42
住房维修及管理	620.66	295.53	372.24	460.55	696.81	1537.03
水电燃料及其他	828.77	574.84	704.07	821.56	945.08	1176.70
自有住房折算租金	2820.12	1505.10	2119.75	2548.15	3429.82	5178.36
生活用品及服务	1562.01	780.70	1122.21	1291.16	1927.77	3334.75
家具及室内装饰品	211.63	93.16	141.26	157.85	243.61	531.03
家用器具	406.57	184.77	296.57	352.55	525.08	839.82
家用纺织品	141.00	58.29	93.86	109.10	162.45	354.55
家庭日用杂品	350.82	243.38	286.12	312.59	404.73	597.80
个人用品	369.70	172.33	262.22	306.98	504.72	753.44
家庭服务	132.90	28.77	42.17	52.10	87.17	258.11
交通通信	3365.51	1932.14	2354.27	2899.47	4166.47	6722.14
交通	2395.07	1318.09	1577.38	2005.65	2966.68	5091.09
交通工具	770.16	559.58	459.28	648.31	1028.61	1405.08

2-25 续表 1

单位：元/人

指　　标	总平均	低收入户	中低收入户	中等收入户	中高收入户	高收入户
交通费	405.02	178.11	267.78	322.29	478.19	978.96
交通工具用燃料	788.90	360.40	562.45	698.81	963.39	1692.70
交通工具使用及维修	430.99	220.01	287.87	336.24	496.49	1014.35
其中：车辆保险支出	140.35	67.81	99.58	111.75	153.74	334.13
通信	970.44	614.05	776.89	893.83	1199.79	1631.05
通信工具	289.06	189.72	208.96	237.45	358.84	545.14
通信服务	681.38	424.33	567.92	656.38	840.94	1085.91
教育文化娱乐	2383.78	1330.67	1705.23	2112.36	2839.95	4818.90
教育	1252.62	1026.21	1148.84	1267.87	1303.95	1671.85
学前教育	238.19	168.77	224.27	253.79	208.44	380.32
小学教育	231.44	149.13	196.45	234.96	297.88	325.22
初中教育	166.23	132.55	137.69	179.10	144.56	268.92
高中教育	188.50	150.40	164.85	193.01	244.77	208.44
中专职高教育	14.40	20.25	25.25	12.09	5.78	2.82
大专及以上教育	326.93	356.40	328.24	297.48	329.14	316.38
成人教育	86.93	48.72	72.10	97.44	73.39	169.75
文化娱乐	1131.16	304.46	556.38	844.48	1535.99	3147.05
文娱耐用消费品	144.66	51.59	74.80	115.88	222.48	335.87
其他文娱用品	204.69	99.13	143.97	156.69	255.95	459.12
文化娱乐服务	781.81	153.73	337.62	571.92	1057.56	2352.06
医疗保健	1861.37	1234.22	1482.50	1653.77	2253.61	3000.26
医疗器具及药品	1241.62	368.77	515.07	533.08	727.55	1082.90
医疗服务	515.04	865.44	967.44	1120.69	1526.06	1917.36
门诊总费用	213.64	339.33	423.81	454.61	620.26	821.40
住院总费用	301.39	526.12	543.63	666.09	905.81	1095.96
其他用品和服务	666.15	224.55	463.60	490.52	786.85	1733.55
其他用品	241.91	83.14	176.42	165.39	275.74	644.20
其他服务	424.24	141.41	287.18	325.13	511.11	1089.35
生产经营费用支出	**3600.49**	**6366.12**	**1496.49**	**1717.78**	**1936.15**	**6960.44**
第一产业经营费用支出	368.73	554.64	206.46	136.06	182.34	856.38
农业	203.56	224.32	95.21	58.69	54.28	703.88
林业	5.77	9.05	8.58	1.37	2.60	6.28
牧业	153.80	318.42	95.38	74.79	109.63	145.33
渔业	5.59	2.85	7.29	1.22	15.82	0.88
第二产业经营费用支出	636.19	1984.68	205.54	54.11	250.40	437.63
采矿业	7.01	23.98	0.17		2.87	5.29
制造业	196.40	604.18	71.38	1.91	161.42	55.39
电力、热力、燃气及水生产和供应业	4.55	0.01	0.65		23.17	1.06
建筑业	428.22	1356.50	133.34	52.21	62.94	375.89
第三产业经营费用支出	2595.57	3826.80	1084.49	1527.61	1503.42	5666.43
批发和零售业	1527.00	3438.82	492.33	1160.34	687.16	1609.97
交通运输、仓储和邮政业	153.00	140.04	168.76	134.83	147.13	180.97
住宿和餐饮业	345.27	92.73	301.38	142.01	267.68	1162.68
房地产业	1.16		0.89	0.68	2.78	2.03

2-25　续表 2

单位：元/人

指　　标	总平均	低收入户	中低收入户	中等收入户	中高收入户	高收入户
租赁和商务服务业	25.89	10.13	0.18	2.89	1.93	147.46
居民服务、修理和其他服务业	430.38	119.28	107.94	71.57	168.23	2177.62
其他	111.00	23.72	7.82	15.07	227.83	385.30
农林牧渔服务业	1.89	2.09	5.19	0.22	0.68	0.40
财产性支出	**370.32**	**98.54**	**214.27**	**288.75**	**497.62**	**974.53**
生活贷款利息支出	367.78	97.36	213.39	285.21	496.13	967.55
住房贷款利息支出	337.85	89.28	196.71	272.81	467.42	859.60
其他生活贷款利息支出	29.93	8.08	16.68	12.40	28.72	107.95
其他财产性支出	2.54	1.18	0.88	3.54	1.49	6.98
非储蓄性财产保险支出	0.56	0.82	0.09	1.69		0.04
其他财产性支出	1.97	0.36	0.79	1.85	1.49	6.94
转移性支出	**2301.15**	**1178.95**	**1584.87**	**1930.95**	**2678.13**	**5124.97**
个人所得税	147.10	1.50	17.38	40.37	178.75	666.76
社会保障支出	1807.96	1004.86	1376.82	1646.07	2063.11	3588.66
个人缴纳的养老保险	1222.14	683.61	930.81	1051.28	1407.64	2485.40
个人缴纳的医疗保险	478.76	292.05	400.14	517.19	517.27	784.26
个人缴纳的失业保险	41.07	12.16	20.54	31.76	51.89	115.25
其他社会保障支出	65.99	17.04	25.32	45.84	86.31	203.75
外来从业人员寄给家人的支出						
城镇外来从业人员寄给家人的支出						
农村外来从业人员寄给家人的支出	2.71	0.03	5.10	1.07	2.04	6.29
赡养支出	251.60	90.67	144.25	207.83	300.93	656.62
其他转移性支出	91.79	81.88	41.32	35.61	133.30	206.64
部分商业保险支出	**214.72**	**76.80**	**179.85**	**141.45**	**256.58**	**525.79**
意外伤害保险	24.00	7.11	18.66	9.97	26.68	73.39
商业医疗保险(含大病保险)	105.03	35.34	60.75	56.47	167.11	267.87
其他非储蓄性商业保险	31.72	8.17	64.29	16.19	24.19	49.65
其他储蓄性商业保险	53.96	26.17	36.15	58.83	38.60	134.88
购置资产及非经常性转移支出	**4221.61**	**2612.44**	**3709.79**	**3347.16**	**4175.89**	**8672.84**
购置资产支出	1634.74	1046.93	1552.28	868.76	1170.90	4239.03
购买住房支出	68.07	135.28	23.50	14.49	132.46	24.78
建造住房支出	51.70	102.64	21.70	11.71	96.35	17.47
建造住房材料	16.07	32.64	1.80	1.31	36.11	7.31
建造住房雇工	1280.49	717.62	929.73	793.42	820.06	3865.65
购建第一产业生产性固定资产支出	21.12	52.40	4.51	2.56	9.30	36.48
购买或建造农业生产性用房	1.85	4.58	1.20		0.08	3.20
购买用房建筑材料	0.93	2.01	1.20		0.08	1.16
建筑农业生产用房雇工	0.85	2.58				1.60
购买农业生产用房						
其他	0.07					0.44
购买役畜	0.16	0.69				
购买产品畜	2.04	2.50			7.95	
购买或建造农业设施	14.67	41.01	0.46	1.02		30.93
大棚、温室	14.32	40.30		0.62		30.93

2-25 续表 3

单位：元/人

指　　标	总平均	低收入户	中低收入户	中等收入户	中高收入户	高收入户
自备井	0.10		0.46			
喷灌设施	0.03			0.16		
其他农业设施	0.22	0.71		0.25		
购买农业机械	2.40	3.62	2.85	1.53	1.27	2.35
大中型农用拖拉机						
小型(手扶)农用拖拉机	0.17	0.71				
农用排灌动力机械	0.08				0.45	
插秧机						
收割机	0.23		0.29	0.19		0.84
脱粒机	0.43	1.58	0.25			
其他农业机械	1.49	1.33	2.30	1.34	0.82	1.51
购建第二产业生产性固定资产支出	4.09	11.03	1.01		1.24	6.83
采矿业						
制造业	1.08	4.07	0.54			
电力、热力、燃气及水生产和供应业						
建筑业	3.01	6.96	0.47		1.24	6.83
购建第三产业生产性固定资产支出	242.15	129.13	565.25	33.93	195.61	273.27
批发和零售业	53.11	114.60	5.54	8.09	22.85	125.10
交通运输、仓储和邮政业	36.79	1.35	39.25		150.84	
住宿和餐饮业	122.09	0.08	507.97	24.07		17.96
房地产业	2.18		9.67			
租赁和商务服务业	0.49		1.71	0.49		
居民服务、修理和其他服务业	7.49	5.57	0.87	1.28	4.60	31.97
其他	20.01	7.54	0.24		17.32	98.24
购建其他资产支出	18.81	1.46	28.28	24.35	12.23	32.03
非经常性转移支出	2586.88	1565.51	2157.51	2478.41	3004.99	4433.81
博彩支出	59.24	17.14	41.34	62.57	68.81	134.43
婚丧嫁娶礼金支出	1642.80	1149.30	1441.20	1638.97	1884.98	2413.55
一次性赔偿支出	3.60	0.22	3.59	1.91	9.70	3.75
一次性馈赠支出	668.19	228.55	414.89	599.95	920.63	1506.02
其他非经常性转移支出	213.05	6.93	38.12	34.56	19.65	20.14
借贷性支出	**4433.85**	**1084.19**	**2128.77**	**2932.70**	**6057.79**	**13039.69**
存入储蓄款	1650.89	378.87	828.62	1245.35	2124.74	4792.35
借出款	119.18	29.76	58.83	112.82	132.36	338.36
归还借款	333.96	176.18	131.24	143.30	509.98	918.92
购买有价证券	178.26		0.78	11.89	150.30	969.69
其他投资支出	224.37	47.17	101.60	193.41	260.40	676.02
归还住房贷款	1253.39	265.72	762.34	931.77	1671.47	3424.07
归还汽车贷款	317.53	69.12	192.18	191.39	394.27	960.69
归还教育贷款	3.02	0.82	3.86	1.95	3.66	5.81
归还其他贷款	265.04	75.45	20.76	48.76	604.75	798.07
其他借贷支出	88.20	41.09	28.57	52.06	205.86	155.72

2-26 城镇居民家庭平均每百户耐用消费品拥有量(2013-2018年)

主要耐用消费品拥有情况	单位	2013	2014	2015	2016	2017	2018
家用汽车	辆	16.49	20.46	23.84	29.92	33.61	36.31
摩托车	辆	18.76	24.14	21.02	19.62	19.79	23.27
助力车	台	20.85	21.86	22.80	24.81	27.44	30.48
洗衣机	台	93.68	95.30	96.72	96.63	98.80	99.98
电冰箱(柜)	台	91.15	93.47	96.76	97.54	100.41	101.69
微波炉	台	39.65	42.41	45.08	47.75	51.73	43.85
彩色电视机	台	121.21	123.75	124.24	122.32	125.32	122.11
其中：接入有线电视	台	85.16	98.46	95.80	96.35	98.47	91.25
空调	台	89.76	97.50	108.22	121.24	130.45	138.32
热水器	台	84.86	88.46	91.19	92.38	96.40	97.97
其中：太阳能热水器	台	8.99	10.91	11.03	11.62	12.28	11.58
洗碗机		0.82	1.31	0.75	0.77	1.06	1.26
排油烟机	台	53.83	54.69	56.40	61.20	65.24	70.32
固定电话	线	43.50	54.76	48.23	44.64	43.33	34.45
移动电话	部	209.55	220.15	228.12	238.58	245.25	256.12
其中：接入互联网	部	62.49	77.79	86.03	113.97	129.62	189.19
计算机	台	53.88	59.96	63.22	66.09	67.56	57.30
其中：接入互联网	台	41.03	48.60	50.96	54.38	55.28	47.04
照相机	台	25.35	25.40	23.45	19.76	20.59	12.38
中高档乐器	架	1.93	2.31	1.89	2.88	3.85	4.33
健身器材	台	2.50	3.30	2.82	2.91	3.77	5.80
空气净化器(含新风系统)	台					0.47	4.22
吸尘器	台					0.49	6.53

注：根据国家制度，空气净化器(含新风系统)、吸尘器拥有量2017年开始统计调查。

2-27 四川各市(州)城镇居民人均可支配收入(2013-2018年)

单位：元/人

地　区	2013	2014	2015	2016	2017	2018
全　省	**22228**	**24234**	**26205**	**28335**	**30727**	**33216**
成都市	29968	32665	33476	35902	38918	42128
自贡市	21489	23552	26267	28455	31016	33597
攀枝花市	24906	27322	30362	32860	35620	38510
泸州市	22821	25240	26656	28959	31449	34141
德阳市	24701	26998	27049	29159	31609	34216
绵阳市	23100	25341	27170	29407	31822	34411
广元市	18713	20547	23628	25762	28132	30592
遂宁市	20737	22790	25012	26962	29308	31830
内江市	21114	23162	25787	27986	30393	32982
乐山市	22661	24791	26361	28583	31070	33663
南充市	19206	21223	23950	25993	28333	30810
眉山市	21901	24135	26395	28691	31130	33697
宜宾市	22718	24990	26207	28390	30832	33465
广安市	22210	24475	26072	28218	30616	33079
达州市	18915	20939	23884	26016	28383	30882
雅安市	22254	24435	25318	27352	29732	32198
巴中市	18937	20887	23845	25950	28286	30816
资阳市	22867	25154	26424	28501	30867	33336
阿坝州	23115	25150	25939	28048	30264	32686
甘孜州	21418	23303	24978	27101	29486	31972
凉山州	21699	23609	24084	25963	28170	30421

2-28 农村常住居民人均主要指标

单位：元/人

年 份	总收入	可支配收入	现金收入	总支出	#生活消费支出	#生产费用支出	现金支出
1962	139	121	57	130	109	17	58
1965	122	106	54	116	96	15	56
1978	154	127	65	149	120	27	65
1980	224	188	103	202	160	36	101
1985	460	315	275	422	276	125	258
1986	500	338	310	475	311	141	300
1987	553	369	360	536	348	160	351
1988	681	449	455	662	426	204	441
1989	761	494	516	748	474	233	517
1990	847	558	521	802	509	248	502
1991	916	590	584	884	552	282	575
1992	975	634	626	921	569	299	613
1993	1094	698	693	1050	647	329	666
1994	1519	946	932	1496	904	482	870
1995	1865	1158	1129	1796	1061	600	1112
1996	2322	1453	1371	2244	1350	734	1383
1997	2636	1681	1655	2381	1440	795	1569
1998	2738	1789	1732	2382	1441	784	1610
1999	2697	1843	1734	2258	1426	689	1565
2000	2830	1904	1832	2437	1490	709	1709
2001	2946	1987	1983	2494	1498	760	1763
2002	3107	2108	2111	2653	1591	812	1910
2003	3256	2230	2328	2828	1747	860	1986
2004	3805	2580	2734	3299	2011	1074	2324
2005	4158	2803	3087	3743	2274	1256	2747
2006	4343	3002	3367	3883	2395	1245	2942
2007	5097	3547	3940	4499	2747	1456	3463
2008	5903	4121	4534	5155	3128	1686	4099
2009	6238	4462	4979	6330	4141	1741	5218
2010	7031	5087	5684	6163	3898	1774	5003
2011	8657	6129	7249	7642	4675	2244	6575
2012	9498	7001	8091	8366	5367	2217	7174
2013	11161	8381	9261	13979	7365	2199	11508
2014	12647	9348	10589	14731	8301	2651	12115
2015	14561	10247	12344	16924	9251	3522	13828
2016	15907	11203	13818	18706	10192	3819	15441
2017	17264	12227	15183	20128	11397	4009	16819
2018	19016	13331	16975	22538	12723	4685	19177

注：从2013年起，国家统计局开展了城乡一体化住户收支和生活状况调查，与2012年前的分城镇和农村住户调查的调查范围、调查方法、指标口径有所不同，2013年以前为农民人均纯收入。

2-29 农村居民人均可支配收入(2013-2018年)

单位：元/人

指　　标	2013	2014	2015	2016	2017	2018
农村常住居民人均可支配收入	**8380.69**	**9347.74**	**10247.35**	**11203.13**	**12226.92**	**13331.38**
工资性收入	**2784.69**	**3156.55**	**3463.46**	**3737.63**	**4016.13**	**4311.01**
工资	2139.89	2684.87	3051.47	3349.68	3753.30	4003.77
按月发放的工资	1788.52	2191.58	2515.25	2697.72	2912.13	3022.20
补发工资	40.22	70.31	71.85	84.55	86.86	143.90
不按月发放的奖金、津贴、过节费等	311.14	422.99	464.36	567.42	754.31	837.68
实物福利	11.29	12.68	15.76	28.31	34.68	47.52
从单位或雇主得到的实物产品折价	3.73	2.67	3.56	6.81	5.53	5.46
食品	1.98	1.98	3.02	4.66	4.33	3.94
谷物、薯类及豆类	0.22	0.76	1.26	0.88	0.81	0.50
食用油(植物油)	0.33	0.16	0.26	0.68	0.45	0.82
蔬菜及制品	0.20	0.19	0.04	0.06	0.03	0.01
肉、禽、蛋、奶及制品	0.45	0.26	0.34	1.11	0.40	0.52
水产品及制品	0.01			0.02	0.00	0.02
糖、烟、酒、饮料类	0.27	0.36	0.72	1.27	1.59	1.19
干鲜瓜果类	0.06	0.04	0.06	0.20	0.15	0.21
其他类食品	0.43	0.22	0.34	0.43	0.91	0.66
衣着	0.13	0.22	0.06	0.14	0.09	0.13
居住	0.09		0.00	0.02	0.03	0.05
家庭设备和日用品	0.37	0.40	0.30	0.46	0.51	0.52
交通、通信工具及用品	0.11		0.04	0.34	0.20	0.19
教育文化娱乐用品	0.00	0.04	0.00	0.00		**0.14**
医疗保健用品	1.00	0.00		0.02	0.02	0.00
其他用品	0.05	0.02	0.14	1.15	0.34	0.51
从单位或雇主得到的服务折价	7.36	10.01	12.20	21.50	29.15	42.06
免费或低价提供的工作餐	6.80	9.76	11.85	20.44	27.09	41.00
免费或低价提供的住宿	0.10	0.00	0.02	0.46	1.76	0.68
单位缴纳的水电费、取暖费、物业费等	0.11		0.02	0.22	0.03	0.01
免费或低价提供的交通和通信服务	0.04	0.04	0.10	0.14	0.12	0.04
单位缴纳的教育入学赞助费		0.15			0.04	0.13
免费或低价提供的旅游服务	0.00	0.01	0.12	0.12	0.01	
其他服务	0.30	0.05	0.09	0.13	0.10	0.21
单位或雇主实物福利报销所得	0.20					
其他	633.52	458.99	396.23	359.64	228.15	259.71
住房公积金	7.86	11.99	18.55	29.64	37.58	28.09
辞退金	0.46	3.24	0.63	2.83	0.89	5.58
自由职业劳动所得(如稿费、翻译费)	0.81	5.76	15.39	5.69	4.20	12.40
安家费		0.89	0.87	0.17		0.27
股票期权		0.00				
其他劳动所得	624.39	437.11	360.79	321.31	185.48	213.36
经营净收入	**3616.83**	**3877.93**	**4197.30**	**4525.17**	**4821.40**	**5117.18**
第一产业经营净收入	2716.78	2881.08	3068.45	3227.10	3393.77	3500.65
农业	1703.42	1907.99	1958.78	1915.29	2032.22	2147.22

2-29 续表 1

单位：元/人

指　　标	2013	2014	2015	2016	2017	2018
林业	190.16	180.39	201.94	215.73	267.93	349.08
牧业	783.30	750.81	862.53	1041.46	1035.84	954.28
渔业	39.91	41.90	45.20	54.63	57.79	50.08
第二产业经营净收入	119.89	126.63	144.92	163.23	180.19	193.02
采矿业	4.67	4.61	3.84	15.40	2.07	-0.29
制造业	25.10	29.18	38.67	77.60	107.28	119.93
电力、热力、燃气及水生产和供应业	2.19	-0.24	-1.38	-1.98	-0.02	-0.35
建筑业	87.94	93.08	103.78	72.21	70.86	73.72
第三产业经营净收入	780.15	870.22	983.93	1134.84	1247.43	1423.52
批发和零售业	261.93	395.06	454.26	556.57	570.70	714.49
交通运输、仓储和邮政业	185.21	208.70	244.72	287.45	340.63	298.40
住宿和餐饮业	61.61	60.96	59.70	83.20	101.97	146.36
房地产业	6.42	5.43	6.77	0.83	0.09	0.95
租赁和商务服务业	12.12	-6.99	4.16	4.43	1.33	22.60
居民服务、修理和其他服务业	155.13	145.68	179.73	169.24	181.60	193.22
其他	16.91	25.43	29.58	22.18	34.73	36.64
农林牧渔服务业	80.83	35.95	5.02	10.94	16.39	10.85
财产净收入	**148.18**	**184.74**	**223.61**	**268.52**	**322.51**	**379.46**
利息净收入	48.48	56.80	64.22	74.09	83.76	81.95
红利收入	7.56	16.30	20.85	35.13	32.70	42.27
集体分配的红利	3.38	2.08	6.31	7.70	7.32	12.04
其他红利收入	4.18	14.22	14.50	27.44	26.49	30.22
储蓄性保险净收益	0.42	0.12	0.29	2.36	2.69	4.82
转让承包土地经营权租金净收入	50.45	74.91	83.87	94.39	114.73	116.76
出租房屋财产性收入	28.48	22.31	30.85	52.51	71.60	101.92
出租机械、专利、版权等资产的收入	5.81	2.93	5.74	3.95	8.21	11.97
其他财产净收入	6.97	11.38	17.78	6.08	8.81	19.77
房屋虚拟租金						
转移净收入	**1830.99**	**2128.52**	**2362.98**	**2671.82**	**3066.88**	**3523.72**
转移性收入	2148.94	2455.89	2849.62	3225.41	3741.09	4137.93
养老金或离退休金	409.88	468.90	586.20	776.25	1030.37	1055.94
离退休金	154.80	168.03	205.09	239.74	293.30	326.13
(城镇)居民社会养老保险	80.49	86.65	110.78	188.15	203.74	263.09
新型农村养老保险	127.15	154.97	193.55	222.16	265.98	255.44
其他养老金	47.44	59.25	76.78	126.20	267.35	211.27
社会救济和补助	97.84	138.47	135.80	153.85	197.27	240.64
最低生活保障费	34.88	41.34	40.06	44.39	53.38	80.48
五保户救助金	2.94	3.40	2.69	2.15	2.92	11.10
扶贫款	3.45	6.90	16.40	33.13	57.35	52.90
救灾款	24.70	44.68	15.19	4.00	2.77	0.91
抚恤金	16.74	21.25	30.55	37.54	41.97	42.60
其他社会救济收入	15.14	20.90	30.91	32.65	38.87	52.64
政策性生活补贴	24.15	37.53	54.26	60.96	53.27	197.84
家电补贴	0.21	0.18	2.04	1.92	2.30	0.30

2-29 续表 2

单位：元/人

指　　标	2013	2014	2015	2016	2017	2018
能源补贴	0.64	1.20	0.24	0.22	2.17	0.06
免费或低价提供的住宿(廉租房)	0.46				1.13	0.44
其他生活补贴	22.84	36.15	51.89	58.82	48.80	197.48
报销医疗费	120.01	151.31	186.47	222.22	237.73	285.11
家庭外出从业人员寄回带回收入	934.72	1016.19	1158.62	1263.30	1368.82	1427.35
赡养收入	317.79	298.30	317.51	438.40	515.30	586.56
其他经常转移收入	76.02	87.86	97.23	74.02	83.19	100.18
失业保险金	6.54	8.84	7.41	4.37	2.14	14.49
经常性捐赠收入	11.78	5.48	5.39	7.57	8.73	3.17
经常性赔偿收入	1.67	2.31	3.19	0.69	2.92	4.21
其他转移性收入	56.03	71.32	81.32	61.43	69.62	78.31
从政府和组织得到的实物产品和服务折价	14.15	31.84	44.87	58.01	71.68	72.39
食品	7.24	11.34	9.02	15.70	13.16	16.89
谷物、薯类及豆类	2.45	3.63	1.28	1.97	2.18	2.50
食用油(植物油)	0.45	1.59	2.73	2.13	2.31	2.94
蔬菜及制品	0.02	0.01		0.00	0.01	0.02
肉、禽、蛋、奶及制品	1.67	4.65	4.45	8.82	3.96	4.40
水产品及制品	0.00			0.13	0.29	
糖、烟、酒、饮料类	0.19	0.01	0.05	0.51	0.34	0.20
干鲜瓜果类	0.02	0.02	0.04	0.01	0.01	0.02
其他类食品	2.42	1.43	0.48	2.13	4.05	6.80
衣着	0.36	0.06	0.11	0.25	3.37	0.40
居住	0.17	0.36	2.72	0.52	5.07	0.18
家庭设备和日用品	1.04	2.57	5.94	5.81	5.93	18.27
交通、通信工具及用品	0.08	0.04	0.23	0.20	0.42	0.44
教育文化娱乐用品	0.26	0.12	0.42	0.16	0.33	2.04
医疗保健用品	0.02	0.03	0.03	0.26	0.10	0.57
其他用品	0.80	2.66	0.79	1.92	7.52	2.83
其他服务折价(不含廉租房)	4.19	14.65	25.59	33.20	35.79	30.76
现金政策性惠农补贴	154.39	225.49	268.67	178.39	183.45	171.93
转移性支出	317.95	327.36	486.64	553.59	674.21	614.21
个人所得税	1.33	1.21	1.52	2.37	2.93	4.82
社会保障支出	239.37	253.60	348.98	444.81	606.95	511.08
个人缴纳的养老保险	158.76	144.07	220.04	269.96	403.23	263.18
个人缴纳的医疗保险	68.40	93.05	120.37	165.20	188.57	236.10
个人缴纳的失业保险	1.17	1.57	2.46	3.68	5.54	3.63
其他社会保障支出	11.04	14.90	6.10	5.97	9.60	8.16
外来从业人员寄给家人的支出	2.76	1.83	3.86	11.93	0.52	1.69
赡养支出	19.63	28.47	36.15	43.85	33.85	45.38
其他转移性支出	54.85	42.25	96.14	50.63	29.96	51.24
经常性捐赠支出	29.20	18.98	17.96	16.03	8.89	12.65
经常性赔偿支出	0.27	0.02	0.07	0.04		
其他经常转移支出	25.39	23.25	78.11	34.57	21.08	38.59

2-30 农村居民人均总收入(2013-2018年)

单位：元/人

指 标	2013	2014	2015	2016	2017	2018
农村常住居民总收入	**11161.22**	**12646.58**	**14561.16**	**15906.86**	**17263.85**	**19016.36**
工资性收入	**2784.69**	**3156.55**	**3463.46**	**3737.63**	**4016.13**	**4311.01**
工资	2139.89	2684.87	3051.47	3349.68	3753.30	4003.77
实物福利	11.29	12.68	15.76	28.31	34.68	47.52
其他	633.52	458.99	396.23	359.64	228.15	259.71
经营性收入	**6079.32**	**6832.19**	**8004.64**	**8655.23**	**9166.63**	**10153.06**
第一产业经营收入	4732.97	5197.33	5927.97	6264.39	6432.65	6794.75
第一产业经营收入(不含惠农补贴)	4732.97	5197.33	5927.97	6264.39	6432.65	6794.75
农业	2390.48	2670.71	2838.26	2684.05	2837.26	3326.54
林业	205.90	198.09	225.29	231.58	292.93	389.02
牧业	2075.77	2263.19	2776.93	3236.93	3181.14	2964.49
渔业	56.55	65.34	87.49	111.82	121.31	114.70
第二产业经营收入	181.26	231.72	290.92	322.13	401.85	406.77
采矿业	8.76	7.69	5.92	16.98	2.92	0.20
制造业	47.72	64.19	114.48	164.43	216.13	236.64
电力、热力、燃气及水生产和供应业	2.90	0.00	0.38	0.19		1.84
建筑业	121.88	159.84	170.14	140.53	182.80	168.10
第三产业经营收入	1165.10	1403.14	1785.75	2068.72	2332.13	2951.54
批发和零售业	431.74	651.65	969.45	1066.39	1245.03	1700.63
交通运输、仓储和邮政业	312.08	358.11	404.78	535.79	595.52	482.70
住宿和餐饮业	83.69	91.26	104.52	166.13	161.72	345.95
房地产业	6.42	11.23	9.14	0.83	1.28	1.35
租赁和商务服务业	14.23	5.83	6.04	5.36	6.54	26.11
居民服务、修理和其他服务业	197.90	195.86	231.07	226.40	242.76	311.82
其他	23.98	36.54	35.09	38.74	45.82	49.44
农林牧渔服务业	95.07	52.66	25.66	29.08	33.45	33.53
财产性收入	**148.51**	**201.96**	**243.23**	**288.59**	**339.95**	**414.36**
利息收入	48.48	66.63	81.71	91.32	99.63	114.32
红利收入	7.56	16.30	20.85	35.13	32.70	42.27
储蓄性保险净收益	0.42	0.12	0.29	2.36	2.69	4.82
转让承包土地经营权租金净收入	50.45	74.91	83.87	94.39	114.73	116.76
出租房屋财产性净收入	28.48	22.31	30.85	52.51	71.60	101.92
出租机械、专利、版权等资产的净收入	6.14	8.35	5.74	3.95	8.21	11.97
其他财产净收入	6.97	13.34	19.92	8.93	10.39	22.30
房屋虚拟租金						
转移性收入	**2148.70**	**2455.88**	**2849.84**	**3225.40**	**3741.14**	**4137.93**
养老金或离退休金	409.88	468.90	586.20	776.25	1030.37	1055.94

2-30 续表

单位：元/人

指　　标	2013	2014	2015	2016	2017	2018
社会救济和补助	97.84	138.47	135.80	153.85	197.27	240.64
政策性生活补贴	23.69	37.53	54.26	60.96	53.27	197.84
家庭外出从业人员寄回带回收入	934.72	1016.19	1158.62	1263.30	1368.82	1427.35
赡养收入	318.04	298.30	317.51	438.40	515.30	586.56
报销医疗费	120.00	151.31	186.47	222.22	237.73	285.11
从政府和组织得到的实物产品和服务折价	14.15	31.83	45.08	58.01	71.74	72.39
现金政策性惠农补贴	154.39	225.49	268.67	178.39	183.45	171.93
其他转移性收入	76.00	87.86	97.23	74.02	83.19	100.18
非收入所得	**915.38**	**1453.88**	**1375.92**	**1676.09**	**2328.12**	**2301.02**
出售资产所得	206.76	481.38	203.60	314.97	881.44	690.30
出售住房本金所得	0.99	4.66	8.37		19.74	43.14
出售住房溢价所得(含亏损)	0.57			0.12	11.43	0.01
出售股票、基金、收藏品本金所得	0.69	0.46	0.02	3.68	0.00	0.00
出售股票、基金、收藏品所得(含亏损)					0.55	0.05
出售生产性固定资产所得	15.52	23.14	23.99	54.75	24.75	14.03
拆迁征地补偿所得	158.99	399.93	133.12	213.87	591.33	559.95
出售其他财物和收回其他投资本金所得	30.00	53.19	38.11	42.54	233.64	73.11
非经常性转移所得	689.59	942.19	1155.58	1354.30	1433.26	1603.80
博彩所得	9.52	12.86	25.51	31.15	21.61	48.65
婚丧嫁娶礼金所得	363.89	442.75	570.22	715.09	527.99	666.66
遗产及一次性馈赠所得	33.61	100.83	154.17	230.24	231.79	302.35
一次性赔偿所得	113.63	71.05	48.30	70.92	179.69	148.75
提取住房公积金	1.45		5.99	0.04	0.11	6.74
调查补贴	107.25	220.73	256.73	266.45	365.17	410.64
其他非经常性转移所得	60.24	93.97	94.67	40.41	106.90	20.02
其他非收入所得	19.03	30.30	16.74	6.82	13.42	6.93
借贷性所得	**1588.65**	**1743.27**	**1854.87**	**2412.41**	**1987.22**	**2662.27**
提取储蓄存款	1012.65	1013.86	1074.70	1533.56	1335.26	1852.12
借入款	367.50	504.06	496.97	552.41	376.57	473.88
收回借出款	147.34	144.48	172.20	184.51	114.71	144.62
收回储蓄性保险本金	0.13	2.27	2.68	1.18	1.65	9.46
住房贷款	11.51	16.13	24.45	13.00	28.55	15.07
汽车贷款		18.51		0.56	5.18	0.49
教育贷款		2.82	1.80	5.41	7.00	15.84
其他贷款	41.81	33.02	70.03	105.54	107.14	136.47
其他借贷所得	7.71	8.12	12.03	16.24	11.16	14.33

2-31 农村居民人均总支出(2013-2018年)

单位：元/人

指　　标	2013	2014	2015	2016	2017	2018
农村常住居民人均总支出	**13978.95**	**14731.28**	**16924.13**	**18706.48**	**20127.83**	**22537.82**
消费支出	**7364.79**	**8301.10**	**9250.65**	**10191.58**	**11396.71**	**12723.19**
食品烟酒	2947.81	3299.30	3618.44	3886.60	4235.23	4482.73
食品	2366.38	2579.97	2734.51	2957.48	3138.91	3224.83
谷物	455.29	451.31	484.60	486.16	502.61	511.51
薯类	104.42	81.51	89.66	126.22	116.25	120.00
豆类	25.80	30.27	34.75	41.50	45.75	44.22
食用油	178.31	170.16	168.07	171.17	171.97	168.81
蔬菜和食用菌	275.13	326.03	331.75	359.63	377.79	337.77
肉类	726.56	759.45	809.99	854.00	923.37	987.99
禽类	141.36	187.11	195.14	217.54	226.50	214.96
水产品	46.94	64.07	70.43	78.25	88.98	85.32
蛋类	78.22	84.07	112.18	117.94	103.04	119.33
奶类	66.27	96.90	97.87	115.34	138.01	177.39
干鲜瓜果类	103.57	150.10	162.71	180.83	214.76	217.48
糖果糕点类	42.16	62.57	60.98	75.36	86.94	93.05
其他食品	89.95	116.43	116.38	133.53	142.94	147.00
烟酒	313.70	357.53	414.92	444.34	480.26	581.39
烟草	203.28	237.32	283.67	314.88	336.86	415.06
酒类	110.42	120.22	131.26	129.46	143.41	166.34
饮料		49.31	54.27	61.24	73.27	82.78
饮食服务	267.73	312.49	414.74	423.54	542.79	593.73
食堂用餐	53.42	74.39	110.59	141.88	168.59	149.12
其他在外饮食	207.12	228.18	290.51	267.94	358.42	430.81
食品加工服务费	7.19	9.91	13.63	13.73	15.78	13.81
衣着	498.92	548.06	580.39	640.60	682.90	716.41
衣类	370.54	392.04	407.02	468.93	505.54	541.94
鞋类	128.37	156.02	173.37	171.67	177.36	174.48
居住	1338.65	1486.45	1675.43	1918.52	2157.08	2499.98
租赁房房租	26.77	20.43	23.48	25.04	25.73	55.28
住房维修及管理	218.41	192.58	249.44	286.13	336.63	456.71
水电燃料及其他	312.02	354.55	379.59	400.14	483.51	524.03
自有住房折算租金	781.44	918.90	1022.91	1207.21	1311.21	1463.96
生活用品及服务	534.06	629.79	659.89	692.74	782.35	859.84
家具及室内装饰品	123.53	119.41	125.15	98.37	117.64	141.50
家用器具	170.69	158.73	165.92	189.37	222.34	249.14
家用纺织品	53.51	63.25	55.56	57.85	63.06	63.76
家庭日用杂品	147.35	219.26	236.00	238.49	248.54	262.30
个人用品	27.17	51.64	61.80	90.28	110.47	120.28
家庭服务	11.82	17.50	15.45	18.37	20.30	22.86
其中：家政服务					6.92	5.15
交通通信	763.72	884.90	1019.79	1173.96	1378.25	1578.31
交通	482.12	587.91	681.70	804.48	956.18	1141.79
交通工具	179.37	186.81	213.84	305.90	332.86	412.82

2-31 续表 1

单位：元/人

指　　标	2013	2014	2015	2016	2017	2018
交通费	105.13	154.24	163.37	160.83	187.33	217.04
交通工具用燃料	121.91	155.24	173.94	185.12	252.32	301.00
交通工具使用及维修	75.71	91.62	130.55	152.62	183.67	210.93
其中：车辆保险支出	24.79	26.63	37.03	50.57	56.70	68.50
通信	281.60	296.99	338.08	369.49	422.07	436.52
通信工具	92.23	71.68	85.10	97.88	123.49	144.94
通信服务	189.37	225.31	252.99	271.60	298.58	291.58
教育文化娱乐	531.97	599.77	699.36	707.17	847.71	934.20
教育	390.66	422.66	504.62	507.14	609.38	667.70
学前教育	36.82	53.17	53.94	53.65	69.32	86.99
小学教育	52.84	52.78	60.91	60.34	72.91	92.66
初中教育	61.30	61.18	58.46	60.06	79.17	93.17
高中教育	92.90	90.07	108.99	90.35	109.63	114.52
中专职高教育	19.04	13.56	20.92	24.91	33.41	20.58
大专及以上教育	110.57	128.23	159.96	178.82	201.95	206.11
成人教育	17.18	23.66	41.45	38.99	42.99	53.67
文化娱乐	141.31	177.11	194.74	200.03	238.33	266.49
文娱耐用消费品	70.99	62.92	69.78	63.13	77.26	78.32
其他文娱用品	30.38	45.66	57.41	70.39	85.81	96.71
文化娱乐服务	39.94	68.53	67.55	66.51	75.26	91.47
医疗保健	641.24	723.74	839.81	972.51	1093.55	1413.81
医疗器具及药品	173.71	221.64	259.29	289.14	325.07	398.64
医疗服务	467.53	502.10	580.52	683.37	768.48	1015.18
门诊总费用	140.99	183.56	231.36	257.81	287.63	370.47
住院总费用	326.54	318.54	349.16	425.56	480.85	644.71
其他用品和服务	108.42	129.09	157.54	199.48	219.64	237.91
其他用品	51.01	63.59	75.88	98.14	112.12	114.58
其他服务	57.41	65.50	81.66	101.34	107.51	123.33
生产经营费用支出	**2199.22**	**2651.27**	**3522.47**	**3818.93**	**4008.54**	**4685.23**
第一产业经营费用支出	1854.49	2119.67	2674.63	2843.52	2820.45	3062.36
农业	592.79	650.37	777.31	664.10	677.25	1038.66
林业	15.31	16.00	23.15	15.61	24.69	38.49
牧业	1217.04	1431.17	1834.48	2109.37	2056.65	1922.00
渔业	15.66	22.12	39.71	54.42	61.87	63.22
第二产业经营费用支出	48.49	87.62	128.69	142.08	204.24	189.21
采矿业	3.56	2.83	1.74	1.35	0.62	0.49
制造业	14.32	23.69	62.61	82.76	96.10	110.25
电力、热力、燃气及水生产和供应业	0.71	0.15	1.64	2.17	0.02	0.36
建筑业	29.90	60.95	62.70	55.80	107.50	78.11
第三产业经营费用支出	296.25	443.98	719.14	833.33	983.85	1433.66
批发和零售业	149.77	225.37	486.46	478.50	638.07	945.23
交通运输、仓储和邮政业	86.38	111.06	131.89	211.74	219.42	163.20
住宿和餐饮业	18.07	26.75	37.85	70.62	53.52	191.55
房地产业		5.81	2.38		1.19	0.40

2-31 续表 2

单位：元/人

指　　标	2013	2014	2015	2016	2017	2018
租赁和商务服务业	2.11	12.82	1.15	0.93	2.68	2.30
居民服务、修理和其他服务业	34.64	41.91	43.72	48.10	52.59	101.28
其他	5.28	6.87	4.80	13.49	9.37	11.70
农林牧渔服务业		13.39	10.89	9.96	7.01	18.00
财产性支出	**10.69**	**11.79**	**19.62**	**20.07**	**17.44**	**34.90**
生活贷款利息支出	9.78	9.83	17.48	17.23	15.87	32.38
住房贷款利息支出	5.44	5.36	13.35	11.50	11.05	26.94
其他生活贷款利息支出	4.34	4.47	4.13	5.72	4.82	5.44
其他财产性支出	0.92	1.96	2.14	2.84	1.58	2.53
非储蓄性财产保险支出	0.29	0.16	0.80	0.59	0.32	0.61
其他财产性支出	0.63	1.80	1.33	2.26	1.26	1.91
转移性支出	**317.87**	**327.34**	**486.59**	**553.59**	**674.21**	**614.21**
个人所得税	1.33	1.21	1.52	2.37	2.93	4.82
社会保障支出	239.38	253.60	348.98	444.81	606.95	511.08
个人缴纳的养老保险	158.75	144.07	220.04	269.96	403.23	263.18
个人缴纳的医疗保险	68.41	93.05	120.37	165.20	188.57	236.10
个人缴纳的失业保险	1.17	1.57	2.46	3.68	5.54	3.63
其他社会保障支出	11.04	14.90	6.10	5.97	9.60	8.16
外来从业人员寄给家人的支出	2.76	1.83	3.86		0.52	
城镇外来从业人员寄给家人的支出						
农村外来从业人员寄给家人的支出				11.93		1.69
赡养支出	19.55	28.47	36.15	43.85	33.85	45.38
其他转移性支出	54.85	42.22	96.08	50.63	29.96	51.24
部分商业保险支出	**18.71**	**22.14**	**30.46**	**43.87**	**42.79**	**72.73**
意外伤害保险	4.46	7.07	7.27	9.62	9.84	14.75
商业医疗保险(含大病保险)	3.93	5.05	6.93	10.45	15.78	29.10
其他非储蓄性商业保险	3.53	4.07	6.22	6.53	5.27	5.87
其他储蓄性商业保险	6.78	5.95	10.04	17.27	11.89	23.02
购置资产及非经常性转移支出	**1775.35**	**2344.95**	**2732.58**	**3151.87**	**3246.04**	**3363.24**
购置资产支出	668.47	896.34	884.94	1045.52	1177.11	1048.21
建造住房支出	396.95	481.00	424.55	527.30	290.90	398.79
建造住房材料	305.23	361.66	307.83	378.93	183.45	238.99
建造住房雇工	91.72	119.34	116.72	148.36	107.45	83.91
购买住房支出	112.69	251.24	305.23	331.35	673.08	455.46
购建第一产业生产性固定资产支出	91.03	115.03	114.70	110.66	140.16	123.63
购买或建造农业生产性用房	27.84	51.80	43.37	34.61	50.16	26.11
购买用房建筑材料	22.91	28.43	29.70	22.20	37.34	21.95
建筑农业生产用房雇工	3.67	16.44	11.54	10.30	11.72	2.99
购买农业生产用房	0.18		1.07	1.18		0.42
其他	1.09	6.94	1.06	0.92	1.09	0.76
购买役畜	16.64	16.38	16.38	8.90	13.10	12.21
购买产品畜	5.09	9.03	4.94	13.25	25.31	7.80
购买或建造农业设施	7.03	10.68	5.63	15.60	24.36	23.14
大棚、温室	1.53	4.15	3.62	13.64	22.20	17.05

2-31 续表 3

单位：元/人

指　　标	2013	2014	2015	2016	2017	2018
自备井	0.72	0.29	0.07		0.25	1.43
喷灌设施	1.54	0.47	0.28	0.04	0.27	2.30
其他农业设施	3.24	5.76	1.67	1.92	1.64	2.36
购买农业机械	34.43	27.14	44.39	38.29	27.24	54.37
大中型农用拖拉机	3.69		18.63	0.47	4.09	12.20
小型(手扶)农用拖拉机	2.40	5.36	0.75	1.97		4.12
农用排灌动力机械	1.82	1.40	0.98	0.60	0.73	0.83
插秧机		0.17		2.45	0.25	
收割机	1.11	2.85	3.84	6.16	1.83	1.96
脱粒机	3.19	3.15	1.56	2.25	1.81	4.25
其他农业机械	22.21	14.20	18.62	24.39	18.54	31.01
购建第二产业生产性固定资产支出	21.43	6.48	5.68	11.88	19.97	1.61
采矿业	0.02	1.74	0.08		0.00	
制造业	16.30	2.46	1.58	7.80	9.80	0.09
电力、热力、燃气及水生产和供应业	4.67	2.03	0.99	4.00	0.81	
建筑业	0.44	0.24	3.02	0.08	9.36	1.52
购建第三产业生产性固定资产支出	43.50	28.23	32.21	53.38	46.73	59.80
批发和零售业	3.48	5.97	6.70	6.88	6.24	16.21
交通运输、仓储和邮政业	30.37	18.24	16.14	41.94	25.16	29.32
住宿和餐饮业	3.88	0.22	2.33	0.60		0.15
房地产业						
租赁和商务服务业	0.00	1.49	1.29	1.00	3.06	
居民服务、修理和其他服务业	4.96	1.45	3.15	1.17	11.87	13.85
其他	0.81	0.86	2.61	1.79	0.39	0.28
购建其他资产支出	2.88	14.36	2.58	10.96	6.29	8.93
非经常性转移支出	1106.88	1448.62	1847.64	2106.35	2068.92	2315.03
博彩支出	10.64	15.31	21.16	23.31	19.26	44.23
婚丧嫁娶礼金支出	844.33	1169.17	1520.51	1576.21	1525.40	1596.53
一次性赔偿支出	5.82	10.90	11.44	12.24	11.12	3.82
一次性馈赠支出	140.84	153.33	236.38	218.65	250.22	317.92
婚丧嫁娶宴请支出				156.52	203.34	292.41
其他非经常性转移支出	105.25	99.90	58.15	69.80	59.59	60.12
借贷性支出	**2292.32**	**1072.69**	**881.77**	**926.58**	**742.11**	**1044.31**
存入储蓄款	1979.52	702.46	414.20	431.54	294.56	361.24
借出款	32.85	48.42	43.20	68.85	42.47	33.01
归还借款	198.18	240.54	281.59	255.79	211.99	293.65
购买有价证券	0.59	0.05	8.41	0.38	0.01	4.57
其他投资支出	7.95	1.56	18.45	0.99	7.83	14.97
归还住房贷款	35.82	35.44	56.18	63.54	68.86	183.44
归还汽车贷款	12.37	5.01	7.82	20.71	31.89	62.36
归还教育贷款				1.06		1.97
归还其他贷款	11.42	16.24	40.42	60.07	43.48	51.11
其他借贷支出	13.63	22.96	11.50	23.64	41.03	37.98

2-32 农村居民人均现金支出(2013-2018年)

单位：元/人

指 标	2013	2014	2015	2016	2017	2018
农村常住居民人均现金支出	**11508.22**	**12115.31**	**13827.73**	**15441.35**	**16819.26**	**19177.40**
现金消费支出	**5343.25**	**6151.31**	**6795.17**	**7474.85**	**8595.01**	**9847.98**
食品烟酒	1901.53	2294.50	2488.47	2693.57	3084.64	3548.97
食品	1326.32	1585.33	1616.46	1784.92	2015.39	2312.90
谷物	167.13	191.43	220.47	231.72	257.49	328.79
薯类	8.88	13.98	18.20	23.39	25.27	35.15
豆类	16.35	21.18	27.28	33.64	38.29	39.33
食用油	82.31	81.40	77.87	86.77	89.54	104.58
蔬菜和食用菌	115.44	143.09	151.95	163.49	171.31	208.23
肉类	484.90	540.66	494.50	543.72	649.09	725.82
禽类	66.63	84.33	90.05	101.01	99.80	125.83
水产品	42.59	60.25	63.15	68.87	80.45	80.70
蛋类	24.93	33.11	43.70	38.95	37.18	43.96
奶类	66.26	96.86	97.65	114.72	137.32	178.69
干鲜瓜果类	95.55	144.03	157.46	176.01	210.15	213.51
糖果糕点类	42.16	62.20	60.21	73.57	85.00	93.09
其他食品	32.37	112.81	113.97	129.05	134.49	135.22
烟酒	313.68	357.45	414.86	444.30	480.26	590.19
烟草	202.99	237.23	283.61	314.85	336.86	421.29
酒类	110.42	120.22	131.26	129.46	143.41	168.90
饮料		49.02	54.26	61.24	73.27	84.05
饮食服务	261.53	302.70	402.88	403.11	515.72	561.84
食堂用餐	47.22	64.61	98.74	121.44	141.52	110.38
其他在外饮食	207.12	228.18	290.51	267.94	358.42	437.44
食品加工服务费	7.19	9.91	13.63	13.73	15.78	14.02
衣着	498.31	547.66	580.08	640.14	679.39	715.79
衣类	369.65	391.64	406.70	468.47	502.03	541.31
鞋类	128.37	156.02	173.37	171.67	177.36	174.48
居住	499.21	511.83	570.39	638.23	776.08	948.06
租赁房房租	26.77	20.43	23.48	25.04	25.73	55.28
住房维修及管理	218.41	192.58	249.44	286.13	336.63	456.71
水电燃料及其他	253.58	298.82	297.47	327.06	413.72	436.07
生活用品及服务	522.38	615.30	630.25	681.58	769.12	836.30
家具及室内装饰品	111.71	107.88	101.76	93.48	110.85	136.78
家用器具	170.69	158.73	165.92	189.37	222.34	249.14
家用纺织品	53.51	63.25	55.56	57.85	63.06	63.76
家庭日用杂品	147.35	216.29	229.76	232.22	242.11	243.47
个人用品	27.17	51.64	61.80	90.28	110.47	120.28
家庭服务	11.82	17.50	15.45	18.37	20.30	22.86
交通通信	763.49	884.81	1019.42	1173.29	1377.51	1577.65
交通	481.94	587.83	681.34	803.80	955.44	1141.13
交通工具	179.18	186.81	213.84	305.90	332.86	412.82
交通费	105.13	154.16	163.01	160.15	186.59	216.37
交通工具用燃料	121.91	155.24	173.94	185.12	252.32	301.00

2-32 续表 1

单位：元/人

指　　标	2013	2014	2015	2016	2017	2018
交通工具使用及维修	75.71	91.62	130.55	152.62	183.67	210.93
其中：车辆保险支出	24.79	26.63	37.03	50.57	56.70	68.50
通信	281.56	296.99	338.08	369.49	422.07	436.52
通信工具	92.23	71.68	85.10	97.88	123.49	144.94
通信服务	189.33	225.31	252.99	271.60	298.58	291.58
教育文化娱乐	531.71	599.45	698.82	706.89	847.33	931.89
教育	390.66	422.51	504.62	507.14	609.34	667.58
学前教育	36.82	53.17	53.94	53.65	69.32	86.99
小学教育	52.84	52.78	60.91	60.34	72.91	92.66
初中教育	61.30	61.18	58.46	60.06	79.17	93.17
高中教育	92.90	90.07	108.99	90.35	109.63	114.52
中专职高教育	19.04	13.56	20.92	24.91	33.41	20.58
大专及以上教育	110.57	128.23	159.96	178.82	201.95	206.11
成人教育	17.07	23.51	41.45	38.99	42.95	53.55
文化娱乐	141.05	176.94	194.20	199.75	237.99	264.31
文娱耐用消费品	70.99	62.92	69.78	63.13	77.26	78.32
其他文娱用品	30.38	45.50	56.98	70.23	85.49	94.52
文化娱乐服务	39.67	68.52	67.44	66.39	75.25	91.47
医疗保健	520.22	572.87	653.33	749.38	855.66	1058.66
医疗器具及药品	172.69	221.61	259.26	288.86	324.95	378.61
医疗服务(不含报销医疗费)	467.53	351.26	394.07	460.52	530.71	680.05
门诊费用(不含报销医疗费)	140.99	157.36	191.13	206.56	228.35	295.42
住院费用(不含报销医疗费)	326.54	207.08	202.94	253.96	302.36	384.63
其他用品和服务	106.41	124.89	154.41	191.78	205.28	230.65
其他用品	49.55	59.99	74.94	95.07	104.24	111.24
其他服务	56.85	64.90	79.47	96.71	101.04	119.41
生产经营现金费用支出	**1750.03**	**2185.09**	**2881.55**	**3270.53**	**3501.67**	**4200.03**
第一产业经营现金费用支出	1405.29	1653.49	2033.72	2295.12	2313.59	2577.15
农业	533.87	596.05	686.74	571.74	603.88	954.90
林业	14.26	16.00	23.15	15.59	24.69	38.49
牧业	831.45	1019.55	1284.33	1653.60	1623.70	1520.73
渔业	15.50	21.89	39.50	54.18	61.32	63.04
第二产业经营现金费用支出	48.49	87.62	128.69	142.08	204.24	189.21
采矿业	3.56	2.83	1.74	1.35	0.62	0.49
制造业	14.32	23.69	62.61	82.76	96.10	110.25
电力、热力、燃气及水生产和供应业	0.71	0.15	1.64	2.17	0.02	0.36
建筑业	29.90	60.95	62.70	55.80	107.50	78.11
第三产业经营现金费用支出	296.25	443.98	719.14	833.33	983.85	1433.66
批发和零售业	149.77	225.37	486.46	478.50	638.07	945.23
交通运输、仓储和邮政业	86.38	111.06	131.89	211.74	219.42	163.20
住宿和餐饮业	18.07	26.75	37.85	70.62	53.52	191.55
房地产业		5.81	2.38		1.19	0.40
租赁和商务服务业	2.11	12.82	1.15	0.93	2.68	2.30
居民服务、修理和其他服务业	34.64	41.91	43.72	48.10	52.59	101.28
其他	5.28	6.87	4.80	13.49	9.37	11.70
农林牧渔服务业		13.39	10.89	9.96	7.01	18.00

2-32 续表 2

单位：元/人

指　　标	2013	2014	2015	2016	2017	2018
现金财产性支出	**10.69**	**11.79**	**19.62**	**20.07**	**17.44**	**34.90**
生活贷款利息支出	9.78	9.83	17.48	17.23	15.87	32.38
住房贷款利息支出	5.44	5.36	13.35	11.50	11.05	26.94
其他生活贷款利息支出	4.34	4.47	4.13	5.72	4.82	5.44
其他财产性支出	0.92	1.96	2.14	2.84	1.58	2.53
非储蓄性财产保险支出	0.29	0.16	0.80	0.59	0.32	0.61
其他财产性支出	0.63	1.80	1.33	2.26	1.26	1.91
现金转移性支出	**317.87**	**327.34**	**486.59**	**553.59**	**674.21**	**614.21**
个人所得税	1.33	1.21	1.52	2.37	2.93	4.82
社会保障支出	239.38	253.60	348.98	444.81	606.95	511.08
个人缴纳的养老保险	158.75	144.07	220.04	269.96	403.23	263.18
个人缴纳的医疗保险	68.41	93.05	120.37	165.20	188.57	236.10
个人缴纳的失业保险	1.17	1.57	2.46	3.68	5.54	3.63
其他社会保障支出	11.04	14.90	6.10	5.97	9.60	8.16
外来从业人员寄给家人的支出		1.83	3.86	11.93	0.52	1.69
农村外来从业人员寄给家人的支出		1.83	3.81	11.93	0.44	1.69
城镇外来从业人员寄给家人的支出	2.76		0.05		0.08	
赡养支出	19.55	28.47	36.15	43.85	33.85	45.38
其他转移性支出	54.85	42.22	96.08	50.63	29.96	51.24
经常性捐赠支出	29.19	18.98	17.90	16.02	8.89	12.65
经常性赔偿支出	0.27	0.02	0.07	0.04		
其他经常转移支出	25.39	23.22	78.11	34.57	21.07	38.59
部分商业保险支出	**18.71**	**22.14**	**30.46**	**43.87**	**42.79**	**72.73**
意外伤害保险	4.46	7.07	7.27	9.62	9.84	14.75
商业医疗保险(含大病保险)	3.93	5.05	6.93	10.45	15.78	29.10
其他非储蓄性商业保险	3.53	4.07	6.22	6.53	5.27	5.87
其他储蓄性商业保险	6.78	5.95	10.04	17.27	11.89	23.02
购置资产及非经常性转移支出	**1775.35**	**2344.95**	**2732.58**	**3151.87**	**3246.04**	**3363.24**
购置资产支出	668.47	896.34	884.94	1045.52	1177.11	1048.21
建造住房支出	396.95	481.00	424.55	527.30	290.90	398.79
建造住房材料	305.23	361.66	307.83	378.93	183.45	238.99
建造住房雇工	91.72	119.34	116.72	148.36	107.45	83.91
购买住房支出	112.69	251.24	305.23	331.35	673.08	455.46
购建第一产业生产性固定资产支出	91.03	115.03	114.70	110.66	140.16	123.63
购买或建造农业生产性用房	27.84	51.80	43.37	34.61	50.16	26.11
购买用房建筑材料	22.91	28.43	29.70	22.20	37.34	21.95
建筑农业生产用房雇工	3.67	16.44	11.54	10.30	11.72	2.99
购买农业生产用房	0.18		1.07	1.18		0.42
其他	1.09	6.94	1.06	0.92	1.09	0.76
购买役畜	16.64	16.38	16.38	8.90	13.10	12.21
购买产品畜	5.09	9.03	4.94	13.25	25.31	7.80
购买或建造农业设施	7.03	10.68	5.63	15.60	24.36	23.14
大棚、温室	1.53	4.15	3.62	13.64	22.20	17.05

2-32 续表 3

单位：元/人

指　　标	2013	2014	2015	2016	2017	2018
自备井	0.72	0.29	0.07		0.25	1.43
喷灌设施	1.54	0.47	0.28	0.04	0.27	2.30
其他农业设施	3.24	5.76	1.67	1.92	1.64	2.36
购买农业机械	34.43	27.14	44.39	38.29	27.24	54.37
大中型农用拖拉机	3.69		18.63	0.47	4.09	12.20
小型(手扶)农用拖拉机	2.40	5.36	0.75	1.97		4.12
农用排灌动力机械	1.82	1.40	0.98	0.60	0.73	0.83
插秧机		0.17		2.45	0.25	
收割机	1.11	2.85	3.84	6.16	1.83	1.96
脱粒机	3.19	3.15	1.56	2.25	1.81	4.25
其他农业机械	22.21	14.20	18.62	24.39	18.54	31.01
购建第二产业生产性固定资产支出	21.43	6.48	5.68	11.88	19.97	1.61
采矿业	0.02	1.74	0.08		0.00	
制造业	16.30	2.46	1.58	7.80	9.80	0.09
电力、热力、燃气及水生产和供应业	4.67	2.03	0.99	4.00	0.81	
建筑业	0.44	0.24	3.02	0.08	9.36	1.52
购建第三产业生产性固定资产支出	43.50	28.23	32.21	53.38	46.73	59.80
批发和零售业	3.48	5.97	6.70	6.88	6.24	16.21
交通运输、仓储和邮政业	30.37	18.24	16.14	41.94	25.16	29.32
住宿和餐饮业	3.88	0.22	2.33	0.60		0.15
房地产业						
租赁和商务服务业	0.00	1.49	1.29	1.00	3.06	
居民服务、修理和其他服务业	4.96	1.45	3.15	1.17	11.87	13.85
其他行业	0.81	0.86	2.61	1.79	0.39	0.28
购建其他资产支出	2.88	14.36	2.58	10.96	6.29	8.93
非经常性转移支出	1106.88	1448.62	1847.64	2106.35	2068.92	2315.03
博彩支出	10.64	15.31	21.16	23.31	19.26	44.23
婚丧嫁娶礼金支出	844.33	1169.17	1520.51	1576.21	1525.40	1596.53
一次性赔偿支出	5.82	10.90	11.44	12.24	11.12	3.82
一次性馈赠支出	140.84	153.33	236.38	218.65	250.22	317.92
婚丧嫁娶宴请支出					203.34	292.41
其他非经常性转移支出	105.25	99.90	58.15	69.80	59.59	60.12
借贷性支出	**2292.32**	**1072.69**	**881.77**	**926.58**	**742.11**	**1044.31**
存入储蓄款	1979.52	702.46	414.20	431.54	294.56	361.24
借出款	32.85	48.42	43.20	68.85	42.47	33.01
归还借款	198.18	240.54	281.59	255.79	211.99	293.65
购买有价证券	0.59	0.05	8.41	0.38	0.01	4.57
其他投资支出	7.95	1.56	18.45	0.99	7.83	14.97
归还住房贷款	35.82	35.44	56.18	63.54	68.86	183.44
归还汽车贷款	12.37	5.01	7.82	20.71	31.89	62.36
归还教育贷款				1.06		1.97
归还其他贷款	11.42	16.24	40.42	60.07	43.48	51.11
其他借贷支出	13.63	22.96	11.50	23.64	41.03	37.98

2-33 农村居民人均现金收入(2013-2018年)

单位：元/人

指　标	2013	2014	2015	2016	2017	2018
农村常住居民现金收入	**9260.84**	**10589.47**	**12343.53**	**13817.69**	**15183.26**	**16975.19**
现金工资性收入	**2773.40**	**3143.87**	**3447.70**	**3709.32**	**3981.45**	**4263.49**
工资	2139.89	2684.87	3051.47	3349.68	3753.30	4003.77
其他工资性收入	633.52	458.99	396.23	359.64	228.15	259.71
现金经营性收入	**4313.98**	**4970.91**	**6034.31**	**6874.60**	**7430.18**	**8516.91**
第一产业现金经营收入	2967.62	3336.04	3957.64	4483.75	4696.20	5158.60
农业	1091.94	1250.18	1453.82	1489.77	1644.25	2238.55
林业	145.09	142.25	145.90	160.33	230.55	301.84
牧业	1660.00	1882.10	2277.77	2731.20	2708.36	2509.44
渔业	52.21	61.52	80.15	102.45	113.04	108.78
第二产业现金经营收入	181.26	231.72	290.92	322.13	401.85	406.77
采矿业	8.76	7.69	5.92	16.98	2.92	0.20
制造业	47.72	64.19	114.48	164.43	216.13	236.64
电力、热力、燃气及水生产和供应业	2.90	0.00	0.38	0.19		1.84
建筑业	121.88	159.84	170.14	140.53	182.80	168.10
第三产业现金经营收入	1165.10	1403.14	1785.75	2068.72	2332.13	2951.54
批发和零售业	431.74	651.65	969.45	1066.39	1245.03	1700.63
交通运输、仓储和邮政业	312.08	358.11	404.78	535.79	595.52	482.70
住宿和餐饮业	83.69	91.26	104.52	166.13	161.72	345.95
房地产业	6.42	11.23	9.14	0.83	1.28	1.35
租赁和商务服务业	14.23	5.83	6.04	5.36	6.54	26.11
居民服务、修理和其他服务业	197.90	195.86	231.07	226.40	242.76	311.82
其他行业	23.98	36.54	35.09	38.74	45.82	49.44
农林牧渔服务业	95.07	52.66	25.66	29.08	33.45	33.53
现金财产性收入	**158.91**	**201.96**	**243.23**	**288.59**	**339.95**	**414.36**
利息收入	58.26	66.63	81.71	91.32	99.63	114.32
红利收入	7.56	16.30	20.85	35.13	32.70	42.27
储蓄性保险收益	0.42	0.12	0.29	2.36	2.69	4.82
转让承包土地经营权租金收入	50.45	74.91	83.87	94.39	114.73	116.76
出租房屋财产性净收入	28.48	22.31	30.85	52.51	71.60	101.92
出租机械、专利、版权等资产的净收入	6.14	8.35	5.74	3.95	8.21	11.97
其他财产性收入	7.60	13.34	19.92	8.93	10.39	22.30
现金转移性收入	**2014.55**	**2272.74**	**2618.29**	**2945.17**	**3431.68**	**3780.43**
养老金或离退休金	409.88	468.90	586.20	776.25	1030.37	1055.94

2-33 续表

单位：元/人

指　　标	2013	2014	2015	2016	2017	2018
社会救济和补助	97.84	138.47	135.80	153.85	197.27	240.64
政策性生活补贴	23.69	37.53	54.26	60.96	53.27	197.84
家庭外出从业人员寄回带回收入	934.72	1016.19	1158.62	1263.30	1368.82	1427.35
赡养收入	318.04	298.30	317.51	438.40	515.30	586.56
其他转移性收入	76.00	87.86	97.23	74.02	83.19	100.18
现金政策性惠农补贴	154.39	225.49	268.67	178.39	183.45	171.93
非收入所得	**915.38**	**1453.88**	**1375.92**	**1676.09**	**2328.12**	**2301.02**
出售资产所得	206.76	481.38	203.60	314.97	881.44	690.30
出售住房本金所得	0.99	4.66	8.37		19.74	43.14
出售住房溢价所得(含亏损)	0.57			0.12	11.43	0.01
出售股票、基金、收藏品本金所得	0.69	0.46	0.02	3.68	0.00	0.00
出售股票、基金、收藏品所得(含亏损)					0.55	0.05
出售生产性固定资产所得	15.52	23.14	23.99	54.75	24.75	14.03
拆迁征地补偿所得	158.99	399.93	133.12	213.87	591.33	559.95
出售其他财物和收回其他投资本金所得	30.00	53.19	38.11	42.54	233.64	73.11
非经常性转移所得	689.59	942.19	1155.58	1354.30	1433.26	1603.80
博彩所得	9.52	12.86	25.51	31.15	21.61	48.65
婚丧嫁娶礼金所得	363.89	442.75	570.22	715.09	527.99	666.66
遗产及一次性馈赠所得	33.61	100.83	154.17	230.24	231.79	302.35
一次性赔偿所得	113.63	71.05	48.30	70.92	179.69	148.75
提取住房公积金	1.45		5.99	0.04	0.11	6.74
调查补贴	107.25	220.73	256.73	266.45	365.17	410.64
其他非经常性转移所得	60.24	93.97	94.67	40.41	106.90	20.02
其他非收入所得	19.03	30.30	16.74	6.82	13.42	6.93
借贷性所得	**1588.65**	**1743.27**	**1854.87**	**2412.41**	**1987.22**	**2662.27**
提取储蓄存款	1012.65	1013.86	1074.70	1533.56	1335.26	1852.12
借入款	367.50	504.06	496.97	552.41	376.57	473.88
收回借出款	147.34	144.48	172.20	184.51	114.71	144.62
收回储蓄性保险本金	0.13	2.27	2.68	1.18	1.65	9.46
住房贷款	11.51	16.13	24.45	13.00	28.55	15.07
汽车贷款		18.51		0.56	5.18	0.49
教育贷款		2.82	1.80	5.41	7.00	15.84
其他贷款	41.81	33.02	70.03	105.54	107.14	136.47
其他借贷所得	7.71	8.12	12.03	16.24	11.16	14.33

2-34 按五等份分组的农村居民人均可支配收入(2018年)

单位：元/人

指　　标	总平均	低收入户	中低收入户	中等收入户	中高收入户	高收入户
农村常住居民人均可支配收入	**13331.38**	**1794.91**	**7152.67**	**11260.17**	**16924.71**	**33550.98**
工资性收入	**4311.01**	**1124.55**	**1966.55**	**3514.27**	**5969.34**	**10186.38**
工资	4003.77	954.48	1770.36	3250.77	5634.43	9552.76
按月发放的工资	3022.20	727.84	1293.86	2480.17	4184.54	7299.40
补发工资	143.90	27.75	38.55	100.23	173.27	435.31
不按月发放的奖金、津贴、过节费等	837.68	198.89	437.94	670.37	1276.62	1818.05
实物福利	47.52	21.65	22.00	40.62	54.11	111.49
从单位或雇主得到的实物产品折价	5.46	4.16	3.88	3.93	6.75	9.39
食品	3.94	2.84	2.94	2.90	4.31	7.34
谷物、薯类及豆类	0.50	0.24	0.48	0.10	1.08	0.70
食用油(植物油)	0.82	1.01	0.34	0.88	0.89	1.03
蔬菜及制品	0.01	0.02	0.03			
肉、禽、蛋、奶及制品	0.52	0.38	0.28	0.51	0.41	1.11
水产品及制品	0.02			0.01	0.08	0.01
糖、烟、酒、饮料类	1.19	0.36	1.17	0.96	1.20	2.54
干鲜瓜果类	0.21	0.13	0.20	0.14	0.26	0.34
其他类食品	0.66	0.69	0.45	0.32	0.39	1.61
衣着	0.13	0.01		0.03	0.09	0.59
居住	0.05	0.03	0.02	0.11	0.09	
家庭设备和日用品	0.52	0.35	0.22	0.45	0.77	0.87
交通、通信工具及用品	0.19			0.03	0.91	
教育文化娱乐用品	0.14	0.31	0.06	0.19	0.09	
医疗保健用品	0.00	0.01				
其他用品	0.51	0.60	0.64	0.22	0.49	0.59
从单位或雇主得到的服务折价	42.06	17.49	18.12	36.68	47.36	102.10
免费或低价提供的工作餐	41.00	17.01	17.76	36.62	44.02	100.83
免费或低价提供的住宿	0.68	0.03			2.68	0.84
单位缴纳的水电费、取暖费、物业费等	0.01			0.05	0.00	
免费或低价提供的交通和通信服务	0.04	0.05	0.03	0.01	0.04	0.06
单位缴纳的教育入学赞助费	0.13		0.03		0.61	
免费或低价提供的旅游服务						
其他服务	0.21	0.40	0.31			0.38
单位或雇主实物福利报销所得						
其他	259.71	148.42	174.19	222.88	280.80	522.12
住房公积金	28.09	10.36	6.51	11.87	26.37	97.88
辞退金	5.58		0.04		7.89	23.37
自由职业劳动所得(如稿费、翻译费)	12.40	1.26	3.67	16.99	19.37	23.34
安家费	0.27	0.35				1.15
股票期权						
其他劳动所得	213.36	136.45	163.96	194.02	227.17	376.39
经营净收入	**5117.18**	**13.21**	**2535.77**	**4164.99**	**5542.37**	**15245.66**
第一产业经营净收入	3500.65	917.20	2148.29	3255.07	3815.47	8283.72
农业	2147.22	627.10	1220.19	2070.34	2400.65	4961.94

2-34 续表 1

单位：元/人

指　　标	总平均	低收入户	中低收入户	中等收入户	中高收入户	高收入户
林业	349.08	215.55	392.75	464.97	351.08	318.80
牧业	954.28	60.56	535.30	694.42	1029.01	2799.94
渔业	50.08	13.99	0.04	25.34	34.72	203.04
第二产业经营净收入	193.02	-127.69	44.42	73.02	119.94	999.19
采矿业	-0.29	0.91			-0.18	-2.60
制造业	119.93	-36.62	63.32	84.43	57.98	496.05
电力、热力、燃气及水生产和供应业	-0.35		0.01			-2.05
建筑业	73.72	-91.98	-18.91	-11.42	62.13	507.78
第三产业经营净收入	1423.52	-776.30	343.06	836.91	1606.97	5962.75
批发和零售业	714.49	-630.22	102.92	349.33	656.27	3631.53
交通运输、仓储和邮政业	298.40	28.57	151.71	141.37	486.70	786.76
住宿和餐饮业	146.36	-71.22	21.23	72.31	206.40	589.29
房地产业	0.95		0.76	-0.09	1.85	2.60
租赁和商务服务业	22.60		0.17	9.35	23.33	93.10
居民服务、修理和其他服务业	193.22	-92.30	57.97	222.93	185.43	684.21
其他	36.64	-8.50	6.95	24.84	-2.80	187.79
农林牧渔服务业	10.85	-2.63	1.35	16.88	49.80	-12.52
财产净收入	**379.46**	**173.32**	**175.63**	**210.04**	**348.66**	**1122.67**
利息净收入	81.95	29.28	41.63	63.09	79.20	222.14
红利收入	42.27	27.90	14.84	9.54	31.60	145.16
集体分配的红利	12.04	7.97	7.47	3.96	16.36	27.54
其他红利收入	30.22	19.93	7.38	5.58	15.24	117.63
储蓄性保险净收益	4.82	0.59	5.99	2.91	13.71	0.79
转让承包土地经营权租金净收入	116.76	76.45	81.80	79.39	127.25	242.48
出租房屋财产性收入	101.92	18.73	18.58	42.58	54.14	432.47
出租机械、专利、版权等资产的收入	11.97	15.75	7.14	0.04	22.54	15.60
其他财产净收入	19.77	4.61	5.65	12.49	20.21	64.03
房屋虚拟租金						
转移净收入	**3523.72**	**483.83**	**2474.72**	**3370.86**	**5064.34**	**6996.28**
转移性收入	4137.93	1142.90	2932.91	3886.39	5647.92	7899.00
养老金或离退休金	1055.94	290.88	634.74	927.85	1574.22	2081.06
离退休金	326.13	22.70	93.90	133.07	483.23	1039.26
(城镇)居民社会养老保险	263.09	37.57	81.90	283.85	479.91	491.03
新型农村养老保险	255.44	177.32	247.91	255.05	307.91	302.12
其他养老金	211.27	53.29	211.04	255.87	303.17	248.64
社会救济和补助	240.64	161.76	256.52	243.87	275.41	275.50
最低生活保障费	80.48	84.47	118.60	96.21	59.62	33.85
五保户救助金	11.10	6.99	23.54	10.62	9.63	3.32
扶贫款	52.90	22.33	37.88	29.75	63.04	125.48
救灾款	0.91	0.05	0.35	1.12	1.22	2.07
抚恤金	42.60	18.18	33.46	48.28	69.97	45.95
其他社会救济收入	52.64	15.72	22.83	37.89	56.34	54.17
政策性生活补贴	197.84	34.74	61.88	86.82	180.37	719.41
家电补贴	0.30		0.08	1.37	0.01	

2-34 续表 2

单位：元/人

指　标	总平均	低收入户	中低收入户	中等收入户	中高收入户	高收入户
能源补贴	0.06			0.30		
免费或低价提供的住宿(廉租房)	0.44	0.90	0.62	0.02	0.61	
其他生活补贴	197.48	27.02	53.89	56.68	59.85	252.19
报销医疗费	285.11	105.71	155.08	205.23	283.43	764.01
家庭外出从业人员寄回带回收入	1427.35	257.91	1178.29	1621.88	2121.79	2152.98
赡养收入	586.56	69.84	374.54	537.77	872.13	1218.45
其他经常转移收入	100.18	35.09	44.64	35.59	94.07	333.45
失业保险金	14.49	2.97	7.97	0.76	8.79	59.80
经常性捐赠收入	3.17	0.19	0.51	1.81	6.71	7.68
经常性赔偿收入	4.21	0.27	0.60	1.01	0.46	21.64
其他转移性收入	78.31	29.44	33.60	31.17	71.81	243.44
从政府和组织得到的实物产品和服务折价	72.39	53.34	61.24	77.20	81.69	93.14
食品	16.89	19.61	11.71	18.77	18.69	15.49
谷物、薯类及豆类	2.50	1.73	2.06	2.19	3.62	3.10
食用油(植物油)	2.94	2.07	1.93	3.34	4.16	3.39
蔬菜及制品	0.02					0.14
肉、禽、蛋、奶及制品	4.40	10.72	2.45	2.98	1.70	3.75
水产品及制品						
糖、烟、酒、饮料类	0.20	0.11	0.18	0.39	0.12	0.19
干鲜瓜果类	0.02			0.08		0.00
其他类食品	6.80	4.97	5.10	9.80	9.09	4.91
衣着	0.40	0.40	0.73	0.29	0.37	0.16
居住	0.18	0.28	0.30	0.15	0.01	0.14
家庭设备和日用品	18.27	15.11	15.72	19.03	19.37	23.08
交通、通信工具及用品	0.44	0.12	1.26	0.32	0.44	
教育文化娱乐用品	2.04	3.66	0.92	1.67	1.74	2.22
医疗保健用品	0.57	0.25	0.33	0.78	0.41	1.19
其他用品	2.83	1.01	1.37	2.49	4.31	5.58
其他服务折价(不含廉租房)	30.76	12.91	28.89	33.70	36.34	45.26
现金政策性惠农补贴	171.93	133.62	165.99	150.16	164.81	261.01
转移性支出	614.21	659.07	458.19	515.53	583.58	902.72
个人所得税	4.82	4.13	1.31	5.91	5.33	8.03
社会保障支出	511.08	571.05	361.95	430.92	472.57	759.06
个人缴纳的养老保险	263.18	350.15	147.09	185.66	204.82	456.94
个人缴纳的医疗保险	236.10	212.41	210.58	238.00	247.12	281.64
个人缴纳的失业保险	3.63	4.51	1.09	3.09	3.80	6.12
其他社会保障支出	8.16	3.97	3.19	4.18	16.83	14.36
外来从业人员寄给家人的支出	1.69	6.03			2.06	
赡养支出	45.38	44.94	27.87	28.26	53.48	78.74
其他转移性支出	51.24	32.91	67.07	50.43	50.14	56.90
经常性捐赠支出	12.65	4.71	18.19	8.70	23.01	8.72
经常性赔偿支出						
其他经常转移支出	38.59	28.20	48.88	41.74	27.13	48.18

2-35 按五等份分组的农村居民人均总收入(2018年)

单位：元/人

指　　标	总平均	低收入户	中低收入户	中等收入户	中高收入户	高收入户
农村常住居民人均总收入	**19016.36**	**6725.34**	**10390.07**	**15131.33**	**21563.04**	**46533.28**
工资性收入	**4311.01**	**1124.55**	**1966.55**	**3514.27**	**5969.34**	**10186.38**
工资	4003.77	954.48	1770.36	3250.77	5634.43	9552.76
实物福利	47.52	21.65	22.00	40.62	54.11	111.49
其他	259.71	148.42	174.19	222.88	280.80	522.12
经营性收入	**10153.06**	**4243.72**	**5282.01**	**7495.55**	**9568.25**	**27276.60**
第一产业经营收入	6794.75	2940.48	4424.31	5739.06	6390.71	16187.75
第一产业经营收入(不含惠农补贴)	6794.75	2940.48	4424.31	5739.06	6390.71	16187.75
农业	3326.54	1351.81	2083.46	3035.92	3361.51	7595.80
林业	389.02	240.93	424.75	508.93	389.55	383.23
牧业	2964.49	1323.91	1852.26	2158.09	2575.35	7767.25
渔业	114.70	23.83	63.84	36.11	64.30	441.48
第二产业经营收入	406.77	115.62	149.77	172.89	183.96	1616.35
采矿业	0.20	0.93				
制造业	236.64	38.02	127.02	157.26	108.76	857.42
电力、热力、燃气及水生产和供应业	1.84		8.76			
建筑业	168.10	76.67	13.99	15.62	75.21	758.94
第三产业经营收入	2951.54	1187.63	707.93	1583.60	2993.57	9472.49
批发和零售业	1700.63	883.45	304.45	813.08	1126.44	6138.12
交通运输、仓储和邮政业	482.70	163.48	257.71	247.35	698.69	1190.75
住宿和餐饮业	345.95	20.78	38.60	97.53	818.25	885.82
房地产业	1.35		0.76		2.11	4.52
租赁和商务服务业	26.11		0.24	9.35	26.03	110.27
居民服务、修理和其他服务业	311.82	109.10	78.18	349.01	259.51	861.61
其他	49.44	5.35	9.14	36.11	0.05	225.37
农林牧渔服务业	33.53	5.46	18.84	31.18	62.51	56.03
财产性收入	**414.36**	**214.16**	**208.50**	**235.16**	**377.63**	**1171.30**
利息收入	114.32	68.37	71.69	87.32	104.25	267.19
红利收入	42.27	27.90	14.84	9.54	31.60	145.16
储蓄性保险净收益	4.82	0.59	5.99	2.91	13.71	0.79
转让承包土地经营权租金净收入	116.76	76.45	81.80	79.39	127.25	242.48
出租房屋财产性净收入	101.92	18.73	18.58	42.58	54.14	432.47
出租机械、专利、版权等资产的净收入	11.97	15.75	7.14	0.04	22.54	15.60
其他财产净收入	22.30	6.36	8.45	13.37	24.13	67.60
房屋虚拟租金						
转移性收入	**4137.93**	**1142.90**	**2933.01**	**3886.35**	**5647.83**	**7899.00**
养老金或离退休金	1055.94	290.88	634.74	927.85	1574.22	2081.06

2-35 续表

单位：元/人

指　　标	总平均	低收入户	中低收入户	中等收入户	中高收入户	高收入户
社会救济和补助	240.64	161.76	256.52	243.87	275.41	275.50
政策性生活补贴	197.84	34.74	61.88	86.82	180.37	719.41
家庭外出从业人员寄回带回收入	1427.35	257.91	1178.29	1621.88	2121.79	2152.98
赡养收入	586.56	69.84	374.54	537.77	872.13	1218.45
报销医疗费	285.11	105.71	155.08	205.23	283.43	764.01
从政府和组织得到的实物产品和服务折价	72.39	53.35	61.34	77.17	81.60	93.14
现金政策性惠农补贴	171.93	133.62	165.99	150.16	164.81	261.01
其他转移性收入	100.18	35.09	44.64	35.59	94.07	333.45
非收入所得	**2301.02**	**2392.95**	**1934.96**	**1415.87**	**2098.11**	**3934.32**
出售资产所得	690.30	710.64	355.36	187.13	522.81	1871.92
出售住房本金所得	43.14			2.27	217.65	
出售住房溢价所得(含亏损)	0.01			0.04		
出售股票、基金、收藏品本金所得	0.00		0.00		0.01	
出售股票、基金、收藏品所得(含亏损)	0.05	0.21			0.04	
出售生产性固定资产所得	14.03	18.28	6.71	17.05	13.80	14.28
拆迁征地补偿所得	559.95	621.80	306.64	145.12	179.18	1726.58
出售其他财物和收回其他投资本金所得	73.11	70.34	42.01	22.65	112.14	131.07
非经常性转移所得	1603.80	1662.16	1578.80	1225.46	1567.21	2061.30
博彩所得	48.65	43.30	12.48	22.06	96.29	77.23
婚丧嫁娶礼金所得	666.66	597.40	577.24	526.55	754.97	930.29
遗产及一次性馈赠所得	302.35	238.17	340.49	240.29	261.58	456.83
一次性赔偿所得	148.75	374.44	251.00	26.45	26.51	31.89
提取住房公积金	6.74			16.73	10.34	7.09
调查补贴	410.64	383.49	379.29	380.36	404.86	525.61
其他非经常性转移所得	20.02	25.36	18.28	13.02	12.65	32.36
其他非收入所得	6.93	20.15	0.80	3.28	8.09	1.10
借贷性所得	**2662.27**	**2662.26**	**2365.73**	**1902.22**	**2779.78**	**3808.99**
提取储蓄存款	1852.12	1726.92	1828.31	1341.21	1903.33	2596.00
借入款	473.88	533.26	423.84	345.30	500.93	586.04
收回借出款	144.62	101.75	52.81	100.27	166.01	338.74
收回储蓄性保险本金	9.46	34.34	2.17	1.13	5.09	2.57
住房贷款	15.07	65.36	0.37	1.45	3.25	0.60
汽车贷款	0.49			1.66	0.13	0.66
教育贷款	15.84	37.34	11.18	16.93	4.78	6.13
其他贷款	136.47	159.48	42.46	93.45	174.00	231.71
其他借贷所得	14.33	3.82	4.59	0.82	22.24	46.54

2-36 按五等份分组的农村居民人均总支出(2018年)

单位：元/人

指　　标	总平均	低收入户	中低收入户	中等收入户	中高收入户	高收入户
农村常住居民人均总支出	**22537.82**	**19050.43**	**16737.49**	**18238.88**	**23064.95**	**38514.51**
消费支出	**12723.19**	**10698.20**	**10549.29**	**11457.86**	**13320.65**	**18726.68**
食品烟酒	4482.73	3820.94	3899.27	4377.90	4824.53	6150.36
食品	3224.83	2839.47	2891.53	3280.97	3487.08	4029.21
谷物	511.51	500.17	504.05	528.83	526.47	542.34
薯类	120.00	114.04	116.39	124.45	135.48	119.48
豆类	44.22	40.56	41.04	43.52	47.57	53.59
食用油	168.81	149.45	157.14	170.00	176.22	212.17
蔬菜和食用菌	337.77	310.64	305.02	328.65	353.48	434.56
肉类	987.99	824.83	888.34	1005.38	1083.65	1269.62
禽类	214.96	161.63	168.73	201.02	260.15	321.89
水产品	85.32	65.45	64.95	76.75	100.66	135.24
蛋类	119.33	97.12	105.58	119.53	136.55	154.37
奶类	177.39	165.31	136.26	206.50	185.23	214.09
干鲜瓜果类	217.48	197.84	181.38	218.61	231.27	288.09
糖果糕点类	93.05	85.11	84.62	98.47	99.17	107.94
其他食品	147.00	127.32	138.01	159.26	151.16	175.84
烟酒	581.39	442.42	476.33	528.31	607.34	967.92
烟草	415.06	320.71	330.71	371.37	425.99	711.98
酒类	166.34	121.70	145.62	156.94	181.35	255.94
饮料	82.78	71.99	73.66	86.25	77.86	116.03
饮食服务	593.73	467.06	457.75	482.37	652.25	1037.20
食堂用餐	149.12	93.52	139.49	140.76	184.75	212.55
其他在外饮食	430.81	363.14	305.44	327.23	454.18	804.32
食品加工服务费	13.81	10.40	12.81	14.37	13.33	20.32
衣着	716.41	644.71	532.99	639.49	761.90	1069.68
衣类	541.94	476.38	396.16	486.21	579.53	825.13
鞋类	174.48	168.33	136.83	153.28	182.37	244.55
居住	2499.98	2208.46	2111.86	2140.63	2636.88	3612.18
租赁房房租	55.28	37.80	38.09	23.94	67.94	121.33
住房维修及管理	456.71	397.14	371.80	313.40	548.64	702.62
水电燃料及其他	524.03	468.19	448.10	467.93	563.07	708.99
自有住房折算租金	1463.96	1305.33	1253.87	1335.36	1457.24	2079.24
(1)租赁房房租中租赁公房房租	1.13	0.60	0.56	0.17	1.38	3.34
(2)租赁房房租中租赁私房房租	54.15	37.20	37.54	23.77	66.56	117.99
(3)住房维修及管理中物业管理费	10.64	20.38	10.64	4.04	11.06	6.08
生活用品及服务	859.84	760.21	722.53	803.31	856.00	1223.02
家具及室内装饰品	141.50	132.77	147.44	113.28	109.56	215.55
家用器具	249.14	211.58	183.71	238.37	268.54	366.23
家用纺织品	63.76	58.37	47.21	62.26	65.12	90.86
家庭日用杂品	262.30	233.52	227.94	257.32	264.51	343.23
个人用品	120.28	96.72	99.56	113.05	126.19	176.70
家庭服务	22.86	27.26	16.67	19.03	22.08	30.47
其中：家政服务	5.15	9.87	1.70	2.74	1.81	10.22

2-36 续表 1

单位：元/人

指　　标	总平均	低收入户	中低收入户	中等收入户	中高收入户	高收入户
交通通信	1578.31	1289.00	1198.87	1198.04	1674.50	2748.86
交通	1141.79	896.12	874.34	787.28	1220.70	2110.53
交通工具	412.82	328.02	374.19	200.88	467.20	759.38
交通费	217.04	196.30	202.62	200.76	227.65	267.88
交通工具用燃料	301.00	216.80	182.08	245.09	294.94	624.47
交通工具使用及维修	210.93	155.00	115.44	140.55	230.92	458.79
其中：车辆保险支出	68.50	45.06	33.84	45.60	77.38	157.31
通信	436.52	392.88	324.53	410.76	453.79	638.33
通信工具	144.94	130.80	90.97	129.75	157.55	232.17
通信服务	291.58	262.08	233.57	281.02	296.24	406.16
教育文化娱乐	934.20	772.05	797.38	898.42	944.16	1333.36
教育	667.70	541.53	624.10	674.12	683.65	851.06
学前教育	86.99	75.23	74.07	111.84	75.24	100.59
小学教育	92.66	64.86	90.88	99.79	118.49	91.20
初中教育	93.17	88.39	83.34	93.26	78.24	127.93
高中教育	114.52	66.29	92.82	169.78	125.08	121.79
中专职高教育	20.58	11.88	18.49	7.15	33.16	35.84
大专及以上教育	206.11	199.87	220.43	150.47	198.29	272.60
成人教育	53.67	35.00	44.06	41.83	55.16	101.11
文化娱乐	266.49	230.52	173.28	224.29	260.51	482.30
文娱耐用消费品	78.32	75.35	36.08	69.40	85.01	136.59
其他文娱用品	96.71	83.10	75.61	84.20	95.53	155.69
文化娱乐服务	91.47	72.07	61.60	70.70	79.97	190.01
医疗保健	1413.81	1023.70	1059.25	1203.99	1358.90	2244.24
医疗器具及药品	398.64	326.69	330.15	385.71	394.45	478.58
医疗服务	1015.18	697.01	729.10	818.28	964.45	1765.66
门诊总费用	370.47	317.63	307.96	344.12	403.12	401.81
住院总费用	644.71	379.38	421.14	474.16	561.33	1363.85
其他用品和服务	237.91	179.13	227.13	196.07	263.79	344.96
其他用品	114.58	80.75	115.49	75.48	127.10	188.39
其他服务	123.33	98.38	111.64	120.60	136.69	156.57
生产经营费用支出	**4685.23**	**3925.54**	**2493.25**	**3068.99**	**3751.48**	**11310.42**
第一产业经营费用支出	3062.36	1813.13	2087.99	2302.54	2396.78	7470.94
农业	1038.66	606.18	749.80	854.49	851.97	2360.75
林业	38.49	25.24	31.68	40.94	37.94	60.83
牧业	1922.00	1172.09	1245.45	1396.49	1477.74	4814.74
渔业	63.22	9.62	61.06	10.61	29.14	234.62
第二产业经营费用支出	189.21	221.99	81.54	63.02	61.25	577.85
采矿业	0.49	0.02			0.18	2.60
制造业	110.25	71.06	61.43	62.90	48.47	345.76
电力、热力、燃气及水生产和供应业	0.36		0.02			2.05
建筑业	78.11	150.91	20.10	0.12	12.61	227.44
第三产业经营费用支出	1433.66	1890.42	323.71	703.43	1293.45	3261.63
批发和零售业	945.23	1495.70	188.22	441.27	428.31	2382.47
交通运输、仓储和邮政业	163.20	118.73	98.62	93.73	187.73	353.00

2-36 续表 2

单位：元/人

指　　标	总平均	低收入户	中低收入户	中等收入户	中高收入户	高收入户
住宿和餐饮业	191.55	86.31	15.53	23.59	602.71	271.53
房地产业	0.40			0.09	0.26	1.92
租赁和商务服务业	2.30		0.04		0.47	12.75
居民服务、修理和其他服务业	101.28	172.00	9.73	120.38	61.42	147.38
其他	11.70	12.87	1.97	10.73	1.24	35.18
农林牧渔服务业	18.00	4.81	9.61	13.66	11.31	57.40
财产性支出	**34.90**	**40.84**	**32.86**	**25.11**	**28.96**	**48.63**
生活贷款利息支出	32.38	39.09	30.06	24.23	25.05	45.05
住房贷款利息支出	26.94	33.13	25.15	23.06	19.65	34.42
其他生活贷款利息支出	5.44	5.96	4.91	1.17	5.40	10.63
其他财产性支出	2.53	1.75	2.80	0.88	3.91	3.58
非储蓄性财产保险支出	0.61	1.12	0.72	0.28	0.59	0.28
其他财产性支出	1.91	0.63	2.08	0.59	3.32	3.30
转移性支出	**614.21**	**659.07**	**458.19**	**515.53**	**583.58**	**902.72**
个人所得税	4.82	4.13	1.31	5.91	5.33	8.03
社会保障支出	511.08	571.05	361.95	430.92	472.57	759.06
个人缴纳的养老保险	263.18	350.15	147.09	185.66	204.82	456.94
个人缴纳的医疗保险	236.10	212.41	210.58	238.00	247.12	281.64
个人缴纳的失业保险	3.63	4.51	1.09	3.09	3.80	6.12
其他社会保障支出	8.16	3.97	3.19	4.18	16.83	14.36
外来从业人员寄给家人的支出						
城镇外来从业人员寄给家人的支出						
农村外来从业人员寄给家人的支出	1.69	6.03			2.06	
赡养支出	45.38	44.94	27.87	28.26	53.48	78.74
其他转移性支出	51.24	32.91	67.07	50.43	50.14	56.90
部分商业保险支出	**72.73**	**78.10**	**43.43**	**36.25**	**93.27**	**122.51**
意外伤害保险	14.75	16.59	7.46	12.05	18.89	19.90
商业医疗保险(含大病保险)	29.10	34.35	14.01	12.63	30.38	59.41
其他非储蓄性商业保险	5.87	4.09	6.87	6.02	6.50	5.96
其他储蓄性商业保险	23.02	23.08	15.09	5.55	37.49	37.24
购置资产及非经常性转移支出	**3363.24**	**2900.76**	**2609.84**	**2520.28**	**3859.26**	**5308.18**
购置资产支出	1048.21	938.20	810.72	613.09	1427.66	1568.20
购建造住房支出	398.79	234.28	203.67	361.29	530.37	735.56
建造住房材料	238.99	176.17	166.98	262.02	241.63	373.53
建造住房雇工	83.91	52.23	31.98	74.69	168.22	101.59
购买住房支出	455.46	546.30	466.73	114.93	626.69	546.46
购建第一产业生产性固定资产支出	123.63	71.71	110.22	115.59	175.32	155.15
购买或建造农业生产性用房	26.11	13.38	32.79	31.19	17.02	37.96
购买用房建筑材料	21.95	12.87	27.96	25.98	13.26	30.89
建筑农业生产用房雇工	2.99	0.51	4.01	1.62	3.76	5.58
购买农业生产用房	0.42			2.01		
其他	0.76		0.82	1.57	0.00	1.50
购买役畜	12.21	14.79	7.90	21.72	10.78	4.38
购买产品畜	7.80	18.16	2.10	1.20	11.47	5.72
购买或建造农业设施	23.14	2.74	37.06	22.39	38.69	14.67

2-36 续表 3

单位：元/人

指　　标	总平均	低收入户	中低收入户	中等收入户	中高收入户	高收入户
大棚、温室	17.05	2.74	33.83	14.49	32.38	
自备井	1.43			2.95	0.26	4.44
喷灌设施	2.30		1.14	2.18	6.04	2.42
其他农业设施	2.36		2.09	2.77		7.81
购买农业机械	54.37	22.64	30.36	39.10	97.36	92.43
大中型农用拖拉机	12.20			11.68	49.80	
小型(手扶)农用拖拉机	4.12		4.13		12.11	5.14
农用排灌动力机械	0.83		0.29	0.74	1.34	2.04
插秧机						
收割机	1.96		1.09		8.84	
脱粒机	4.25	1.72	5.16	3.87	6.49	4.18
其他农业机械	31.01	20.92	19.70	22.82	18.78	81.07
购建第二产业生产性固定资产支出	1.61		1.09	5.60		1.24
采矿业						
制造业	0.09					0.52
电力、热力、燃气及水生产和供应业						
建筑业	1.52		1.09	5.60		0.72
购建第三产业生产性固定资产支出	59.80	77.93	27.68	14.73	93.64	92.49
批发和零售业	16.21	3.22	3.61	1.38	7.84	75.09
交通运输、仓储和邮政业	29.32	8.50	24.07	13.35	85.37	17.03
住宿和餐饮业	0.15				0.44	0.37
房地产业						
租赁和商务服务业						
居民服务、修理和其他服务业	13.85	64.89				
其他	0.28	1.32				
购建其他资产支出	8.93	7.98	1.34	0.94	1.64	37.30
非经常性转移支出	2315.03	1962.57	1799.12	1907.19	2431.61	3739.98
博彩支出	44.23	31.39	14.16	24.02	90.61	68.44
婚丧嫁娶礼金支出	1596.53	1473.93	1179.55	1293.11	1687.92	2518.81
一次性赔偿支出	3.82	3.28	1.27	0.69	13.16	0.75
一次性馈赠支出	317.92	213.96	194.36	260.81	354.13	624.91
婚丧嫁娶宴请支出	292.41	214.40	276.75	289.33	252.00	457.73
其他非经常性转移支出	60.12	25.61	133.02	39.23	33.78	69.36
借贷性支出	**1044.31**	**747.90**	**550.63**	**614.87**	**1427.74**	**2095.36**
存入储蓄款	361.24	285.20	172.34	190.95	452.08	787.90
借出款	33.01	41.93	1.46	12.17	49.99	66.26
归还借款	293.65	227.58	125.94	173.84	458.10	537.40
购买有价证券	4.57					26.50
其他投资支出	14.97	0.27	2.13	48.55	22.14	0.04
归还住房贷款	183.44	136.74	133.68	110.56	286.51	272.76
归还汽车贷款	62.36	12.70	38.44	14.76	70.97	200.72
归还教育贷款	1.97			6.53	3.11	
归还其他贷款	51.11	9.09	62.88	6.37	49.67	144.62
其他借贷支出	37.98	34.40	13.77	51.13	35.15	59.17

2-37 农村居民平均每百户耐用消费品拥有量(2013-2018年)

主要耐用消费品拥有情况	单位	2013	2014	2015	2016	2017	2018
家用汽车	辆	6.99	7.54	8.56	12.44	13.39	15.45
摩托车	辆	41.76	52.06	51.50	49.41	49.52	48.70
助力车	台	14.42	16.41	19.65	26.59	28.46	32.49
洗衣机	台	74.48	77.98	82.11	87.29	89.93	90.46
电冰箱(柜)	台	70.65	77.64	82.70	92.13	96.16	96.73
微波炉	台	7.96	9.73	9.47	11.23	12.55	11.01
彩色电视机	台	106.54	109.18	112.39	114.24	117.08	113.89
其中：接入有线电视	台	37.78	42.30	41.79	40.69	42.74	50.06
空调	台	14.57	19.10	22.44	33.24	40.26	51.11
热水器	台	40.03	46.46	50.00	60.72	65.84	71.73
其中：太阳能热水器	台	18.77	21.29	24.19	27.46	29.03	26.83
洗碗机	台	0.09		0.08	0.19	0.41	0.39
排油烟机	台	4.23	5.21	6.24	9.56	11.24	15.62
固定电话	线	22.17	26.86	14.59	11.47	11.64	7.98
移动电话	部	183.96	202.23	216.50	237.51	241.99	258.50
其中：接入互联网	部	25.79	38.88	34.44	53.31	74.78	141.92
计算机	台	7.44	9.85	13.23	16.20	17.74	18.53
其中：接入互联网	台	4.64	6.57	8.25	10.37	11.02	11.67
照相机	台	2.73	2.42	2.65	2.48	2.94	2.52
中高档乐器	架	0.19	0.13	0.34	0.49	0.65	1.04
健身器材	台	0.21	0.24	0.58	0.65	0.88	0.69
空气净化器(含新风系统)	台					0.13	0.59
吸尘器	台					0.06	0.82

注：根据国家制度，空气净化器(含新风系统)、吸尘器拥有量2017年开始统计调查。

2-38 四川各市(州)农民人均可支配收入(2013-2018年)

单位：元/人

地　区	2013	2014	2015	2016	2017	2018
全　省	**7895**	**8803**	**10247**	**11203**	**12227**	**13331**
成都市	12985	14478	17690	18605	20298	22135
自贡市	8961	9974	12088	13192	14380	15692
攀枝花市	9838	10960	12861	14057	15336	16708
泸州市	8455	9470	11359	12450	13670	14983
德阳市	10094	11260	12787	13951	15207	16583
绵阳市	9257	10326	12349	13504	14752	16101
广元市	6442	7202	8939	9819	10801	11854
遂宁市	8496	9482	11379	12423	13579	14844
内江市	8584	9565	11428	12491	13640	14908
乐山市	8737	9724	11649	12749	13927	15173
南充市	7650	8555	10292	11273	12389	13583
眉山市	9332	10433	12756	13935	15203	16563
宜宾市	8806	9831	11745	12843	14063	15391
广安市	8492	9514	11371	12479	13655	14931
达州市	8001	8945	10688	11718	12843	14055
雅安市	8093	9056	10195	11138	12145	13243
巴中市	6137	6895	9084	9969	10946	12002
资阳市	8756	9798	12284	13422	14670	16007
阿坝州	6793	7866	9711	10702	11751	12893
甘孜州	5435	6307	8408	9367	10444	11555
凉山州	7359	8264	9422	10368	11415	12548

2-39 四川各县市(区)农民人均可支配收入(2013-2018年)

单位：元/人

县市(区)	2013	2014	2015	2016	2017	2018
锦江区	19463					
青羊区	19640					
金牛区	19050					
武侯区	19465					
成华区	18058					
龙泉驿区	14098	15649	21640	23501	25593	27742
青白江区	12045	13551	17812	19380	21085	22856
新都区	13800	15345	19349	21071	22926	24828
温江区	15345	17125	21508	23401	25437	27523
双流县	10670	12078	14765	22609	24772	26877
郫县	14132	15701	20400	22134	24060	26081
金堂县	13758	15299	20869	16212	17720	19368
大邑县	11759	13229	16511	18096	19743	21618
蒲江县	11453	12839	16547	18119	19768	21626
新津县	12524	14102	16856	18492	20194	22112
都江堰市	11792	13266	16506	18140	19846	21672
彭州市	11066	12438	16319	17935	19549	21386
邛崃市	11101	12444	15536	17027	18611	20398
崇州市	11780	13241	16269	17896	19543	21438
简阳市	9054	10126	12323	13531	14884	16298
自流井区	9547	10787	13080	14367	15730	17173
贡井区	9296	10352	12485	13621	14856	16179
大安区	8646	9611	11991	13074	14238	15522
沿滩区	8534	9494	11977	13070	14233	15516
荣县	8988	10000	11984	13077	14241	15560
富顺县	9080	10102	12055	13156	14350	15664
攀枝花东区		13530	15540			
攀枝花西区		12947	14685			
仁和区	10388	11559	13395	14668	16032	17504
米易县	10178	11355	13182	14448	15776	17211
盐边县	9028	10055	11903	13022	14223	15511
江阳区	10398	11637	13929	15266	16686	18221
纳溪区	9363	10510	12607	13823	15136	16553
龙马潭区	11093	12397	14838	16212	17704	19345
泸县	9331	10455	12573	13805	15146	16579
合江县	8494	9517	12027	13157	14472	15841
叙永县	6123	6867	9023	9907	10897	11963
古蔺县	6487	7245	9604	10516	11554	12694
旌阳区	11428	12740	14264	15570	16972	18524
罗江县	9202	10229	11406	12438	13552	14806
中江县	8811	9828	10955	11948	13011	14176
广汉市	10870	12147	14212	15513	16915	18478
什邡市	11388	12700	14191	15480	16867	18426
绵竹市	11205	12501	14159	15456	16854	18396
涪城区	11812	13253	15192	16568	18052	19669

注：根据国家调查方案，2015年以前为农民人均纯收入，以后年为农民人均可支配收入。

2-39 续表 1

单位：元/人

县市(区)	2013	2014	2015	2016	2017	2018
游仙区	10046	11081	13213	14435	15770	17173
安　县	9625	10901	12945	14152	15430	16865
三台县	9196	10171	12016	13107	14294	15593
盐亭县	8734	9673	11809	12913	14086	15375
梓潼县	9118	10080	11914	13029	14209	15509
北川县	6472	7333	9644	10677	11814	13061
平武县	6120	6916	9216	10202	11279	12478
江油市	9533	10799	13078	14304	15642	17073
利州区	7519	8354	9240	10132	11172	12230
元坝区	6391	7145	8769	9659	10621	11677
朝天区	6045	6776	8685	9576	10568	11620
旺苍县	6445	7218	9016	9886	10860	11909
青川县	6170	6898	8729	9589	10583	11637
剑阁县	6391	7158	8847	9716	10664	11683
苍溪县	6352	7096	9048	9939	10929	12006
船山区	9084	10147	11758	12837	14015	15314
安居区	8304	9242	11095	12105	13228	14467
蓬溪县	7353	8243	11008	12032	13175	14421
射洪县	9232	10294	11906	12999	14217	15533
大英县	8684	9691	11259	12306	13450	14657
内江市中区	8866	9864	11727	12810	14008	15320
东兴区	8458	9427	11297	12347	13477	14739
威远县	8959	9967	11850	12932	14129	15438
资中县	8391	9358	11237	12291	13405	14638
隆昌县	8567	9549	11413	12478	13658	14950
乐山市中区	10331	11630	13447	14733	16096	17577
沙湾区	9239	10209	11364	12405	13528	14726
五通桥	9326	10305	11420	12478	13620	14813
金口河	6603	7310	10902	11933	13038	14244
犍为县	8851	9830	11318	12377	13497	14733
井研县	8743	9687	11270	12314	13429	14659
夹江县	10104	11384	13087	14333	15660	17078
沐川县	6757	7460	10959	11974	13082	14254
峨边县	4137	4592	8405	9225	10120	11092
马边县	4567	5069	8595	9433	10344	11379
峨眉山	10481	11613	13394	14665	16022	17474
顺庆区	9842	10934	13234	14463	15873	17370
高坪区	7378	8249	9993	10911	11986	13128
嘉陵区	6405	7219	8807	9661	10630	11654
南部县	8362	9296	11257	12358	13586	14908
营山县	7569	8459	10228	11188	12288	13496
蓬安县	8561	9521	11512	12605	13833	15152
仪陇县	6610	7442	9051	9910	10904	11965
西充县	6681	7523	9147	10034	11030	12093
阆中市	8272	9206	11148	12217	13420	14740
东坡区	10079	11366	14088	15391	16814	18343
彭山县	9962	11253	14062	15405	16848	18390

2-39 续表 2

单位：元/人

县市(区)	2013	2014	2015	2016	2017	2018
仁寿县	8879	9870	11520	12580	13723	14937
洪雅县	9196	10207	13321	14501	15813	17259
丹棱县	9519	10773	13742	15068	16495	17973
青神县	9215	10242	13542	14811	16194	17693
翠屏区	9793	10926	13385	14623	16020	17550
南溪区	8966	9993	11918	13021	14240	15614
叙州县	9023	10066	11957	13063	14298	15635
江安县	8778	9810	11727	12859	14087	15405
长宁县	9193	10245	12093	13200	14475	15843
高县	8939	9966	11757	12857	14072	15403
珙县	8884	9970	11832	12939	14161	15500
筠连县	8854	9903	11737	12846	14060	15404
兴文县	7913	8842	10795	11826	12920	14168
屏山县	6528	7288	9801	10708	11778	12856
广安区	7790	8729	11008	12106	13275	14530
前锋区		8913	11450	12581	13745	15003
岳池县	8698	9747	11470	12579	13756	15056
武胜县	8905	10032	11491	12596	13774	15090
邻水县	8401	9365	11117	12195	13360	14650
华蓥市	9591	10738	12182	13376	14604	15955
通川区	9806	10924	13149	14421	15877	17332
达县	9098	10135	11891	13029	14228	15588
宣汉县	5185	5875	7480	8221	9068	10002
开江县	8359	9335	11052	12109	13271	14500
大竹县	9419	10518	12853	14072	15395	16820
渠县	8419	9409	11161	12240	13403	14657
万源市	5253	5873	7484	8217	9047	9961
雨城区	9160	10222	11298	12311	13428	14617
名山县	8741	9772	11002	12009	13087	14272
荥经县	8698	9707	10709	11701	12753	13908
汉源县	7348	8235	9357	10251	11202	12239
石棉县	7674	8587	9689	10576	11546	12616
天全县	7372	8272	9335	10181	11124	12145
芦山县	7397	8311	9398	10287	11230	12260
宝兴县	8188	9179	10383	11355	12385	13495
巴州区	6360	7022	9147	10020	11012	12062
恩阳区		7176	9276	10177	11179	12238
通江县	5780	6505	8973	9863	10833	11906
南江县	6160	6918	9084	9957	10927	11998
平昌县	6115	6871	9039	9928	10895	11945
雁江区	9057	10130	12452	13609	14894	16265
安岳县	8610	9639	12198	13352	14585	15911
乐至县	8227	9214	12179	13331	14561	15876
马尔康县	7730	8897	10156	11169	12291	13491
汶川县	7610	8835	10078	11118	12243	13437
理县	6550	7624	9645	10633	11707	12841
茂县	6810	7894	9830	10848	11892	13050

2-39 续表 3

单位：元/人

县市(区)	2013	2014	2015	2016	2017	2018
松潘县	6890	7972	9718	10713	11746	12895
九寨沟县	6820	7952	9756	10787	11725	12866
金川县	6575	7640	9633	10624	11689	12835
小金县	6185	7168	9618	10596	11657	12806
黑水县	5680	6577	9546	10515	11567	12686
壤塘县	5365	6244	8653	9529	10482	11523
阿坝县	7150	8265	9637	10611	11672	12792
若尔盖县	7030	8063	9687	10660	11693	12817
红原县	8006	9175	10132	11136	12196	13363
康定县	6554	7564	9843	10877	12052	13330
泸定县	5773	6656	8997	9987	11096	12250
丹巴县	6357	7317	9624	10650	11832	13074
九龙县	7005	8055	10308	11381	12587	13909
雅江县	5374	6240	8251	9215	10275	11374
道孚县	5047	5885	7987	8920	9902	10902
炉霍县	4990	5808	7750	8649	9618	10599
甘孜县	5162	6014	8209	9170	10215	11267
新龙县	5023	5867	7807	8768	9811	10890
德格县	4884	5695	7766	8678	9737	10779
白玉县	5098	5929	8219	9173	10273	11393
石渠县	4868	5681	7634	8527	9559	10630
色达县	4666	5478	7605	8552	9604	10689
理塘县	4929	5737	7760	8676	9717	10747
巴塘县	5158	5999	8205	9154	10216	11299
乡城县	5236	6084	8229	9168	10176	11214
稻城县	5560	6438	8615	9605	10729	11877
得荣县	5091	5900	8092	9023	10042	11076
西昌市	10340	11561	13620	14937	16323	17838
木里县	4967	5963	7182	8006	8908	9930
盐源县	6582	7458	8848	9784	10856	12054
德昌县	10155	11253	13244	14527	15858	17327
会理县	10107	11178	13154	14425	15762	17241
会东县	9765	10840	12768	14017	15329	16764
宁南县	9107	10123	11914	13065	14289	15614
普格县	5562	6287	7453	8241	9136	10193
布拖县	4704	5368	6386	7068	7849	8735
金阳县	4659	5318	6340	7022	7813	8716
昭觉县	4919	5611	6675	7387	8197	9129
喜德县	4650	5329	6347	7031	7816	8703
冕宁县	8498	9470	11156	12235	13393	14648
越西县	5213	5930	7023	7757	8632	9622
甘洛县	4597	5265	6280	6958	7714	8607
美姑县	4556	5244	6246	6889	7652	8514
雷波县	5258	5980	7094	7865	8758	9746

主要统计指标解释

一、2013 年以来城乡住户一体化调查主要收支指标解释

从 2012 年四季度起，国家统计局对分别进行的城乡住户调查实施了一体化改革，统一了城乡居民收入指标名称、分类和统计标准，建立了城乡统一的一体化住户调查，并据此获得了全国居民有关数据。

居民可支配收入 指居民可用于最终消费支出和储蓄的总和，即居民可用于自由支配的收入。既包括现金收入，也包括实物收入。按照收入的来源，可支配收入包含四项，分别为：工资性收入、经营性净收入、转移性净收入和财产性净收入。

居民消费支出 是指居民用于满足家庭日常生活消费需要的全部支出，既包括现金消费支出，也包括实物消费支出。消费支出可划分为食品烟酒、衣着、居住、生活用品及服务、交通和通信、教育文化和娱乐、医疗保健以及其他用品及服务八大类。

二、2012 年及以前的分城乡住户调查收支指标解释

（一）城镇住户调查主要收支指标解释

城镇居民家庭总收入 指调查户中生活一起的所有家庭成员在调查期得到的工薪收入、经营净收入、财产性收入、转移性收入的总和，不包括出售财物和借贷收入。

城镇居民可支配收入 指居民可用于最终消费支出和其他非义务性支出以及储蓄的总和，即居民家庭可以用来自由支配的收入。它是家庭总收入扣除交纳的所得税、个人交纳的社会保障费以及调查户的记账补贴后的收入。计算公式为：

可支配收入=家庭总收入-交纳所得税-个人交纳的社会保障支出-记账补贴

这一指标从 1997 年起作为主要指标代替生活费收入指标。

工资性收入 指就业人员通过各种途径得到的全部劳动报酬，包括所从事的主要职业的工资以及从事第二职业、其他兼职和零星劳动得到的其他劳动收入。

工资及补贴收入 指劳动者从工作单位得到的全部劳动报酬。既包括单位支付的计时计件劳动报酬，也包括根据国家的有关政策、法令规定，因病、工伤、产假、计划生育假、婚丧假、事假、探亲假、定期休假、停工学习、执行国家或社会等原因按计时工资标准或计时工资标准的一定比例支付的工资。其他劳动收入指家庭成员从事第二职业、兼职、零星劳动所得的劳动报酬。

经营净收入 指家庭成员从事生产经营活动所获得的净收入。是全部生产经营收入中扣除生产成本和税金后所得的收入。

财产性收入 指家庭拥有的动产（如银行存款、有价证券）、不动产（如房屋、车辆、土地、收藏品等）所获得的收入。包括出让财产使用权所获得的利息、租金、专利收入；财产营运所获得的红利收入、财产增值收益等。

转移性收入 指国家、单位、社会团体对居民家庭的各种转移支付和居民家庭间的收入转移。包括政府对个人收入转移的离退休金、失业救济金、赔偿等；单位对个人收入转移的辞退金、保险索赔、住房公积金、家庭间的赠送和赡养等。

城镇居民家庭消费性支出 指居民用于本家庭日常生活的全部支出，包括食品、衣着、家庭设备用品及服务、医疗保健、交通和通信、教育文化娱乐服务、居住、杂项商品和服务等八大类支出，包括用于赠送的商品或服务。消费支出按商品（服务）的用途分类。

服务性消费支出 指调查户用于本家庭支付社会提供的各种文化和生活方面的非商品性服务费用。应包括为别人付款的服务。服务消费与商品消费不同，其特点在于其劳动过程和消费过程在时间与空间上的统一。

服务性消费支出=食品加工服务费用+在外饮食业×50%+衣着加工服务费+家庭服务+医疗费+交通工具服务支出+交通费+通信服务+文化娱乐服务费+教育费用+房租+自有房租折算+住房装潢支出×40%+居住服务费+杂项服务费

社会保障支出 指调查户家庭成员参加国家法律、法规规定的社会保障项目中由个人交纳的保障支出。不包括职工所在单位交纳的那部分社会保障金。

城镇居民家庭住房建筑面积 指居民家庭现有住房的总建筑面积，以房屋产权证或租赁为准，包括房屋建筑物的有效面积和结构面积。

城镇居民家庭住房使用面积 指居民家庭住房的有效面积扣除公摊面积（如楼道、垃圾道、电梯井等）以后，可供使用的按内墙线计算的房屋面积。

城镇居民家庭居住面积 指居民家庭成员在调查时点实际居住的住房面积，不包括厨房、厕所、门厅、过道等，也不包括公用楼道和院子。

（二）农村住户调查主要收支指标解释

人均纯收入 指农村住户常住人口当年从各个来源得到的总收入相应地扣除所发生的费用后的收入总和。反映的是一个地区或一个农户农村居民的平均收入水平。计算方法：

纯收入＝总收入-家庭经营费用支出-税费支出-生产性固定资产折旧-赠送农村内部亲友

人均现金收入 是指农村住户和常住人口在调查期内得到以现金形态表现的收入。按来源分成工资性收入、家庭经营收入、财产性收入、转移性收入。

工资性收入 是指农村常住人口受雇于单位或个人，靠出卖劳动而获得的收入。

家庭经营收入 是指农村住户以家庭为生产经营单位进行生产筹划和管理而获得的收入。农村住户家庭经营活动按行业划分为农业、林业、牧业、渔业、工业、建筑业、交通运输业邮电业、批发和零贸易餐饮业、社会服务业、文教卫生业和其他家庭经营。

财产性收入 是指金融资产或有形非生产性资产的所有者向其他机构单位提供资金或将有形非生产性资产供其支配，作为回报而从中获得的收入。

转移性收入 指农村住户和常住人口无须付出任何对应物而获得的货物、服务、资金或资产所有权等，不包括无偿提供的用于固定资本形成的资金。一般情况下，指农村住户在二次分配中的所有收入。包括亲友赠送、养老金等。

价格调查

3-1 居民消费、商品零售、农业生产资料价格总指数(1985-2018年)

(上年=100)

年 份	居民消费价格指数			商品零售价格指数			农业生产资料价格指数		
	全 省	城 市	农 村	全 省	城 市	农 村	全 省	城 市	农 村
1985	107.6	109.5	105.3	106.8	109.6	104.9	111.9	-	111.9
1986	104.8	104.8	104.7	103.9	104.6	103.5	100.6	-	100.6
1987	107.6	110.1	105.6	107.5	110.6	105.7	106.3	-	106.3
1988	119.9	122.9	118.5	120.0	123.7	118.7	120.5	-	120.5
1989	119.8	117.8	121.3	118.3	116.8	119.2	116.2	-	116.2
1990	103.8	101.5	105.0	103.1	100.4	104.2	104.7	-	104.7
1991	103.0	104.3	102.1	102.3	103.7	101.4	100.8	-	100.8
1992	107.4	109.8	104.6	106.4	108.4	104.4	106.2	-	106.2
1993	116.8	116.9	116.7	113.9	114.7	113.7	115.0	-	115.0
1994	124.6	127.9	122.5	123.9	124.1	122.2	117.4	-	117.4
1995	118.5	119.0	118.3	117.0	115.7	118.2	130.8	-	130.8
1996	109.3	109.8	109.1	107.7	106.4	108.8	114.0	-	114.0
1997	105.1	105.1	105.0	102.9	102.8	102.9	100.9	-	100.9
1998	99.6	99.8	99.5	97.7	97.7	97.6	92.9	-	92.9
1999	98.5	98.1	99.0	97.3	96.9	97.6	95.2	-	95.2
2000	100.1	99.7	100.6	97.7	97.5	97.8	96.2	-	96.2
2001	102.1	101.8	102.7	100.8	100.5	101.2	97.8	-	97.8
2002	99.7	99.5	100.0	99.4	99.0	99.8	104.1	-	104.1
2003	101.7	101.9	100.9	100.1	100.1	100.1	100.8	-	100.8
2004	104.9	104.6	105.2	103.7	102.8	104.6	110.9	-	110.9
2005	101.7	101.7	101.6	100.6	100.1	101.0	107.2	-	107.2
2006	102.3	102.4	102.3	101.7	101.5	101.9	103.3	-	103.3
2007	105.9	105.9	106.0	105.3	105.1	105.5	109.0	-	109.0
2008	105.1	104.7	105.5	105.3	105.1	105.4	116.6	-	116.6
2009	100.8	100.7	101.0	100.1	99.8	100.4	101.2	-	101.2
2010	103.2	103.3	103.1	103.0	102.7	103.3	103.6	-	103.6
2011	105.3	105.1	105.8	104.6	104.4	105.2	112.4	-	112.4
2012	102.5	102.8	102.0	101.6	101.7	101.4	104.7	-	104.7
2013	102.8	102.8	102.8	101.7	101.7	101.6	101.5	-	101.5
2014	101.6	101.7	101.3	100.6	100.7	100.4	98.8	-	98.8
2015	101.5	101.4	101.6	100.2	99.9	101.0	101.5	-	101.5
2016	101.9	102.0	101.7	100.8	100.8	100.9	103.7	-	103.7
2017	101.4	101.7	100.8	100.5	100.4	100.8	99.8	-	99.8
2018	101.7	101.7	101.7	101.4	101.4	101.3	101.8		101.8

3-2 居民消费价格分类指数(2018年)

(上年=100)

指　　标	全　省	城　市	农　村
居民消费价格总指数	101.7	101.7	101.7
一、食品烟酒	101.3	101.5	100.9
1.食品	101.3	101.7	100.7
(1)粮食	100.3	100.4	100.2
大米	100.1	99.9	100.3
面粉	99.8	100.1	99.7
(2)薯类	107.7	108.2	107.0
(3)豆类	103.5	104.9	101.6
(4)食用油	98.0	98.9	96.7
(5)菜	108.4	109.6	106.1
鲜菜	109.2	110.4	106.7
(6)畜肉类	96.0	96.5	95.0
猪肉	93.1	94.0	91.8
(7)禽肉类	105.7	103.9	109.2
鸡	105.7	103.7	109.4
鸭	107.8	105.0	113.0
(8)水产品	100.9	100.5	101.7
(9)蛋类	109.6	109.7	109.6
鸡蛋	111.2	111.2	111.2
(10)奶类	100.5	101.1	99.4
(11)干鲜瓜果类	102.9	102.1	104.2
鲜瓜果	104.5	104.0	105.3
(12)糖果糕点类	101.7	102.5	100.4
(13)调味品	101.1	101.5	100.5
(14)其他食品类	100.5	100.4	100.6
2.茶及饮料	101.2	101.5	100.9
3.烟酒	101.7	101.5	102.0
(1)烟草	99.8	99.6	100.0
(2)酒类	104.6	104.3	105.1
4.在外餐饮	100.9	101.0	100.8
二、衣着	101.1	101.1	101.2
1.服装	101.7	101.9	101.3
2.服装材料	104.6	104.8	104.1
3.其他衣着及配件	99.5	99.3	100.1
4.衣着加工服务费	104.7	104.7	104.6
5.鞋类	99.4	98.8	100.8
三、居住	102.6	102.0	103.8
1.租赁房房租	104.6	104.2	105.5
2.住房保养维修及管理	104.1	103.4	104.9
3.水电燃料	101.8	101.9	101.4
4.自有住房	102.3	101.4	104.0

3-2 续表

(上年＝100)

指　　标	全　省	城　市	农　村
四、生活用品及服务	101.5	101.4	101.7
1.家具及室内装饰品	103.9	103.1	105.1
2.家用器具	99.7	99.9	99.4
3.家用纺织品	101.3	101.1	101.7
4.家庭日用杂品	101.1	101.1	101.1
5.个人护理用品	100.5	100.3	101.0
6.家庭服务	107.0	106.9	107.4
五、交通和通信	101.2	101.2	101.3
1.交通	102.8	102.8	102.7
(1)交通工具	96.9	96.8	97.0
(2)交通工具用燃料	112.1	112.0	112.3
(3)交通工具使用和维修	100.8	100.9	100.5
(4)交通费	100.8	100.5	101.3
2.通信	98.6	98.7	98.5
(1)通信工具	94.6	94.6	94.5
(2)通信服务	99.6	99.6	99.6
(3)邮递服务	100.3	100.5	100.0
六、教育文化和娱乐	101.5	101.6	101.2
1.教育	102.5	102.4	102.7
(1)教育用品	102.1	103.2	99.9
(2)教育服务	102.6	102.4	102.9
2.文化娱乐	100.5	101.0	99.0
(1)文娱耐用消费品	96.3	96.9	95.0
(2)其他文娱用品	102.6	103.5	101.2
(3)文化娱乐服务	100.8	100.9	100.5
(4)旅游	101.6	102.0	100.1
七、医疗保健	102.8	103.6	101.7
1.药品及医疗器具	104.4	105.1	103.5
(1)中药	105.0	105.4	104.7
(2)西药	106.1	107.8	103.8
(3)滋补保健品	102.2	102.4	101.9
(4)医疗卫生器具	100.2	100.2	100.2
(5)保健器具	99.6	99.0	100.9
2.医疗服务	101.6	102.5	100.3
八、其他用品和服务	102.4	102.6	101.9
1.其他用品类	99.4	99.4	99.6
(1)首饰手表	99.1	98.8	100.0
2.其他服务类	104.2	104.5	103.5
(1)旅馆住宿	102.8	103.2	101.5
(2)美容美发洗浴	105.5	105.6	105.1
(3)养老服务	100.7	100.8	100.2
(4)金融保险	105.1	105.4	104.2

3-3 分月居民消费价格指数(2018年)

(上年同月=100)

分类名称	1月	2月	3月	4月	5月	6月
居民消费价格总指数	**101.1**	**102.6**	**101.4**	**101.2**	**101.1**	**101.3**
非食品烟酒价格指数	**101.5**	**102.3**	**101.7**	**101.8**	**101.9**	**101.9**
服务价格指数	**101.0**	**103.0**	**102.0**	**102.0**	**102.0**	**101.8**
工业品价格指数	**101.9**	**101.6**	**101.3**	**101.6**	**101.9**	**102.0**
消费品价格指数	**101.1**	**102.3**	**101.1**	**100.7**	**100.7**	**101.0**
一、食品烟酒	**100.2**	**103.1**	**100.9**	**99.7**	**99.3**	**100.0**
1.食品	99.7	103.9	100.7	99.0	98.3	99.4
(1)粮食	101.0	100.9	100.8	100.7	100.9	100.5
大　米	100.6	100.4	100.6	100.6	100.8	100.9
面　粉	100.5	100.6	100.5	100.5	100.4	99.4
其他粮食	100.1	100.0	99.7	99.3	99.0	99.1
粮食制品	101.9	102.0	101.5	101.3	101.5	100.3
(2)薯类	103.2	105.9	104.0	107.3	112.8	113.6
薯　类	103.2	105.9	104.0	107.3	112.8	113.6
(3)豆类	106.1	106.3	105.8	105.7	105.5	105.5
干　豆	100.1	100.0	100.2	99.9	99.7	99.5
豆制品	107.6	107.8	107.2	107.1	107.0	107.0
(4)食用油	95.1	96.3	96.7	96.6	97.1	98.4
食用植物油	98.3	99.5	99.9	99.7	100.3	101.0
食用动物油	75.5	76.3	76.4	75.1	74.2	78.4
(5)菜	106.2	123.1	108.2	105.0	104.0	106.0
鲜　菜	106.6	125.3	108.8	105.5	104.5	106.6
干菜及菜制品	101.6	99.6	101.6	100.4	98.2	100.4
(6)畜肉类	91.5	94.5	90.8	87.6	87.3	90.8
猪　肉	87.3	91.0	85.5	80.6	80.0	85.3
牛　肉	101.9	105.3	103.9	103.7	103.6	103.3
羊　肉	110.6	114.1	114.2	113.8	114.0	113.6
畜肉副产品	93.5	95.1	93.1	91.1	89.5	90.2
其他畜肉及制品	98.7	98.9	99.3	98.5	100.3	100.8
(7)禽肉类	103.8	107.7	109.1	108.7	109.0	109.1
鸡	103.8	108.0	110.3	109.5	109.9	110.1
鸭	106.2	111.7	112.2	112.2	112.1	111.9
其他禽肉及制品	101.0	101.9	102.7	102.8	103.1	103.5
(8)水产品	101.8	105.8	104.2	102.8	100.7	99.2
淡水鱼	100.5	106.2	103.8	102.2	99.6	97.6
海水鱼	110.1	109.5	109.3	108.4	107.7	106.2
虾蟹类	101.1	108.8	107.1	104.9	102.7	102.4
其他水产品及制品	99.6	98.7	99.1	98.9	98.1	98.3
(9)蛋类	109.9	116.1	114.7	112.5	114.7	112.3
鸡　蛋	112.1	119.6	118.1	115.2	118.0	114.6
其他蛋及制品	99.6	99.6	100.0	100.5	100.5	101.8

3-3 续表 1

(上年同月=100)

分类名称	7月	8月	9月	10月	11月	12月
居民消费价格总指数	**101.7**	**102.0**	**101.9**	**102.3**	**102.1**	**102.1**
非食品烟酒价格指数	**102.0**	**102.4**	**102.1**	**102.2**	**101.9**	**101.5**
服务价格指数	**102.0**	**102.8**	**102.1**	**102.2**	**102.1**	**102.1**
工业品价格指数	**102.1**	**101.9**	**102.1**	**102.2**	**101.7**	**100.7**
消费品价格指数	**101.6**	**101.6**	**101.8**	**102.3**	**102.1**	**102.1**
一、食品烟酒	**101.1**	**101.2**	**101.5**	**102.4**	**102.5**	**103.6**
1.食品	101.0	101.3	101.7	103.0	103.1	104.7
(1)粮食	100.6	100.1	99.8	100.2	99.1	99.2
大　米	101.0	100.4	99.8	99.3	98.5	98.7
面　粉	99.4	99.3	99.3	99.4	99.5	99.3
其他粮食	98.9	98.1	97.1	96.5	96.7	97.6
粮食制品	100.1	100.0	100.4	102.9	100.8	100.7
(2)薯类	111.1	110.6	106.9	105.3	105.2	106.4
薯　类	111.1	110.6	106.9	105.3	105.2	106.4
(3)豆类	105.7	100.8	100.0	100.5	100.8	100.9
干　豆	99.2	99.0	99.9	99.6	100.0	100.1
豆制品	107.3	101.2	100.0	100.7	101.0	101.0
(4)食用油	99.1	99.4	98.8	98.9	99.3	100.8
食用植物油	101.0	100.8	100.7	100.6	100.5	100.7
食用动物油	83.7	87.3	84.2	85.2	90.0	101.3
(5)菜	111.0	107.0	109.7	112.9	104.8	103.0
鲜　菜	111.9	107.5	110.5	114.0	105.1	103.1
干菜及菜制品	101.3	101.4	100.2	101.2	101.8	101.7
(6)畜肉类	94.9	98.1	98.5	101.0	105.4	111.9
猪　肉	91.6	96.6	97.2	100.5	106.9	116.4
牛　肉	103.2	103.4	103.2	105.3	107.4	109.5
羊　肉	113.7	113.6	113.9	115.6	116.7	117.2
畜肉副产品	92.2	94.9	94.6	95.9	98.5	101.6
其他畜肉及制品	101.4	101.4	102.2	102.8	102.3	103.4
(7)禽肉类	107.9	105.0	101.9	101.6	102.0	104.4
鸡	108.5	104.8	101.2	100.7	100.7	103.5
鸭	110.5	106.1	101.6	101.7	103.2	106.3
其他禽肉及制品	103.7	104.3	104.1	103.8	104.5	104.4
(8)水产品	98.4	98.6	99.2	99.3	100.6	100.6
淡水鱼	97.2	97.6	99.0	99.5	101.3	101.2
海水鱼	103.0	101.9	100.3	99.9	99.5	100.6
虾蟹类	103.5	101.6	100.2	99.0	99.3	99.2
其他水产品及制品	97.5	98.5	98.8	97.8	98.7	98.3
(9)蛋类	107.9	108.8	105.7	108.4	106.2	101.5
鸡　蛋	109.0	110.1	106.1	109.2	106.6	101.0
其他蛋及制品	102.7	102.6	104.0	104.2	104.1	104.2

3-3 续表 2

(上年同月=100)

分类名称	1月	2月	3月	4月	5月	6月
(10)奶类	99.6	99.2	99.2	99.7	99.8	101.7
鲜　　奶	97.9	97.4	97.7	99.2	99.3	103.9
酸　　奶	99.1	98.9	98.1	97.1	97.6	97.3
奶　　粉	101.8	101.1	101.1	101.0	101.0	101.1
其他奶制品	99.8	99.9	100.1	100.5	100.6	100.9
(11)干鲜瓜果类	106.2	109.5	109.4	105.5	98.1	95.6
鲜 瓜 果	108.4	113.0	113.0	107.9	98.2	95.2
坚　　果	98.4	97.4	97.1	96.8	96.6	95.8
瓜果制品	102.1	102.2	101.8	102.3	102.9	103.7
(12)糖果糕点类	103.0	102.8	102.7	102.6	102.3	101.9
食　　糖	105.1	105.0	104.0	102.4	101.4	100.0
糖　　果	100.8	100.9	101.9	101.7	101.8	101.7
糕　　点	103.7	103.7	103.8	104.0	103.7	103.2
其他糖果糕点	101.8	100.9	99.9	100.6	100.5	100.5
(13)调味品	102.3	102.1	101.8	100.7	101.0	101.2
食 用 盐	91.8	96.2	95.8	95.1	95.9	96.6
酱　　油	106.0	105.6	105.2	103.7	102.6	102.8
食　　醋	109.3	107.8	105.6	101.7	104.0	104.2
调 味 酱	101.6	100.3	100.1	100.2	100.6	101.2
味　　精	100.9	98.8	98.8	99.4	99.7	99.8
其他调味品	100.8	100.3	101.0	100.3	101.0	99.9
(14)其他食品类	99.4	98.8	98.8	99.7	100.2	101.2
方便食品	98.9	98.4	98.5	99.6	99.3	100.4
淀粉及制品	101.9	101.2	99.9	98.7	98.5	97.9
膨化食品	98.9	98.3	98.7	100.3	102.2	103.9
2.茶及饮料	101.4	100.9	100.8	100.6	100.8	100.8
茶　　叶	102.4	102.2	101.7	101.2	101.6	101.5
固体咖啡	100.5	100.1	100.6	99.9	97.2	98.4
其他固体饮料	101.4	101.0	101.0	100.8	101.1	100.7
饮 用 水	99.5	98.7	99.3	99.8	99.3	99.7
果汁饮料	102.4	101.2	100.3	100.8	100.8	100.9
其他液体饮料	99.7	99.1	99.7	99.8	100.1	100.1
3.烟酒	102.4	102.6	102.4	102.0	101.9	101.8
(1)烟草	99.8	99.8	99.8	99.8	99.8	99.7
烟　　草	99.8	99.8	99.8	99.8	99.8	99.7
(2)酒类	106.3	107.0	106.3	105.3	105.1	105.0
白　　酒	109.6	110.2	109.3	107.7	107.1	107.3
葡 萄 酒	101.1	101.1	100.8	100.3	100.7	100.2
啤　　酒	100.2	101.4	101.2	101.5	101.8	101.6
其他酒类	102.8	102.1	101.6	100.6	101.7	101.5
4.在外餐饮	100.8	101.0	100.8	100.9	100.9	100.9
正　　餐	100.7	100.9	100.8	100.7	100.7	100.7

3-3 续表 3

(上年同月=100)

分类名称	7月	8月	9月	10月	11月	12月
(10)奶类	100.6	99.9	101.4	100.9	101.6	102.7
鲜　奶	101.4	99.2	101.9	101.2	102.9	104.7
酸　奶	98.0	98.4	99.7	99.9	100.5	101.3
奶　粉	100.5	100.9	101.7	101.0	100.6	101.3
其他奶制品	100.7	100.5	101.0	101.1	100.9	101.1
(11)干鲜瓜果类	95.8	99.5	102.3	103.1	105.8	105.5
鲜 瓜 果	95.4	100.3	103.8	104.7	108.3	107.9
坚　果	96.0	95.6	96.1	96.7	96.8	96.7
瓜果制品	103.6	103.9	103.7	102.9	102.7	101.4
(12)糖果糕点类	102.0	101.2	100.7	100.8	100.4	100.0
食　糖	100.0	99.2	98.6	98.2	97.7	97.8
糖　果	102.0	101.8	101.1	101.2	100.8	100.4
糕　点	103.3	102.2	101.9	102.2	101.8	101.2
其他糖果糕点	100.6	100.1	99.2	99.4	98.9	98.9
(13)调味品	101.5	100.8	100.6	100.6	100.2	100.1
食 用 盐	96.7	96.7	96.7	96.7	96.7	96.4
酱　油	103.5	101.9	101.8	101.3	100.4	100.1
食　醋	105.7	102.9	100.5	99.9	98.9	98.4
调 味 酱	100.5	100.7	100.5	101.6	101.2	101.5
味　精	100.5	100.1	100.7	100.1	100.1	101.1
其他调味品	99.1	100.8	102.2	103.0	103.8	103.2
(14)其他食品类	100.8	100.8	101.5	101.9	101.6	101.2
方便食品	99.8	99.8	101.1	101.0	100.7	100.6
淀粉及制品	97.9	97.6	98.8	101.2	100.6	99.3
膨化食品	103.5	103.5	103.4	103.3	103.1	103.0
2.茶及饮料	101.1	101.4	101.5	101.5	101.9	102.2
茶　叶	101.1	101.5	101.9	102.3	102.5	102.9
固体咖啡	99.7	100.4	101.9	102.0	101.4	101.6
其他固体饮料	100.6	100.5	101.2	100.9	101.2	100.9
饮 用 水	100.7	100.2	99.2	98.4	99.4	99.6
果汁饮料	101.8	102.1	102.3	101.4	103.1	102.5
其他液体饮料	101.5	102.1	102.1	101.8	101.5	102.2
3.烟酒	101.8	101.5	101.0	101.2	101.1	101.0
(1)烟草	99.6	99.7	99.7	99.8	99.8	99.8
烟　草	99.6	99.7	99.7	99.8	99.8	99.8
(2)酒类	104.9	104.2	102.9	103.2	102.8	102.8
白　酒	107.2	106.2	104.6	104.5	103.9	103.6
葡 萄 酒	99.4	99.4	99.7	99.5	99.5	99.9
啤　酒	101.4	100.9	99.6	101.5	101.4	101.9
其他酒类	101.4	101.6	101.5	101.4	101.0	101.1
4.在外餐饮	100.8	100.7	100.8	101.0	101.2	101.4
正　餐	100.6	100.7	100.8	101.0	101.2	101.4

3-3 续表 4

(上年同月=100)

分类名称	1月	2月	3月	4月	5月	6月
快　　餐	100.4	100.4	100.2	100.3	100.3	100.0
地方小吃	101.7	102.4	101.1	101.7	102.7	102.7
其他在外餐饮	101.8	102.4	102.3	103.2	103.4	103.4
二、衣着	**101.9**	**101.5**	**101.2**	**101.1**	**101.1**	**100.7**
1.服装	102.6	102.2	101.8	101.7	101.8	101.5
(1)男式服装	102.6	102.1	101.8	101.6	101.3	100.5
男式西服	106.0	106.9	105.4	105.4	105.0	103.6
男式冬衣	102.6	100.7	99.6	99.4	99.6	99.9
男式夹克衫	104.2	105.9	105.3	103.6	103.6	103.6
男式毛线衣	101.2	100.3	101.1	101.1	99.6	99.6
男式运动装	102.3	101.7	101.6	102.6	102.9	101.3
男式衬衫T恤	101.7	101.3	102.0	100.8	100.6	100.4
男式裤子	101.8	100.4	100.5	101.3	100.4	97.4
男式内衣	100.5	99.2	98.2	98.2	98.2	98.3
(2)女式服装	102.5	102.2	101.8	101.8	102.1	102.1
女式外套	104.1	104.8	104.3	103.8	104.6	104.7
女式冬衣	101.7	100.8	98.9	98.8	99.0	99.3
女式毛线衣	100.3	100.5	101.3	101.1	100.6	100.3
女式运动装	103.7	102.9	101.8	101.9	101.8	100.1
女式衬衫T恤	101.2	100.6	101.6	101.5	101.8	101.3
女式裤子	107.3	104.6	103.1	102.9	101.7	101.8
女式裙子	102.9	104.2	104.2	106.0	107.2	107.3
女式内衣	97.8	96.8	97.3	97.7	97.5	98.0
(3)儿童服装	103.0	102.3	102.0	101.9	101.7	101.6
婴幼服装	104.0	103.4	104.4	104.8	102.9	101.8
儿童上衣	102.9	102.7	102.3	101.8	101.4	101.5
儿童裤子	104.7	102.8	101.7	101.8	101.8	102.5
儿童裙子	99.0	99.5	99.1	98.5	100.7	100.3
2.服装材料	101.2	101.9	102.5	102.7	103.3	104.9
服装材料	101.2	101.9	102.5	102.7	103.3	104.9
3.其他衣着及配件	99.3	98.8	98.9	98.9	99.1	99.1
袜　　子	99.3	99.3	98.8	98.8	99.2	99.5
帽　　子	100.4	99.2	99.4	99.4	99.8	99.0
其他衣着配件	98.3	97.3	98.4	98.4	98.4	98.1
4.衣着加工服务费	106.2	108.8	107.9	103.7	103.6	103.3
衣着洗涤保养	106.5	108.5	107.3	103.3	103.2	102.8
衣着加工	105.3	109.3	109.3	104.7	104.7	104.6
5.鞋类	100.0	99.5	99.4	99.4	99.1	98.4
(1)鞋	99.8	99.2	99.1	99.2	98.9	98.2
男　　鞋	100.8	100.0	99.8	99.4	98.2	97.7
女　　鞋	99.1	98.6	98.6	98.8	98.9	98.0
童　　鞋	100.6	99.8	99.8	99.8	100.3	99.8
(2)鞋类加工服务	104.4	106.8	104.9	105.0	104.7	104.8
鞋类加工服务	104.4	106.8	104.9	105.0	104.7	104.8

3-3 续表 5

(上年同月=100)

分类名称	7月	8月	9月	10月	11月	12月
快　　餐	99.9	99.9	100.1	100.2	100.4	100.5
地方小吃	102.7	102.8	102.0	102.5	103.2	103.5
其他在外餐饮	103.4	101.3	101.4	101.5	101.5	101.3
二、衣着	**100.5**	**101.0**	**101.3**	**101.5**	**101.1**	**100.7**
1.服装	101.4	101.6	101.7	101.8	101.5	101.0
(1)男式服装	100.5	100.8	100.9	101.5	101.3	101.0
男式西服	104.1	104.1	103.9	101.7	99.3	99.0
男式冬衣	100.0	100.0	99.8	100.5	99.9	99.1
男式夹克衫	103.6	104.1	103.5	105.4	105.7	105.2
男式毛线衣	99.7	99.9	99.9	101.3	99.6	99.0
男式运动装	100.3	100.2	100.9	101.7	101.4	101.3
男式衬衫T恤	100.5	100.1	100.7	101.3	101.5	102.1
男式裤子	96.9	99.1	98.8	99.1	100.2	99.8
男式内衣	98.2	98.6	99.7	101.0	102.8	103.1
(2)女式服装	101.9	101.9	102.0	102.1	101.6	101.1
女式外套	104.7	105.1	105.3	104.9	103.6	103.1
女式冬衣	99.4	99.5	99.4	99.4	98.7	97.4
女式毛线衣	100.4	100.6	101.8	104.1	100.0	99.9
女式运动装	99.9	100.3	100.2	100.4	100.1	100.3
女式衬衫T恤	101.4	100.5	99.2	99.3	100.1	100.2
女式裤子	101.9	101.6	101.9	101.5	103.1	101.7
女式裙子	105.5	104.4	103.8	102.4	102.5	102.5
女式内衣	98.0	100.1	101.6	102.9	103.9	103.8
(3)儿童服装	102.1	102.4	102.1	101.7	101.3	100.2
婴幼服装	101.9	101.2	100.9	100.1	99.9	98.6
儿童上衣	102.0	102.4	102.7	102.0	101.2	99.6
儿童裤子	103.7	104.4	102.9	102.8	102.7	102.0
儿童裙子	99.7	100.4	100.2	100.8	100.7	100.7
2.服装材料	103.1	105.7	106.9	107.8	107.5	107.4
服装材料	103.1	105.7	106.9	107.8	107.5	107.4
3.其他衣着及配件	99.5	100.0	100.1	100.1	100.2	100.4
袜　　子	100.3	100.4	100.2	100.4	100.7	100.8
帽　　子	99.0	99.6	100.0	99.8	99.4	99.5
其他衣着配件	98.4	99.3	99.9	99.8	99.8	100.3
4.衣着加工服务费	103.5	104.2	103.7	103.9	103.6	104.0
衣着洗涤保养	103.0	103.1	102.5	102.0	101.6	102.1
衣着加工	104.7	106.7	106.6	108.4	108.4	108.7
5.鞋类	97.8	99.2	100.1	100.2	99.9	99.9
(1)鞋	97.5	99.0	100.0	100.0	99.7	99.7
男　　鞋	96.8	98.3	100.0	99.9	99.1	99.1
女　　鞋	97.6	99.0	99.6	99.8	99.7	99.7
童　　鞋	99.0	100.7	101.4	101.3	101.4	101.2
(2)鞋类加工服务	104.8	104.8	104.5	104.0	104.0	104.0
鞋类加工服务	104.8	104.8	104.5	104.0	104.0	104.0

3-3 续表 6

(上年同月=100)

分类名称	1月	2月	3月	4月	5月	6月
三、居住	**102.7**	**102.1**	**102.1**	**102.3**	**102.4**	**102.3**
1.租赁房房租	103.3	103.3	103.5	103.8	103.9	104.1
公房房租	100.0	100.0	100.0	101.1	101.1	101.1
私房房租	103.7	103.8	103.9	104.1	104.2	104.5
2.住房保养维修及管理	105.1	105.3	105.4	105.4	105.3	105.2
(1)住房装潢材料	106.9	106.5	106.4	106.3	106.5	106.1
木地板	102.2	102.2	102.3	102.9	101.8	101.0
瓷砖	112.4	111.5	111.6	111.8	113.5	113.3
水泥	114.5	115.0	116.5	117.7	119.4	119.0
涂料	104.1	103.3	104.4	102.7	102.1	102.3
板材	109.8	109.5	109.1	108.8	109.0	108.7
管材	107.0	106.5	105.3	105.4	106.3	106.3
厨卫设备	102.3	102.3	102.2	101.9	102.0	100.7
门窗	107.4	106.8	106.2	105.4	104.3	104.7
其他住房装潢材料	108.0	106.7	106.0	106.4	106.4	106.1
(2)物业管理费	100.0	100.0	100.0	100.0	100.0	100.0
物业管理费	100.0	100.0	100.0	100.0	100.0	100.0
(3)住房装潢维修	105.0	106.2	106.6	106.6	106.2	106.4
装潢维修费	106.4	108.1	108.8	108.8	108.3	108.4
其他住房费用	100.6	100.6	100.1	100.2	100.2	100.4
3.水电燃料	101.5	101.5	101.3	101.3	101.2	101.1
(1)水	107.1	106.4	104.9	104.9	104.9	103.1
水	107.1	106.4	104.9	104.9	104.9	103.1
(2)电	99.1	99.1	99.1	99.1	99.1	99.5
电	99.1	99.1	99.1	99.1	99.1	99.5
(3)燃气	101.2	101.2	101.9	101.9	101.8	101.9
管道燃气	100.0	100.0	100.0	100.0	100.0	100.0
液化石油气	104.3	104.4	106.8	107.0	106.7	106.8
(4)取暖费	100.0	100.0	100.0	100.0	100.0	100.0
取暖费	100.0	100.0	100.0	100.0	100.0	100.0
(5)其他燃料	111.0	112.7	108.9	109.7	106.7	105.0
其他燃料	111.0	112.7	108.9	109.7	106.7	105.0
4.自有住房	102.2	101.1	101.2	101.5	101.6	101.6
自有住房	102.2	101.1	101.2	101.5	101.6	101.6
四、生活用品及服务	**101.8**	**102.0**	**101.9**	**101.9**	**102.2**	**102.0**
1.家具及室内装饰品	105.1	105.1	105.8	105.4	105.7	105.6
(1)家具	105.8	105.9	106.7	106.1	106.3	106.3
柜	107.7	107.3	108.6	107.7	108.1	107.9
床	105.0	105.0	105.8	105.6	106.1	106.4
桌	105.2	105.1	105.7	104.8	104.6	104.6

3-3 续表 7

(上年同月=100)

分类名称	7月	8月	9月	10月	11月	12月
三、居住	**102.3**	**102.9**	**103.1**	**103.2**	**103.3**	**103.2**
1.租赁房房租	104.7	105.6	105.9	105.8	105.8	105.7
公房房租	101.1	101.1	101.1	101.1	101.1	101.1
私房房租	105.1	106.2	106.5	106.4	106.4	106.3
2.住房保养维修及管理	105.0	103.7	102.4	102.1	102.2	101.9
(1)住房装潢材料	105.8	104.1	102.5	101.7	101.7	101.6
木 地 板	101.6	100.8	99.8	99.3	99.4	99.6
瓷　　砖	112.6	109.9	105.6	103.1	102.8	102.9
水　　泥	116.8	112.7	112.6	113.7	115.7	114.0
涂　　料	101.7	100.8	101.7	100.9	100.7	101.0
板　　材	108.3	106.2	103.5	102.3	100.6	100.6
管　　材	105.8	105.5	104.2	102.6	101.8	101.3
厨卫设备	101.0	99.2	98.4	98.5	98.5	98.6
门　　窗	104.5	104.0	102.7	101.5	102.2	101.6
其他住房装潢材料	105.9	102.8	99.0	99.8	99.9	99.6
(2)物业管理费	100.0	100.0	100.0	100.0	100.0	100.0
物业管理费	100.0	100.0	100.0	100.0	100.0	100.0
(3)住房装潢维修	106.5	105.0	103.5	103.7	103.9	103.4
装潢维修费	108.5	106.5	104.4	103.8	103.9	103.3
其他住房费用	100.4	100.6	100.6	103.7	103.7	103.7
3.水电燃料	101.3	101.6	102.3	102.4	102.8	102.9
(1)水	103.4	102.3	102.3	102.6	102.6	102.6
水	103.4	102.3	102.3	102.6	102.6	102.6
(2)电	99.5	100.0	100.0	100.0	99.9	99.9
电	99.5	100.0	100.0	100.0	99.9	99.9
(3)燃气	102.4	103.3	106.0	106.3	107.2	107.9
管道燃气	100.7	101.6	105.3	105.6	107.3	108.3
液化石油气	106.8	107.8	108.1	108.2	107.1	106.8
(4)取暖费	100.0	100.0	100.0	100.0	100.0	100.0
取 暖 费	100.0	100.0	100.0	100.0	100.0	100.0
(5)其他燃料	105.3	104.6	102.6	99.8	106.0	104.3
其他燃料	105.3	104.6	102.6	99.8	106.0	104.3
4.自有住房	101.5	102.8	103.4	103.5	103.6	103.4
自有住房	101.5	102.8	103.4	103.5	103.6	103.4
四、生活用品及服务	**101.9**	**101.3**	**101.1**	**101.0**	**100.7**	**100.6**
1.家具及室内装饰品	105.1	103.2	101.9	101.6	101.3	101.2
(1)家具	105.8	103.5	102.2	101.8	101.4	101.4
柜	106.7	104.0	103.2	102.7	101.9	101.5
床	106.1	103.9	101.7	101.2	100.7	100.7
桌	104.3	102.4	101.7	101.2	100.7	100.9

3-3 续表 8

(上年同月=100)

分类名称	1月	2月	3月	4月	5月	6月
椅	105.9	106.0	105.9	106.1	106.2	106.1
沙　发	106.4	107.1	107.9	107.2	107.3	107.2
其他家具	102.3	102.3	102.9	102.4	102.5	102.5
(2)室内装饰品	101.0	100.7	100.8	101.1	101.7	101.4
灯　具	101.3	101.0	101.2	101.7	102.1	101.9
其他室内装饰品	100.5	100.2	100.2	100.1	101.1	100.5
2.家用器具	101.0	100.9	100.3	100.1	99.8	99.5
(1)大型家用器具	101.0	100.8	100.2	100.0	99.7	99.5
洗衣机	99.8	99.5	98.3	97.6	97.5	96.6
电冰箱(柜)	101.5	101.2	100.8	100.7	100.4	100.2
抽油烟机	101.7	101.7	100.6	100.6	99.8	100.0
空调器	102.1	102.3	101.1	100.5	99.9	100.4
热水器	101.1	100.5	100.1	99.6	99.7	99.8
炉具灶具	100.7	100.0	100.8	101.1	100.3	99.5
微波炉	101.6	101.5	101.7	101.9	101.4	100.1
其他大型家用器具	98.7	98.2	98.6	99.1	99.4	98.6
(2)小家电	101.3	101.2	101.0	100.9	100.7	99.9
厨房小家电	101.1	101.2	101.0	101.1	100.6	99.6
生活小家电	101.5	101.3	101.0	100.8	100.7	100.1
3.家用纺织品	101.8	101.0	101.1	101.7	102.2	102.0
(1)床上用品	101.5	100.5	100.6	100.9	101.5	101.3
被　子	103.2	102.0	102.4	102.7	103.2	102.6
床单被套	100.5	99.6	99.5	99.8	100.8	100.8
其他床上用品	100.3	99.5	99.5	99.6	99.5	99.7
(2)窗帘门帘	103.6	103.7	103.8	105.8	105.6	105.9
窗帘门帘	103.6	103.7	103.8	105.8	105.6	105.9
(3)其他家用纺织品	102.1	101.9	102.6	103.6	103.5	103.5
其他家用纺织品	102.1	101.9	102.6	103.6	103.5	103.5
4.家庭日用杂品	100.3	100.2	100.4	100.7	101.2	101.2
(1)洗涤卫生用品	100.2	100.4	100.5	101.1	102.1	101.6
清洗用品	100.5	100.5	100.6	102.1	103.4	102.6
清洁用具	97.5	98.6	97.8	98.1	99.3	98.5
清洁用纸	101.8	101.8	102.3	101.8	102.0	102.2
(2)厨具餐具茶具	100.0	99.5	100.2	100.1	100.1	100.3
厨　具	100.3	100.8	101.0	101.1	100.9	101.0
餐　具	99.7	97.7	99.3	98.8	99.5	99.9
茶　具	99.8	99.7	99.8	100.0	99.3	99.1
(3)家用手工工具	103.3	103.3	103.3	103.5	103.8	104.2
家用手工工具	103.3	103.3	103.3	103.5	103.8	104.2
(4)其他家庭日用杂品	100.4	100.0	100.1	100.3	100.1	100.8
配电附件	99.1	100.4	99.5	100.2	101.7	103.6
雨　具	100.2	100.3	99.2	98.8	96.5	97.7
其他日用杂品	101.0	99.8	100.7	101.0	100.8	100.8

3-3 续表 9

(上年同月=100)

分类名称	7月	8月	9月	10月	11月	12月
椅	105.7	104.7	102.3	102.5	102.5	101.9
沙　　发	106.4	103.5	102.5	102.1	101.9	102.0
其他家具	103.3	101.8	100.3	100.1	100.3	101.4
(2)室内装饰品	100.7	101.0	100.5	100.5	100.2	100.1
灯　　具	100.7	100.3	99.8	99.7	99.2	99.1
其他室内装饰品	100.8	102.0	101.7	101.8	101.7	101.7
2.家用器具	99.6	99.5	99.3	99.0	98.7	98.5
(1)大型家用器具	99.6	99.4	99.3	98.9	98.6	98.4
洗 衣 机	96.2	95.5	95.4	95.3	94.9	94.5
电冰箱(柜)	100.0	100.3	100.9	100.8	100.4	100.0
抽油烟机	100.1	100.0	99.6	99.3	98.9	99.3
空 调 器	100.3	100.4	100.0	99.5	99.2	99.2
热 水 器	100.3	99.5	98.6	98.0	98.0	97.9
炉具灶具	99.5	98.9	98.8	98.5	98.5	97.6
微 波 炉	100.9	101.4	100.5	100.4	101.3	100.2
其他大型家用器具	99.6	99.5	99.3	98.3	97.7	97.9
(2)小家电	100.0	99.8	99.7	99.5	99.1	98.8
厨房小家电	99.9	99.2	99.1	99.5	99.3	99.0
生活小家电	100.1	100.5	100.3	99.4	98.9	98.7
3.家用纺织品	101.5	101.2	101.1	101.2	100.9	100.0
(1)床上用品	100.9	100.8	101.0	101.2	100.9	99.8
被　　子	102.3	102.1	102.4	102.4	101.0	99.9
床单被套	100.3	100.2	100.5	100.5	100.4	99.5
其他床上用品	99.1	99.2	99.5	100.3	101.9	100.5
(2)窗帘门帘	105.2	104.4	102.9	102.5	102.0	102.1
窗帘门帘	105.2	104.4	102.9	102.5	102.0	102.1
(3)其他家用纺织品	102.4	101.1	99.9	99.7	99.2	99.2
其他家用纺织品	102.4	101.1	99.9	99.7	99.2	99.2
4.家庭日用杂品	101.3	101.3	101.8	101.9	101.4	101.6
(1)洗涤卫生用品	102.4	102.8	103.0	103.0	102.0	102.5
清洗用品	103.4	103.3	103.6	104.0	102.8	104.2
清洁用具	98.8	100.7	100.8	100.1	99.6	99.0
清洁用纸	103.2	103.5	103.5	103.3	102.3	102.2
(2)厨具餐具茶具	98.9	99.1	100.2	101.0	100.4	101.2
厨　　具	101.1	101.1	101.4	101.7	101.5	101.8
餐　　具	95.8	96.4	99.0	100.8	99.2	101.3
茶　　具	99.3	99.5	99.5	99.7	100.0	99.8
(3)家用手工工具	104.8	104.0	103.0	102.7	102.2	102.1
家用手工工具	104.8	104.0	103.0	102.7	102.2	102.1
(4)其他家庭日用杂品	100.8	100.1	100.8	100.6	101.0	100.4
配电附件	102.8	101.7	103.2	102.8	102.5	101.2
雨　　具	98.9	98.2	97.0	97.1	96.6	96.3
其他日用杂品	100.7	100.1	101.2	101.0	102.0	101.6

3-3 续表 10

(上年同月=100)

分类名称	1月	2月	3月	4月	5月	6月
5.个人护理用品	100.8	100.8	100.8	100.5	100.9	101.0
(1)化妆品	100.8	100.4	100.4	100.6	100.9	100.6
清洁化妆品	100.5	100.6	100.8	101.8	102.6	102.2
护肤化妆品	101.0	100.2	100.0	99.8	100.0	99.4
彩妆化妆品	101.1	101.1	101.0	101.4	101.4	101.5
化妆器具	99.9	99.8	99.7	99.8	99.9	99.7
(2)其他护理用品类	100.8	101.1	101.2	100.4	100.8	101.4
清洁类护理用品	99.5	100.8	101.0	99.5	100.7	101.5
护发美发用品	104.1	103.9	102.7	102.3	101.7	101.8
护理器具	99.9	100.3	99.7	98.7	98.8	99.1
其他护理用品	98.9	98.1	100.1	100.2	100.8	101.9
6.家庭服务	105.1	111.2	108.2	108.9	109.2	108.5
家政服务	99.5	111.7	105.3	107.0	107.3	107.3
家庭维修服务	110.7	110.8	110.8	110.8	110.9	109.6
五、交通和通信	**100.1**	**101.0**	**100.3**	**100.9**	**101.7**	**102.5**
1.交通	100.5	101.9	100.7	101.7	103.0	104.2
(1)交通工具	97.7	97.2	97.4	97.4	97.1	96.9
小型汽车	95.5	95.0	95.3	95.2	94.8	94.4
电动自行车	103.7	103.1	102.8	102.9	102.5	102.9
自 行 车	102.3	102.4	102.2	102.5	103.6	103.6
其他交通工具	100.8	100.8	100.9	100.9	100.8	100.7
(2)交通工具用燃料	106.1	106.3	104.1	108.3	112.8	116.9
汽 油	106.4	106.6	104.3	108.6	113.4	117.8
柴 油	107.0	107.3	104.8	109.6	114.8	119.7
其他车用能源	100.4	100.4	100.4	100.4	100.2	100.2
(3)交通工具使用和维修	100.1	102.1	100.7	100.1	100.6	100.7
停 车 费	100.6	101.9	101.9	101.9	102.3	102.3
车辆使用费	99.8	99.6	99.6	99.6	100.7	100.7
交通工具零配件	102.3	101.8	101.8	101.5	101.6	101.7
车辆修理与保养	98.2	104.2	99.8	98.4	98.9	99.0
(4)交通费	97.6	103.1	101.2	100.7	100.9	101.4
市内公共交通	102.8	103.1	103.1	103.3	108.3	105.9
出租汽车	99.4	101.2	100.7	100.7	101.0	101.0
飞 机 票	86.3	109.0	103.1	101.1	95.6	101.7
火 车 票	99.8	99.8	99.8	99.9	100.9	100.8
长途汽车	98.8	99.4	99.4	98.7	98.5	98.5
其他交通费	97.3	110.7	102.2	100.9	99.8	100.0
2.通信	99.6	99.6	99.7	99.5	99.5	99.7
(1)通信工具	95.5	95.4	94.9	94.2	94.4	95.7
固定电话机	99.9	99.9	99.9	99.4	99.4	99.4
移动电话机	95.3	95.1	94.6	93.8	94.0	95.5
通信工具零配件	95.8	95.9	96.1	96.3	96.3	96.3

3-3 续表 11

(上年同月=100)

分类名称	7月	8月	9月	10月	11月	12月
5.个人护理用品	100.7	100.4	100.1	100.4	100.1	99.7
(1)化妆品	100.8	100.8	100.7	100.9	100.2	100.1
清洁化妆品	102.8	102.6	102.5	102.7	102.3	102.3
护肤化妆品	99.6	99.5	99.4	100.0	98.8	98.6
彩妆化妆品	101.5	101.8	101.6	101.2	100.9	100.8
化妆器具	99.7	99.7	99.7	99.7	100.0	99.9
(2)其他护理用品类	100.7	100.0	99.5	99.9	99.9	99.4
清洁类护理用品	99.9	99.3	98.1	99.4	99.7	99.0
护发美发用品	101.8	100.3	100.0	99.3	99.0	99.5
护理器具	99.6	99.7	100.0	99.3	99.7	99.6
其他护理用品	101.3	100.8	101.5	102.3	102.0	99.9
6.家庭服务	108.7	105.5	105.1	105.0	104.6	104.9
家政服务	108.0	108.0	108.0	108.3	107.6	108.2
家庭维修服务	109.3	103.3	102.5	102.0	102.0	102.0
五、交通和通信	**103.2**	**102.5**	**101.8**	**102.1**	**100.6**	**98.1**
1.交通	105.4	104.6	104.9	105.2	102.8	98.9
(1)交通工具	96.1	95.9	96.4	96.2	97.4	97.3
小型汽车	93.4	93.4	94.2	94.3	96.1	95.9
电动自行车	102.5	101.6	100.8	99.3	99.1	98.9
自 行 车	104.0	102.8	102.8	102.1	102.0	102.2
其他交通工具	100.8	100.6	100.1	100.2	100.5	100.5
(2)交通工具用燃料	121.1	118.5	119.9	121.1	112.3	99.9
汽 油	122.2	119.4	120.8	122.0	112.6	99.6
柴 油	124.5	121.4	122.9	124.2	113.7	99.5
其他车用能源	100.2	100.0	101.7	102.3	105.4	105.9
(3)交通工具使用和维修	100.6	100.8	101.3	100.9	100.8	100.9
停 车 费	102.3	101.9	101.9	101.9	101.9	101.9
车辆使用费	101.0	101.2	101.0	101.0	101.1	101.1
交通工具零配件	101.2	101.3	102.0	101.1	101.1	101.3
车辆修理与保养	98.9	99.3	100.6	100.1	99.9	99.9
(4)交通费	103.0	102.6	100.9	100.7	99.1	98.9
市内公共交通	105.9	105.9	105.6	106.0	106.0	106.0
出租汽车	101.0	101.0	101.0	101.0	101.0	101.3
飞 机 票	111.8	109.3	97.7	97.2	87.4	84.9
火 车 票	100.8	100.8	101.2	101.2	101.3	101.3
长途汽车	98.1	97.9	98.6	98.1	97.9	98.1
其他交通费	100.0	100.9	100.6	100.4	100.4	100.4
2.通信	99.7	99.2	96.6	96.8	96.9	96.6
(1)通信工具	95.5	94.5	93.2	94.0	94.4	93.3
固定电话机	99.3	99.1	99.1	99.1	99.1	99.1
移动电话机	95.2	94.1	92.5	93.3	93.8	92.6
通信工具零配件	96.3	98.1	100.3	100.3	100.3	100.0

3-3 续表 12

(上年同月=100)

分类名称	1月	2月	3月	4月	5月	6月
(2)通信服务	100.8	100.7	101.1	101.1	100.9	100.9
固定电话费	98.9	98.9	98.9	98.9	98.9	98.9
移动通信费	100.0	100.0	100.0	100.0	100.0	100.0
上 网 费	104.0	103.8	105.3	105.3	104.5	104.5
其他通信服务	100.1	100.1	100.1	100.1	100.6	100.6
(3)邮递服务	100.5	100.5	100.5	100.4	100.3	100.3
邮政邮寄	100.0	100.0	100.0	100.0	100.0	100.0
快递服务	100.6	100.6	100.6	100.5	100.4	100.4
六、教育文化和娱乐	**99.9**	**104.8**	**101.8**	**101.9**	**101.3**	**100.4**
1.教育	102.5	101.9	102.6	102.5	102.5	102.4
(1)教育用品	103.4	103.0	102.8	103.0	103.0	102.9
工 具 书	102.4	102.6	101.3	102.1	102.4	101.8
教　材	102.5	101.7	100.9	100.9	100.9	100.9
参考资料	105.7	105.4	106.2	106.4	106.4	106.4
其他教育用品	98.1	97.4	97.4	97.5	97.4	97.5
(2)教育服务	102.5	101.8	102.6	102.5	102.4	102.3
学前教育	106.7	104.3	108.5	108.5	108.5	108.5
小学初中教育	102.3	101.5	101.6	101.6	101.6	101.6
高中中职教育	102.0	101.2	100.7	100.7	100.7	100.7
高等教育	100.1	100.1	100.1	100.1	100.1	100.1
课外教育	104.2	104.2	105.4	105.4	105.4	104.9
专业技能培训	100.7	100.8	100.2	98.9	98.7	97.9
2.文化娱乐	97.4	107.6	101.1	101.2	100.0	98.5
(1)文娱耐用消费品	98.6	98.0	97.4	96.8	96.2	95.5
电 视 机	98.1	96.9	96.3	95.3	94.1	92.7
照 相 机	100.3	99.2	98.4	98.4	98.6	97.9
台式计算机	98.6	99.1	97.7	97.3	96.7	96.5
笔记本平板	96.5	96.7	96.2	96.1	95.1	95.2
乐　器	101.0	100.6	100.7	100.7	101.0	101.4
音　响	100.1	99.0	98.8	98.8	99.5	98.9
其他文娱耐用消费品	100.8	100.0	99.5	99.4	99.8	99.8
(2)其他文娱用品	101.5	101.6	102.1	102.5	102.2	102.2
书报杂志	105.5	105.5	105.6	105.6	105.6	105.6
纸张文具	100.3	100.3	100.2	100.5	100.6	100.4
体育户外用品	101.4	101.4	102.3	101.6	100.9	100.8
游戏用品和玩具	100.7	101.0	101.4	101.5	100.7	100.9
园艺花卉及用品	96.9	99.7	101.2	107.2	104.8	104.4
宠物及用品	99.5	98.6	101.1	101.1	102.1	103.4
其他文化娱乐用品	102.2	101.8	101.8	101.3	101.4	101.0
(3)文化娱乐服务	99.2	99.8	101.0	101.4	101.1	100.9
电 影 票	98.0	99.8	101.6	102.4	102.4	102.4

3-3 续表 13

(上年同月=100)

分类名称	7月	8月	9月	10月	11月	12月
(2)通信服务	100.9	100.4	97.3	97.3	97.3	97.2
固定电话费	98.9	98.9	98.9	98.9	98.9	98.9
移动通信费	100.0	100.0	96.9	96.9	96.9	96.9
上 网 费	104.4	102.4	97.2	97.2	97.2	97.0
其他通信服务	100.6	100.6	100.6	100.6	100.6	100.6
(3)邮递服务	100.3	100.3	100.3	100.3	100.3	100.3
邮政邮寄	100.0	100.0	100.0	100.0	100.0	100.0
快递服务	100.4	100.4	100.4	100.4	100.4	100.3
六、教育文化和娱乐	**100.9**	**102.3**	**101.1**	**101.2**	**101.1**	**101.3**
1.教育	102.4	102.7	102.7	102.8	102.8	102.8
(1)教育用品	103.3	101.9	100.5	100.6	100.6	100.6
工 具 书	102.5	101.1	100.6	101.2	101.5	101.5
教　　材	101.6	101.6	95.1	95.1	95.1	95.1
参考资料	106.4	103.3	105.5	105.5	105.5	105.5
其他教育用品	96.5	97.5	98.8	98.6	98.8	98.5
(2)教育服务	102.3	102.7	102.9	103.0	102.9	103.0
学前教育	108.5	108.5	108.1	108.1	108.1	108.1
小学初中教育	101.6	101.6	105.5	105.5	105.5	105.5
高中中职教育	100.7	100.7	100.3	100.3	100.3	100.3
高等教育	100.1	100.1	99.9	100.0	100.0	100.0
课外教育	105.5	108.0	106.1	106.1	106.1	106.1
专业技能培训	97.1	97.1	97.3	97.4	97.4	97.9
2.文化娱乐	99.4	102.0	99.5	99.7	99.5	99.9
(1)文娱耐用消费品	95.4	95.3	95.5	95.7	95.3	95.2
电 视 机	91.5	90.8	90.8	90.6	90.2	90.5
照 相 机	98.0	98.4	97.7	97.4	97.4	96.8
台式计算机	97.5	97.5	97.9	99.6	99.0	98.9
笔记本平板	96.4	96.3	97.6	98.2	97.2	96.0
乐　　器	101.4	101.7	101.6	101.3	101.2	101.0
音　　响	98.8	98.5	98.8	98.9	99.3	99.1
其他文娱耐用消费品	100.3	101.1	101.1	100.8	100.6	100.9
(2)其他文娱用品	102.7	103.1	103.2	103.3	103.2	103.4
书报杂志	107.9	107.9	107.9	107.9	107.9	108.5
纸张文具	100.6	100.7	100.6	100.6	100.2	100.0
体育户外用品	101.0	100.9	101.1	101.2	101.2	101.2
游戏用品和玩具	101.0	100.6	100.8	101.1	101.1	101.1
园艺花卉及用品	103.9	106.4	105.5	105.1	106.1	107.8
宠物及用品	103.6	107.6	108.7	110.2	109.0	107.9
其他文化娱乐用品	101.2	101.2	101.2	101.2	101.2	101.4
(3)文化娱乐服务	100.8	101.3	101.0	100.5	100.8	101.8
电 影 票	101.9	102.2	102.0	102.2	102.9	103.0

3-3 续表 14

(上年同月=100)

分类名称	1月	2月	3月	4月	5月	6月
景点门票	90.3	91.4	100.3	103.0	103.0	101.6
有线电视	100.0	100.0	100.0	100.0	100.0	100.0
健身活动	103.1	103.1	103.0	103.1	100.4	100.4
其他文娱服务	100.9	102.1	101.7	101.9	101.9	102.1
(4)旅游	95.3	116.3	102.5	102.8	100.8	98.0
旅行社收费	92.5	124.9	103.7	104.3	101.0	96.7
其他旅游	101.0	100.9	100.3	100.1	100.4	100.5
七、医疗保健	**102.0**	**101.7**	**101.9**	**102.1**	**102.9**	**102.9**
1.药品及医疗器具	104.2	103.4	103.4	104.0	104.1	104.0
(1)中药	103.8	103.6	103.7	104.3	104.8	105.0
中 药 材	102.9	102.6	101.8	101.7	102.4	102.2
中 成 药	104.2	104.1	104.6	105.5	106.0	106.3
(2)西药	106.3	104.7	104.8	105.5	105.4	105.3
抗微生物药	100.2	100.1	99.3	100.1	101.2	101.1
消化系统用药	101.4	101.9	103.1	103.9	105.4	106.5
呼吸系统用药	121.4	112.8	113.1	113.0	112.5	111.4
解热镇痛药	105.2	104.4	104.2	105.4	105.3	104.4
抗肿瘤药	120.5	110.4	113.1	113.1	107.6	106.1
激素及影响内分泌药	110.7	105.1	101.7	102.0	101.2	101.2
心血管系统用药	103.5	102.8	102.3	102.6	101.8	102.2
血液系统用药	105.7	105.8	105.9	107.0	105.1	105.7
治疗精神障碍药	113.3	107.9	107.4	107.3	107.0	107.0
神经系统用药	105.1	105.5	106.5	110.0	111.5	111.1
消毒防腐及创伤外科用药	107.7	107.7	110.4	110.3	110.3	109.3
泌尿系统用药	103.5	103.5	103.2	103.7	103.7	104.0
维生素、矿物质类药	103.7	108.3	108.5	109.1	109.2	109.2
调节水、电解质及酸碱平衡药	107.2	104.3	105.1	105.2	105.4	106.2
(3)滋补保健品	101.9	101.8	102.0	102.5	102.3	102.0
滋补保健品	101.9	101.8	102.0	102.5	102.3	102.0
(4)医疗卫生器具	99.9	100.3	99.5	100.1	100.2	100.3
医疗卫生器具	99.9	100.3	99.5	100.1	100.2	100.3
(5)保健器具	99.7	99.2	99.5	99.5	99.6	99.5
保健器具	99.7	99.2	99.5	99.5	99.6	99.5
2.医疗服务	100.4	100.5	100.9	100.7	102.0	102.0
(1)综合医疗类	100.8	101.1	101.4	101.2	101.1	101.1
一般医疗服务	101.8	101.9	101.9	101.5	101.2	101.2
一般治疗操作	100.2	100.2	100.3	100.3	100.3	100.3
护　　理	100.8	101.0	101.2	101.2	101.3	101.3
其他综合医疗服务	100.1	101.6	102.7	102.7	102.7	102.7
(2)诊断类	99.8	99.6	100.0	100.0	100.4	100.5
病理学诊断	100.3	100.0	100.4	100.4	100.6	100.9
实验室诊断	99.7	99.5	100.0	100.0	100.1	100.1

3-3 续表 15

(上年同月=100)

分类名称	7月	8月	9月	10月	11月	12月
景点门票	102.1	102.2	100.5	96.5	98.0	107.4
有线电视	100.0	100.0	100.0	100.0	100.0	100.0
健身活动	100.0	102.6	102.0	102.0	102.2	102.2
其他文娱服务	102.1	102.2	102.3	101.9	101.9	101.9
(4)旅游	99.7	104.8	99.8	100.2	99.9	100.3
旅行社收费	99.6	107.7	99.9	100.1	99.6	100.2
其他旅游	100.1	99.3	99.6	100.6	100.4	100.5
七、医疗保健	**102.9**	**103.1**	**103.5**	**103.6**	**103.7**	**103.5**
1.药品及医疗器具	104.2	104.4	105.3	105.4	105.6	105.2
(1)中药	105.2	105.3	105.5	105.9	106.6	106.7
中 药 材	102.3	103.4	104.5	104.8	105.2	105.5
中 成 药	106.5	106.2	106.0	106.4	107.3	107.3
(2)西药	105.4	105.9	107.5	107.4	107.5	106.9
抗微生物药	101.2	102.0	101.1	101.1	101.2	102.3
消化系统用药	106.6	108.8	110.0	110.1	109.9	109.9
呼吸系统用药	111.3	111.3	113.1	113.3	112.3	107.9
解热镇痛药	104.1	103.4	103.0	102.5	101.8	100.8
抗肿瘤药	105.1	104.2	122.7	122.2	122.3	120.8
激素及影响内分泌药	101.3	101.1	100.9	101.2	100.7	98.5
心血管系统用药	104.3	104.5	106.8	106.6	106.5	106.7
血液系统用药	104.9	104.5	105.0	105.1	105.7	106.1
治疗精神障碍药	106.3	108.5	103.0	102.4	102.4	102.4
神经系统用药	109.8	109.8	115.1	114.6	116.7	116.4
消毒防腐及创伤外科用药	109.9	111.9	108.6	108.2	108.4	107.6
泌尿系统用药	104.7	105.0	103.5	103.7	103.9	103.5
维生素、矿物质类药	109.1	109.4	109.9	110.8	110.7	107.7
调节水、电解质及酸碱平衡药	105.3	104.6	104.0	102.0	106.7	106.5
(3)滋补保健品	102.4	102.2	102.6	102.7	102.8	101.6
滋补保健品	102.4	102.2	102.6	102.7	102.8	101.6
(4)医疗卫生器具	100.4	100.3	100.2	100.2	100.3	100.2
医疗卫生器具	100.4	100.3	100.2	100.2	100.3	100.2
(5)保健器具	99.6	100.3	99.6	99.6	99.2	99.8
保健器具	99.6	100.3	99.6	99.6	99.2	99.8
2.医疗服务	102.0	102.1	102.1	102.2	102.2	102.2
(1)综合医疗类	101.0	101.1	101.1	100.8	100.8	100.8
一般医疗服务	100.7	100.8	100.8	100.8	100.8	100.8
一般治疗操作	100.3	100.5	100.5	99.5	99.5	99.5
护 理	101.3	101.3	101.3	101.3	101.3	101.3
其他综合医疗服务	102.7	102.7	102.7	102.7	102.7	102.7
(2)诊断类	100.5	100.5	100.5	100.8	100.8	100.8
病理学诊断	100.9	101.0	101.0	101.0	101.0	101.0
实验室诊断	100.1	100.2	100.2	100.2	100.2	100.1

3-3 续表 16

(上年同月=100)

分类名称	1月	2月	3月	4月	5月	6月
影像学诊断	99.4	99.1	99.7	99.6	99.7	99.7
临床诊断	100.8	100.7	100.6	100.6	103.1	103.1
(3)治疗类	101.5	102.3	102.8	101.9	101.8	101.8
临床手术治疗	100.3	101.1	101.7	101.8	101.8	101.8
临床非手术治疗	103.5	104.2	104.8	102.1	101.9	101.9
(4)康复类	100.5	100.4	100.3	100.6	112.9	112.9
康复医疗	100.5	100.4	100.3	100.6	112.9	112.9
(5)中医医疗服务类	100.8	101.1	101.4	101.4	101.5	101.5
中医治疗	100.8	101.1	101.4	101.4	101.5	101.5
(6)其他医疗服务	100.8	100.8	100.9	100.9	105.3	105.3
其他医疗服务	100.8	100.8	100.9	100.9	105.3	105.3
八、其他用品和服务	**101.8**	**104.0**	**103.3**	**102.5**	**102.4**	**102.3**
1.其他用品类	101.2	100.0	99.7	99.1	99.2	99.0
(1)首饰手表	102.4	100.4	100.3	98.9	99.0	98.5
金 饰 品	104.0	100.7	100.7	98.5	98.7	98.0
银 饰 品	100.9	100.3	100.1	100.1	100.3	99.9
铂金饰品	100.3	99.8	99.6	98.7	98.5	98.1
手 表	100.1	100.1	100.1	100.1	100.1	100.1
(2)其他杂项用品	99.5	99.3	98.8	99.4	99.5	99.7
箱 包	98.2	97.4	97.1	98.2	98.8	99.2
母婴用品	101.0	100.9	99.8	99.6	99.0	99.1
眼 镜	99.5	100.5	100.5	101.4	102.0	101.8
2.其他服务类	102.2	106.6	105.6	104.7	104.5	104.5
(1)旅馆住宿	96.2	110.4	108.1	104.2	101.8	102.3
宾馆住宿	97.9	110.4	106.2	104.1	102.5	101.5
其他住宿	93.7	110.4	110.9	104.3	100.8	103.7
(2)美容美发洗浴	100.6	109.3	107.1	105.6	105.5	105.5
美 容	100.9	101.7	103.4	103.4	102.5	102.5
美 发	100.4	115.5	110.7	107.8	108.2	108.0
洗 浴	100.6	104.1	102.0	102.0	101.9	103.1
(3)养老服务	101.0	100.8	100.8	100.8	100.8	100.2
养老服务	101.0	100.8	100.8	100.8	100.8	100.2
(4)金融保险	106.0	105.9	105.9	105.9	106.1	106.1
金融服务	101.0	100.0	100.0	100.0	100.0	100.0
车辆保险	99.7	99.7	99.7	99.7	99.7	99.7
旅行保险	100.0	100.0	100.0	100.0	100.0	100.0
其他保险	114.3	114.3	114.3	114.3	114.8	114.8
(5)其他服务类	100.9	101.0	101.0	101.3	101.3	101.3
中介服务	100.8	101.1	101.5	102.0	102.1	102.1
其他服务	101.0	100.9	100.7	100.8	100.6	100.6

3-3 续表 17

(上年同月=100)

分类名称	7月	8月	9月	10月	11月	12月
影像学诊断	99.7	99.7	99.7	99.7	99.7	99.7
临床诊断	103.1	103.1	103.1	105.0	105.0	105.1
(3)治疗类	101.8	101.7	101.7	101.7	101.7	101.7
临床手术治疗	101.8	101.8	101.8	101.8	101.8	101.8
临床非手术治疗	101.9	101.6	101.6	101.6	101.6	101.6
(4)康复类	112.9	114.5	114.5	114.5	114.5	114.5
康复医疗	112.9	114.5	114.5	114.5	114.5	114.5
(5)中医医疗服务类	101.5	101.8	101.8	101.8	101.8	101.8
中医治疗	101.5	101.8	101.8	101.8	101.8	101.8
(6)其他医疗服务	105.3	104.8	104.8	104.8	104.8	104.8
其他医疗服务	105.3	104.8	104.8	104.8	104.8	104.8
八、其他用品和服务	**102.4**	**102.4**	**101.6**	**101.6**	**101.9**	**102.4**
1.其他用品类	99.3	99.0	98.7	98.8	99.3	100.1
(1)首饰手表	99.0	98.3	97.3	97.7	98.5	99.6
金 饰 品	99.0	97.9	96.5	96.8	98.1	100.3
银 饰 品	100.5	100.4	100.3	100.2	99.6	99.5
铂金饰品	97.9	97.5	97.3	97.9	98.6	97.9
手 表	100.0	100.0	99.4	99.4	99.3	99.8
(2)其他杂项用品	99.7	100.1	100.9	100.6	100.4	100.8
箱 包	99.4	99.5	100.4	99.6	99.7	99.9
母婴用品	99.1	100.0	101.3	101.0	100.8	101.4
眼 镜	101.4	101.4	101.4	101.8	101.3	101.6
2.其他服务类	104.3	104.4	103.3	103.4	103.6	103.8
(1)旅馆住宿	101.1	103.4	102.2	101.5	100.3	102.1
宾馆住宿	100.4	102.4	101.3	101.8	100.2	102.4
其他住宿	102.0	104.8	103.5	101.1	100.5	101.6
(2)美容美发洗浴	105.3	104.9	105.4	105.6	105.6	105.6
美 容	102.4	102.5	102.6	103.3	103.4	103.4
美 发	107.6	106.8	107.5	107.4	107.4	107.4
洗 浴	103.3	102.9	103.7	103.7	103.7	103.7
(3)养老服务	100.5	100.5	100.5	100.7	100.7	100.7
养老服务	100.5	100.5	100.5	100.7	100.7	100.7
(4)金融保险	106.0	106.1	102.9	102.9	103.8	103.8
金融服务	100.0	100.0	100.0	100.0	100.0	100.0
车辆保险	99.9	100.0	100.0	100.0	100.0	100.0
旅行保险	100.0	100.0	100.0	100.0	100.0	100.0
其他保险	114.4	114.6	106.5	106.5	108.6	108.6
(5)其他服务类	101.4	101.4	101.5	102.2	101.8	102.2
中介服务	102.4	102.1	102.1	102.1	101.7	102.5
其他服务	100.6	100.9	101.0	102.2	101.9	101.9

3-4 居民消费价格分类指数(2011-2018年)

(上年=100)

指 标	2011	2012	2013	2014	2015
居民消费价格总指数	**105.3**	**102.5**	**102.8**	**101.6**	**101.5**
非食品价格指数	**102.4**	**101.7**	**101.8**	**101.3**	**100.7**
服务项目价格指数	**104.2**	**101.6**	**103.4**	**102.3**	**101.4**
工业品价格指数	**101.1**	**101.9**	**100.6**	**100.5**	**100.2**
消费品价格指数	**105.8**	**102.9**	**102.6**	**101.3**	**101.5**
一、食品	**112.0**	**104.2**	**104.8**	**102.1**	**102.9**
1.粮食	112.1	104.9	103.1	102.6	102.4
2.淀粉及制品	108.8	105.5	101.8	101.7	100.6
3.干豆类及豆制品	105.8	104.6	107.5	103.0	102.4
4.油脂	112.4	105.2	101.4	95.8	96.8
5.肉禽及其制品	123.7	99.9	104.1	98.4	106.2
(1)食用畜肉及副产品	130.4	97.7	104.0	95.8	108.2
(2)禽	112.2	103.3	103.9	104.7	103.3
(3)加工肉禽	109.0	107.2	105.1	102.3	101.2
6.蛋	114.3	97.7	106.5	108.1	95.5
7.水产品	107.7	111.5	104.4	101.2	101.4
(1)鱼	108.2	111.8	103.0	100.7	101.6
(2)其他水产品	105.5	110.3	110.0	103.1	100.7
8.菜	101.0	118.1	108.6	102.9	103.0
9.调味品	105.0	104.6	102.4	103.2	108.6
10.糖	110.4	103.9	99.9	100.0	99.9
11.茶及饮料	104.6	105.4	103.4	102.7	101.4
(1)茶叶	105.1	104.1	104.1	104.2	103.0
(2)饮料	104.3	106.3	103.0	101.8	100.4
12.干鲜瓜果	118.3	100.1	107.9	116.1	100.1
13.糕点饼干面包	106.5	104.5	102.7	101.8	101.8
14.液体乳及乳制品	106.6	103.6	107.7	105.5	97.3
15.在外用膳食品	105.5	104.6	105.0	102.4	103.0
16.其他食品	103.6	103.9	101.0	101.0	101.3
二、烟酒	**103.2**	**102.7**	**99.4**	**97.9**	**100.1**
1.烟草	100.2	99.9	99.9	99.9	103.6
2.酒	108.9	107.6	98.5	94.6	94.0
三、衣着	**100.0**	**109.7**	**100.8**	**102.5**	**101.4**
1.服装	99.9	110.1	101.0	102.7	101.6
(1)男式服装	99.7	110.7	101.2	102.6	101.8
(2)女式服装	100.0	110.4	101.0	102.8	101.3
(3)儿童服装	100.0	107.2	100.4	102.5	102.5
2.衣着材料	108.0	104.4	100.9	101.2	100.0
3.鞋袜帽	99.8	109.1	100.2	101.9	100.9
(1)鞋	99.5	109.5	100.1	102.0	100.9
(2)袜子	101.7	105.8	100.7	101.0	100.5
(3)帽子	100.6	107.6	100.4	100.8	101.0
4.衣着加工服务费	106.1	109.5	106.4	106.1	103.4

3-4 续表 1

(上年＝100)

指　　标	2011	2012	2013	2014	2015
四、家庭设备用品及维修服务	**101.1**	**99.6**	**101.9**	**101.2**	**100.4**
1.耐用消费品	99.3	96.5	100.9	100.0	99.1
(1)家具	101.3	96.2	101.1	100.9	99.8
(2)家庭设备	98.2	96.8	100.8	99.5	98.7
2.室内装饰品	100.0	98.1	99.6	99.6	99.6
3.床上用品	100.6	98.8	102.0	101.1	99.5
4.家庭日用杂品	101.9	101.9	101.2	100.3	100.0
5.家庭服务及加工维修服务	108.7	109.2	107.7	107.5	106.4
五、医疗保健和个人用品	**102.5**	**101.7**	**102.2**	**101.1**	**102.1**
1.医疗保健	102.1	101.5	102.3	101.4	102.4
(1)医疗器具及用品	100.9	101.1	99.8	100.4	100.5
(2)中药材及中成药	111.8	105.6	102.7	103.4	105.8
(3)西药	96.7	98.6	99.8	100.2	100.4
(4)保健器具及用品	103.5	101.2	102.0	101.7	102.6
(5)医疗保健服务	101.1	101.5	104.5	101.0	101.7
2.个人用品及服务	103.4	102.2	102.0	100.3	101.2
(1)化妆美容用品	100.6	100.6	101.1	100.6	100.0
(2)清洁类化妆品	100.4	103.0	102.1	100.7	100.7
(3)个人饰品	107.4	100.6	95.5	94.2	96.4
(4)个人服务	105.1	104.2	107.3	103.8	105.1
六、交通和通信	**101.0**	**100.3**	**100.0**	**100.3**	**99.3**
1.交通	103.4	101.6	100.5	100.8	99.1
(1)交通工具	99.8	97.7	99.7	99.8	98.9
(2)车用燃料及零配件	110.9	102.6	99.5	99.2	85.0
(3)车辆使用及维修费	103.3	105.2	101.8	101.9	102.2
(4)市区公共交通费	105.0	103.1	101.3	101.8	103.9
(5)城市间交通费	103.4	103.0	100.5	101.5	100.0
2.通信	97.3	98.2	99.3	99.3	99.8
(1)通信工具	86.5	85.3	92.9	94.7	97.1
(2)通信服务	99.4	100.3	100.2	99.9	100.1
七、娱乐教育文化用品及服务	**100.3**	**99.5**	**101.6**	**101.6**	**101.1**
1.文娱用耐用消费品及服务	92.2	92.1	96.9	96.4	98.0
2.教育	101.6	101.4	102.7	102.0	102.3
(1)教材及参考书	101.8	100.7	101.3	103.3	106.1
(2)教育服务	101.6	101.5	102.9	101.8	101.7
3.文化娱乐类	100.5	101.6	101.7	100.8	102.6
(1)文化娱乐用品	100.1	99.5	100.0	99.9	100.2
(2)书报杂志	100.1	101.6	101.0	100.7	106.3
(3)文娱费	101.1	103.7	103.7	101.7	102.5
4.旅游	105.9	98.2	101.9	106.5	97.3
八、居住	**106.0**	**100.8**	**103.7**	**101.9**	**100.5**
1.建房及装修材料	102.5	98.0	101.8	101.4	99.0
2.住房租金	109.8	102.0	105.5	103.9	101.1
3.自有住房	107.5	100.8	104.9	102.6	101.2
4.水、电、燃料	105.2	102.7	102.1	100.2	99.9

3-4 续表 2

(上年＝100)

指　　标	2016	2017	2018	指　　标	2016	2017	2018
居民消费价格总指数	**101.9**	**101.4**	**101.7**	(2)女式服装	100.4	102.8	101.9
非食品价格指数	**101.1**	**102.5**	**101.8**	(3)儿童服装	100.7	102.0	101.8
服务价格指数	**101.9**	**103.4**	**102.1**	2.服装材料	99.8	100.6	104.6
工业品价格指数	**99.9**	**101.9**	**101.8**	3.其他衣着及配件	99.6	99.8	99.5
消费品价格指数	**101.9**	**100.3**	**101.5**	4.衣着加工服务费	103.1	106.1	104.7
一、食品烟酒	**104.1**	**98.6**	**101.3**	5.鞋类	101.1	101.5	99.4
1.食品	105.0	97.2	101.3	(1)鞋	101.0	101.3	99.2
(1)粮食	101.1	101.0	100.3	(2)鞋类加工服务	103.2	106.5	104.7
(2)薯类	110.8	97.9	107.7	**三、居住**	**101.2**	**102.4**	**102.6**
(3)豆类	101.3	102.5	103.5	1.租赁房房租	101.5	103.0	104.6
(4)食用油	103.3	97.1	98.0	2.住房保养维修及管理	100.0	102.7	104.1
(5)菜	107.4	94.1	108.4	(1)住房装潢材料	99.5	103.7	104.6
(6)畜肉类	113.4	92.2	96.0	(2)物业管理费	100.1	100.3	100.0
(7)禽肉类	99.2	99.3	105.7	(3)住房装潢维修	100.8	102.3	105.2
(8)水产品	102.8	104.0	100.9	3.水电燃料	101.4	100.6	101.8
(9)蛋类	96.7	97.8	109.6	(1)水	104.2	104.7	103.9
(10)奶类	99.5	99.8	100.5	(2)电	100.1	98.2	99.5
(11)干鲜瓜果类	98.0	102.8	102.9	(3)燃气	102.4	100.4	103.6
(12)糖果糕点类	100.4	101.7	101.7	(4)取暖费	100.0	100.0	100.0
(13)调味品	103.3	101.4	101.1	(5)其他燃料	98.2	115.3	106.3
(14)其他食品类	101.7	100.1	100.5	4.自有住房	101.5	103.0	102.3
2.茶及饮料	100.2	101.7	101.2	**四、生活用品及服务**	**100.3**	**101.2**	**101.5**
3.烟酒	101.2	101.5	101.7	1.家具及室内装饰品	99.7	103.3	103.9
(1)烟草	101.9	99.7	99.8	(1)家具	99.9	103.8	104.4
(2)酒类	100.2	104.4	104.6	(2)室内装饰品	98.8	100.2	100.8
4.在外餐饮	103.2	101.4	100.9	2.家用器具	99.2	101.0	99.7
二、衣着	**100.6**	**102.5**	**101.1**	(1)大型家用器具	99.2	101.0	99.6
1.服装	100.5	102.9	101.7	(2)小家电	99.0	100.6	100.2
(1)男式服装	100.6	103.2	101.3	3.家用纺织品	99.7	100.6	101.3

3-4 续表 3

(上年＝100)

指　标	2016	2017	2018	指　标	2016	2017	2018
(1)床上用品	99.8	100.6	100.9	(2)其他文娱用品	100.8	100.6	102.6
(2)窗帘门帘	99.0	100.5	103.9	(3)文化娱乐服务	100.8	100.3	100.8
(3)其他家用纺织品	99.9	101.2	101.5	(4)旅游	108.6	111.8	101.6
4.家庭日用杂品	100.3	100.2	101.1	**七、医疗保健**	**101.6**	**104.2**	**102.8**
(1)洗涤卫生用品	100.4	99.8	101.8	1.药品及医疗器具	103.1	103.8	104.4
(2)厨具餐具茶具	100.4	100.4	100.1	(1)中药	102.9	104.1	105.0
(3)家用手工工具	100.7	101.6	103.3	(2)西药	103.1	104.5	106.1
(4)其他家庭日用杂品	100.1	100.8	100.5	(3)滋补保健品	106.1	104.6	102.2
5.个人护理用品	100.8	101.4	100.5	(4)医疗卫生器具	100.6	100.1	100.2
(1)化妆品	101.2	102.0	100.6	(5)保健器具	100.1	100.0	99.6
(2)其他护理用品类	100.4	100.8	100.4	2.医疗服务	100.6	104.5	101.6
6.家庭服务	107.0	101.2	107.0	(1)综合医疗类	101.9	113.9	101.0
五、交通和通信	**98.6**	**101.6**	**101.2**	(2)诊断类	100.2	100.4	100.4
1.交通	98.2	102.6	102.8	(3)治疗类	100.2	107.4	101.9
(1)交通工具	97.3	98.0	96.9	(4)康复类	100.1	100.8	109.4
(2)交通工具用燃料	95.3	110.5	112.1	(5)中医医疗服务类	100.4	102.6	101.5
(3)交通工具使用和维修	101.0	101.2	100.8	(6)其他医疗服务	100.2	100.6	103.6
(4)交通费	101.8	101.3	100.8	**八、其他用品和服务**	**102.9**	**103.7**	**102.4**
2.通信	99.2	99.9	98.6	1.其他用品类	102.0	101.5	99.4
(1)通信工具	95.3	97.8	94.6	(1)首饰手表	104.4	102.9	99.1
(2)通信服务	100.3	100.4	99.6	(2)其他杂项用品	98.7	99.5	99.9
(3)邮递服务	99.9	100.2	100.3	2.其他服务类	103.5	105.1	104.2
六、教育文化和娱乐	**102.5**	**104.1**	**101.5**	(1)旅馆住宿	100.4	100.8	102.8
1.教育	101.9	103.2	102.5	(2)美容美发洗浴	103.1	103.9	105.5
(1)教育用品	102.4	105.0	102.1	(3)养老服务	100.5	101.3	100.7
(2)教育服务	101.8	103.1	102.6	(4)金融保险	105.4	109.1	105.1
2.文化娱乐	103.2	104.9	100.5	(5)其他服务类	104.3	102.9	101.4
(1)文娱耐用消费品	96.4	97.1	96.3				

3-5　主要城市居民消费价格总指数(1985-2018年)

(上年＝100)

年　份	成都市	自贡市	攀枝花市	泸州市	德阳市	绵阳市	广元市	遂宁市	内江市	乐山市	南充市
1985	111.4	111.0	110.9	112.5		107.9	108.4		108.0	107.5	107.1
1986	104.8	104.4	106.6	103.8		104.8	106.9		106.6	105.8	106.9
1987	108.8	111.0	109.1	111.2		111.4	110.0		109.7	109.4	110.2
1988	124.6	121.6	121.9	123.4		118.7	123.2		119.7	124.4	126.5
1989	116.2	113.8	121.3	115.0		113.7	115.8		115.2	114.3	113.5
1990	103.5	103.1	102.4	99.3		101.4	103.4		100.6	100.9	100.1
1991	105.2	106.4	106.3	105.8		102.3	105.7		103.7	107.7	106.8
1992	110.8	108.6	111.4	110.0		113.0	106.6		110.7	110.1	108.2
1993	115.9	116.9	122.0	115.7		115.1	116.7		114.1	121.0	117.1
1994	126.5	129.7	124.0	125.7		128.8	127.0		131.4	127.5	127.6
1995	117.5	119.1	121.2	118.7		121.7	117.0		119.7	120.1	118.2
1996	109.7	108.2	115.0	107.3		108.0	107.2		108.3	109.2	109.3
1997	105.7	105.5	107.3	104.7		105.5	105.0		103.1	104.3	103.1
1998	100.3	98.0	100.5	98.4		99.7	99.8		99.1	99.7	99.2
1999	98.3	96.9	98.2	99.1		98.3	97.9		99.6	98.2	96.8
2000	100.2	99.2	99.6	100.6		99.5	99.3		99.6	97.6	99.6
2001	100.8	103.2	101.4	101.5		102.6	102.0		102.0	104.4	102.0
2002	98.7	100.1	100.4	100.2		99.2	100.0		100.2	99.0	99.5
2003	102.1	102.5	101.0	100.3		101.7	101.0		102.3	101.9	101.8
2004	103.9	104.7	103.5	104.3		104.5	104.5		103.4	104.3	105.2
2005	102.3	100.9	101.0	100.7		100.6	101.2		101.3	101.1	101.5
2006	101.8	102.8	102.1	102.5		102.5	102.3		102.7	101.8	102.5
2007	105.2	105.8	105.4	106.2		106.4	106.4		106.4	105.7	107.6
2008	104.3	105.1	105.5	104.5		104.6	104.8		105.0	104.4	105.2
2009	100.3	100.9	100.7	101.2	100.5	101.6	101.4	100.9	100.8	101.2	101.4
2010	103.0	103.9	103.3	102.7	105.8	103.5	104.1	104.0	103.2	103.2	104.0
2011	105.4	105.7	104.8	105.8	106.1	105.0	105.3	106.5	105.4	105.0	106.4
2012	103.0	102.8	103.0	102.6	102.1	102.8	102.0	102.3	103.0	102.6	103.2
2013	103.1	103.5	101.3	103.2	102.3	103.2	102.9	102.9	102.3	102.4	103.2
2014	101.3	101.7	102.0	101.8	100.7	101.5	101.9	101.8	101.4	101.8	102.3
2015	101.1	101.5	101.5	101.5	100.4	101.4	101.9	101.7	101.7	101.8	101.8
2016	102.2	102.4	101.7	102.1	101.9	101.7	101.9	101.4	101.6	101.8	102.0
2017	102.0	101.3	101.2	101.8	101.0	102.0	101.6	101.8	101.7	101.7	101.8
2018	101.4	102.3	101.8	101.8	102.0	102.1	101.6	101.8	101.6	102.1	101.8

3-5 续表

(上年=100)

年 份	眉山市	宜宾市	广安市	达州市	雅安市	巴中市	资阳市	阿坝州	甘孜州	凉山州
1985										107.6
1986										104.5
1987										109.3
1988										126.8
1989										118.0
1990										104.3
1991										104.7
1992										110.9
1993										114.5
1994										121.7
1995										118.1
1996										118.1
1997										103.1
1998										101.8
1999										99.6
2000										99.2
2001										102.9
2002										99.5
2003										101.2
2004										105.0
2005										102.1
2006										102.4
2007										104.5
2008										104.9
2009	101.2	102.0	100.5	100.6	99.4	100.8	100.3	103.1	105.0	99.8
2010	103.2	103.4	103.8	102.6	102.5	103.2	103.8	104.5	106.8	102.8
2011	106.1	105.6	106.1	105.8	105.7	106.6	105.9	106.2	108.6	105.0
2012	102.7	102.4	102.4	102.9	102.8	102.1	103.2	103.1	104.2	102.8
2013	102.8	102.2	102.8	102.5	102.9	102.6	102.9	103.6	104.1	102.5
2014	101.9	101.7	102.3	102.1	102.1	102.3	101.8	101.6	102.1	102.0
2015	101.1	100.8	102.0	101.5	101.0	101.6	101.5	101.0	102.7	102.2
2016	102.0	101.1	101.5	101.6	101.7	101.4	101.3	102.2	102.2	101.9
2017	101.6	101.3	101.4	101.4	101.5	100.5	101.8	101.2	102.2	101.8
2018	101.6	101.8	101.2	102.3	101.9	101.6	101.6	101.1	102.1	101.8

3-6 居民消费价格累计指数(2018年)

(上年=100)

单位	居民消费价格总指数	一、食品烟酒	二、衣着	三、居住	四、生活用品及服务	五、交通和通信	六、教育文化和娱乐	七、医疗保健	八、其他用品和服务
四川	101.7	101.3	101.1	102.6	101.5	101.2	101.5	102.8	102.4
成都市	101.4	101.9	100.4	100.2	101.1	101.2	101.9	102.8	104.4
自贡市	102.3	101.8	100.1	104.3	102.1	101.3	103.2	103.8	100.1
攀枝花市	101.8	100.3	101.7	104.2	100.4	102.0	101.7	103.5	101.7
泸州市	101.8	101.3	104.7	102.6	100.8	101.0	101.5	102.1	100.6
德阳市	102.0	102.2	102.5	102.0	100.5	102.3	102.2	102.5	99.9
绵阳市	102.1	101.7	100.3	104.4	103.5	99.5	100.2	105.9	101.3
广元市	101.6	101.8	102.1	100.1	100.9	101.1	103.1	104.6	101.3
遂宁市	101.8	101.0	100.8	104.6	100.2	102.2	100.6	102.5	100.3
内江市	101.6	102.3	99.6	101.9	100.7	101.7	100.0	104.6	100.4
乐山市	102.1	101.6	100.6	103.6	100.8	100.9	103.8	103.4	101.0
南充市	101.8	100.9	100.1	103.6	100.3	102.6	101.1	103.6	104.8
眉山市	101.6	101.0	101.6	102.4	101.7	100.5	101.5	103.4	101.7
宜宾市	101.8	100.3	101.2	104.2	102.9	101.2	99.7	107.1	100.5
广安市	101.2	100.6	101.1	101.1	100.7	102.7	102.5	101.4	99.4
达州市	102.3	101.5	102.9	103.4	101.6	102.4	102.1	102.6	103.7
雅安市	101.9	102.5	100.3	102.4	102.0	101.7	101.2	101.4	101.9
巴中市	101.6	101.1	102.4	102.4	100.6	101.7	101.4	100.6	103.0
资阳市	101.6	102.2	96.9	102.4	103.7	100.2	100.9	103.7	101.9
阿坝州	101.1	101.4	99.6	100.2	99.8	101.3	101.3	103.7	102.0
甘孜州	102.1	101.5	101.2	102.0	101.9	101.3	105.5	103.0	102.0
凉山州	101.8	101.8	101.4	101.1	100.1	102.9	101.5	103.8	104.3

3-7 主要城市居民消费价格分类指数(2018年)

(上年=100)

指　　标	成都市	自贡市	攀枝花市	泸州市	德阳市	绵阳市	广元市
居民消费价格总指数	**101.4**	**102.3**	**101.8**	**101.8**	**102.0**	**102.1**	**101.6**
一、食品烟酒	**101.9**	**101.8**	**100.3**	**101.3**	**102.2**	**101.7**	**101.8**
粮　　食	99.5	98.7	100.5	100.9	100.8	101.2	100.5
鲜　　菜	116.2	107.6	104.9	112.4	113.6	106.6	104.8
畜　　肉	96.3	98.2	96.4	94.7	98.0	97.8	97.6
水 产 品	99.9	100.6	99.0	107.3	99.0	99.4	101.3
蛋	103.9	126.4	115.9	110.0	115.3	112.5	108.1
鲜　　果	104.6	97.7	95.4	107.1	102.8	109.1	106.1
二、衣着	**100.4**	**100.1**	**101.7**	**104.7**	**102.5**	**100.3**	**102.1**
三、居住	**100.2**	**104.3**	**104.2**	**102.6**	**102.0**	**104.4**	**100.1**
四、生活用品及服务	**101.1**	**102.1**	**100.4**	**100.8**	**100.5**	**103.5**	**100.9**
五、交通和通信	**101.2**	**101.3**	**102.0**	**101.0**	**102.3**	**99.5**	**101.1**
六、教育文化和娱乐	**101.9**	**103.2**	**101.7**	**101.5**	**102.2**	**100.2**	**103.1**
七、医疗保健	**102.8**	**103.8**	**103.5**	**102.1**	**102.5**	**105.9**	**104.6**
八、其他用品和服务	**104.4**	**100.1**	**101.7**	**100.6**	**99.9**	**101.3**	**101.3**

3-7 续表 1

(上年=100)

指　　标	遂宁市	内江市	乐山市	南充市	眉山市	宜宾市	广安市
居民消费价格总指数	**101.8**	**101.6**	**102.1**	**101.8**	**101.6**	**101.8**	**101.2**
一、食品烟酒	**101.0**	**102.3**	**101.6**	**100.9**	**101.0**	**100.3**	**100.6**
粮　　食	100.5	101.0	100.5	100.0	104.4	102.9	99.5
鲜　　菜	109.9	108.6	108.7	102.9	107.1	102.3	108.4
畜　　肉	95.0	96.7	95.2	98.3	96.1	96.1	94.2
水 产 品	98.2	100.7	96.2	99.2	101.3	97.1	98.0
蛋	108.1	109.7	107.1	107.1	106.8	99.8	106.2
鲜　　果	100.5	109.6	106.3	92.8	100.9	96.7	109.2
二、衣着	**100.8**	**99.6**	**100.6**	**100.1**	**101.6**	**101.2**	**101.1**
三、居住	**104.6**	**101.9**	**103.6**	**103.6**	**102.4**	**104.2**	**101.1**
四、生活用品及服务	**100.2**	**100.7**	**100.8**	**100.3**	**101.7**	**102.9**	**100.7**
五、交通和通信	**102.2**	**101.7**	**100.9**	**102.6**	**100.5**	**101.2**	**102.7**
六、教育文化和娱乐	**100.6**	**100.0**	**103.8**	**101.1**	**101.5**	**99.7**	**102.5**
七、医疗保健	**102.5**	**104.6**	**103.4**	**103.6**	**103.4**	**107.1**	**101.4**
八、其他用品和服务	**100.3**	**100.4**	**101.0**	**104.8**	**101.7**	**100.5**	**99.4**

3-7 续表 2

(上年＝100)

指　　标	达州市	雅安市	巴中市	资阳市	阿坝州	甘孜州	凉山州
居民消费价格总指数	**102.3**	**101.9**	**101.6**	**101.6**	**101.1**	**102.1**	**101.8**
一、食品烟酒	**101.5**	**102.5**	**101.1**	**102.2**	**101.4**	**101.5**	**101.8**
粮　　食	103.1	100.1	99.2	99.1	100.8	101.4	100.7
鲜　　菜	104.3	107.2	104.0	109.7	104.2	101.1	109.8
畜　　肉	97.2	95.0	95.4	95.8	96.4	98.1	94.2
水 产 品	102.2	100.0	97.7	100.9	99.5	99.2	101.9
蛋	112.6	106.2	117.0	106.0	107.6	110.0	124.7
鲜　　果	105.0	104.6	105.5	101.1	106.5	106.0	106.5
二、衣着	**102.9**	**100.3**	**102.4**	**96.9**	**99.6**	**101.2**	**101.4**
三、居住	**103.4**	**102.4**	**102.4**	**102.4**	**100.2**	**102.0**	**101.1**
四、生活用品及服务	**101.6**	**102.0**	**100.6**	**103.7**	**99.8**	**101.9**	**100.1**
五、交通和通信	**102.4**	**101.7**	**101.7**	**100.2**	**101.3**	**101.3**	**102.9**
六、教育文化和娱乐	**102.1**	**101.2**	**101.4**	**100.9**	**101.3**	**105.5**	**101.5**
七、医疗保健	**102.6**	**101.4**	**100.6**	**103.7**	**103.7**	**103.0**	**103.8**
八、其他用品和服务	**103.7**	**101.9**	**103.0**	**101.9**	**102.0**	**102.0**	**104.3**

3-8 商品零售价格分类指数(2018年)

(上年=100)

指　标	全　省	城　市	农　村
商品零售价格指数	101.4	101.4	101.3
一、食品	101.5	101.7	100.9
1.粮食	100.2	100.1	100.4
2.薯类	106.9	107.5	105.1
3.豆类	105.2	106.4	101.1
4.食用油	98.3	98.6	97.4
5.菜	110.1	110.8	107.2
6.畜肉类	96.4	96.6	95.5
7.禽肉类	104.6	103.8	108.2
8.水产品	100.2	100.0	100.8
9.蛋类	108.4	108.2	109.4
10.奶类	100.5	100.7	99.5
11.干鲜瓜果类	102.1	101.6	104.1
12.糖果糕点类	102.5	103.1	100.6
13.调味品	101.5	101.8	100.6
14.其他食品类	100.3	100.1	100.9
15.在外餐饮	101.0	101.0	100.7
二、饮料、烟酒	101.6	101.6	101.7
1.茶及饮料	101.8	102.0	100.8
2.烟草	100.0	100.0	99.9
3.酒类	104.0	103.8	104.8
三、服装、鞋帽	100.9	100.7	101.4
1.服装	101.8	101.8	101.8
2.鞋帽袜	98.5	97.9	100.6
四、纺织品	100.6	100.9	100.0
1.服装材料	103.9	104.7	102.2
2.床上用品	99.9	100.1	99.4
五、家用电器及音像器材	98.7	98.8	98.5
六、文化办公用品	99.4	99.4	99.2
七、日用品	100.9	100.8	101.1
1.日用百货	100.4	100.2	101.3
2.厨具餐具茶具	99.4	99.1	100.4
3.清洗用品	103.5	103.9	102.0
八、体育娱乐用品	103.8	104.5	100.8
九、交通、通信用品	96.4	96.5	96.4
十、家具	103.8	103.6	104.4
十一、化妆品	99.7	99.5	100.9
十二、金银饰品	98.5	98.4	99.6
十三、中西药品及医疗保健用品	104.9	105.1	104.3
1.医疗卫生器具	100.3	100.3	100.1
2.中药	105.8	106.0	105.2
3.西药	106.0	106.4	104.6
十四、书报杂志及电子出版物	102.8	103.2	101.2
十五、燃料	109.1	109.1	109.2
十六、建筑材料及五金电料	102.8	102.1	104.8

3-9 商品零售价格分类指数(2011-2018年)

(上年=100)

指 标	2011	2012	2013	2014	2015	2016	2017	2018
商品零售价格总指数	**104.6**	**101.6**	**101.7**	**100.6**	**100.2**	**100.8**	**100.5**	**101.4**
一、食品	**112.2**	**104.1**	**105.0**	**102.1**	**102.9**	**104.5**	**98.3**	**101.5**
1.粮食	112.1	104.6	102.9	102.7	102.4	101.1	100.5	100.2
2.淀粉及制品	109.4	106.2	101.7	101.4	100.6			
3.干豆类及豆制品	106.2	104.4	108.8	102.4	102.5			
4.油脂	113.7	105.2	101.2	95.5	96.4			
5.肉禽及其制品	123.7	100.0	103.9	98.7	106.2			
(1)食用畜肉及副产品	130.5	98.0	103.8	96.2	108.1	112.8	93.3	96.4
(2)禽	112.1	103.4	103.6	104.6	103.2	99.7	99.5	104.6
(3)加工肉禽	108.3	106.7	104.9	102.5	101.4			
6.蛋	115.1	96.8	106.6	109.2	94.6	96.7	98.3	108.4
7.水产品	108.0	112.2	104.0	101.2	101.4	103.2	103.6	100.2
(1)鱼	108.4	112.3	102.7	100.7	101.5			
(2)其他水产品	106.5	111.9	109.0	102.7	101.2			
8.菜	99.3	117.1	109.4	102.3	103.9	107.3	94.3	110.1
9.调味品	105.4	104.9	102.7	103.7	109.0	103.4	101.6	101.5
10.糖	110.2	104.2	100.4	100.0	99.8			
11.干鲜瓜果	117.8	100.3	108.7	115.7	99.8	97.6	103.8	102.1
12.糕点饼干面包	106.7	105.1	103.1	102.1	101.8			
13.液体乳及乳制品	109.0	104.5	109.4	105.7	96.2	99.1	99.8	100.5
14.在外用膳食品	105.6	104.4	104.7	102.1	103.1	103.3	101.6	101.0
15.其他食品	105.2	104.6	101.5	101.5	100.8	101.6	99.6	100.3
二、饮料、烟酒	**104.2**	**103.7**	**100.0**	**98.7**	**100.2**	**100.8**	**101.4**	**101.6**
1.茶及饮料	105.1	105.9	103.5	103.4	101.5	100.2	102.0	101.8
(1)茶叶	106.0	103.8	103.5	104.7	102.9	101.7	103.6	102.8
(2)饮料	104.6	107.2	103.4	102.6	100.6			
2.烟草	99.9	99.8	99.9	99.9	103.7	101.6	99.7	100.0
3.酒	110.9	109.0	99.0	95.6	94.8	100.0	103.8	104.0
三、服装、鞋帽	**99.7**	**110.0**	**101.1**	**102.0**	**101.2**	**100.1**	**101.6**	**100.9**
1.服装	99.7	110.4	101.4	102.2	101.5	100.2	102.4	101.8
(1)男式服装	99.4	110.9	101.6	101.8	101.7	100.5	102.7	101.2
(2)女式服装	100.0	110.9	101.3	102.6	101.2	100.0	102.4	102.2
(3)儿童服装	99.5	106.7	100.8	102.1	102.4	100.1	101.4	101.5
2.鞋袜帽	99.9	109.4	100.2	101.4	100.5	99.9	99.8	98.5
(1)鞋	99.5	109.7	100.2	101.4	100.5	99.9	99.7	98.3
(2)袜子	103.3	107.0	100.6	101.0	100.7	100.0	100.2	99.8
(3)帽子	99.7	106.1	100.2	101.4	101.0	100.0	100.6	99.2
3.其他	94.6	98.0	100.3	99.8	100.1	99.7	100.1	98.8

3-9 续表

(上年=100)

指　标	2011	2012	2013	2014	2015	2016	2017	2018
四、纺织品	**101.6**	**100.6**	**101.6**	**101.4**	**99.8**	**99.8**	**100.6**	**100.6**
1.衣着材料	108.8	103.6	101.3	101.2	99.7	100.6	101.0	103.9
2.床上用品	99.0	99.5	101.8	101.5	99.9	99.7	100.5	99.9
五、家用电器及音像器材	**95.8**	**95.0**	**98.7**	**98.4**	**98.1**	**98.9**	**100.1**	**98.7**
1.家庭设备	98.8	96.2	100.5	99.7	98.3	99.4	100.9	99.9
2.文娱用耐用消费品	90.8	91.0	95.3	96.4	98.1	98.3	98.7	96.0
3.专业音像器材	96.5	100.0	98.8	97.1	97.8	97.9	99.3	99.6
六、文化办公用品	**96.5**	**96.8**	**98.2**	**97.4**	**98.8**	**96.2**	**94.7**	**99.4**
七、日用品	**101.7**	**100.8**	**100.7**	**100.2**	**100.1**	**99.7**	**99.7**	**100.9**
1.日用百货	102.4	100.1	99.7	100.1	100.4	99.5	100.4	100.4
2.日用杂品	101.1	100.6	100.5	100.2	100.4	100.4	99.7	99.4
3.洗涤用品	103.0	103.2	102.4	100.6	99.8	100.9	99.4	103.5
4.其他日用品	99.2	98.9	100.0	99.5	99.7	98.4	99.1	100.1
八、体育娱乐用品	**101.6**	**100.7**	**100.8**	**100.5**	**101.3**	**99.8**	**100.3**	**103.8**
1.体育用品	101.5	100.3	101.0	100.3	100.4	99.9	101.1	102.0
2.娱乐用品	101.7	100.9	100.8	100.6	101.6	99.8	100.2	104.3
九、交通、通信用品	**95.5**	**94.9**	**98.5**	**98.5**	**97.9**	**97.4**	**99.0**	**96.4**
1.交通运输机械	97.9	97.3	99.8	99.2	98.0	97.7	99.6	97.0
2.通信器材	89.3	88.2	94.7	96.3	97.7	97.0	97.7	95.2
十、家具	**101.4**	**97.3**	**101.7**	**101.3**	**100.2**	**99.3**	**103.0**	**103.8**
十一、化妆品	**101.2**	**101.3**	**101.6**	**100.9**	**100.3**	**101.7**	**101.2**	**99.7**
十二、金银珠宝	**112.6**	**101.8**	**91.8**	**90.4**	**93.6**	**106.3**	**102.3**	**98.5**
十三、中西药品及医疗保健用品	**102.3**	**101.5**	**101.0**	**101.2**	**102.1**	**104.2**	**102.6**	**104.9**
1.医疗器具及用品	102.2	101.3	100.1	100.6	100.1	100.9	100.3	100.3
2.中药材及中成药	112.6	106.0	102.1	102.5	105.7	102.6	102.8	105.8
3.西药	96.8	98.8	100.2	100.3	100.3	104.0	102.1	106.0
4.保健器具及用品	103.3	101.1	103.3	102.4	100.6	108.1	104.6	101.9
十四、书报杂志及电子出版物	**99.6**	**100.2**	**100.5**	**101.6**	**105.8**	**102.1**	**101.4**	**102.8**
1.教材及参考书	101.0	100.4	101.1	103.3	105.8	101.7	103.0	102.1
2.书报杂志	100.1	101.3	101.0	100.7	108.2	103.8	100.4	105.9
3.电子音像制品	94.9	97.4	98.0	99.3	100.0	100.1	97.3	98.8
十五、燃料	**113.2**	**102.3**	**100.4**	**99.7**	**91.1**	**98.5**	**108.1**	**109.1**
1.煤炭及制品	112.9	103.7	102.7	100.1	98.1	97.2	119.0	109.1
2.石油及制品	113.3	101.8	99.6	99.5	88.8	98.7	106.1	109.1
十六、建筑材料及五金电料	**103.6**	**97.3**	**100.3**	**100.0**	**97.2**	**99.8**	**102.0**	**102.8**
1.建筑装潢材料	104.2	96.8	100.1	100.0	96.8	99.7	102.4	103.0
2.五金电料	100.0	100.7	101.6	100.4	100.1	100.5	98.9	101.2

3-10 主要城市商品零售价格总指数(1985-2018年)

(上年=100)

年份	成都市	自贡市	攀枝花市	泸州市	德阳市	绵阳市	广元市	遂宁市	内江市	乐山市	南充市
1985	111.3	111.5	111.9	113.1		108.3	108.2		107.5	107.7	107.4
1986	104.7	104.1	106.9	101.8		105.0	106.8		106.6	105.9	106.8
1987	109.4	110.6	109.0	111.9		112.2	111.6		110.0	110.3	110.9
1988	125.7	123.2	122.8	124.7		119.8	125.0		120.6	125.1	128.1
1989	116.1	114.0	119.9	114.3		112.9	115.3		114.4	113.1	112.8
1990	102.9	101.7	100.9	98.7		100.6	102.5		99.7	100.6	99.5
1991	104.7	106.0	105.8	105.8		102.1	105.0		103.0	105.6	106.7
1992	108.5	107.1	108.7	109.3		110.3	106.1		107.7	107.7	107.6
1993	115.1	116.1	119.9	113.2		113.2	114.3		112.6	116.8	113.6
1994	123.3	124.4	119.0	122.0		122.0	122.0		125.4	123.8	126.0
1995	114.5	113.4	119.0	116.7		115.9	116.7		115.1	114.3	114.7
1996	106.5	105.5	107.0	106.3		106.2	106.1		106.6	106.7	107.4
1997	102.9	102.9	104.9	102.0		102.5	102.7		102.5	102.9	101.6
1998	98.4	97.1	99.2	96.2		97.4	96.2		98.1	96.2	96.5
1999	97.1	96.4	97.0	97.1		96.7	95.4		97.4	97.7	96.1
2000	98.2	97.0	96.7	97.8		96.3	97.1		98.4	96.7	97.2
2001	100.7	101.8	98.3	98.4		100.7	101.3		103.9	100.5	100.9
2002	98.8	100.0	99.8	98.0		98.8	99.6		101.9	98.5	99.2
2003	100.2	101.4	100.3	97.4		100.6	98.7		101.5	100.4	99.7
2004	101.4	103.7	103.1	102.7		104.0	103.1		102.7	103.0	103.8
2005	99.8	100.0	100.3	100.0		99.7	100.7		100.0	99.8	100.6
2006	101.2	102.6	102.4	101.7		102.1	101.9		101.7	101.3	102.2
2007	104.2	105.0	105.1	105.9		106.0	105.2		106.3	104.6	107.4
2008	104.5	105.3	105.0	104.9		104.8	104.8		106.4	104.8	105.9
2009	99.0	100.7	100.4	99.7	98.0	100.6	100.2	100.2	100.2	100.7	100.2
2010	102.4	103.6	103.9	102.2	102.5	102.5	103.4	104.0	102.7	103.1	103.5
2011	104.3	104.7	105.0	104.7	105.4	104.2	104.4	106.1	104.7	105.1	106.8
2012	101.4	102.0	102.0	102.0	100.7	101.4	100.2	101.6	102.3	101.3	102.4
2013	101.7	101.7	100.9	102.2	101.3	101.8	101.1	101.9	101.8	101.8	102.0
2014	100.4	100.5	101.2	100.9	99.8	100.2	100.4	101.1	100.7	101.3	101.7
2015	99.5	99.5	100.2	100.6	100.5	99.9	101.9	100.3	100.3	99.9	100.8
2016	100.8	101.2	101.0	100.4	101.1	100.0	100.2	101.7	100.1	100.8	101.8
2017	99.4	100.9	101.5	100.1	100.0	101.0	101.4	101.0	102.1	101.9	101.9
2018	100.7	102.0	102.2	101.5	102.1	101.6	101.3	101.4	102.0	101.9	101.8

3-10 续表

(上年＝100)

年 份	眉山市	宜宾市	广安市	达州市	雅安市	巴中市	资阳市	阿坝州	甘孜州	凉山州
1985										108.1
1986										104.3
1987										109.9
1988										127.4
1989										117.6
1990										102.2
1991										103.9
1992										105.3
1993										113.6
1994										120.5
1995										115.8
1996										106.4
1997										101.7
1998										99.6
1999										99.2
2000										98.1
2001										98.7
2002										98.9
2003										99.8
2004										103.9
2005										101.4
2006										102.7
2007										104.0
2008										104.2
2009	100.8	100.1	99.4	98.5	98.5	100.2	99.9	102.9	105.5	99.2
2010	103.3	102.6	103.0	102.3	102.6	103.3	103.6	104.3	107.0	102.4
2011	105.3	104.4	106.6	103.6	104.2	106.6	106.2	105.6	109.1	103.9
2012	101.6	101.1	101.3	101.5	101.5	101.7	102.6	103.1	104.2	102.8
2013	101.4	100.4	101.5	101.3	101.7	101.8	101.7	102.8	103.2	101.5
2014	101.1	100.6	101.0	100.6	100.5	101.1	101.2	100.5	101.5	100.7
2015	99.9	99.3	100.1	100.4	99.4	100.3	100.6	99.5	102.0	99.9
2016	100.6	100.0	100.7	100.8	100.4	100.5	100.8	100.9	101.2	100.2
2017	100.9	101.3	101.6	101.3	100.6	100.1	101.2	100.4	100.6	101.9
2018	101.8	102.3	101.4	101.9	101.3	101.5	101.1	101.4	101.1	101.6

3-11　主要城市商品零售价格分类指数(2018年)

(上年=100)

指　标	成都市	自贡市	攀枝花市	泸州市	德阳市	绵阳市	广元市
商品零售价格总指数	**100.7**	**102.0**	**102.2**	**101.5**	**102.1**	**101.6**	**101.3**
一、食品	102.1	102.3	100.0	101.6	102.8	102.0	101.5
二、饮料、烟酒	101.3	99.9	102.1	101.4	99.5	101.5	103.9
三、服装、鞋帽	100.4	100.0	101.7	104.5	102.6	100.3	101.9
四、纺织品	100.4	102.1	99.6	100.3	99.8	108.3	100.0
五、家用电器及音像器材	98.1	98.7	99.5	96.2	99.0	99.8	99.6
六、文化办公用品	99.6	100.6	101.1	99.9	99.5	98.9	100.0
七、日用品	100.1	103.5	100.4	96.9	101.6	103.1	102.3
八、体育娱乐用品	106.2	101.1	101.4	100.0	100.5	101.1	100.0
九、交通、通信用品	94.8	98.2	99.5	98.3	100.2	94.3	95.7
十、家具	103.8	100.7	101.1	106.3	100.0	106.2	100.0
十一、化妆品	98.6	100.4	100.5	99.7	100.3	102.0	100.2
十二、金银珠宝	97.6	96.0	103.5	98.3	99.2	99.0	100.2
十三、中西药品及医疗保健用品	103.3	107.6	106.9	106.9	106.3	103.1	105.1
十四、书报杂志及电子出版物	102.3	100.4	112.7	107.6	102.9	109.7	99.0
十五、燃料	108.8	108.3	112.9	107.2	107.8	105.6	107.0
十六、建筑材料及五金电料	99.9	105.2	102.1	99.5	100.9	110.8	103.7

3-11　续表 1

(上年=100)

指　标	遂宁市	内江市	乐山市	南充市	眉山市	宜宾市	广安市
商品零售价格总指数	**101.4**	**102.0**	**101.9**	**101.8**	**101.8**	**102.3**	**101.4**
一、食品	100.7	102.3	101.3	100.4	101.5	99.9	100.4
二、饮料、烟酒	103.0	102.6	104.0	103.4	98.7	104.1	102.3
三、服装、鞋帽	100.6	99.4	100.6	99.8	101.3	101.3	101.1
四、纺织品	99.8	102.2	102.1	101.5	102.1	91.2	102.2
五、家用电器及音像器材	99.9	98.7	100.8	97.5	101.5	101.2	96.3
六、文化办公用品	101.1	99.4	101.0	96.4	103.2	98.9	100.3
七、日用品	99.9	103.3	100.6	101.0	101.3	103.9	100.9
八、体育娱乐用品	99.3	100.0	99.9	98.7	100.6	98.4	100.4
九、交通、通信用品	99.1	97.5	97.6	99.1	95.7	97.8	100.4
十、家具	100.1	99.7	98.5	103.7	101.3	111.1	103.7
十一、化妆品	99.9	102.2	100.2	103.3	100.0	106.8	98.9
十二、金银珠宝	100.1	98.7	98.5	99.9	102.0	99.2	98.8
十三、中西药品及医疗保健用品	106.2	109.8	107.8	108.5	104.7	116.1	103.4
十四、书报杂志及电子出版物	99.7	103.2	107.8	104.6	102.7	99.1	101.7
十五、燃料	108.4	109.8	107.6	109.5	108.7	108.0	108.4
十六、建筑材料及五金电料	102.0	103.2	103.3	107.0	106.3	104.0	101.3

3-11 续表 2

(上年＝100)

指　　标	达州市	雅安市	巴中市	资阳市	阿坝州	甘孜州	凉山州
商品零售价格总指数	**101.9**	**101.3**	**101.5**	**101.1**	**101.4**	**101.1**	**101.6**
一、食品	101.4	102.2	101.1	102.2	101.1	101.4	101.6
二、饮料、烟酒	100.1	101.5	102.8	102.4	103.3	101.4	102.3
三、服装、鞋帽	102.9	100.3	102.4	96.6	99.3	101.2	101.4
四、纺织品	101.1	98.9	101.2	99.3	100.6	102.5	99.1
五、家用电器及音像器材	100.6	101.9	100.2	100.0	99.2	95.2	99.1
六、文化办公用品	99.8	100.7	100.0	102.4	98.9	102.1	99.4
七、日用品	101.0	100.5	101.0	103.5	100.3	101.5	99.8
八、体育娱乐用品	100.7	101.7	100.2	101.7	103.5	101.8	100.1
九、交通、通信用品	99.5	97.5	98.9	92.4	98.2	95.3	96.4
十、家具	102.6	100.4	100.9	106.0	100.6	106.0	99.9
十一、化妆品	100.8	100.4	100.1	102.3	100.0	101.4	101.1
十二、金银珠宝	99.1	103.8	101.4	100.3	96.5	96.1	99.5
十三、中西药品及医疗保健用品	106.5	103.5	101.5	104.4	104.2	105.9	108.6
十四、书报杂志及电子出版物	99.5	102.1	101.1	104.6	104.5	106.2	102.4
十五、燃料	108.1	106.7	109.6	108.9	110.3	109.4	111.1
十六、建筑材料及五金电料	102.9	101.8	99.5	103.8	100.5	105.2	100.7

3-12 农业生产资料价格分类指数(2018年)

(上年=100)

指　　标	全　省	城　市	农　村
农业生产资料价格指数	**101.8**		**101.8**
一、农用手工工具	**107.3**		**107.3**
二、饲料	**103.6**		**103.6**
混合饲料	103.3		103.3
其他饲料	104.4		104.4
三、仔畜幼禽及产品畜	**88.2**		**88.2**
仔　　畜	77.3		77.3
幼　　禽	125.1		125.1
产 品 畜	100.3		100.3
四、半机械化农具	**101.2**		**101.2**
五、机械化农具	**101.8**		**101.8**
六、化学肥料	**107.0**		**107.0**
氮　　肥	111.3		111.3
磷　　肥	102.9		102.9
钾　　肥	103.2		103.2
复合肥料	106.0		106.0
七、农药及农药器械	**103.8**		**103.8**
1.化学农药	103.9		103.9
杀 虫 剂	104.4		104.4
杀 菌 剂	106.2		106.2
除 草 剂	101.8		101.8
生长调节剂	101.7		101.7
2.农药器械	103.0		103.0
八、农机用油	**111.3**		**111.3**
九、其他农用生产资料	**102.5**		**102.5**
农用种子	101.0		101.0
农用薄膜	102.8		102.8
十、农业生产服务	**104.4**		**104.4**
排 灌 费	101.4		101.4
机械作业费	101.7		101.7

3-13 分月农业生产资料价格指数(2018年)

(上年同月=100)

指　　标	1月	2月	3月	4月	5月	6月	7月	8月	9月	10月	11月	12月
农业生产资料价格指数	**99.2**	**99.3**	**101.0**	**100.9**	**100.9**	**102.4**	**103.4**	**104.1**	**102.6**	**101.9**	**102.7**	**103.4**
一、农用手工工具	**100.5**	**100.0**	**99.8**	**99.3**	**103.9**	**111.2**	**111.2**	**111.2**	**111.8**	**111.8**	**113.4**	**113.4**
农用手工工具	100.5	100.0	99.8	99.3	103.9	111.2	111.2	111.2	111.8	111.8	113.4	113.4
二、饲料	**103.1**	**103.7**	**105.9**	**106.0**	**105.8**	**105.0**	**104.0**	**103.8**	**102.1**	**101.6**	**101.3**	**101.1**
混合饲料	102.9	103.1	104.8	105.4	105.6	104.5	104.2	104.2	102.0	101.1	101.3	101.3
其他饲料	104.0	105.9	109.4	108.0	106.5	106.4	103.5	102.5	102.3	103.2	101.6	100.6
三、仔畜幼禽及产品畜	**80.8**	**81.1**	**85.9**	**83.3**	**80.8**	**88.4**	**94.3**	**97.8**	**91.6**	**87.8**	**92.3**	**100.3**
仔　　畜	73.0	74.0	69.9	67.8	66.2	74.1	79.8	88.0	83.1	80.8	85.9	94.3
幼　　禽	106.3	104.5	156.9	154.6	142.9	143.7	146.5	128.5	115.9	105.2	107.1	114.6
产 品 畜	98.2	97.7	97.7	92.9	92.9	95.4	100.9	104.5	105.7	105.4	105.3	108.0
四、半机械化农具	**104.1**	**104.1**	**104.9**	**103.7**	**101.9**	**102.1**	**102.2**	**99.9**	**98.6**	**98.3**	**97.7**	**97.0**
半机械化农具	104.1	104.1	104.9	103.7	101.9	102.1	102.2	99.9	98.6	98.3	97.7	97.0
五、机械化农具	**104.8**	**104.3**	**104.5**	**103.8**	**102.1**	**102.1**	**101.9**	**101.6**	**100.2**	**99.6**	**98.7**	**98.5**
机械化农具	104.8	104.3	104.5	103.8	102.1	102.1	101.9	101.6	100.2	99.6	98.7	98.5
六、化学肥料	**105.4**	**105.6**	**105.2**	**105.4**	**105.7**	**105.7**	**106.6**	**107.3**	**108.4**	**109.0**	**110.3**	**109.0**
氮　　肥	111.0	110.9	109.2	109.3	109.5	109.3	111.5	113.0	111.9	112.5	115.0	112.6
磷　　肥	102.7	102.4	102.7	102.7	103.0	103.0	103.1	102.9	102.8	103.2	103.7	102.7
钾　　肥	101.0	102.0	101.8	101.8	101.9	102.0	102.0	103.4	104.9	105.4	106.0	105.8
复合肥料	102.5	102.9	103.3	103.9	104.5	104.6	104.9	104.9	109.1	110.2	110.8	109.8
七、农药及农药器械	**101.0**	**100.7**	**101.3**	**101.6**	**103.0**	**102.9**	**103.1**	**105.8**	**106.4**	**106.6**	**106.5**	**106.4**
1.化学农药	101.1	100.8	101.4	101.6	102.8	102.8	103.0	106.2	106.7	107.0	106.9	106.9
杀 虫 剂	101.5	101.2	101.2	101.4	103.5	103.5	103.9	106.5	107.2	107.7	107.5	107.5
杀 菌 剂	100.2	100.2	103.3	103.5	103.7	103.7	103.6	110.6	111.3	111.5	111.4	111.4
除 草 剂	100.9	100.5	100.5	100.7	100.9	100.8	101.0	103.3	103.3	103.4	103.4	103.4
生长调节剂	100.7	100.7	101.8	101.4	101.6	101.6	101.6	102.2	102.2	102.2	102.2	102.2
2.农药器械	100.4	100.4	100.7	101.6	103.8	103.5	103.5	103.8	104.8	104.8	104.7	104.4
农药器械	100.4	100.4	100.7	101.6	103.8	103.5	103.5	103.8	104.8	104.8	104.7	104.4
八、农机用油	**105.9**	**106.4**	**104.5**	**108.5**	**112.1**	**115.9**	**119.6**	**117.0**	**117.8**	**119.1**	**110.5**	**99.5**
农用柴油	105.8	106.1	103.6	108.4	113.6	118.4	123.2	120.2	121.6	123.2	112.7	98.7
润 滑 油	106.1	107.5	107.5	108.6	106.7	107.4	107.4	106.3	104.7	104.7	102.6	102.6
九、其他农用生产资料	**102.4**	**101.3**	**101.9**	**102.2**	**103.1**	**103.0**	**103.4**	**102.9**	**102.6**	**102.5**	**102.3**	**102.0**
农用种子	100.4	99.3	100.3	100.5	101.7	101.7	101.7	101.7	101.4	101.3	101.0	101.0
农用薄膜	104.9	103.3	102.6	102.6	102.8	102.6	103.5	101.8	102.2	102.2	102.4	102.4
未列名的其他农用生产资料	105.0	104.6	106.2	106.8	108.1	107.9	108.5	108.2	106.7	106.6	106.0	104.6
十、农业生产服务	**102.3**	**102.3**	**102.3**	**103.3**	**105.1**	**105.6**	**105.6**	**105.4**	**105.2**	**105.4**	**105.4**	**105.4**
排 灌 费	100.0	100.0	100.4	100.9	101.5	102.0	102.0	102.0	102.0	102.0	102.0	102.0
机械作业费	100.0	100.0	100.0	101.9	102.1	102.3	102.3	102.3	102.3	102.3	102.3	102.3
农业用电	99.9	99.9	99.9	100.3	100.3	100.3	100.3	100.4	100.4	100.4	100.4	100.4
农业用工	103.8	103.8	103.8	104.7	107.4	108.1	108.2	107.9	107.4	107.7	107.7	107.7

3-14 农业生产资料价格分类指数(2007-2018年)

(上年＝100)

指　　标	2007	2008	2009	2010	2011	2012	2013	2014	2015	2016	2017	2018
农业生产资料价格指数	**109.0**	**116.6**	**101.2**	**103.6**	**112.4**	**104.7**	**101.5**	**98.8**	**101.5**	**103.7**	**99.8**	**101.8**
农用手工工具	107.4	109.8	105.5	100.9	104.3	105.6	103.9	102.5	101.4	100.1	100.5	107.3
饲料	106.0	111.8	101.3	108.3	106.9	103.1	103.5	101.0	98.8	95.2	101.5	103.6
混合饲料	106.5	112.0	101.4	106.7	107.8	102.8	103.7	100.8	99.2	95.7	100.3	103.3
其他	104.9	111.3	101.2	112.5	102.1	105.1	102.2	101.7	96.7	93.4	105.2	104.4
产品畜	150.9	133.3	90.1	98.7	142.0	106.0	100.6	95.8	110.1	129.6	98.0	100.3
幼禽家畜	150.9	133.3	90.1	98.7	142.0	106.0	100.6	95.8	110.1			
半机械化农具	103.3	103.9	100.5	99.8	100.4	100.3	100.1	100.0	99.7	98.5	103.0	101.2
机械化农具	102.8	105.7	101.1	100.1	100.5	100.5	100.2	100.1	99.8	98.1	102.1	101.8
农用机械	102.8	105.7	101.1	100.1	100.5	100.5	100.2	100.1	99.8			
化学肥料	104.0	120.5	101.7	101.0	106.4	104.8	99.1	95.9	99.6	98.8	102.5	107.0
氮肥	99.3	115.8	100.0	99.2	110.4	106.4	97.7	93.3	99.5	96.9	106.6	111.3
磷肥	105.4	118.3	100.3	110.2	103.5	103.5	100.3	98.9	100.0	100.1	100.2	102.9
钾肥	106.5	131.3	107.7	101.0	106.0	102.9	100.3	99.1	99.8	100.9	101.3	103.2
复合肥料	111.8	127.9	103.7	96.7	102.1	103.5	100.5	97.0	99.5	99.2	99.6	106.0
农药及农药械	100.7	105.5	101.1	101.0	101.6	102.1	102.4	101.6	100.9	100.0	100.8	103.8
化学农药	100.0	105.3	101.6	101.1	101.5	101.2	102.2	101.8	101.0	100.0	100.8	103.9
杀虫剂	99.2	105.6	101.8	101.1	101.3	99.5	101.5	101.6	100.7	100.7	101.2	104.4
杀菌剂	98.3	103.2	103.5	102.2	103.6	101.2	103.1	101.8	101.3	100.1	100.2	106.2
除草剂	104.1	106.4	99.0	99.5	99.9	104.9	102.8	102.4	101.4	98.5	100.6	101.8
农药器械	104.5	106.7	98.1	100.5	102.5	107.2	103.5	100.3	100.2	100.2	100.7	103.0
农用机油	105.2	112.6	102.3	107.0	109.4	105.1	99.1	99.0	88.8	96.2	110.1	111.3
其他农业生产资料	102.2	104.4	103.8	108.0	110.9	103.1	101.9	101.8	102.7	100.9	102.2	102.5
农用种子	102.2	103.3	106.9	112.3	112.6	103.4	102.0	101.7	103.2	102.2	100.8	101.0
其他	102.2	106.1	99.1	101.5	101.6	101.6	101.4	101.8	99.5			
农用薄膜	102.3	105.5	97.4	102.2	101.5	101.8	101.6	102.0	98.9	99.8	105.9	102.8
其他	102.1	107.8	103.5	99.6	101.8	101.1	100.9	101.5	101.3			
农业生产服务	117.5	114.5	112.3	109.9	120.2	112.2	109.7	105.9	101.9	102.5	101.6	104.4
#排灌费	106.1	104.1	103.4	102.3	103.7	106.4	105.3	102.3	101.8	100.0	100.0	101.4
机械作业费	117.5	112.0	108.7	113.2	118.8	117.5	106.2	101.8	99.6	99.8	100.0	101.7

3-15 主要年份工业生产者价格指数(1992-2018年)

(上年同期=100)

年份	工业生产者出厂价格指数	生产资料	生活资料	工业生产者购进价格指数
1992	106.1	106.9	104.3	112.5
1993	127.4	135.0	112.4	137.2
1994	115.4	112.2	122.1	120.9
1995	112.3	108.4	120.6	115.5
1996	102.2	103.4	99.7	106.1
1997	100.9	99.9	102.9	101.5
1998	97.3	97.8	96.4	95.3
1999	97.0	96.4	98.3	96.4
2000	98.1	98.6	97.0	101.5
2001	98.5	98.5	98.5	100.4
2002	97.7	98.0	97.1	99.2
2003	100.5	101.4	98.3	101.7
2004	105.4	107.0	101.3	110.3
2005	104.0	105.5	100.1	109.3
2006	101.9	102.8	99.1	104.3
2007	103.9	103.3	105.9	105.7
2008	109.3	109.6	108.0	112.4
2009	96.5	95.7	98.8	95.3
2010	105.0	105.7	102.8	106.1
2011	107.3	107.9	105.7	112.6
2012	98.6	97.9	100.6	100.0
2013	98.7	98.2	99.9	99.2
2014	98.7	98.1	100.6	98.7
2015	96.4	95.3	99.8	96.7
2016	98.9	98.7	99.5	98.8
2017	106.5	108.7	100.8	108.3
2018	103.6	104.6	101.1	105.3

3-16 按轻重部类分组的工业生产者出厂价格指数(2012-2018年)

(上年同期=100)

项　　目	2012	2013	2014	2015	2016	2017	2018
总指数	**98.6**	**98.7**	**98.7**	**96.4**	**98.9**	**106.5**	**103.6**
按轻重工业分							
轻工业	99.9	100.2	99.9	98.7	99.2	102.3	101.6
以农产品为原料	100.5	101.7	100.6	99.0	99.6	102.1	102.6
以非农产品为原料	97.5	94.4	96.8	97.5	97.9	102.9	98.6
重工业	98.0	98.0	98.2	95.5	98.8	108.3	104.5
采掘	98.2	97.5	96.9	90.4	95.0	116.5	102.3
原料	98.4	98.5	97.9	96.4	99.1	109.9	105.4
加工	97.8	97.9	98.6	96.0	99.2	106.9	104.5
按生产生活资料分							
生产资料	97.9	98.2	98.1	95.3	98.7	108.7	104.6
采掘	98.2	97.5	96.9	90.3	95.0	116.5	102.3
原料	98.2	98.3	97.8	96.4	99.1	110.2	105.3
加工	97.7	98.3	98.4	95.7	99.0	107.4	104.6
生活资料	100.6	99.9	100.6	99.8	99.5	100.8	101.1
食品	101.6	101.1	100.4	100.2	100.2	100.9	101.9
衣着	102.2	104.6	109.3	103.5	104.7	101.0	103.0
一般日用品	98.5	99.2	99.8	98.0	98.5	101.5	101.7
耐用消费品	97.3	92.2	97.3	98.1	96.6	99.6	97.3
按工业部门分							
冶金工业	93.9	94.1	95.1	89.3	99.9	123.0	106.7
电力工业	100.2	100.5	99.1	99.9	99.9	98.4	98.1
煤炭及炼焦工业	95.8	94.3	93.1	87.9	98.1	133.0	102.0
石油工业	101.8	103.0	102.7	97.4	91.9	105.2	108.7
化学工业	99.4	97.6	98.0	97.5	99.1	105.8	105.5
机械工业	98.7	98.5	99.6	99.1	98.5	102.6	101.2
建筑材料工业	98.0	99.5	99.6	92.8	98.9	106.1	110.7
森林工业	102.8	101.3	102.1	101.0	99.6	100.1	101.4
食品工业	101.6	101.3	100.2	99.8	99.7	100.6	101.9
纺织工业	92.7	101.9	97.3	93.5	97.8	105.7	105.0
缝纫工业	107.3	101.7	103.8	104.9	101.8	102.7	103.7
皮革工业	100.5	106.6	111.8	102.8	106.8	100.4	104.9
造纸工业	99.3	97.9	99.4	98.8	100.2	117.5	106.4
文教艺术用品工业	99.2	100.0	99.3	95.0	96.9	106.8	104.2
其他工业	101.6	102.3	99.6	96.3	99.0	104.5	105.0

3-17 分月工业生产者出厂价格指数(2018年)

(上年同月＝100)

类　别	全年	1月	2月	3月	4月	5月	6月	7月	8月	9月	10月	11月	12月
工业生产者出厂价格指数	**103.6**	**106.2**	**105.3**	**104.4**	**104.2**	**104.3**	**104.2**	**104.1**	**103.7**	**102.8**	**102.3**	**101.6**	**100.9**
#轻工业	101.6	102.3	102.1	102.2	102.2	102.2	102.2	102.0	101.9	101.3	100.5	100.2	100.1
以农产品为原料	102.6	103.2	103.1	103.2	103.4	103.4	103.4	102.9	102.5	102.2	101.6	101.3	101.4
以非农产品为原料	98.6	99.7	99.1	99.5	98.7	98.9	99.0	99.5	100.2	98.5	97.0	97.2	96.5
重工业	104.5	107.8	106.6	105.3	105.1	105.3	105.0	104.9	104.5	103.4	103.1	102.2	101.3
采掘	102.3	107.2	104.6	104.1	102.2	101.4	102.3	103.8	102.6	100.4	99.4	99.5	100.0
原料	105.4	109.5	107.7	106.2	106.1	105.8	106.1	106.6	105.6	104.8	104.3	101.6	100.5
加工	104.5	107.4	106.5	105.2	105.1	105.6	105.0	104.4	104.3	103.3	103.1	102.6	101.7
#生产资料	104.6	107.9	106.7	105.5	105.1	105.5	105.2	105.0	104.6	103.5	103.0	102.1	101.3
采掘	102.3	107.2	104.6	104.1	102.2	101.4	102.3	103.8	102.6	100.4	99.4	99.5	100.0
原料	105.3	109.7	107.9	106.2	106.0	105.9	106.2	106.7	105.6	104.8	104.1	101.3	100.1
加工	104.6	107.4	106.6	105.5	105.2	105.8	105.2	104.6	104.4	103.5	103.1	102.6	101.8
生活资料	101.1	101.5	101.4	101.4	101.6	101.3	101.4	101.4	101.3	100.8	100.3	100.3	100.1
食品	101.9	102.2	101.9	101.9	102.2	102.0	102.1	101.8	101.7	102.0	101.6	101.5	101.5
衣着	103.0	101.7	106.4	103.3	103.6	102.7	103.2	103.7	102.8	101.5	103.0	102.1	102.3
一般日用品	101.7	102.2	102.5	102.6	102.5	102.2	101.7	101.6	101.7	101.7	101.1	100.8	100.4
耐用消费品	97.3	98.3	97.8	98.3	98.3	97.7	98.5	99.6	99.5	95.6	94.1	94.8	94.4
按工业部门分													
冶金工业	106.7	115.6	112.3	108.6	107.5	107.4	108.3	107.0	105.7	104.3	103.7	102.3	99.4
电力工业	98.1	98.8	98.2	97.9	97.6	97.6	97.9	97.1	98.1	98.4	98.9	98.2	98.6
煤炭及炼焦工业	102.0	106.1	102.7	102.9	102.1	101.3	101.6	103.6	102.8	101.1	98.5	99.9	101.4
石油工业	108.7	106.4	105.2	102.8	105.1	110.0	111.1	114.7	113.1	114.1	115.0	107.3	100.4
化学工业	105.5	108.0	106.6	105.6	106.1	106.2	105.7	106.3	105.9	105.1	104.6	103.5	102.3
机械工业	101.2	103.6	103.5	102.7	101.8	101.7	100.9	101.0	101.4	100.1	99.7	99.0	99.3
建筑材料工业	110.7	110.7	110.0	111.0	112.1	112.9	113.3	112.0	110.3	109.0	108.0	110.2	108.9
森林工业	101.4	101.5	102.3	101.7	101.5	101.4	101.7	102.0	101.3	101.2	100.8	100.9	100.9
食品工业	101.9	102.0	101.8	102.1	102.4	102.2	102.1	101.7	101.5	101.8	101.6	101.6	101.6
纺织工业	105.0	106.7	105.9	106.0	105.8	105.4	105.8	105.7	105.4	104.9	104.5	102.5	101.7
缝纫工业	103.7	105.0	108.5	105.6	105.8	103.7	104.2	104.1	102.8	100.2	102.5	100.8	101.1
皮革工业	104.9	101.8	107.0	103.2	103.4	107.0	107.4	108.4	103.3	104.1	104.4	104.3	104.2
造纸工业	106.4	112.5	110.2	110.6	110.7	113.7	113.7	111.5	109.4	102.8	96.8	94.2	96.3
文教艺术用品工业	104.2	106.4	106.1	105.3	105.5	104.8	104.7	104.5	104.4	103.8	102.0	102.1	101.9
其他工业	105.0	108.9	109.1	109.6	108.4	107.9	105.9	104.3	102.8	100.8	100.8	101.4	101.7

3-18 分月工业生产者出厂价格环比指数(2018年)

(上月=100)

类　别	1月	2月	3月	4月	5月	6月	7月	8月	9月	10月	11月	12月
全部工业品	**100.5**	**100.0**	**99.9**	**99.8**	**100.2**	**99.7**	**100.0**	**100.2**	**100.1**	**100.2**	**100.3**	**100.1**
#轻工业	100.3	100.0	100.2	100.0	100.0	100.0	99.9	100.1	99.6	99.9	100.1	99.9
以农产品为原料	100.5	100.1	100.0	100.1	100.2	100.0	99.9	100.1	100.2	100.1	100.1	100.1
以非农产品为原料	99.7	99.9	100.8	99.7	99.6	99.9	100.1	100.2	98.0	99.1	100.1	99.4
重工业	100.5	100.0	99.7	99.8	100.2	99.5	100.0	100.3	100.3	100.4	100.3	100.1
采掘	101.5	99.9	100.2	98.9	98.8	99.5	100.6	99.4	99.1	100.6	101.1	100.5
原料	100.9	99.8	99.7	99.8	99.4	98.4	99.9	99.7	100.6	100.8	100.5	100.9
加工	100.3	100.2	99.7	99.8	100.7	100.0	100.0	100.5	100.3	100.3	100.2	99.8
#生产资料	100.5	100.1	99.8	99.8	100.3	99.5	100.0	100.3	100.3	100.4	100.3	100.1
采掘	101.5	99.9	100.2	98.9	98.8	99.5	100.6	99.4	99.1	100.6	101.1	100.5
原料	100.9	99.8	99.6	99.9	99.4	98.3	99.8	99.7	100.6	100.7	100.5	100.8
加工	100.3	100.2	99.8	99.8	100.7	99.9	100.0	100.6	100.4	100.3	100.1	99.8
生活资料	100.3	100.0	100.1	100.0	99.9	100.0	100.0	100.0	99.5	99.9	100.3	100.1
食品	100.6	99.9	99.9	100.1	100.0	100.1	99.9	100.2	100.2	100.0	100.3	100.2
衣着	99.9	102.2	100.0	100.0	99.0	101.0	100.5	99.4	98.7	101.5	99.7	100.4
一般日用品	100.1	100.5	100.3	99.4	100.1	99.1	100.2	99.9	100.4	100.2	100.1	100.1
耐用消费品	99.5	99.5	100.5	100.2	99.5	100.4	100.4	99.6	96.2	98.5	100.5	99.5
按工业部门分												
冶金工业	99.5	100.0	99.8	99.0	101.0	100.4	99.8	100.4	100.2	100.3	100.6	98.4
电力工业	101.9	99.8	99.8	99.7	96.8	95.6	98.2	99.7	99.8	99.9	103.2	104.5
煤炭及炼焦工业	102.4	99.6	101.3	99.5	97.9	97.9	100.8	99.5	100.4	100.2	101.2	100.7
石油工业	99.4	98.9	97.3	100.4	102.9	100.9	101.4	100.0	101.6	102.5	97.1	98.4
化学工业	101.1	99.9	99.9	100.0	100.4	99.6	100.4	99.9	100.6	100.6	100.0	99.7
机械工业	100.0	100.2	99.6	99.7	100.2	99.8	100.0	100.6	99.6	99.9	99.6	100.1
建筑材料工业	101.6	100.2	100.7	100.8	100.7	100.6	99.9	100.3	100.1	100.4	102.5	100.9
森林工业	100.6	100.0	99.8	100.0	99.8	100.1	99.9	100.1	100.4	100.0	100.1	100.2
食品工业	100.6	99.9	100.0	100.1	100.0	99.9	99.8	100.2	100.2	100.1	100.3	100.3
纺织工业	100.7	100.5	99.7	100.7	100.3	100.4	100.0	100.1	100.3	100.1	99.6	99.4
缝纫工业	99.8	103.6	100.4	99.9	98.0	101.5	100.3	98.9	97.0	102.5	99.0	100.4
皮革工业	100.6	100.2	98.5	100.0	103.4	100.3	100.6	99.7	101.0	99.7	100.4	100.1
造纸工业	97.8	99.8	101.0	100.0	102.7	100.4	99.9	99.5	99.6	99.0	98.2	98.5
文教艺术用品工业	100.4	101.0	99.9	100.2	99.7	100.2	100.0	100.1	100.2	100.1	100.3	99.9
其他工业	100.8	101.0	101.0	99.1	100.3	98.9	99.9	99.8	100.2	100.2	100.4	100.1

3-19 分行业工业生产者出厂价格指数(2018年)

(上年同月=100)

类别	全年	1月	2月	3月	4月	5月	6月
总指数	**103.6**	**106.2**	**105.3**	**104.4**	**104.2**	**104.3**	**104.2**
煤炭开采和洗选业	**101.2**	**104.6**	**102.2**	**102.8**	**101.6**	**100.3**	**100.4**
烟煤和无烟煤开采洗选	101.2	104.6	102.2	102.8	101.6	100.3	100.4
石油和天然气开采业	**102.9**	**99.9**	**101.8**	**101.8**	**101.4**	**101.8**	**101.9**
天然气开采	102.9	99.9	101.8	101.8	101.4	101.8	101.9
黑色金属矿采选业	**98.8**	**107.1**	**103.3**	**99.9**	**97.6**	**96.7**	**96.4**
铁矿采选	98.8	107.1	103.3	99.9	97.6	96.7	96.4
有色金属矿采选业	**105.3**	**118.8**	**114.3**	**112.1**	**107.7**	**107.5**	**110.8**
常用有色金属矿采选	105.7	118.7	115.0	113.0	107.5	107.1	110.5
贵金属矿采选	98.2	103.7	99.2	98.8	96.2	96.5	95.6
稀有稀土金属矿采选	103.5	127.1	111.8	106.9	116.1	119.1	121.8
非金属矿采选业	**102.1**	**104.9**	**103.2**	**104.6**	**105.7**	**104.3**	**103.6**
土砂石开采	103.6	103.8	103.7	105.7	106.2	106.2	106.7
化学矿开采	102.8	110.3	109.2	110.7	107.8	104.0	98.6
采盐	92.3	105.4	95.6	94.1	100.3	93.8	90.8
石棉及其他非金属矿采选	122.1	122.1	122.1	122.1	122.1	122.1	122.1
农副食品加工业	**102.3**	**101.7**	**101.5**	**102.0**	**103.2**	**103.5**	**102.7**
谷物磨制	99.8	100.8	101.1	100.3	100.2	99.9	99.8
饲料加工	103.1	100.9	101.3	103.2	104.6	104.6	103.5
植物油加工	97.6	95.7	95.5	96.8	100.0	101.0	100.3
制糖业	109.7	118.6	118.4	118.6	118.4	118.4	122.5
屠宰及肉类加工	103.0	101.5	100.7	100.5	101.8	102.1	102.7
蔬菜、菌类、水果和坚果加工	102.5	104.0	103.9	103.5	103.5	103.6	101.6
其他农副食品加工	105.9	111.2	111.3	112.7	112.6	114.4	108.0
食品制造业	**101.7**	**102.2**	**101.1**	**101.2**	**101.3**	**101.4**	**101.4**
焙烤食品制造	100.6	101.9	100.6	100.7	100.8	100.2	100.8
糖果、巧克力及蜜饯制造	109.6	109.8	109.5	109.5	109.5	109.5	109.5
方便食品制造	102.6	101.9	101.9	101.8	101.8	101.6	102.4
乳制品制造	95.6	101.0	94.9	90.8	92.1	93.6	94.7
罐头食品制造	101.6	100.0	100.0	100.0	102.2	102.2	102.2
调味品、发酵制品制造	102.0	102.2	101.4	102.8	102.2	102.6	101.7
其他食品制造	102.5	104.1	103.1	103.9	103.3	102.9	101.7
酒、饮料及精制茶制造业	**101.8**	**102.5**	**102.7**	**103.0**	**102.6**	**101.6**	**102.1**
酒的制造	101.9	102.5	102.6	103.0	102.2	101.7	102.4
饮料制造	99.9	98.5	99.0	98.7	100.4	99.7	100.7
精制茶加工	103.4	108.5	108.9	109.1	108.8	103.2	101.7
烟草制品业	**100.3**	**100.0**	**100.0**	**100.0**	**100.0**	**100.0**	**100.0**
卷烟制造	100.3	100.0	100.0	100.0	100.0	100.0	100.0
其他烟草制品制造	99.4	100.0	100.0	99.3	99.3	99.3	99.3
纺织业	**105.0**	**106.7**	**105.9**	**106.0**	**105.8**	**105.4**	**105.8**
棉纺织及印染精加工	103.8	105.4	104.2	103.2	103.3	103.0	104.6
毛纺织及染整精加工	74.1	91.3	91.3	91.3	88.0	68.7	65.8
麻纺织及染整精加工	106.0	106.0	106.5	107.8	107.3	107.1	106.1
丝绢纺织及印染精加工	107.8	110.2	109.9	112.7	111.8	111.3	108.9
化纤织造及印染精加工	113.2	116.5	115.0	114.9	114.3	115.4	118.0
家用纺织制成品制造	99.6	97.8	97.8	97.7	97.7	99.5	100.1
产业用纺织制成品制造	114.5	106.2	106.2	106.6	106.6	117.4	117.6
纺织服装、服饰业	**103.7**	**105.0**	**108.5**	**105.6**	**105.8**	**103.7**	**104.2**
机织服装制造	104.1	105.4	109.5	106.2	106.4	104.1	104.7
针织或钩针编织服装制造	100.0	100.0	100.0	100.0	100.0	100.0	100.0
服饰制造	101.1	114.6	100.0	100.0	100.0	100.0	100.0

3-19 续表 1

(上年同月=100)

类　　别	全年	1月	2月	3月	4月	5月	6月
皮革、毛皮、羽毛及其制品和制鞋业	**104.0**	**101.5**	**106.0**	**102.6**	**102.7**	**105.8**	**106.1**
皮革鞣制加工	110.6	114.3	114.3	110.1	109.7	120.4	120.1
皮革制品制造	89.8	95.6	97.8	89.3	89.5	88.4	88.2
羽毛(绒)加工及制品制造	97.5	100.0	101.6	99.2	97.8	97.5	97.3
制鞋业	102.5	97.2	103.6	100.6	101.0	101.8	102.4
木材加工和木、竹、藤、棕、草制品业	**101.4**	**101.3**	**101.6**	**100.9**	**100.8**	**101.3**	**101.2**
木材加工	106.5	104.0	104.7	105.0	106.6	106.8	107.1
人造板制造	101.9	102.0	102.3	101.9	101.5	102.6	102.3
木制品制造	98.5	99.0	98.7	97.5	97.7	97.6	97.5
竹、藤、棕、草制品制造	104.0	102.6	104.6	102.8	101.7	100.8	101.9
家具制造业	**101.6**	**101.6**	**102.6**	**102.2**	**102.0**	**101.4**	**101.9**
木质家具制造	101.5	101.7	102.9	102.3	102.1	101.5	102.1
竹、藤家具制造	96.6	94.9	93.8	94.9	94.9	95.1	96.0
金属家具制造	104.1	100.4	100.5	100.5	100.5	101.1	101.1
其他家具制造	101.6	102.0	102.6	102.6	102.2	101.6	101.4
造纸和纸制品业	**106.4**	**112.5**	**110.2**	**110.6**	**110.7**	**113.7**	**113.7**
纸浆制造	112.4	132.6	124.2	111.6	110.4	108.8	111.7
造纸	110.1	116.0	112.7	114.4	116.7	121.5	121.4
纸制品制造	103.5	109.2	107.8	107.7	106.5	108.4	108.4
印刷和记录媒介复制业	**104.7**	**107.1**	**106.8**	**105.8**	**106.1**	**105.3**	**105.3**
印刷	104.2	107.0	106.8	105.7	105.8	104.8	104.7
装订及印刷相关服务	111.2	108.1	106.6	107.7	110.9	111.8	113.9
文教、工美、体育和娱乐用品制造业	**100.1**	**100.9**	**100.4**	**100.1**	**100.1**	**100.2**	**99.8**
文教办公用品制造	101.5	105.7	104.6	102.9	102.0	101.6	100.2
乐器制造	101.3	100.0	100.0	100.6	100.6	100.6	100.6
工艺美术及礼仪用品制造	99.4	100.8	100.0	99.6	99.6	99.7	99.5
玩具制造	101.1	102.8	102.8	102.8	102.8	102.8	100.0
游艺器材及娱乐用品制造	98.1	100.7	99.8	95.3	95.3	95.3	95.3
石油、煤炭及其他燃料加工业	**110.0**	**107.6**	**104.6**	**102.9**	**106.5**	**112.9**	**114.5**
精炼石油产品制造	112.1	104.7	103.7	102.8	107.9	117.0	118.5
煤炭加工	105.2	113.6	106.2	103.0	103.5	104.2	105.7
化学原料和化学制品制造业	**108.3**	**111.5**	**110.6**	**109.8**	**110.2**	**110.3**	**109.1**
基础化学原料制造	108.9	114.0	112.9	111.8	110.3	110.0	110.6
肥料制造	110.6	113.5	112.4	110.3	111.4	112.0	111.2
农药制造	111.8	106.2	106.2	108.4	109.1	110.5	110.5
涂料、油墨、颜料及类似产品制造	98.5	101.4	99.0	98.7	100.1	98.1	95.9
合成材料制造	120.9	127.6	127.2	127.6	126.9	127.6	126.3
专用化学产品制造	100.9	105.9	104.4	102.5	105.9	105.5	100.5
炸药、火工及焰火产品制造	102.6	102.7	103.2	103.4	101.9	102.5	103.0
日用化学产品制造	106.3	98.3	102.5	103.3	104.9	107.9	107.2
医药制造业	**103.2**	**105.0**	**101.9**	**101.8**	**102.5**	**102.3**	**103.1**
化学药品原料药制造	102.2	102.5	103.8	101.8	100.7	101.3	100.3
化学药品制剂制造	103.9	102.3	101.9	102.1	102.6	101.1	103.6
中药饮片加工	104.6	105.3	103.2	103.1	104.1	105.3	106.0
中成药生产	104.7	104.0	103.0	102.9	104.1	104.7	105.5
兽用药品制造	103.6	120.2	100.8	100.9	103.0	102.6	102.8
生物药品制品制造	97.2	99.4	97.5	97.6	97.4	95.0	95.0
卫生材料及医药用品制造	100.0	100.0	100.0	100.0	100.0	100.0	100.0
药用辅料及包装材料	100.0	100.0	100.0	100.0	100.0	100.0	100.0
化学纤维制造业	**103.3**	**106.2**	**105.0**	**101.6**	**100.8**	**103.7**	**103.4**
纤维素纤维原料及纤维制造	98.4	98.8	98.7	95.9	95.4	96.8	97.5
合成纤维制造	110.0	117.4	114.1	109.9	108.4	114.0	112.1
生物基材料制造	98.4	98.8	98.7	95.9	95.4	96.8	97.5

3-19 续表 2

(上年同月＝100)

类　别	全年	1月	2月	3月	4月	5月	6月
橡胶和塑料制品业	**100.5**	**102.3**	**101.8**	**99.3**	**99.5**	**100.0**	**99.6**
橡胶制品业	103.1	110.2	109.0	101.8	102.0	102.8	101.2
塑料制品业	100.1	101.3	100.9	99.0	99.1	99.6	99.4
非金属矿物制品业	**110.9**	**112.2**	**111.5**	**112.1**	**112.8**	**113.6**	**113.3**
水泥、石灰和石膏制造	120.6	118.2	115.9	117.5	122.6	125.3	126.8
石膏、水泥制品及类似制品制造	113.8	115.3	115.5	114.7	116.1	115.8	115.1
砖瓦、石材等建筑材料制造	106.4	105.4	104.8	109.0	107.3	108.0	108.1
玻璃制造	105.8	111.5	108.9	112.5	105.3	107.3	107.8
玻璃制品制造	102.9	102.3	102.4	103.3	102.9	103.0	103.1
玻璃纤维和玻璃纤维增强塑料制品制造	104.4	103.7	104.0	105.3	106.7	106.6	108.3
陶瓷制品制造	101.9	105.2	104.8	101.6	101.3	102.0	101.6
耐火材料制品制造	104.4	105.1	104.5	104.4	104.4	104.5	104.5
石墨及其他非金属矿物制品制造	111.9	132.2	132.7	128.1	125.1	123.7	114.9
黑色金属冶炼和压延加工业	**110.3**	**121.8**	**117.4**	**113.2**	**111.9**	**111.4**	**112.3**
炼铁	116.1	131.6	128.2	128.0	116.1	109.1	111.1
炼钢	114.3	150.9	137.8	135.6	127.9	106.2	109.5
钢压延加工	108.5	117.8	113.0	107.9	107.9	112.0	112.4
铁合金冶炼	113.9	110.6	114.8	114.0	112.0	115.4	115.5
有色金属冶炼和压延加工业	**103.0**	**110.8**	**109.7**	**108.5**	**106.2**	**106.5**	**106.6**
常用有色金属冶炼	103.0	117.6	114.2	112.6	107.0	106.4	106.6
贵金属冶炼	100.2	104.5	105.0	102.9	99.3	98.5	101.6
稀有稀土金属冶炼	99.7	99.0	125.9	125.6	127.1	123.9	115.3
有色金属合金制造	106.2	107.6	106.4	106.0	109.2	107.4	108.1
有色金属压延加工	102.1	106.7	104.7	103.6	102.3	104.2	104.7
金属制品业	**103.3**	**104.8**	**103.3**	**101.9**	**102.2**	**102.7**	**103.6**
结构性金属制品制造	103.0	104.0	101.8	101.3	101.5	102.2	103.4
金属工具制造	103.8	99.0	100.9	103.3	103.2	103.9	104.3
集装箱及金属包装容器制造	100.5	101.7	101.4	101.3	101.2	100.3	99.4
金属丝绳及其制品制造	106.2	121.9	121.1	102.1	104.8	105.0	106.0
建筑、安全用金属制品制造	101.4	101.2	101.3	101.3	101.5	101.6	101.6
金属表面处理及热处理加工	107.6	100.0	100.0	100.0	107.9	109.8	115.3
金属制日用品制造	100.4	101.0	101.0	100.3	100.3	100.3	100.3
锻造及其他金属制品制造	102.9	104.1	102.2	102.7	101.7	102.1	102.8
通用设备制造业	**102.6**	**102.9**	**103.1**	**102.3**	**102.3**	**103.3**	**101.7**
锅炉及原动设备制造	101.0	103.3	102.3	101.6	102.3	102.4	97.5
金属加工机械制造	101.4	101.1	101.3	101.0	101.1	101.3	101.4
物料搬运设备制造	102.9	104.3	104.5	104.5	104.3	104.1	103.6
泵、阀门、压缩机及类似机械制造	100.6	101.5	101.0	100.9	100.5	100.5	100.4
轴承、齿轮和传动部件制造	101.7	99.2	103.6	101.4	101.5	100.7	102.4
烘炉、风机、包装等设备制造	102.3	103.3	101.4	100.2	101.7	103.6	103.0
通用零部件制造	108.7	106.2	108.3	106.4	105.2	110.3	110.1
其他通用设备制造	102.6	101.0	101.0	101.2	102.4	102.0	102.5
专用设备制造业	**100.5**	**102.9**	**102.5**	**101.7**	**100.4**	**100.3**	**100.4**
采矿、冶金、建筑专用设备制造	101.3	103.3	103.6	103.5	102.5	101.4	101.6
化工、木材、非金属加工专用设备制造	101.2	101.1	101.3	101.0	101.0	101.3	101.3
食品、饮料、烟草及饲料生产专用设备制造	100.7	101.1	100.6	100.4	100.4	100.4	99.9
印刷、制药、日化及日用品生产专用设备制造	104.9	104.2	104.2	103.5	104.2	104.2	105.0
电子和电工机械专用设备制造	100.0	100.0	100.0	100.0	100.0	100.0	100.0
农、林、牧、渔专用机械制造	92.0	109.4	101.7	93.8	83.5	90.2	89.3
医疗仪器设备及器械制造	100.7	100.6	99.7	99.1	100.0	99.5	100.0
环保、邮政、社会公共服务及其他专用设备制造	100.5	100.1	100.1	100.1	100.6	100.5	100.6

3-19 续表 3

(上年同月=100)

类　　别	全年	1月	2月	3月	4月	5月	6月
汽车制造业	**101.9**	**103.5**	**103.5**	**103.7**	**102.8**	**102.3**	**101.8**
汽车整车制造	101.8	102.7	102.5	103.0	103.8	103.6	102.4
汽车用发动机制造	101.8	102.7	102.5	103.0	103.8	103.6	102.4
改装汽车制造	101.9	101.9	101.6	101.5	101.2	100.8	100.7
汽车车身、挂车制造	100.5	103.3	100.0	101.1	101.1	100.9	100.9
汽车零部件及配件制造	102.1	104.3	104.7	104.7	102.3	101.6	101.5
铁路、船舶、航空航天和其他运输设备制造业	**99.6**	**100.8**	**99.4**	**100.1**	**100.7**	**99.3**	**100.2**
铁路运输设备制造	98.9	100.9	96.9	98.0	99.1	96.8	98.0
城市轨道交通设备制造	100.0	100.0	100.0	100.0	100.0	100.0	100.0
船舶及相关装置制造	100.5	102.3	101.4	101.4	101.7	100.6	100.4
摩托车制造	100.7	101.1	103.5	103.9	104.1	103.9	104.8
电气机械和器材制造业	**98.8**	**100.2**	**99.9**	**99.6**	**98.0**	**99.2**	**98.8**
电机制造	101.2	97.3	96.7	98.1	97.5	98.9	98.5
输配电及控制设备制造	99.5	100.8	101.7	101.2	102.3	101.9	100.4
电线、电缆、光缆及电工器材制造	101.9	104.9	103.9	103.6	102.9	103.3	102.8
电池制造	91.0	91.8	91.3	90.5	82.6	87.6	89.7
家用电力器具制造	99.4	101.8	101.2	102.3	100.3	99.9	99.7
非电力家用器具制造	96.5	95.0	94.8	95.2	94.7	94.4	94.6
照明器具制造	93.2	98.0	98.0	96.3	94.3	94.7	93.4
计算机、通信和其他电子设备制造业	**101.2**	**106.2**	**106.4**	**104.3**	**103.1**	**102.3**	**100.7**
计算机制造	101.1	108.0	109.3	104.7	102.2	99.9	97.6
通信设备制造	97.1	94.9	94.9	95.7	95.6	96.9	97.9
广播电视设备制造	100.0	100.0	100.1	100.0	100.0	100.0	100.0
视听设备制造	91.2	93.6	91.3	92.9	93.1	91.9	93.1
智能消费设备制造	102.2	100.7	100.8	100.8	102.5	102.3	102.6
电子器件制造	114.0	122.9	122.1	121.6	121.9	122.1	122.0
电子元件及电子专用材料制造	105.2	105.6	106.0	105.9	103.9	115.4	102.6
其他电子设备制造	100.0	100.0	100.1	100.0	100.0	100.0	100.0
仪器仪表制造业	**101.4**	**101.1**	**100.8**	**101.1**	**100.5**	**100.3**	**101.8**
通用仪器仪表制造	100.1	101.3	101.1	100.5	100.0	99.7	99.7
专用仪器仪表制造	118.2	103.7	99.2	107.7	105.8	105.8	132.8
光学仪器制造	101.3	100.0	101.3	101.3	101.3	101.3	101.3
其他仪器仪表制造业	99.9	98.4	98.4	100.0	100.0	100.0	100.0
其他制造业	**114.5**	**104.6**	**105.1**	**125.2**	**118.7**	**116.9**	**113.7**
日用杂品制造	123.8	107.9	108.7	141.8	131.0	128.0	122.5
其他未列明制造业	99.9	99.7	99.7	99.9	99.9	99.9	99.9
废弃资源综合利用业	**113.6**	**118.9**	**117.3**	**107.3**	**109.9**	**113.7**	**116.2**
金属废料和碎屑加工处理	112.7	121.2	118.0	104.4	107.3	111.2	115.4
非金属废料和碎屑加工处理	115.8	114.7	116.4	115.9	117.2	119.8	118.1
金属制品、机械和设备修理业	**100.0**	**100.0**	**100.0**	**100.0**	**100.0**	**100.0**	**100.0**
铁路、船舶、航空航天等运输设备修理	100.0	100.0	100.0	100.0	100.0	100.0	100.0
电力、热力生产和供应业	**97.8**	**98.6**	**97.9**	**97.6**	**97.3**	**97.2**	**97.6**
电力生产	98.1	99.7	98.2	97.8	97.8	98.0	97.9
电力供应	97.6	97.2	97.6	97.4	96.7	96.4	97.5
燃气生产和供应业	**105.6**	**114.4**	**110.3**	**103.3**	**101.9**	**102.3**	**103.5**
燃气生产和供应业	105.6	114.4	110.3	103.3	101.9	102.3	103.5
生物质燃气生产和供应业	105.6	114.4	110.3	103.3	101.9	102.3	103.5
水的生产和供应业	**101.2**	**102.3**	**102.1**	**101.6**	**101.7**	**101.5**	**101.5**
自来水生产和供应	100.8	102.0	102.0	101.0	100.9	100.8	100.9
污水处理及其再生利用	102.4	103.0	102.4	103.0	103.6	103.0	103.0

3-19 续表 4

(上年同月=100)

类　　别	7月	8月	9月	10月	11月	12月
总指数	**104.1**	**103.7**	**102.8**	**102.3**	**101.6**	**100.9**
煤炭开采和洗选业	**102.5**	**101.5**	**99.7**	**98.2**	**99.3**	**101.1**
烟煤和无烟煤开采洗选	102.5	101.5	99.7	98.2	99.3	101.1
石油和天然气开采业	**105.3**	**104.3**	**103.3**	**103.7**	**104.3**	**105.0**
天然气开采	105.3	104.3	103.3	103.7	104.3	105.0
黑色金属矿采选业	**99.9**	**99.0**	**96.2**	**97.4**	**96.1**	**97.2**
铁矿采选	99.9	99.0	96.2	97.4	96.1	97.2
有色金属矿采选业	**105.9**	**106.3**	**101.7**	**97.5**	**93.6**	**92.1**
常用有色金属矿采选	106.5	106.4	101.8	97.6	94.6	94.0
贵金属矿采选	98.9	96.3	95.8	96.5	100.4	100.7
稀有稀土金属矿采选	102.4	109.5	103.9	98.0	82.0	71.1
非金属矿采选业	**102.9**	**100.6**	**98.4**	**98.3**	**99.3**	**100.4**
土砂石开采	105.9	102.5	100.2	100.0	100.9	102.2
化学矿开采	100.7	102.2	95.6	97.5	99.8	100.2
采盐	88.2	87.1	89.0	87.5	87.9	88.8
石棉及其他非金属矿采选	122.1	122.1	122.1	122.1	122.1	122.1
农副食品加工业	**102.7**	**101.9**	**102.4**	**102.1**	**102.5**	**102.1**
谷物磨制	99.5	100.1	99.5	98.8	99.0	99.0
饲料加工	103.5	102.4	102.6	103.2	104.1	104.0
植物油加工	98.8	96.8	96.3	96.6	97.0	96.4
制糖业	106.7	101.8	100.9	100.6	100.9	100.9
屠宰及肉类加工	103.1	103.5	106.1	104.9	104.8	103.9
蔬菜、菌类、水果和坚果加工	101.4	101.4	101.5	101.6	101.9	101.9
其他农副食品加工	108.4	102.2	97.8	97.8	99.2	99.2
食品制造业	**101.4**	**102.3**	**102.3**	**102.0**	**101.7**	**101.5**
焙烤食品制造	100.6	100.9	100.3	100.5	100.3	100.2
糖果、巧克力及蜜饯制造	109.5	109.5	110.0	109.8	109.7	109.4
方便食品制造	101.9	102.7	103.8	103.9	104.1	103.8
乳制品制造	95.3	98.7	98.3	95.7	96.1	96.4
罐头食品制造	102.2	102.1	102.1	102.1	102.1	102.2
调味品、发酵制品制造	102.4	102.8	101.8	101.5	101.1	101.1
其他食品制造	101.0	103.0	103.3	103.6	101.0	99.8
酒、饮料及精制茶制造业	**100.9**	**101.1**	**101.5**	**101.2**	**100.8**	**101.2**
酒的制造	101.0	101.3	101.9	101.4	101.0	101.7
饮料制造	99.9	100.5	100.6	101.1	100.2	99.7
精制茶加工	101.8	100.6	99.9	99.9	100.0	99.6
烟草制品业	**100.7**	**100.7**	**100.7**	**100.5**	**100.5**	**100.7**
卷烟制造	100.8	100.8	100.8	100.5	100.5	100.8
其他烟草制品制造	99.3	99.3	99.3	99.3	99.3	99.3
纺织业	**105.7**	**105.4**	**104.9**	**104.5**	**102.5**	**101.7**
棉纺织及印染精加工	104.7	104.6	104.4	103.4	102.7	102.8
毛纺织及染整精加工	64.7	64.7	64.7	64.7	64.7	68.6
麻纺织及染整精加工	105.3	105.3	105.3	105.3	105.0	105.6
丝绢纺织及印染精加工	108.3	108.0	106.7	107.1	102.1	98.3
化纤织造及印染精加工	118.5	110.0	110.1	112.1	105.9	110.3
家用纺织制成品制造	100.1	100.5	101.2	101.2	101.2	101.2
产业用纺织制成品制造	118.0	119.1	119.1	119.8	119.9	117.8
纺织服装、服饰业	**104.1**	**102.8**	**100.2**	**102.5**	**100.8**	**101.1**
机织服装制造	104.6	103.1	100.2	102.8	100.9	101.3
针织或钩针编织服装制造	100.0	100.0	100.0	100.0	100.0	100.0
服饰制造	100.0	100.0	100.0	100.0	100.0	100.0

3-19 续表 5

(上年同月=100)

类 别	7月	8月	9月	10月	11月	12月
皮革、毛皮、羽毛及其制品和制鞋业	**107.0**	**102.7**	**103.2**	**103.5**	**103.5**	**103.4**
皮革鞣制加工	120.3	104.1	104.9	105.1	104.0	103.5
皮革制品制造	87.9	88.4	88.0	88.1	88.1	87.8
羽毛(绒)加工及制品制造	96.9	96.7	94.8	95.0	97.1	96.1
制鞋业	103.6	103.2	103.8	104.2	104.4	104.5
木材加工和木、竹、藤、棕、草制品业	**102.3**	**102.1**	**101.6**	**101.2**	**101.3**	**101.0**
木材加工	107.6	107.2	108.3	108.0	108.9	104.5
人造板制造	103.7	102.9	101.8	100.8	100.9	100.7
木制品制造	98.4	99.2	99.3	99.0	98.9	99.2
竹、藤、棕、草制品制造	101.7	101.8	103.9	107.9	110.0	108.3
家具制造业	**101.7**	**100.9**	**100.9**	**101.4**	**101.5**	**101.7**
木质家具制造	101.8	100.8	100.8	100.5	100.6	100.9
竹、藤家具制造	97.1	98.2	98.2	98.5	98.8	99.4
金属家具制造	101.2	101.0	100.9	113.9	113.9	113.8
其他家具制造	101.4	102.0	101.7	100.6	100.7	100.7
造纸和纸制品业	**111.5**	**109.4**	**102.8**	**96.8**	**94.2**	**96.3**
纸浆制造	116.0	120.7	127.9	104.0	95.8	97.9
造纸	118.7	115.9	106.0	97.4	93.5	97.2
纸制品制造	106.3	104.4	99.4	95.9	94.6	95.6
印刷和记录媒介复制业	**105.0**	**104.9**	**104.1**	**102.1**	**102.0**	**101.8**
印刷	104.4	104.3	103.6	101.4	101.2	101.0
装订及印刷相关服务	113.1	112.2	111.4	112.4	113.7	112.3
文教、工美、体育和娱乐用品制造业	**100.0**	**100.0**	**100.0**	**99.4**	**99.9**	**99.9**
文教办公用品制造	99.4	100.1	100.5	100.6	100.4	100.8
乐器制造	101.5	101.5	101.5	101.5	103.4	103.4
工艺美术及礼仪用品制造	99.5	99.3	99.4	98.4	98.3	98.4
玩具制造	100.0	100.0	100.0	100.0	100.0	100.0
游艺器材及娱乐用品制造	95.3	100.0	100.0	100.0	100.0	100.0
石油、煤炭及其他燃料加工业	**118.4**	**116.7**	**117.2**	**115.4**	**105.8**	**99.9**
精炼石油产品制造	123.6	120.7	122.3	122.4	106.6	99.0
煤炭加工	107.1	107.4	106.4	100.9	103.7	101.9
化学原料和化学制品制造业	**109.8**	**108.9**	**107.0**	**106.5**	**104.5**	**102.5**
基础化学原料制造	112.2	110.4	105.7	105.4	104.1	100.7
肥料制造	110.2	109.9	109.5	111.0	109.1	106.9
农药制造	113.1	111.9	116.8	115.2	115.7	117.3
涂料、油墨、颜料及类似产品制造	97.2	97.9	98.4	98.6	97.9	98.7
合成材料制造	125.4	122.5	115.2	114.9	109.1	106.1
专用化学产品制造	101.2	100.1	100.1	97.5	94.7	93.4
炸药、火工及焰火产品制造	103.0	102.8	102.9	102.5	102.2	101.1
日用化学产品制造	107.3	111.6	111.7	109.6	107.0	105.3
医药制造业	**104.3**	**103.8**	**103.9**	**103.4**	**103.6**	**103.2**
化学药品原料药制造	102.5	101.7	102.6	102.0	104.4	103.0
化学药品制剂制造	106.3	105.6	105.3	105.0	105.2	105.7
中药饮片加工	109.6	105.1	104.2	104.7	102.6	102.7
中成药生产	105.6	105.4	105.9	104.8	105.5	104.6
兽用药品制造	102.4	102.9	103.5	102.2	102.5	102.0
生物药品制品制造	94.8	97.7	97.4	98.0	98.1	98.1
卫生材料及医药用品制造	100.0	100.0	100.0	100.0	100.0	100.0
药用辅料及包装材料	100.0	100.0	100.0	100.0	100.0	100.0
化学纤维制造业	**103.7**	**103.1**	**105.8**	**102.8**	**102.8**	**100.5**
纤维素纤维原料及纤维制造	97.8	96.4	99.7	99.5	103.3	101.9
合成纤维制造	112.2	113.1	114.6	107.3	102.3	98.4
生物基材料制造	97.8	96.4	99.7	99.5	103.3	101.9

3-19 续表 6

(上年同月=100)

类　　别	7月	8月	9月	10月	11月	12月
橡胶和塑料制品业	**99.6**	**100.7**	**100.6**	**101.3**	**100.5**	**100.5**
橡胶制品业	102.8	101.3	101.3	101.7	102.7	101.6
塑料制品业	99.2	100.6	100.5	101.3	100.3	100.4
非金属矿物制品业	**111.7**	**110.0**	**108.3**	**107.5**	**109.7**	**108.4**
水泥、石灰和石膏制造	122.4	118.4	118.4	116.7	123.7	121.1
石膏、水泥制品及类似制品制造	116.4	113.4	110.5	108.7	112.9	112.0
砖瓦、石材等建筑材料制造	107.1	107.0	106.3	106.2	104.5	103.4
玻璃制造	103.5	108.5	104.9	102.1	99.9	99.4
玻璃制品制造	103.6	103.2	103.3	103.5	102.9	101.7
玻璃纤维和玻璃纤维增强塑料制品制造	105.8	106.9	106.7	104.2	100.7	95.2
陶瓷制品制造	101.1	101.8	100.8	101.7	101.1	100.3
耐火材料制品制造	104.6	104.8	105.0	105.4	104.1	102.1
石墨及其他非金属矿物制品制造	108.7	103.9	95.3	95.8	98.5	101.1
黑色金属冶炼和压延加工业	**109.5**	**108.9**	**108.0**	**107.8**	**106.5**	**99.0**
炼铁	110.3	111.5	112.3	111.9	114.5	115.6
炼钢	107.9	106.9	107.0	106.2	100.6	98.6
钢压延加工	108.7	107.8	106.9	106.8	106.2	97.1
铁合金冶炼	115.3	117.3	114.7	113.9	114.5	109.0
有色金属冶炼和压延加工业	**104.9**	**100.5**	**97.2**	**95.9**	**93.7**	**98.4**
常用有色金属冶炼	102.6	96.3	95.3	94.5	93.4	95.6
贵金属冶炼	100.1	99.4	98.0	97.5	97.5	98.0
稀有稀土金属冶炼	112.3	98.9	76.9	81.8	65.4	94.6
有色金属合金制造	108.1	108.0	106.2	101.0	101.8	105.1
有色金属压延加工	104.8	102.2	99.5	97.7	96.6	99.5
金属制品业	**104.3**	**103.9**	**104.0**	**103.5**	**102.6**	**102.4**
结构性金属制品制造	103.8	103.8	105.1	104.2	102.9	102.4
金属工具制造	105.2	104.3	103.8	104.6	106.0	107.0
集装箱及金属包装容器制造	100.9	99.9	99.9	99.9	99.9	100.5
金属丝绳及其制品制造	107.1	106.1	104.0	102.8	102.1	97.0
建筑、安全用金属制品制造	101.7	101.6	101.3	101.3	101.3	101.3
金属表面处理及热处理加工	115.3	109.8	109.8	109.8	104.3	109.8
金属制日用品制造	100.3	100.3	100.5	100.5	100.5	100.0
锻造及其他金属制品制造	103.6	103.9	103.1	102.8	102.5	103.0
通用设备制造业	**102.0**	**102.3**	**103.0**	**103.4**	**102.8**	**101.7**
锅炉及原动设备制造	100.1	99.8	100.9	101.9	100.8	99.2
金属加工机械制造	101.3	101.8	101.5	101.9	101.7	101.3
物料搬运设备制造	103.1	103.1	102.6	100.5	100.5	100.5
泵、阀门、压缩机及类似机械制造	99.3	99.9	100.8	101.1	100.7	101.1
轴承、齿轮和传动部件制造	100.7	101.3	103.5	103.2	101.8	100.9
烘炉、风机、包装等设备制造	102.0	102.3	102.6	103.4	102.7	101.4
通用零部件制造	109.6	110.7	110.3	109.9	110.0	107.4
其他通用设备制造	102.8	102.3	102.7	102.6	104.6	106.3
专用设备制造业	**100.4**	**100.9**	**99.0**	**99.1**	**99.2**	**99.0**
采矿、冶金、建筑专用设备制造	101.7	102.2	98.9	99.2	99.3	98.8
化工、木材、非金属加工专用设备制造	101.3	101.5	101.2	101.0	101.1	101.2
食品、饮料、烟草及饲料生产专用设备制造	100.2	100.8	100.8	100.6	101.2	101.5
印刷、制药、日化及日用品生产专用设备制造	105.0	105.0	105.6	106.4	105.5	105.5
电子和电工机械专用设备制造	100.0	100.0	100.0	100.0	100.0	100.0
农、林、牧、渔专用机械制造	89.0	89.9	89.9	89.0	89.9	89.9
医疗仪器设备及器械制造	98.0	101.0	101.1	103.6	103.2	102.4
环保、邮政、社会公共服务及其他专用设备制造	100.6	100.6	100.6	100.6	100.6	100.7

3-19 续表 7

(上年同月＝100)

类　别	7月	8月	9月	10月	11月	12月
汽车制造业	**101.9**	**101.3**	**100.7**	**100.8**	**100.5**	**100.4**
汽车整车制造	102.6	100.8	100.2	100.3	99.6	99.7
汽车用发动机制造	102.6	100.8	100.2	100.3	99.6	99.7
改装汽车制造	100.9	102.7	102.7	102.9	103.1	102.9
汽车车身、挂车制造	100.9	100.9	99.3	99.3	97.1	101.3
汽车零部件及配件制造	101.4	101.5	101.1	101.1	101.0	100.7
铁路、船舶、航空航天和其他运输设备制造业	**98.4**	**96.9**	**97.9**	**99.2**	**101.0**	**101.3**
铁路运输设备制造	96.4	95.4	97.7	99.5	103.7	104.5
城市轨道交通设备制造	100.0	100.0	100.0	100.0	100.0	100.0
船舶及相关装置制造	100.0	100.3	99.4	100.0	99.1	99.4
摩托车制造	101.3	97.6	96.9	98.1	97.2	96.7
电气机械和器材制造业	**97.9**	**99.0**	**100.0**	**98.4**	**97.2**	**97.8**
电机制造	95.2	109.2	112.6	104.8	99.8	105.6
输配电及控制设备制造	98.9	97.7	99.0	97.0	96.8	96.9
电线、电缆、光缆及电工器材制造	102.0	102.2	100.0	100.1	98.9	98.8
电池制造	89.7	89.3	97.1	94.6	94.6	95.0
家用电力器具制造	101.0	100.5	99.5	98.2	93.2	95.6
非电力家用器具制造	95.0	96.3	98.0	100.0	100.6	100.2
照明器具制造	93.7	92.7	90.8	89.9	88.5	87.5
计算机、通信和其他电子设备制造业	**101.2**	**102.8**	**98.4**	**97.3**	**95.8**	**97.0**
计算机制造	97.7	99.3	100.5	99.7	96.1	99.2
通信设备制造	98.2	97.2	98.0	98.9	98.9	99.0
广播电视设备制造	100.0	100.0	99.9	99.9	99.9	99.9
视听设备制造	95.8	98.9	88.2	83.7	86.5	84.9
智能消费设备制造	102.8	102.6	102.8	102.8	102.9	103.0
电子器件制造	122.4	122.2	100.5	101.2	100.4	100.6
电子元件及电子专用材料制造	99.2	103.8	106.2	107.3	104.5	102.3
其他电子设备制造	100.0	100.0	100.0	100.0	100.0	100.0
仪器仪表制造业	**101.4**	**101.4**	**101.9**	**102.2**	**102.2**	**101.5**
通用仪器仪表制造	99.7	99.7	100.1	100.1	100.1	100.1
专用仪器仪表制造	125.2	125.2	129.4	132.1	135.0	119.5
光学仪器制造	101.3	101.3	101.3	102.6	101.3	101.3
其他仪器仪表制造业	100.0	100.0	100.0	100.8	100.8	100.8
其他制造业	**111.6**	**110.3**	**116.7**	**116.0**	**117.1**	**117.4**
日用杂品制造	119.1	116.8	127.4	126.3	128.0	128.5
其他未列明制造业	99.9	100.0	100.0	100.0	100.0	100.0
废弃资源综合利用业	**118.8**	**113.4**	**114.9**	**110.6**	**111.9**	**111.7**
金属废料和碎屑加工处理	118.0	110.8	113.4	109.4	112.5	113.6
非金属废料和碎屑加工处理	120.3	119.5	117.6	112.7	110.7	108.4
金属制品、机械和设备修理业	**100.0**	**100.0**	**100.0**	**100.0**	**100.0**	**100.0**
铁路、船舶、航空航天等运输设备修理	100.0	100.0	100.0	100.0	100.0	100.0
电力、热力生产和供应业	**96.8**	**97.6**	**98.1**	**98.6**	**98.0**	**98.5**
电力生产	97.3	98.2	98.4	98.2	97.5	98.3
电力供应	96.5	97.2	97.9	99.2	98.6	98.8
燃气生产和供应业	**103.9**	**104.2**	**105.7**	**108.2**	**110.7**	**99.6**
燃气生产和供应业	103.9	104.2	105.7	108.2	110.7	99.6
生物质燃气生产和供应业	103.9	104.2	105.7	108.2	110.7	99.6
水的生产和供应业	**101.3**	**100.9**	**100.7**	**100.4**	**100.5**	**100.5**
自来水生产和供应	100.6	100.5	100.5	100.1	100.0	99.9
污水处理及其再生利用	103.0	101.8	101.2	101.2	101.8	101.8

3-20 分行业工业生产者出厂价格环比指数(2018年)

(上月=100)

类　　别	1月	2月	3月	4月	5月	6月
总指数	**100.5**	**100.0**	**99.9**	**99.8**	**100.2**	**99.7**
煤炭开采和洗选业	**103.2**	**100.0**	**101.2**	**99.3**	**97.5**	**97.4**
烟煤和无烟煤开采洗选	103.2	100.0	101.2	99.3	97.5	97.4
石油和天然气开采业	**100.0**	**102.2**	**100.0**	**99.7**	**100.0**	**100.0**
天然气开采	100.0	102.2	100.0	99.7	100.0	100.0
黑色金属矿采选业	**100.4**	**99.0**	**98.7**	**98.3**	**98.9**	**99.9**
铁矿采选	100.4	99.0	98.7	98.3	98.9	99.9
有色金属矿采选业	**100.1**	**98.9**	**100.2**	**97.7**	**101.0**	**101.1**
常用有色金属矿采选	102.1	99.8	100.3	96.9	100.8	101.0
贵金属矿采选	101.8	98.3	99.7	100.6	98.5	99.6
稀有稀土金属矿采选	80.4	88.0	100.0	108.6	104.7	102.2
非金属矿采选业	**99.8**	**99.8**	**100.0**	**100.1**	**99.7**	**100.0**
土砂石开采	100.1	99.9	100.2	100.2	100.2	100.4
化学矿开采	96.9	100.2	98.1	100.6	99.2	100.6
采盐	100.4	98.5	100.3	98.7	97.2	96.8
石棉及其他非金属矿采选	122.1	100.0	100.0	100.0	100.0	100.0
农副食品加工业	**100.9**	**100.0**	**100.1**	**100.0**	**99.9**	**99.6**
谷物磨制	100.9	100.4	99.4	100.0	99.7	99.6
饲料加工	100.9	99.7	101.3	101.0	100.1	99.1
植物油加工	99.5	100.0	100.4	99.6	100.4	99.6
制糖业	98.0	99.8	100.2	99.8	100.0	103.5
屠宰及肉类加工	100.7	99.9	99.5	99.5	99.7	100.3
蔬菜、菌类、水果和坚果加工	103.2	99.9	99.9	100.0	100.2	98.2
其他农副食品加工	100.8	100.2	100.5	100.1	99.7	99.0
食品制造业	**100.7**	**99.4**	**99.9**	**100.5**	**100.0**	**100.1**
焙烤食品制造	100.0	100.1	100.1	100.0	100.1	100.2
糖果、巧克力及蜜饯制造	100.7	100.7	100.7	100.7	100.7	100.7
方便食品制造	100.8	100.0	100.0	99.9	100.0	100.7
乳制品制造	103.0	94.9	94.1	102.3	100.3	102.1
罐头食品制造	100.0	100.0	100.0	102.2	100.0	100.0
调味品、发酵制品制造	100.4	99.5	102.2	100.3	100.3	99.5
其他食品制造	100.8	99.7	99.1	99.7	98.7	98.6
酒、饮料及精制茶制造业	**100.4**	**100.1**	**100.0**	**100.0**	**100.1**	**100.1**
酒的制造	100.5	100.1	100.2	99.9	100.0	100.3
饮料制造	100.0	99.7	99.1	100.3	100.4	100.2
精制茶加工	100.8	100.6	100.1	100.5	100.1	98.8
烟草制品业	**100.0**	**100.0**	**100.0**	**100.0**	**100.0**	**100.0**
卷烟制造	100.0	100.0	100.0	100.0	100.0	100.0
其他烟草制品制造	100.0	100.0	99.3	100.0	100.0	100.0
纺织业	**100.7**	**100.5**	**99.7**	**100.7**	**100.3**	**100.4**
棉纺织及印染精加工	100.1	100.1	99.4	100.8	100.4	100.8
毛纺织及染整精加工	96.9	100.0	100.0	98.6	76.4	95.7
麻纺织及染整精加工	100.5	100.5	101.2	100.0	101.1	100.1
丝绢纺织及印染精加工	101.5	101.4	100.1	100.6	100.2	99.7
化纤织造及印染精加工	103.0	100.4	100.7	100.4	100.1	99.6
家用纺织制成品制造	100.0	100.0	99.8	100.0	100.3	100.1
产业用纺织制成品制造	106.3	99.8	100.2	100.1	110.6	100.0
纺织服装、服饰业	**99.8**	**103.6**	**100.4**	**99.9**	**98.0**	**101.5**
机织服装制造	99.8	104.0	100.5	99.9	97.7	101.6
针织或钩针编织服装制造	100.0	100.0	100.0	100.0	100.0	100.0
服饰制造	100.0	100.0	100.0	100.0	100.0	100.0

3-20 续表 1

（上月=100）

类　别	1月	2月	3月	4月	5月	6月
皮革、毛皮、羽毛及其制品和制鞋业	**100.5**	**100.1**	**98.7**	**99.9**	**102.9**	**100.2**
皮革鞣制加工	101.8	100.0	96.4	99.8	109.8	99.8
皮革制品制造	97.2	99.5	91.6	100.3	99.6	99.8
羽毛(绒)加工及制品制造	100.0	100.0	99.2	98.6	99.7	99.7
制鞋业	100.1	100.2	99.7	100.0	100.6	100.4
木材加工和木、竹、藤、棕、草制品业	**101.0**	**99.9**	**99.8**	**99.9**	**99.9**	**100.0**
木材加工	100.1	100.1	100.9	101.0	100.5	100.4
人造板制造	100.4	99.9	100.1	100.0	100.3	99.7
木制品制造	101.2	99.7	99.2	99.7	99.1	100.0
竹、藤、棕、草制品制造	105.8	100.6	99.1	98.3	98.6	102.3
家具制造业	**100.2**	**100.1**	**99.8**	**100.1**	**99.8**	**100.1**
木质家具制造	100.2	100.0	99.7	100.1	99.8	100.1
竹、藤家具制造	99.4	100.0	100.0	100.0	100.0	100.0
金属家具制造	99.4	100.1	100.0	100.0	100.6	100.0
其他家具制造	99.9	100.6	100.0	99.6	99.4	100.2
造纸和纸制品业	**97.8**	**99.8**	**101.0**	**100.0**	**102.7**	**100.4**
纸浆制造	99.8	99.6	95.3	100.2	99.5	99.8
造纸	97.0	99.4	101.9	100.4	104.6	100.4
纸制品制造	98.3	100.1	100.7	99.7	101.4	100.4
印刷和记录媒介复制业	**100.5**	**101.1**	**99.8**	**100.2**	**99.6**	**100.2**
印刷	100.5	101.3	99.7	100.1	99.5	100.1
装订及印刷相关服务	100.3	98.6	101.1	102.4	101.0	101.9
文教、工美、体育和娱乐用品制造业	**100.0**	**100.0**	**100.1**	**99.9**	**99.9**	**99.9**
文教办公用品制造	100.4	100.1	99.8	100.0	100.7	99.9
乐器制造	100.0	100.0	100.6	100.0	100.0	100.0
工艺美术及礼仪用品制造	100.0	99.9	100.0	99.9	99.9	99.8
玩具制造	100.0	100.0	100.0	100.0	100.0	100.0
游艺器材及娱乐用品制造	100.0	100.0	100.0	100.0	100.0	100.0
石油、煤炭及其他燃料加工业	**99.5**	**98.2**	**98.7**	**101.2**	**103.8**	**100.9**
精炼石油产品制造	99.5	98.6	98.2	101.8	105.5	101.3
煤炭加工	99.3	97.3	99.8	99.8	99.7	99.8
化学原料和化学制品制造业	**101.8**	**99.9**	**100.0**	**99.8**	**100.5**	**99.1**
基础化学原料制造	100.9	99.8	100.4	99.2	100.1	100.4
肥料制造	104.5	100.0	99.2	99.9	100.4	99.4
农药制造	100.2	100.6	102.3	100.4	100.0	100.1
涂料、油墨、颜料及类似产品制造	100.1	99.6	100.5	100.4	99.8	100.1
合成材料制造	106.0	100.0	100.1	99.7	101.7	99.3
专用化学产品制造	99.8	98.6	98.8	100.2	101.1	95.3
炸药、火工及焰火产品制造	100.3	99.8	100.5	99.1	101.1	100.4
日用化学产品制造	98.0	105.0	100.1	101.5	99.8	99.7
医药制造业	**100.6**	**99.7**	**100.2**	**100.6**	**100.2**	**100.6**
化学药品原料药制造	99.1	101.8	98.7	97.1	101.7	98.0
化学药品制剂制造	101.7	99.9	100.2	100.1	100.9	100.5
中药饮片加工	101.5	99.2	101.1	100.8	100.9	101.5
中成药生产	100.1	99.6	100.4	101.4	100.4	101.2
兽用药品制造	100.2	99.8	100.1	102.1	99.6	100.1
生物药品制品制造	100.3	98.8	100.0	99.8	97.6	100.0
卫生材料及医药用品制造	100.0	100.0	100.0	100.0	100.0	100.0
药用辅料及包装材料	100.0	100.0	100.0	100.0	100.0	100.0
化学纤维制造业	**99.8**	**100.7**	**100.3**	**99.7**	**100.6**	**99.2**
纤维素纤维原料及纤维制造	100.4	100.5	99.8	101.1	100.9	99.6
合成纤维制造	99.1	100.9	101.1	97.6	100.2	98.7
生物基材料制造	100.4	100.5	99.8	101.1	100.9	99.6

3-20 续表 2

(上月＝100)

类 别	1月	2月	3月	4月	5月	6月
橡胶和塑料制品业	**100.5**	**99.8**	**98.7**	**100.1**	**100.7**	**99.7**
橡胶制品业	101.0	100.3	100.1	99.9	100.5	98.9
塑料制品业	100.4	99.8	98.5	100.1	100.7	99.8
非金属矿物制品业	**101.7**	**100.5**	**100.6**	**100.6**	**100.8**	**100.3**
水泥、石灰和石膏制造	105.8	99.5	99.5	102.7	102.0	102.3
石膏、水泥制品及类似制品制造	101.2	100.5	100.0	100.5	100.5	100.3
砖瓦、石材等建筑材料制造	99.4	100.5	104.2	99.2	100.0	100.1
玻璃制造	99.1	100.2	101.7	99.9	101.0	97.6
玻璃制品制造	100.1	100.1	100.9	100.4	100.1	99.4
玻璃纤维和玻璃纤维增强塑料制品制造	98.5	101.4	101.5	101.5	99.2	99.6
陶瓷制品制造	100.2	100.4	100.3	99.7	100.5	99.7
耐火材料制品制造	101.2	99.4	100.0	100.0	100.1	100.0
石墨及其他非金属矿物制品制造	102.7	103.9	98.1	97.5	101.5	96.9
黑色金属冶炼和压延加工业	**98.3**	**100.1**	**99.8**	**98.3**	**102.1**	**100.4**
炼铁	100.3	102.6	100.6	100.4	99.3	101.0
炼钢	98.8	102.5	100.8	98.8	97.2	99.9
钢压延加工	96.9	98.7	99.8	98.0	103.5	100.8
铁合金冶炼	105.2	104.2	98.7	99.0	101.8	98.7
有色金属冶炼和压延加工业	**100.5**	**100.7**	**99.7**	**99.8**	**100.5**	**99.8**
常用有色金属冶炼	101.2	100.3	99.3	99.3	100.0	99.9
贵金属冶炼	100.2	100.9	98.1	100.6	99.4	99.4
稀有稀土金属冶炼	77.1	126.5	100.6	101.2	102.3	93.4
有色金属合金制造	104.4	99.6	101.6	101.0	100.5	101.1
有色金属压延加工	101.6	99.2	99.3	99.7	100.7	100.0
金属制品业	**100.1**	**100.2**	**100.1**	**100.6**	**100.4**	**100.9**
结构性金属制品制造	100.0	100.2	100.0	100.5	100.8	101.2
金属工具制造	99.9	102.1	101.9	100.2	100.2	100.7
集装箱及金属包装容器制造	100.5	100.2	100.0	100.5	99.1	99.0
金属丝绳及其制品制造	97.8	100.0	99.2	98.8	98.4	101.2
建筑、安全用金属制品制造	101.6	100.0	100.0	100.1	100.0	100.0
金属表面处理及热处理加工	100.0	100.0	100.0	107.9	101.7	105.0
金属制日用品制造	100.0	100.0	100.0	100.0	100.0	100.0
锻造及其他金属制品制造	100.5	100.0	100.3	100.2	100.4	100.7
通用设备制造业	**100.0**	**100.3**	**99.8**	**99.9**	**101.1**	**100.3**
锅炉及原动设备制造	99.9	99.1	100.0	100.0	100.3	100.0
金属加工机械制造	100.2	100.5	99.9	100.1	100.2	100.0
物料搬运设备制造	99.8	100.4	100.3	100.0	100.0	100.0
泵、阀门、压缩机及类似机械制造	100.1	99.6	100.5	99.9	100.2	100.3
轴承、齿轮和传动部件制造	99.7	102.8	97.8	100.6	100.4	101.9
烘炉、风机、包装等设备制造	99.9	100.0	99.5	101.5	100.1	99.9
通用零部件制造	100.1	102.3	99.1	98.8	105.0	100.2
其他通用设备制造	100.2	100.4	100.5	101.1	99.8	100.2
专用设备制造业	**99.8**	**100.0**	**99.5**	**98.7**	**99.9**	**100.1**
采矿、冶金、建筑专用设备制造	99.1	100.0	100.2	99.0	99.0	100.3
化工、木材、非金属加工专用设备制造	100.4	100.3	100.0	100.0	100.1	100.0
食品、饮料、烟草及饲料生产专用设备制造	100.3	99.5	100.0	100.0	100.6	100.0
印刷、制药、日化及日用品生产专用设备制造	104.9	100.0	100.0	100.0	100.0	100.0
电子和电工机械专用设备制造	100.0	100.0	100.0	100.0	100.0	100.0
农、林、牧、渔专用机械制造	101.7	100.0	92.2	89.1	108.0	99.0
医疗仪器设备及器械制造	100.9	99.2	99.2	100.7	99.2	100.8
环保、邮政、社会公共服务及其他专用设备制造	100.0	100.1	100.1	100.4	100.0	100.0

3-20 续表 3

(上月＝100)

类　　别	1月	2月	3月	4月	5月	6月
汽车制造业	**100.1**	**100.6**	**100.2**	**100.2**	**99.9**	**99.7**
汽车整车制造	100.0	100.6	100.4	100.8	99.7	99.3
汽车用发动机制造	100.0	100.6	100.4	100.8	99.7	99.3
改装汽车制造	100.0	100.0	100.1	100.0	100.0	100.6
汽车车身、挂车制造	100.0	100.0	101.0	100.0	99.8	100.0
汽车零部件及配件制造	100.2	100.7	99.9	99.8	100.1	100.0
铁路、船舶、航空航天和其他运输设备制造业	**102.6**	**98.2**	**100.1**	**100.6**	**99.3**	**100.1**
铁路运输设备制造	105.1	95.9	100.2	101.4	99.1	100.6
城市轨道交通设备制造	100.0	100.0	100.0	100.0	100.0	100.0
船舶及相关装置制造	100.6	99.7	100.0	99.7	98.9	99.7
摩托车制造	100.3	101.2	100.0	100.0	99.6	99.1
电气机械和器材制造业	**99.3**	**100.1**	**100.0**	**99.2**	**100.2**	**99.5**
电机制造	98.3	99.9	101.3	99.8	100.7	100.5
输配电及控制设备制造	98.6	100.4	99.8	100.4	100.0	98.8
电线、电缆、光缆及电工器材制造	99.6	100.3	100.0	99.8	100.4	99.0
电池制造	100.0	99.0	100.0	95.3	100.2	101.7
家用电力器具制造	100.2	104.0	101.7	97.9	98.6	99.8
非电力家用器具制造	99.8	100.0	99.9	100.0	100.1	100.0
照明器具制造	100.0	100.0	98.3	97.9	98.5	98.6
计算机、通信和其他电子设备制造业	**99.7**	**100.3**	**99.0**	**99.7**	**100.2**	**99.3**
计算机制造	100.3	101.3	97.5	98.9	99.3	99.4
通信设备制造	100.1	100.0	100.0	98.8	100.2	100.0
广播电视设备制造	100.0	100.1	99.9	100.0	100.0	100.0
视听设备制造	98.5	98.0	101.6	100.6	98.8	100.5
智能消费设备制造	100.1	100.3	100.3	101.7	99.9	100.2
电子器件制造	99.8	100.0	99.7	100.1	100.1	100.1
电子元件及电子专用材料制造	97.8	99.9	100.2	101.9	112.7	91.4
其他电子设备制造	100.0	100.0	100.0	100.0	100.0	100.0
仪器仪表制造业	**100.0**	**99.9**	**101.0**	**99.7**	**100.0**	**101.4**
通用仪器仪表制造	100.0	100.0	100.0	100.0	100.0	100.0
专用仪器仪表制造	100.0	95.6	117.6	95.2	100.0	122.1
光学仪器制造	100.0	101.3	100.0	100.0	100.0	100.0
其他仪器仪表制造业	100.0	100.0	100.0	100.0	100.0	100.0
其他制造业	**102.2**	**100.7**	**119.0**	**94.7**	**98.5**	**98.6**
日用杂品制造	103.6	101.1	130.5	92.3	97.8	97.9
其他未列明制造业	100.0	100.0	100.0	100.0	100.0	100.0
废弃资源综合利用业	**102.4**	**100.3**	**101.4**	**101.3**	**99.6**	**100.7**
金属废料和碎屑加工处理	103.8	99.8	101.4	101.3	98.6	101.1
非金属废料和碎屑加工处理	100.0	101.3	101.4	101.4	101.3	100.0
金属制品、机械和设备修理业	**100.0**	**100.0**	**100.0**	**100.0**	**100.0**	**100.0**
铁路、船舶、航空航天等运输设备修理	100.0	100.0	100.0	100.0	100.0	100.0
电力、热力生产和供应业	**102.0**	**99.8**	**99.8**	**99.7**	**96.6**	**95.3**
电力生产	102.9	99.0	99.6	99.6	94.5	91.7
电力供应	100.8	100.8	100.1	99.7	99.2	99.4
燃气生产和供应业	**98.7**	**97.3**	**93.6**	**98.2**	**99.5**	**100.6**
燃气生产和供应业	98.7	97.3	93.6	98.2	99.5	100.6
生物质燃气生产和供应业	98.7	97.3	93.6	98.2	99.5	100.6
水的生产和供应业	**100.2**	**99.8**	**100.0**	**99.9**	**100.2**	**100.0**
自来水生产和供应	100.0	100.0	99.9	99.9	100.0	100.0
污水处理及其再生利用	100.6	99.4	100.0	100.0	100.6	100.0

3-20 续表 4

(上月=100)

类　　别	7月	8月	9月	10月	11月	12月
总指数	**100.0**	**100.2**	**100.1**	**100.2**	**100.3**	**100.1**
煤炭开采和洗选业	**100.9**	**99.5**	**99.7**	**100.4**	**101.3**	**100.8**
烟煤和无烟煤开采洗选	100.9	99.5	99.7	100.4	101.3	100.8
石油和天然气开采业	**103.4**	**99.1**	**99.0**	**100.3**	**100.6**	**100.7**
天然气开采	103.4	99.1	99.0	100.3	100.6	100.7
黑色金属矿采选业	**101.2**	**99.4**	**97.9**	**101.8**	**100.8**	**101.0**
铁矿采选	101.2	99.4	97.9	101.8	100.8	101.0
有色金属矿采选业	**96.2**	**99.5**	**97.4**	**100.6**	**100.4**	**98.7**
常用有色金属矿采选	97.0	99.0	97.1	100.5	100.3	99.2
贵金属矿采选	100.4	99.0	101.1	99.0	103.8	99.2
稀有稀土金属矿采选	86.2	106.9	100.0	102.4	100.0	91.8
非金属矿采选业	**100.0**	**99.8**	**100.0**	**99.8**	**100.8**	**100.7**
土砂石开采	99.9	100.0	100.0	99.9	100.7	100.6
化学矿开采	101.7	101.2	99.8	98.6	102.5	101.1
采盐	98.8	96.7	100.2	99.8	100.1	100.8
石棉及其他非金属矿采选	100.0	100.0	100.0	100.0	100.0	100.0
农副食品加工业	**100.2**	**100.1**	**100.2**	**100.4**	**100.6**	**100.2**
谷物磨制	100.0	99.9	100.0	99.3	100.3	99.5
饲料加工	100.2	99.5	100.4	100.7	100.7	100.4
植物油加工	99.7	99.0	100.5	99.8	99.7	98.2
制糖业	99.7	100.0	100.0	100.0	100.0	100.0
屠宰及肉类加工	100.3	101.0	100.6	100.7	100.7	100.9
蔬菜、菌类、水果和坚果加工	100.0	100.2	100.1	100.1	100.2	100.1
其他农副食品加工	100.4	99.2	97.6	100.0	101.6	100.1
食品制造业	**100.0**	**100.5**	**100.4**	**100.1**	**100.0**	**100.0**
焙烤食品制造	99.6	100.6	99.7	100.0	99.9	100.0
糖果、巧克力及蜜饯制造	100.7	100.7	101.2	100.5	100.7	100.7
方便食品制造	100.1	100.9	101.4	100.0	100.0	100.0
乳制品制造	99.8	99.4	101.3	99.5	99.9	100.2
罐头食品制造	100.0	100.0	100.0	100.0	100.0	100.1
调味品、发酵制品制造	100.2	100.1	99.4	99.6	99.6	100.1
其他食品制造	99.5	101.6	100.7	101.5	100.5	99.5
酒、饮料及精制茶制造业	**99.3**	**100.2**	**100.3**	**100.0**	**100.2**	**100.4**
酒的制造	99.3	100.4	100.4	100.0	100.2	100.5
饮料制造	99.1	100.4	100.0	99.8	100.5	100.2
精制茶加工	100.1	98.8	99.9	100.0	100.3	99.7
烟草制品业	**100.7**	**100.0**	**100.0**	**99.7**	**100.0**	**100.3**
卷烟制造	100.8	100.0	100.0	99.7	100.0	100.3
其他烟草制品制造	100.0	100.0	100.0	100.0	100.0	100.0
纺织业	**100.0**	**100.1**	**100.3**	**100.1**	**99.6**	**99.4**
棉纺织及印染精加工	100.2	100.4	100.6	100.0	100.0	99.8
毛纺织及染整精加工	98.3	100.0	100.0	100.0	100.0	100.0
麻纺织及染整精加工	100.5	100.0	100.0	100.0	100.2	101.4
丝绢纺织及印染精加工	99.6	99.3	99.1	99.7	98.9	98.2
化纤织造及印染精加工	100.0	100.0	103.6	104.9	98.0	99.3
家用纺织制成品制造	100.0	100.3	100.7	100.0	100.0	100.0
产业用纺织制成品制造	100.1	100.0	99.9	99.8	100.1	100.1
纺织服装、服饰业	**100.3**	**98.9**	**97.0**	**102.5**	**99.0**	**100.4**
机织服装制造	100.4	98.7	96.6	102.8	98.9	100.5
针织或钩针编织服装制造	100.0	100.0	100.0	100.0	100.0	100.0
服饰制造	100.0	100.0	100.0	100.0	100.0	100.0

3-20 续表 5

(上月=100)

类　　别	7月	8月	9月	10月	11月	12月
皮革、毛皮、羽毛及其制品和制鞋业	**100.5**	**99.7**	**100.7**	**99.8**	**100.4**	**100.0**
皮革鞣制加工	100.0	98.7	100.2	98.5	99.7	99.4
皮革制品制造	99.6	99.7	99.9	100.6	100.0	99.6
羽毛(绒)加工及制品制造	99.6	99.8	98.1	100.2	102.2	99.0
制鞋业	100.8	100.1	101.2	100.2	100.6	100.4
木材加工和木、竹、藤、棕、草制品业	**100.1**	**100.0**	**100.4**	**99.9**	**100.1**	**100.0**
木材加工	100.5	99.7	101.1	99.7	100.8	99.6
人造板制造	100.1	100.0	100.2	99.8	100.0	100.1
木制品制造	100.1	100.1	99.9	99.9	100.2	100.1
竹、藤、棕、草制品制造	100.2	100.0	102.9	101.3	99.6	99.6
家具制造业	**99.8**	**100.2**	**100.4**	**101.0**	**100.1**	**100.3**
木质家具制造	99.7	100.2	100.4	100.1	100.1	100.3
竹、藤家具制造	100.0	100.0	100.0	100.0	100.0	100.0
金属家具制造	100.0	100.3	100.0	113.0	100.2	100.0
其他家具制造	100.3	100.1	100.3	100.0	100.2	100.2
造纸和纸制品业	**99.9**	**99.5**	**99.6**	**99.0**	**98.2**	**98.5**
纸浆制造	99.5	100.5	106.8	99.4	98.6	99.2
造纸	99.6	99.6	100.2	98.7	98.2	97.4
纸制品制造	100.1	99.4	98.9	99.2	98.2	99.3
印刷和记录媒介复制业	**99.9**	**100.1**	**100.2**	**100.2**	**100.1**	**99.9**
印刷	99.8	100.1	100.1	100.0	100.1	99.8
装订及印刷相关服务	101.2	100.0	102.1	101.7	100.8	100.6
文教、工美、体育和娱乐用品制造业	**100.0**	**100.0**	**100.0**	**99.6**	**100.4**	**100.1**
文教办公用品制造	99.7	100.3	99.8	100.1	100.1	99.9
乐器制造	100.9	100.0	100.0	100.0	101.8	100.0
工艺美术及礼仪用品制造	99.7	100.0	100.0	99.3	99.8	100.2
玩具制造	100.0	100.0	100.0	100.0	100.0	100.0
游艺器材及娱乐用品制造	100.0	100.0	100.0	100.0	100.0	100.0
石油、煤炭及其他燃料加工业	**100.9**	**100.0**	**102.7**	**102.4**	**95.3**	**96.6**
精炼石油产品制造	101.2	100.1	102.6	103.3	93.1	94.6
煤炭加工	100.3	99.7	103.1	100.1	101.4	101.6
化学原料和化学制品制造业	**100.5**	**99.7**	**100.6**	**101.0**	**99.9**	**99.7**
基础化学原料制造	100.6	99.5	99.3	101.3	100.5	98.8
肥料制造	100.4	100.0	100.2	103.2	99.3	100.2
农药制造	102.4	99.9	105.2	100.5	101.4	103.1
涂料、油墨、颜料及类似产品制造	99.8	99.0	100.0	99.8	99.8	99.9
合成材料制造	100.5	100.2	100.2	99.8	99.4	99.3
专用化学产品制造	100.6	99.0	101.6	99.6	99.2	99.5
炸药、火工及焰火产品制造	99.9	100.2	100.0	100.0	100.1	99.7
日用化学产品制造	99.1	100.4	102.6	100.7	99.6	98.8
医药制造业	**100.9**	**99.9**	**100.3**	**99.9**	**100.2**	**100.1**
化学药品原料药制造	103.5	100.8	100.5	101.3	101.1	99.6
化学药品制剂制造	102.4	99.5	99.5	100.1	100.3	100.6
中药饮片加工	101.5	97.4	100.7	99.7	98.2	100.2
中成药生产	99.9	100.4	100.9	99.3	100.8	100.1
兽用药品制造	100.1	99.7	100.6	99.9	100.3	99.5
生物药品制品制造	99.4	102.3	99.5	100.4	100.0	100.0
卫生材料及医药用品制造	100.0	100.0	100.0	100.0	100.0	100.0
药用辅料及包装材料	100.0	100.0	100.0	100.0	100.0	100.0
化学纤维制造业	**99.8**	**100.9**	**102.7**	**99.3**	**99.8**	**97.8**
纤维素纤维原料及纤维制造	99.7	99.1	100.6	99.6	101.6	99.2
合成纤维制造	99.8	103.6	105.7	98.9	97.2	95.8
生物基材料制造	99.7	99.1	100.6	99.6	101.6	99.2

3-20 续表 6

（上月=100）

类　　别	7月	8月	9月	10月	11月	12月
橡胶和塑料制品业	**99.6**	**100.2**	**100.7**	**100.8**	**100.0**	**99.8**
橡胶制品业	101.4	98.2	101.2	100.3	100.1	99.7
塑料制品业	99.4	100.4	100.6	100.8	100.0	99.8
非金属矿物制品业	**99.9**	**100.2**	**100.0**	**100.5**	**102.4**	**100.7**
水泥、石灰和石膏制造	99.9	100.1	100.3	100.2	105.2	102.1
石膏、水泥制品及类似制品制造	100.5	100.4	100.2	101.0	104.8	101.6
砖瓦、石材等建筑材料制造	99.7	100.5	100.1	100.3	99.2	100.2
玻璃制造	97.9	101.7	99.8	96.9	103.5	100.1
玻璃制品制造	100.6	99.8	100.3	100.2	99.8	100.1
玻璃纤维和玻璃纤维增强塑料制品制造	98.5	100.0	100.1	99.8	98.8	96.5
陶瓷制品制造	99.7	100.3	99.0	101.2	100.1	99.3
耐火材料制品制造	100.1	100.3	100.2	100.6	100.2	100.0
石墨及其他非金属矿物制品制造	99.7	99.6	99.3	101.1	101.4	99.7
黑色金属冶炼和压延加工业	**99.9**	**101.6**	**101.4**	**100.1**	**100.8**	**96.2**
炼铁	103.1	100.4	101.7	100.3	103.2	101.8
炼钢	100.4	100.5	100.7	100.5	100.3	98.3
钢压延加工	99.8	101.8	101.3	100.0	100.4	96.3
铁合金冶炼	99.8	102.0	102.8	100.3	103.6	93.2
有色金属冶炼和压延加工业	**99.3**	**99.2**	**100.2**	**99.7**	**99.2**	**99.9**
常用有色金属冶炼	97.8	98.1	101.2	99.8	99.0	99.8
贵金属冶炼	98.8	99.8	100.2	99.7	100.4	100.6
稀有稀土金属冶炼	103.7	98.8	99.1	100.5	98.6	99.1
有色金属合金制造	100.3	99.6	98.7	98.1	101.0	99.3
有色金属压延加工	99.8	100.0	99.9	100.1	98.9	100.3
金属制品业	**100.3**	**100.0**	**99.9**	**99.8**	**99.9**	**100.3**
结构性金属制品制造	99.9	100.1	99.9	99.8	100.2	99.8
金属工具制造	100.0	100.1	99.9	100.0	100.7	101.2
集装箱及金属包装容器制造	101.5	99.1	100.0	100.1	100.0	100.5
金属丝绳及其制品制造	101.6	100.0	100.0	100.0	100.0	100.0
建筑、安全用金属制品制造	100.0	100.0	99.9	99.9	99.9	99.9
金属表面处理及热处理加工	100.0	95.2	100.0	100.0	95.0	105.3
金属制日用品制造	100.0	100.0	100.0	100.0	100.0	100.0
锻造及其他金属制品制造	100.2	100.7	99.8	99.7	99.9	100.4
通用设备制造业	**99.8**	**100.1**	**100.0**	**100.4**	**100.2**	**99.8**
锅炉及原动设备制造	100.1	100.0	99.7	100.0	100.0	100.0
金属加工机械制造	100.2	100.0	100.0	100.2	99.9	100.0
物料搬运设备制造	100.0	100.0	100.0	100.0	100.0	100.0
泵、阀门、压缩机及类似机械制造	99.9	100.2	100.3	100.2	99.8	100.2
轴承、齿轮和传动部件制造	97.7	100.0	100.0	100.5	99.5	99.9
烘炉、风机、包装等设备制造	100.0	100.2	100.6	100.4	100.0	99.2
通用零部件制造	99.7	100.5	100.0	101.6	101.4	98.7
其他通用设备制造	100.5	99.5	100.5	99.9	102.0	101.5
专用设备制造业	**100.0**	**101.0**	**99.8**	**100.0**	**100.2**	**100.0**
采矿、冶金、建筑专用设备制造	100.1	101.5	99.5	100.1	100.1	100.0
化工、木材、非金属加工专用设备制造	100.0	100.3	100.0	99.8	100.3	100.0
食品、饮料、烟草及饲料生产专用设备制造	100.0	100.2	100.0	100.0	100.5	100.4
印刷、制药、日化及日用品生产专用设备制造	100.0	100.0	100.7	100.7	99.2	100.0
电子和电工机械专用设备制造	100.0	100.0	100.0	100.0	100.0	100.0
农、林、牧、渔专用机械制造	99.7	101.0	100.0	99.0	101.1	100.0
医疗仪器设备及器械制造	99.2	101.6	100.2	101.8	99.5	99.9
环保、邮政、社会公共服务及其他专用设备制造	100.1	99.9	100.1	100.0	100.0	100.0

3-20 续表 7

(上月=100)

类　　别	7月	8月	9月	10月	11月	12月
汽车制造业	**100.1**	**99.5**	**100.0**	**100.1**	**100.1**	**100.0**
汽车整车制造	100.4	98.3	99.9	100.1	100.1	100.1
汽车用发动机制造	100.4	98.3	99.9	100.1	100.1	100.1
改装汽车制造	100.3	101.7	100.0	100.1	100.0	100.0
汽车车身、挂车制造	100.0	100.0	100.0	100.0	100.0	100.4
汽车零部件及配件制造	99.9	100.1	100.1	100.1	100.1	99.8
铁路、船舶、航空航天和其他运输设备制造业	**99.3**	**99.3**	**100.3**	**100.6**	**100.1**	**100.7**
铁路运输设备制造	98.8	100.6	100.5	101.2	99.9	101.4
城市轨道交通设备制造	100.0	100.0	100.0	100.0	100.0	100.0
船舶及相关装置制造	100.3	100.3	99.7	100.9	99.4	100.3
摩托车制造	99.7	96.3	100.0	99.9	100.7	99.9
电气机械和器材制造业	**100.0**	**101.4**	**99.6**	**99.4**	**99.3**	**99.8**
电机制造	99.5	113.3	99.6	95.1	98.6	99.8
输配电及控制设备制造	100.2	99.6	100.0	99.4	99.6	100.1
电线、电缆、光缆及电工器材制造	99.9	100.7	99.2	100.3	99.9	99.7
电池制造	100.0	100.0	100.3	100.2	98.4	99.9
家用电力器具制造	100.2	100.2	99.0	98.6	95.3	100.3
非电力家用器具制造	100.1	100.0	100.1	100.0	100.1	100.0
照明器具制造	100.4	98.8	98.0	99.0	98.4	98.9
计算机、通信和其他电子设备制造业	**100.1**	**101.5**	**98.7**	**99.4**	**98.8**	**100.3**
计算机制造	100.2	102.1	101.2	100.6	97.3	101.1
通信设备制造	100.0	100.0	100.0	100.0	100.0	100.0
广播电视设备制造	100.0	100.0	99.9	100.0	100.0	100.0
视听设备制造	101.1	101.4	89.3	94.9	101.6	98.2
智能消费设备制造	100.3	99.7	100.3	100.0	100.1	100.0
电子器件制造	100.1	99.8	100.4	100.7	99.6	100.2
电子元件及电子专用材料制造	96.7	103.1	101.5	98.7	100.2	99.5
其他电子设备制造	100.0	100.0	100.0	100.0	100.0	100.0
仪器仪表制造业	**99.7**	**100.0**	**100.0**	**100.2**	**99.8**	**99.7**
通用仪器仪表制造	100.0	100.0	100.0	100.0	100.0	100.0
专用仪器仪表制造	95.4	100.0	100.0	100.0	100.0	95.8
光学仪器制造	100.0	100.0	100.0	101.3	98.7	100.0
其他仪器仪表制造业	100.0	100.0	100.0	100.8	100.0	100.0
其他制造业	**98.3**	**98.9**	**105.8**	**99.3**	**101.2**	**100.8**
日用杂品制造	97.4	98.3	109.0	98.9	101.8	101.1
其他未列明制造业	100.0	100.0	100.0	100.0	100.0	100.0
废弃资源综合利用业	**100.9**	**99.8**	**99.5**	**101.2**	**102.7**	**101.4**
金属废料和碎屑加工处理	100.3	99.7	98.9	101.1	104.2	102.8
非金属废料和碎屑加工处理	101.8	100.0	100.4	101.3	100.2	98.9
金属制品、机械和设备修理业	**100.0**	**100.0**	**100.0**	**100.0**	**100.0**	**100.0**
铁路、船舶、航空航天等运输设备修理	100.0	100.0	100.0	100.0	100.0	100.0
电力、热力生产和供应业	**98.2**	**99.4**	**99.9**	**100.0**	**103.5**	**104.8**
电力生产	97.5	99.6	100.1	100.0	106.3	108.6
电力供应	98.9	99.2	99.6	99.9	100.5	100.6
燃气生产和供应业	**100.1**	**100.3**	**101.5**	**102.5**	**103.3**	**104.5**
燃气生产和供应业	100.1	100.3	101.5	102.5	103.3	104.5
生物质燃气生产和供应业	100.1	100.3	101.5	102.5	103.3	104.5
水的生产和供应业	**100.0**	**100.0**	**100.0**	**100.0**	**100.2**	**100.2**
自来水生产和供应	100.0	100.0	100.0	100.0	100.0	100.0
污水处理及其再生利用	100.0	100.0	100.0	100.0	100.6	100.6

3-21 工业生产者购进价格指数(2012-2018年)

(上年同期=100)

分　组	2012	2013	2014	2015	2016	2017	2018
总指数	**112.6**	**100.0**	**99.2**	**98.7**	**96.7**	**98.8**	**105.3**
燃料、动力类	109.0	102.7	100.5	100.2	97.1	99.1	105.6
黑色金属材料类	110.6	94.5	94.0	95.6	91.0	99.0	110.2
#钢材	107.4	94.8	94.1	95.2	92.7	99.8	110.9
其他	115.1	94.2	93.8	96.1	88.7	97.7	109.2
有色金属材料和电线类	127.0	98.5	95.1	96.4	95.0	99.0	105.8
化工原料类	113.6	97.3	97.1	98.4	94.7	96.5	107.4
木材及纸浆类	105.0	102.2	97.2	96.3	97.3	101.1	107.7
建筑材料及非金属矿类	104.9	99.2	100.5	101.1	97.8	97.2	113.6
其他工业原材料及半成品类	107.3	100.3	100.4	99.0	98.5	98.8	101.4
农副产品类	126.1	101.9	102.2	99.5	99.2	99.3	102.6
纺织原料类	118.3	101.5	100.7	98.4	95.7	100.0	100.2

3-22 分月工业生产者购进价格指数(2018年)

(上年同月＝100)

类　别	1月	2月	3月	4月	5月	6月	7月	8月	9月	10月	11月	12月
总指数	**107.5**	**106.9**	**106.1**	**105.4**	**105.9**	**105.9**	**106.1**	**105.4**	**104.3**	**104.0**	**103.8**	**102.9**
燃料、动力类	107.1	107.0	106.2	105.0	106.0	104.9	107.0	106.1	104.6	104.9	104.9	103.3
黑色金属材料类	116.4	115.0	112.1	109.9	109.6	111.2	111.1	109.8	108.9	108.2	107.2	104.9
#钢材	117.1	115.3	112.9	111.5	111.2	112.3	112.1	110.6	109.3	108.1	107.1	104.7
其他	115.2	114.4	110.7	107.5	107.0	109.3	109.4	108.4	108.2	108.2	107.2	105.3
有色金属材料和电线类	114.0	113.5	111.1	108.7	109.2	109.5	107.8	103.7	100.1	98.3	98.1	99.3
化工原料类	110.4	108.6	107.5	108.0	109.1	110.1	108.5	108.3	106.5	105.6	104.7	101.7
木材及纸浆类	108.8	108.4	107.9	108.2	109.9	109.5	110.7	109.5	107.1	105.3	104.0	103.8
建筑材料及非金属矿类	114.5	114.5	115.0	114.6	116.6	116.5	115.2	111.7	110.4	110.4	112.9	111.2
其他工业原材料及半成品类	101.7	101.1	100.4	100.3	100.8	100.9	101.4	101.7	102.0	102.2	102.1	102.1
农副产品类	102.6	103.0	104.9	104.3	103.9	103.3	102.5	102.4	101.2	100.9	100.9	101.4
纺织原料类	106.8	103.7	99.4	100.0	98.8	100.2	100.1	99.5	99.7	98.9	98.4	98.1

3-23 分月工业生产者购进价格环比指数(2018年)

(上月＝100)

类　别	1月	2月	3月	4月	5月	6月	7月	8月	9月	10月	11月	12月
总指数	**101.8**	**100.2**	**100.0**	**99.5**	**99.9**	**99.8**	**100.1**	**100.1**	**100.5**	**100.6**	**100.3**	**100.2**
燃料、动力类	104.3	100.3	99.2	98.9	99.8	98.6	100.4	99.3	100.5	101.1	100.3	100.6
黑色金属材料类	102.0	100.5	100.2	99.5	99.5	100.8	100.5	100.4	101.0	100.8	100.3	99.6
#钢材	102.0	100.1	100.0	99.5	99.5	100.6	100.9	100.6	100.8	100.9	100.3	99.4
其他	101.9	101.2	100.5	99.5	99.3	101.0	99.8	100.1	101.3	100.6	100.3	99.8
有色金属材料和电线类	99.6	99.7	99.4	99.5	100.4	100.8	99.6	98.6	101.5	100.1	100.2	99.8
化工原料类	101.7	100.1	100.0	99.8	100.3	99.9	99.3	100.4	100.4	100.3	100.3	99.1
木材及纸浆类	100.6	100.1	100.9	100.3	101.7	99.9	101.0	99.7	100.0	100.3	99.4	99.8
建筑材料及非金属矿类	102.6	100.2	100.6	100.3	101.6	100.0	99.9	99.8	100.0	100.8	103.3	101.5
其他工业原材料及半成品类	100.3	100.2	100.0	99.7	99.8	100.2	100.2	100.6	100.5	100.3	100.0	100.3
农副产品类	100.5	100.3	101.1	99.3	99.4	99.5	99.5	100.7	99.9	100.2	100.3	100.6
纺织原料类	100.0	99.8	100.1	99.5	99.0	100.2	100.3	99.6	100.0	100.2	99.8	99.7

3-24 分行业工业生产者购进价格指数(2018年)

(上年同月=100)

类　　别	全年	1月	2月	3月	4月	5月	6月
总指数	**105.3**	**107.5**	**106.9**	**106.1**	**105.4**	**105.9**	**105.9**
农业	**102.5**	**103.3**	**104.0**	**105.4**	**105.1**	**104.0**	**102.7**
谷物种植	102.3	101.2	103.3	106.2	105.8	104.5	102.6
豆类、油料和薯类种植	100.3	100.3	100.4	100.5	100.9	100.6	100.4
棉、麻、糖、烟草种植	102.7	103.6	102.2	104.3	103.1	102.2	103.0
蔬菜、食用菌及园艺作物种植	101.1	102.2	102.4	102.6	102.3	101.4	102.0
水果种植	107.2	118.0	116.4	114.4	114.4	110.7	107.1
坚果、含油果、香料和饮料作物种植	102.5	103.5	100.4	100.3	101.5	102.2	102.0
中药材种植	101.6	104.5	105.2	105.0	102.4	102.6	101.5
其他农业	102.0	104.6	104.7	104.3	103.6	102.9	102.7
林业	**109.2**	**104.3**	**105.9**	**108.1**	**108.5**	**109.6**	**112.8**
木材和竹材采运	102.6	97.4	98.7	101.7	102.7	103.0	104.7
林产品采集	125.5	121.7	124.2	123.7	122.5	125.6	132.9
畜牧业	**102.3**	**99.9**	**99.9**	**103.0**	**101.6**	**103.3**	**104.3**
牲畜饲养	98.0	96.1	95.1	98.1	94.9	96.2	98.7
家禽饲养	105.3	100.8	101.9	105.6	106.8	109.2	108.7
其他畜牧业	110.8	115.1	115.2	116.4	115.1	115.1	114.1
煤炭开采和洗选业	**101.7**	**103.7**	**102.4**	**101.7**	**101.2**	**102.2**	**101.8**
烟煤和无烟煤开采洗选	101.8	103.6	102.5	101.8	101.3	102.4	102.1
其他煤炭采选	95.9	105.0	99.0	98.3	98.0	95.2	94.9
石油和天然气开采业	**109.8**	**105.4**	**107.1**	**105.7**	**107.6**	**110.6**	**109.1**
石油开采	111.5	102.2	102.5	99.8	103.8	110.4	116.0
天然气开采	108.2	108.9	111.9	111.5	111.5	110.9	103.0
黑色金属矿采选业	**104.4**	**111.2**	**112.1**	**105.0**	**102.4**	**105.1**	**106.9**
铁矿采选	104.5	112.2	113.4	105.6	103.0	105.1	106.4
锰矿、铬矿采选	101.7	97.4	95.6	96.1	93.4	104.9	114.0
有色金属矿采选业	**109.3**	**116.5**	**116.1**	**115.6**	**111.8**	**110.6**	**112.9**
常用有色金属矿采选	106.0	113.2	112.3	111.5	107.5	109.8	112.0
稀有稀土金属矿采选	115.1	123.2	124.1	123.7	120.5	112.3	114.8
非金属矿采选业	**110.1**	**111.1**	**111.5**	**111.4**	**111.0**	**112.7**	**111.6**
土砂石开采	116.1	117.4	117.7	118.5	117.9	121.0	119.0
化学矿开采	102.3	103.7	104.1	102.5	102.2	102.3	102.3
采盐	99.2	99.5	99.8	99.3	99.3	99.1	98.8
石棉及其他非金属矿采选	106.9	107.8	107.9	107.7	108.1	107.2	107.7
农副食品加工业	**98.4**	**99.0**	**98.7**	**97.1**	**96.5**	**95.6**	**97.3**
谷物磨制	100.0	102.0	102.0	100.8	100.7	100.8	100.4
饲料加工	94.8	95.9	100.0	101.8	102.7	91.3	97.2
植物油加工	97.9	104.4	95.0	96.1	95.2	99.3	99.2
制糖业	93.9	100.2	98.4	96.9	95.6	94.1	92.7
屠宰及肉类加工	98.0	95.4	97.7	94.7	94.0	91.4	95.3
水产品加工	111.1	95.8	110.9	115.2	115.9	115.7	110.6
蔬菜、水果和坚果加工	98.7	100.8	100.7	101.9	100.6	100.4	95.8
其他农副食品加工	105.4	102.8	102.4	101.8	102.7	102.7	107.7

3-24 续表 1

(上年同月＝100)

类　　别	全年	1月	2月	3月	4月	5月	6月
食品制造业	**102.7**	**97.9**	**96.0**	**98.7**	**99.3**	**106.8**	**102.9**
乳制品制造	102.1	98.2	94.3	97.4	99.1	106.5	98.8
调味品、发酵制品制造	105.3	102.6	103.0	102.8	103.3	104.8	104.7
其他食品制造	102.2	94.9	94.4	98.3	97.5	107.3	106.7
酒、饮料和精制茶制造业	**105.0**	**103.6**	**103.5**	**104.5**	**104.5**	**104.7**	**105.9**
酒的制造	102.3	99.9	99.9	101.1	101.3	102.0	104.0
饮料制造	110.6	110.6	110.6	111.2	111.2	111.2	110.9
精制茶加工	103.8	106.4	104.9	104.3	103.3	101.0	101.2
烟草制品业	**83.8**	**85.5**	**85.5**	**83.4**	**83.4**	**83.4**	**83.4**
烟叶复烤	83.7	85.5	85.5	83.4	83.4	83.4	83.4
其他烟草制品制造	99.4	99.3	97.8	100.0	100.0	100.0	99.6
纺织业	**100.2**	**106.8**	**103.7**	**99.4**	**100.0**	**98.8**	**100.2**
棉纺织及印染精加工	98.1	102.8	99.0	96.7	97.3	96.1	98.2
毛纺织及染整精加工	109.7	109.6	109.6	108.8	111.2	108.8	116.3
麻纺织及染整精加工	122.2	140.4	140.4	140.4	144.7	128.8	110.3
丝绢纺织及印染精加工	108.3	127.0	127.8	109.8	109.7	109.6	108.1
非家用纺织制成品制造	108.3	93.3	100.0	100.0	106.3	106.3	106.3
皮革、毛皮、羽毛及其制品和制鞋业	**100.1**	**108.4**	**99.1**	**94.5**	**100.2**	**99.8**	**100.2**
皮革鞣制加工	100.0	109.0	99.0	93.9	100.3	99.7	100.3
羽毛(绒)加工及制品制造	100.7	103.2	100.0	100.0	99.9	100.0	99.7
木材加工和木、竹、藤、棕、草制品业	**101.4**	**99.8**	**99.3**	**100.0**	**101.3**	**101.1**	**101.2**
木材加工	99.9	98.4	97.8	97.7	99.4	98.9	99.4
人造板制造	101.2	100.9	101.1	100.8	100.6	101.5	101.3
木制品制造	109.3	104.9	103.8	111.3	112.0	111.6	110.1
竹、藤、棕、草等制品制造	109.6	109.1	109.4	109.6	116.6	117.6	116.1
造纸和纸制品业	**112.8**	**114.5**	**114.1**	**112.6**	**114.8**	**119.5**	**119.0**
纸浆制造	119.6	116.2	118.3	115.1	116.7	121.8	123.9
造纸	116.9	121.0	119.6	118.5	121.5	129.1	126.9
纸制品制造	102.1	103.6	103.0	102.1	103.4	103.8	103.9
印刷和记录媒介复制业	**109.9**	**116.9**	**116.0**	**113.9**	**108.5**	**108.6**	**106.7**
印刷	109.9	116.9	116.0	113.9	108.5	108.6	106.7
石油加工、炼焦和核燃料加工业	**109.1**	**114.3**	**114.8**	**115.1**	**110.0**	**109.7**	**107.5**
精炼石油产品制造	107.7	110.0	109.9	111.7	108.9	106.7	105.3
炼焦	110.3	118.6	119.8	118.3	110.6	112.3	109.4
化学原料和化学制品制造业	**109.3**	**113.7**	**111.7**	**110.2**	**110.4**	**111.4**	**111.6**
基础化学原料制造	110.3	116.4	114.2	112.4	113.2	113.3	113.1
肥料制造	108.2	112.0	108.0	107.0	107.3	106.9	107.7
农药制造	141.2	135.6	140.4	140.8	138.0	140.9	140.9
涂料、油墨、颜料及类似产品制造	99.8	103.0	101.5	101.0	99.6	99.5	99.2
合成材料制造	111.6	111.2	110.1	109.0	108.8	113.1	115.4
专用化学产品制造	105.3	114.5	111.8	107.2	105.9	106.3	105.5
炸药、火工及焰火产品制造	102.0	102.9	103.3	103.2	102.3	102.2	102.3
日用化学产品制造	104.0	91.7	91.7	94.9	92.9	105.2	110.7

3-24 续表 2

(上年同月=100)

类　　别	全年	1月	2月	3月	4月	5月	6月
医药制造业	**105.6**	**102.2**	**103.3**	**104.5**	**103.3**	**103.1**	**103.5**
化学药品原料药制造	106.0	102.9	104.0	104.4	103.8	103.7	103.8
中成药生产	103.1	102.2	102.1	103.0	100.8	100.0	100.9
兽用药品制造	100.9	90.7	90.8	108.2	97.1	97.1	101.1
生物药品制造	94.5	92.7	93.0	92.6	93.0	92.9	93.5
化学纤维制造业	**103.7**	**104.1**	**101.3**	**101.3**	**102.1**	**103.9**	**106.4**
纤维素纤维原料及纤维制造	101.2	103.9	100.8	98.9	99.6	103.0	106.1
合成纤维制造	103.9	104.1	101.4	101.4	102.2	104.0	106.4
橡胶和塑料制品业	**102.0**	**102.0**	**102.1**	**102.1**	**103.2**	**104.2**	**106.6**
橡胶制品业	101.6	102.0	103.8	102.1	101.4	102.5	102.7
塑料制品业	102.1	102.0	102.0	102.1	103.3	104.4	107.0
非金属矿物制品业	**115.5**	**116.3**	**116.1**	**117.0**	**116.5**	**118.7**	**119.1**
水泥、石灰和石膏制造	121.3	118.7	118.7	119.9	119.6	123.5	124.8
砖瓦、石材等建筑材料制造	97.9	98.9	100.0	98.9	99.8	99.1	98.0
玻璃制造	101.8	103.8	101.9	101.9	101.5	101.9	102.4
玻璃制品制造	103.2	106.5	105.6	105.8	105.5	105.6	106.8
玻璃纤维和玻璃纤维增强塑料制品制造	108.6	106.7	106.6	106.0	108.0	108.0	106.6
陶瓷制品制造	100.0	100.0	100.0	100.0	100.0	100.0	100.0
耐火材料制品制造	110.4	103.0	103.0	103.7	104.2	113.3	114.4
石墨及其他非金属矿物制品制造	107.6	122.1	121.2	122.8	120.3	117.7	114.0
黑色金属冶炼和压延加工业	**111.4**	**117.2**	**115.4**	**113.4**	**111.5**	**110.6**	**112.1**
炼铁	106.5	110.6	109.7	108.2	104.8	103.2	103.7
炼钢	114.4	120.9	118.4	117.1	113.3	110.1	113.4
黑色金属铸造	112.9	110.4	111.6	112.9	114.7	115.8	115.6
钢压延加工	110.6	117.3	115.0	112.4	111.1	110.8	112.0
铁合金冶炼	114.1	114.5	119.3	118.8	116.2	116.5	116.2
有色金属冶炼和压延加工业	**104.3**	**112.9**	**112.3**	**109.1**	**107.3**	**108.6**	**108.0**
常用有色金属冶炼	102.9	113.7	113.3	109.0	107.4	109.3	107.2
贵金属冶炼	97.7	95.4	94.2	93.9	92.6	98.0	97.2
稀有稀土金属冶炼	122.5	134.5	127.0	127.8	126.7	124.4	124.8
有色金属合金制造	101.3	105.0	105.4	105.6	101.8	101.4	101.6
有色金属压延加工	104.5	109.7	109.7	107.5	105.5	106.1	107.9
金属制品业	**102.6**	**108.3**	**107.9**	**104.6**	**103.7**	**103.8**	**103.5**
结构性金属制品制造	113.4	120.3	118.7	119.5	117.8	119.2	122.5
集装箱及金属包装容器制造	96.2	98.5	98.5	98.8	99.2	98.7	98.6
金属丝绳及其制品制造	105.0	114.8	114.3	107.2	105.2	105.6	105.0
建筑、安全用金属制品制造	118.4	111.5	108.8	107.6	106.2	106.2	106.2
金属制日用品制造	99.1	109.8	108.8	100.9	100.3	102.1	102.7
其他金属制品制造	106.2	104.9	103.7	104.8	105.6	106.0	106.0
通用设备制造业	**106.5**	**106.5**	**106.3**	**106.2**	**106.1**	**108.4**	**105.7**
锅炉及原动设备制造	109.7	108.9	108.9	108.9	109.0	108.9	109.0

3-24 续表 3

（上年同月＝100）

类　别	全年	1月	2月	3月	4月	5月	6月
泵、阀门、压缩机及类似机械制造	100.3	101.5	101.8	101.4	100.8	100.1	99.5
轴承、齿轮和传动部件制造	101.3	102.8	101.7	101.5	101.4	115.3	100.5
烘炉、风机、衡器、包装等设备制造	100.0	100.0	100.0	100.0	100.0	100.0	100.0
通用零部件制造	100.7	101.1	101.3	100.4	100.1	100.2	100.4
专用设备制造业	**104.2**	**104.4**	**104.2**	**105.1**	**108.3**	**108.0**	**106.0**
环保、社会公共服务及其他专用设备制造	104.2	104.4	104.2	105.1	108.3	108.0	106.0
汽车制造业	**100.6**	**102.9**	**102.6**	**99.8**	**99.8**	**100.0**	**100.0**
汽车整车制造	98.4	100.0	100.0	100.0	100.0	100.0	99.7
汽车车身、挂车制造	100.0	100.0	100.0	100.0	100.0	100.0	100.0
汽车零部件及配件制造	100.9	103.4	103.0	99.7	99.7	100.0	100.1
铁路、船舶、航空航天和其他运输设备制造业	**103.4**	**103.3**	**103.7**	**104.5**	**101.5**	**101.2**	**103.1**
铁路运输设备制造	98.6	99.7	99.7	98.4	98.4	98.4	98.6
摩托车制造	104.1	103.8	104.3	105.4	102.0	101.6	103.8
电气机械和器材制造业	**102.8**	**102.6**	**101.8**	**102.3**	**102.7**	**103.7**	**103.0**
电机制造	102.8	105.6	105.6	105.6	105.6	104.0	102.5
输配电及控制设备制造	100.0	100.1	100.1	100.1	100.0	100.0	100.0
电线、电缆、光缆及电工器材制造	107.7	105.3	103.9	105.5	106.9	110.5	108.7
电池制造	99.3	102.2	98.2	98.2	98.0	98.2	98.5
照明器具制造	98.8	99.9	99.9	99.9	99.9	100.0	100.0
计算机、通信和其他电子设备制造业	**99.7**	**99.4**	**98.0**	**97.6**	**97.5**	**98.1**	**98.2**
计算机制造	100.7	103.2	101.6	101.1	101.7	102.3	100.4
通信设备制造	97.2	101.4	101.2	101.2	97.9	97.9	97.9
广播电视设备制造	100.0	100.0	100.0	100.0	100.0	100.0	100.0
电子器件制造	98.6	97.7	95.9	95.5	95.4	96.1	96.3
电子元件制造	101.0	101.1	100.5	100.0	100.0	100.3	100.7
其他电子设备制造	100.0	100.0	100.0	100.0	100.0	100.0	100.0
仪器仪表制造业	**100.0**	**100.0**	**100.0**	**100.0**	**100.0**	**100.0**	**100.0**
通用仪器仪表制造	100.0	100.0	100.0	100.0	100.0	100.0	100.0
光学仪器及眼镜制造	106.4	100.6	102.5	103.1	104.8	105.4	107.1
废弃资源综合利用业	**117.4**	**119.2**	**119.4**	**118.5**	**117.8**	**122.2**	**122.1**
金属废料和碎屑加工处理	115.7	115.7	115.5	115.0	113.5	118.1	119.6
非金属废料和碎屑加工处理	122.9	132.4	133.7	131.6	134.6	137.3	131.2
金属制品、机械和设备修理业	**117.0**	**119.5**	**120.3**	**120.9**	**127.4**	**129.0**	**129.0**
专用设备修理	117.0	119.5	120.3	120.9	127.4	129.0	129.0
电力、热力生产和供应业	**105.1**	**109.1**	**108.9**	**108.1**	**105.1**	**105.2**	**104.2**
电力供应	105.4	110.2	110.2	109.3	106.0	105.6	104.4
热力生产和供应	101.6	97.4	95.5	95.5	95.5	101.0	101.4
燃气生产和供应业	**103.4**	**100.1**	**99.3**	**99.5**	**99.4**	**98.1**	**97.0**
水的生产和供应业	**101.1**	**101.4**	**101.4**	**101.1**	**101.0**	**101.3**	**101.2**
自来水生产和供应	101.2	101.4	101.5	101.1	101.0	101.3	101.2
其他水的处理、利用与分配	99.8	96.3	96.2	95.9	96.1	98.3	98.8

3-24 续表 4

(上年同月=100)

类别	7月	8月	9月	10月	11月	12月
总指数	**106.1**	**105.4**	**104.3**	**104.0**	**103.8**	**102.9**
农业	**102.1**	**101.7**	**101.1**	**100.2**	**100.0**	**100.8**
谷物种植	101.8	101.2	100.6	99.8	100.2	101.0
豆类、油料和薯类种植	100.0	99.9	100.2	99.9	99.8	100.7
棉、麻、糖、烟草种植	102.7	102.2	101.4	102.5	102.5	102.6
蔬菜、食用菌及园艺作物种植	101.8	100.1	99.5	99.2	99.3	100.7
水果种植	106.3	106.3	104.3	99.7	96.5	97.4
坚果、含油果、香料和饮料作物种植	103.0	103.3	103.2	103.1	103.3	104.1
中药材种植	100.5	101.0	100.0	99.4	99.1	99.1
其他农业	102.5	100.8	101.4	99.7	98.7	98.2
林业	**112.9**	**112.7**	**111.9**	**111.2**	**109.0**	**104.7**
木材和竹材采运	104.4	104.5	105.3	105.0	102.7	101.1
林产品采集	133.8	132.9	127.4	125.8	124.0	113.0
畜牧业	**102.8**	**103.9**	**101.0**	**102.2**	**102.7**	**102.8**
牲畜饲养	97.1	100.1	95.9	99.5	101.8	103.4
家禽饲养	107.3	106.4	104.9	104.7	104.3	103.3
其他畜牧业	112.2	112.4	110.9	105.7	101.5	98.7
煤炭开采和洗选业	**102.9**	**102.4**	**102.0**	**100.2**	**99.9**	**99.6**
烟煤和无烟煤开采洗选	103.2	102.7	102.3	100.4	100.1	99.8
其他煤炭采选	94.8	94.7	92.1	92.1	93.4	93.8
石油和天然气开采业	**113.7**	**114.0**	**114.7**	**115.8**	**108.5**	**106.1**
石油开采	120.6	122.8	125.5	126.4	109.6	103.9
天然气开采	107.4	106.3	105.3	106.5	107.5	108.2
黑色金属矿采选业	**104.7**	**102.8**	**101.2**	**101.4**	**100.6**	**100.1**
铁矿采选	104.3	102.8	101.4	101.2	100.3	99.9
锰矿、铬矿采选	110.7	102.3	98.4	103.1	104.4	103.8
有色金属矿采选业	**111.7**	**105.9**	**104.7**	**103.3**	**103.6**	**102.6**
常用有色金属矿采选	109.2	101.1	100.8	99.1	99.7	98.7
稀有稀土金属矿采选	116.2	114.3	110.6	109.5	109.6	108.6
非金属矿采选业	**111.4**	**108.7**	**107.5**	**107.6**	**109.4**	**107.5**
土砂石开采	119.0	114.1	111.1	111.6	115.0	112.8
化学矿开采	102.1	102.2	103.1	101.4	101.3	100.4
采盐	97.6	98.3	99.9	99.6	99.9	99.7
石棉及其他非金属矿采选	106.9	105.5	106.0	107.9	107.5	103.0
农副食品加工业	**98.7**	**99.4**	**99.2**	**100.3**	**99.5**	**99.2**
谷物磨制	100.2	99.4	99.1	98.4	98.0	98.3
饲料加工	98.3	94.8	84.9	88.6	94.9	89.1
植物油加工	99.2	98.9	97.2	97.0	97.1	97.0
制糖业	91.9	92.1	90.9	90.9	91.6	91.1
屠宰及肉类加工	98.8	100.8	101.7	104.2	102.1	101.6
水产品加工	104.1	107.1	112.0	120.3	118.5	108.3
蔬菜、水果和坚果加工	95.3	95.5	98.3	98.6	98.2	98.6
其他农副食品加工	106.2	106.0	105.1	109.1	108.5	109.6

3-24 续表 5

(上年同月＝100)

类 别	7月	8月	9月	10月	11月	12月
食品制造业	**104.1**	**108.7**	**105.9**	**104.7**	**103.8**	**104.6**
乳制品制造	100.6	109.4	103.3	105.2	105.0	107.5
调味品、发酵制品制造	107.1	110.9	110.6	109.8	103.4	101.2
其他食品制造	106.7	106.7	107.0	101.9	102.8	102.7
酒、饮料和精制茶制造业	**106.6**	**105.6**	**105.5**	**105.5**	**105.1**	**104.6**
酒的制造	105.0	103.7	103.4	103.3	102.7	101.8
饮料制造	110.9	110.1	110.1	110.1	110.1	110.1
精制茶加工	102.7	103.2	104.2	105.2	105.0	104.7
烟草制品业	**83.4**	**83.4**	**83.4**	**83.4**	**83.4**	**83.4**
烟叶复烤	83.4	83.4	83.4	83.4	83.4	83.4
其他烟草制品制造	99.6	99.6	99.1	99.1	99.1	99.1
纺织业	**100.1**	**99.5**	**99.7**	**98.9**	**98.4**	**98.1**
棉纺织及印染精加工	98.2	97.9	98.3	98.2	97.7	97.6
毛纺织及染整精加工	106.6	106.6	112.6	109.4	106.1	111.0
麻纺织及染整精加工	109.0	109.0	112.4	114.9	116.9	119.2
丝绢纺织及印染精加工	108.2	106.2	104.4	100.1	99.0	97.5
非家用纺织制成品制造	114.4	114.4	114.4	114.4	115.6	115.6
皮革、毛皮、羽毛及其制品和制鞋业	**100.1**	**100.3**	**100.1**	**99.8**	**100.0**	**100.0**
皮革鞣制加工	100.2	100.4	99.9	99.5	99.7	99.8
羽毛(绒)加工及制品制造	99.4	99.1	101.5	101.7	102.3	101.2
木材加工和木、竹、藤、棕、草制品业	**103.2**	**102.7**	**102.1**	**102.6**	**102.1**	**101.2**
木材加工	102.3	101.8	101.5	101.5	100.7	99.3
人造板制造	101.9	101.2	99.3	101.9	101.7	102.2
木制品制造	109.5	109.1	109.4	109.7	110.2	110.4
竹、藤、棕、草等制品制造	111.5	109.3	108.5	104.6	102.9	102.5
造纸和纸制品业	**118.1**	**115.9**	**111.0**	**106.3**	**104.8**	**105.4**
纸浆制造	123.6	122.4	120.4	118.2	118.1	120.5
造纸	125.6	122.9	114.3	105.5	102.2	102.1
纸制品制造	103.0	101.2	99.9	99.8	100.5	101.0
印刷和记录媒介复制业	**110.9**	**110.3**	**108.4**	**108.1**	**106.0**	**106.1**
印刷	110.9	110.3	108.4	108.1	106.0	106.1
石油加工、炼焦和核燃料加工业	**110.5**	**108.6**	**105.1**	**105.9**	**106.0**	**103.9**
精炼石油产品制造	111.0	107.8	106.1	106.7	106.2	103.4
炼焦	109.4	108.8	103.8	105.1	105.8	104.5
化学原料和化学制品制造业	**110.3**	**109.8**	**107.9**	**107.1**	**106.1**	**102.2**
基础化学原料制造	111.4	110.4	107.9	106.8	105.2	100.8
肥料制造	108.2	107.6	109.1	108.7	110.0	106.7
农药制造	143.0	143.6	134.6	130.4	153.5	151.7
涂料、油墨、颜料及类似产品制造	99.2	101.0	98.5	99.5	98.2	98.1
合成材料制造	113.9	113.8	112.9	112.0	112.1	107.2
专用化学产品制造	105.3	104.9	104.1	101.7	100.2	97.1
炸药、火工及焰火产品制造	101.6	101.6	101.5	101.1	101.2	100.9
日用化学产品制造	110.6	105.1	104.5	115.2	114.5	114.6

3-24 续表 6

(上年同月＝100)

类　　别	7月	8月	9月	10月	11月	12月
医药制造业	**103.4**	**103.3**	**108.9**	**109.5**	**110.1**	**111.9**
化学药品原料药制造	103.7	103.7	109.2	109.9	110.6	112.7
中成药生产	100.9	100.7	102.2	103.6	109.9	110.6
兽用药品制造	100.2	100.2	112.5	112.5	102.6	101.0
生物药品制造	93.5	93.2	97.4	97.8	97.6	97.4
化学纤维制造业	**105.3**	**106.8**	**105.7**	**103.9**	**103.1**	**101.2**
纤维素纤维原料及纤维制造	105.0	103.6	101.6	98.0	97.6	97.8
合成纤维制造	105.3	106.9	106.0	104.2	103.5	101.4
橡胶和塑料制品业	**102.9**	**102.0**	**100.1**	**100.1**	**99.7**	**99.4**
橡胶制品业	102.3	100.0	99.1	101.2	101.0	101.2
塑料制品业	102.9	102.2	100.2	100.0	99.6	99.2
非金属矿物制品业	**117.2**	**113.4**	**112.0**	**112.0**	**114.9**	**113.3**
水泥、石灰和石膏制造	123.7	119.3	118.8	119.6	126.0	123.2
砖瓦、石材等建筑材料制造	96.0	96.4	96.7	96.5	96.5	97.5
玻璃制造	101.5	101.5	101.6	101.5	101.6	100.4
玻璃制品制造	102.7	101.5	101.1	98.3	99.6	99.5
玻璃纤维和玻璃纤维增强塑料制品制造	106.3	109.7	110.4	113.6	111.3	109.3
陶瓷制品制造	100.0	100.0	100.0	100.0	100.0	100.0
耐火材料制品制造	115.3	113.8	114.2	113.3	113.2	112.8
石墨及其他非金属矿物制品制造	110.9	104.2	97.0	95.7	88.9	88.8
黑色金属冶炼和压延加工业	**112.2**	**111.1**	**110.3**	**109.5**	**108.4**	**105.8**
炼铁	105.9	106.2	108.2	107.1	106.1	104.9
炼钢	114.7	113.9	114.1	114.5	113.3	109.9
黑色金属铸造	111.6	113.9	112.4	114.3	112.7	109.1
钢压延加工	111.8	110.3	109.3	107.9	106.9	104.4
铁合金冶炼	116.4	115.7	108.8	110.7	109.8	107.8
有色金属冶炼和压延加工业	**106.1**	**102.7**	**98.1**	**96.2**	**95.7**	**97.9**
常用有色金属冶炼	103.8	99.9	95.3	92.5	93.1	96.0
贵金属冶炼	101.8	100.0	100.0	100.0	100.0	100.0
稀有稀土金属冶炼	126.8	124.1	106.0	114.5	119.7	120.3
有色金属合金制造	101.3	100.7	98.6	98.2	98.3	98.7
有色金属压延加工	108.0	104.7	102.2	100.2	96.5	97.4
金属制品业	**101.6**	**101.1**	**99.4**	**99.4**	**99.4**	**99.0**
结构性金属制品制造	112.5	113.9	109.3	104.9	104.9	102.8
集装箱及金属包装容器制造	92.8	92.8	93.4	94.1	94.8	94.7
金属丝绳及其制品制造	105.2	104.0	100.7	100.4	99.9	99.4
建筑、安全用金属制品制造	108.5	133.2	131.6	133.2	132.7	133.0
金属制日用品制造	99.3	102.6	92.8	91.8	89.7	92.1
其他金属制品制造	106.7	107.4	106.7	107.2	107.6	107.6
通用设备制造业	**105.9**	**105.7**	**106.4**	**106.7**	**106.9**	**106.8**
锅炉及原动设备制造	109.3	109.2	110.1	110.9	111.6	111.6

3-24 续表 7

(上年同月＝100)

类　　别	7月	8月	9月	10月	11月	12月
泵、阀门、压缩机及类似机械制造	99.5	99.5	99.6	100.8	99.3	99.3
轴承、齿轮和传动部件制造	100.5	100.0	100.1	98.2	98.1	97.3
烘炉、风机、衡器、包装等设备制造	100.0	100.0	100.0	100.0	100.0	100.0
通用零部件制造	101.0	100.6	100.4	100.7	100.9	101.1
专用设备制造业	**105.6**	**104.2**	**102.0**	**101.4**	**100.5**	**100.5**
环保、社会公共服务及其他专用设备制造	105.6	104.2	102.0	101.4	100.5	100.5
汽车制造业	**99.8**	**99.9**	**100.4**	**100.9**	**101.0**	**100.3**
汽车整车制造	97.0	97.0	97.0	96.7	96.7	96.7
汽车车身、挂车制造	100.0	100.0	100.0	100.0	100.0	100.0
汽车零部件及配件制造	100.2	100.3	100.9	101.5	101.6	100.8
铁路、船舶、航空航天和其他运输设备制造业	**106.7**	**103.5**	**103.5**	**101.2**	**103.1**	**105.1**
铁路运输设备制造	98.5	98.3	98.3	98.3	98.3	98.5
摩托车制造	108.0	104.3	104.2	101.7	103.8	106.1
电气机械和器材制造业	**103.6**	**102.8**	**102.8**	**102.8**	**102.9**	**102.6**
电机制造	102.4	102.3	101.6	99.9	99.8	99.7
输配电及控制设备制造	100.0	100.1	100.0	100.1	100.2	99.9
电线、电缆、光缆及电工器材制造	110.5	107.8	108.1	108.6	108.9	108.1
电池制造	98.7	99.5	100.0	99.9	100.2	100.2
照明器具制造	100.0	100.0	96.6	96.5	93.2	99.4
计算机、通信和其他电子设备制造业	**99.1**	**102.9**	**101.4**	**101.3**	**101.7**	**101.4**
计算机制造	99.3	99.6	99.6	100.0	100.2	99.5
通信设备制造	94.8	92.9	92.7	96.3	96.4	96.4
广播电视设备制造	100.0	100.0	100.0	100.0	100.0	100.0
电子器件制造	97.0	103.7	102.1	101.4	101.8	101.5
电子元件制造	102.1	102.3	100.7	101.5	101.9	101.6
其他电子设备制造	100.0	100.0	100.0	100.0	100.0	100.0
仪器仪表制造业	**100.0**	**100.0**	**100.0**	**100.1**	**100.1**	**100.1**
通用仪器仪表制造	100.0	100.0	100.0	100.0	100.0	100.0
光学仪器及眼镜制造	107.9	107.9	108.2	109.3	110.0	110.0
废弃资源综合利用业	**123.3**	**120.1**	**115.5**	**112.5**	**112.3**	**108.3**
金属废料和碎屑加工处理	121.4	117.9	115.4	114.4	113.8	109.9
非金属废料和碎屑加工处理	129.8	128.0	116.2	106.7	107.4	102.4
金属制品、机械和设备修理业	**129.0**	**122.4**	**106.7**	**106.7**	**106.7**	**96.2**
专用设备修理	129.0	122.4	106.7	106.7	106.7	96.2
电力、热力生产和供应业	**105.8**	**103.6**	**98.8**	**100.9**	**107.6**	**103.6**
电力供应	106.2	103.8	98.7	100.6	106.8	102.9
热力生产和供应	101.9	101.3	100.7	104.2	116.7	111.1
燃气生产和供应业	**98.8**	**100.4**	**107.1**	**110.4**	**114.1**	**117.0**
水的生产和供应业	**101.2**	**101.2**	**101.1**	**101.1**	**100.9**	**100.8**
自来水生产和供应	101.2	101.2	101.1	101.1	100.9	100.8
其他水的处理、利用与分配	103.0	103.4	103.3	106.2	103.3	97.7

3-25　分行业工业生产者购进价格环比指数(2018年)

(上月＝100)

类　　别	1月	2月	3月	4月	5月	6月
总指数	**101.8**	**100.2**	**100.0**	**99.5**	**99.9**	**99.8**
农业	**100.7**	**100.7**	**100.8**	**99.9**	**99.5**	**99.2**
谷物种植	100.9	101.3	100.8	100.0	99.9	98.4
豆类、油料和薯类种植	100.2	100.0	99.9	100.2	99.9	100.3
棉、麻、糖、烟草种植	100.2	100.1	103.1	99.0	99.3	100.3
蔬菜、食用菌及园艺作物种植	100.1	100.4	100.3	99.9	100.2	100.1
水果种植	101.3	100.1	99.9	100.1	97.2	99.8
坚果、含油果、香料和饮料作物种植	100.0	100.1	102.0	100.5	99.9	99.2
中药材种植	100.6	100.2	99.9	99.6	100.3	99.3
其他农业	102.4	100.0	100.1	99.8	99.2	99.9
林业	**100.1**	**100.8**	**100.3**	**100.1**	**101.0**	**102.3**
木材和竹材采运	99.2	100.3	100.2	100.4	100.0	100.9
林产品采集	102.3	102.0	100.5	99.4	103.2	105.3
畜牧业	**100.1**	**99.2**	**101.8**	**97.5**	**99.0**	**100.2**
牲畜饲养	99.6	98.5	102.8	95.2	97.6	100.4
家禽饲养	100.3	99.9	101.0	99.8	100.5	99.7
其他畜牧业	101.9	99.9	101.0	99.6	99.8	100.7
煤炭开采和洗选业	**101.0**	**100.0**	**99.3**	**98.8**	**99.7**	**99.1**
烟煤和无烟煤开采洗选	101.1	100.0	99.3	98.8	99.7	99.1
其他煤炭采选	98.3	100.0	99.7	99.6	99.7	99.6
石油和天然气开采业	**101.2**	**101.1**	**97.5**	**102.0**	**101.6**	**100.2**
石油开采	101.6	99.0	95.0	104.5	104.1	100.5
天然气开采	100.7	103.1	99.7	99.7	99.4	99.8
黑色金属矿采选业	**101.6**	**102.2**	**99.6**	**99.0**	**99.2**	**98.7**
铁矿采选	101.6	102.2	99.5	98.9	99.3	98.4
锰矿、铬矿采选	101.7	102.2	101.7	101.4	97.7	103.2
有色金属矿采选业	**98.1**	**99.8**	**99.9**	**99.6**	**100.9**	**103.0**
常用有色金属矿采选	100.1	100.0	99.1	99.7	101.0	102.5
稀有稀土金属矿采选	95.1	99.4	101.2	99.3	100.6	103.6
非金属矿采选业	**101.2**	**100.2**	**100.8**	**100.2**	**101.3**	**99.4**
土砂石开采	101.4	100.3	101.8	100.4	102.5	99.0
化学矿开采	101.4	100.0	99.1	99.6	99.5	99.8
采盐	99.9	100.5	99.5	100.6	99.6	99.7
石棉及其他非金属矿采选	101.2	100.1	100.0	100.1	99.6	100.1
农副食品加工业	**101.0**	**100.2**	**98.6**	**98.9**	**97.7**	**99.9**
谷物磨制	100.0	99.6	100.0	100.2	100.5	99.9
饲料加工	97.5	95.7	100.9	100.0	92.9	98.6
植物油加工	98.8	99.8	100.2	99.8	100.0	99.7
制糖业	99.7	99.3	99.0	98.5	98.3	98.9
屠宰及肉类加工	102.6	100.7	97.1	97.8	95.3	100.1
水产品加工	106.6	116.1	99.8	102.0	99.9	95.1
蔬菜、水果和坚果加工	100.3	99.9	100.3	99.5	98.7	97.8
其他农副食品加工	100.4	100.2	99.8	100.8	99.9	104.8

3-25 续表 1

(上月=100)

类　　别	1月	2月	3月	4月	5月	6月
食品制造业	**98.4**	**99.1**	**100.3**	**99.7**	**104.0**	**99.8**
乳制品制造	96.8	98.4	101.5	99.9	99.5	100.2
调味品、发酵制品制造	99.8	100.1	98.8	100.1	101.2	99.6
其他食品制造	99.5	99.5	99.5	99.2	111.0	99.4
酒、饮料和精制茶制造业	**101.6**	**99.9**	**102.2**	**99.9**	**100.3**	**100.5**
酒的制造	99.9	100.0	100.8	100.0	100.7	101.1
饮料制造	105.1	100.0	105.0	100.0	100.0	99.7
精制茶加工	100.8	99.3	101.3	99.2	99.2	99.2
烟草制品业	**83.4**	**100.0**	**100.0**	**100.0**	**100.0**	**100.0**
烟叶复烤	83.4	100.0	100.0	100.0	100.0	100.0
其他烟草制品制造	100.0	100.0	100.0	100.0	100.0	99.6
纺织业	**100.0**	**99.8**	**100.1**	**99.5**	**99.0**	**100.2**
棉纺织及印染精加工	99.7	99.7	99.9	99.2	98.9	100.3
毛纺织及染整精加工	100.0	100.0	102.8	102.2	96.5	100.0
麻纺织及染整精加工	105.3	100.0	100.0	103.0	100.6	100.0
丝绢纺织及印染精加工	100.9	100.5	100.6	100.1	99.7	99.4
非家用纺织制成品制造	100.0	100.0	100.0	106.3	100.0	100.0
皮革、毛皮、羽毛及其制品和制鞋业	**100.5**	**99.7**	**99.3**	**100.0**	**99.9**	**100.2**
皮革鞣制加工	100.5	99.7	99.2	100.0	99.9	100.3
羽毛(绒)加工及制品制造	100.0	100.0	100.0	99.7	100.3	99.7
木材加工和木、竹、藤、棕、草制品业	**100.0**	**99.6**	**100.9**	**100.1**	**99.7**	**100.1**
木材加工	99.9	99.3	100.0	100.0	99.6	100.0
人造板制造	100.2	100.1	99.9	100.0	100.0	100.2
木制品制造	99.6	100.0	108.0	100.7	99.5	100.5
竹、藤、棕、草等制品制造	102.2	100.6	99.9	101.4	100.6	100.0
造纸和纸制品业	**101.9**	**100.7**	**100.3**	**100.5**	**104.4**	**99.6**
纸浆制造	101.1	102.1	100.3	100.7	106.9	102.3
造纸	103.0	100.2	100.5	100.8	105.9	98.6
纸制品制造	100.7	100.7	100.2	100.0	100.1	99.6
印刷和记录媒介复制业	**99.9**	**99.9**	**102.4**	**99.9**	**100.2**	**99.9**
印刷	99.9	99.9	102.4	99.9	100.2	99.9
石油加工、炼焦和核燃料加工业	**101.5**	**101.1**	**101.2**	**97.8**	**100.4**	**98.9**
精炼石油产品制造	101.4	100.9	102.3	99.3	99.8	99.0
炼焦	101.6	101.5	99.9	96.2	101.0	98.9
化学原料和化学制品制造业	**102.1**	**100.1**	**100.0**	**99.8**	**100.2**	**99.8**
基础化学原料制造	101.7	99.9	100.1	100.1	99.9	99.5
肥料制造	104.7	102.3	100.0	99.7	99.2	100.0
农药制造	121.1	103.1	100.9	101.6	102.0	100.0
涂料、油墨、颜料及类似产品制造	99.8	99.9	100.4	100.1	100.9	100.0
合成材料制造	104.0	100.7	99.9	98.8	101.1	100.3
专用化学产品制造	101.6	99.7	98.4	99.2	100.4	99.2
炸药、火工及焰火产品制造	100.9	100.0	100.0	100.0	100.1	99.8
日用化学产品制造	100.2	100.1	100.3	98.1	101.0	109.0

3-25 续表 2

(上月=100)

类　　别	1月	2月	3月	4月	5月	6月
医药制造业	**100.9**	**101.5**	**101.4**	**99.3**	**99.9**	**101.0**
化学药品原料药制造	100.7	102.0	100.5	99.9	99.9	100.8
中成药生产	100.0	99.5	100.8	99.6	100.0	101.5
兽用药品制造	106.2	94.9	119.2	90.2	100.0	104.1
生物药品制造	97.5	100.9	100.1	100.0	99.9	99.9
化学纤维制造业	**100.5**	**100.0**	**100.1**	**99.7**	**100.8**	**100.0**
纤维素纤维原料及纤维制造	99.3	99.1	100.3	99.8	99.4	100.7
合成纤维制造	100.5	100.0	100.1	99.7	100.8	99.9
橡胶和塑料制品业	**101.2**	**100.1**	**100.3**	**100.5**	**100.5**	**100.2**
橡胶制品业	102.3	99.9	98.8	100.1	99.8	100.7
塑料制品业	101.1	100.2	100.5	100.5	100.6	100.2
非金属矿物制品业	**103.4**	**100.2**	**100.6**	**100.3**	**101.8**	**100.3**
水泥、石灰和石膏制造	104.5	100.5	100.7	100.8	103.2	100.5
砖瓦、石材等建筑材料制造	95.4	101.1	98.9	100.0	98.9	99.3
玻璃制造	100.0	100.0	100.0	100.0	100.0	100.9
玻璃制品制造	105.2	100.1	100.1	99.8	100.0	101.2
玻璃纤维和玻璃纤维增强塑料制品制造	101.8	100.9	99.6	101.9	101.5	99.9
陶瓷制品制造	100.0	100.0	100.0	100.0	100.0	100.0
耐火材料制品制造	100.3	100.0	99.9	100.4	109.7	100.1
石墨及其他非金属矿物制品制造	98.9	98.8	100.8	98.7	97.9	98.1
黑色金属冶炼和压延加工业	**102.3**	**100.2**	**100.3**	**99.6**	**99.5**	**101.1**
炼铁	100.1	100.5	99.7	99.7	99.7	99.5
炼钢	102.9	100.5	101.6	99.8	99.3	103.3
黑色金属铸造	110.2	100.4	100.7	100.2	100.0	100.1
钢压延加工	101.9	99.8	100.0	99.6	99.6	100.7
铁合金冶炼	104.4	104.2	99.9	97.5	97.6	99.4
有色金属冶炼和压延加工业	**100.3**	**99.7**	**99.2**	**99.5**	**100.2**	**99.8**
常用有色金属冶炼	100.2	99.2	99.0	99.3	100.2	99.2
贵金属冶炼	100.0	100.0	100.0	100.0	100.0	100.0
稀有稀土金属冶炼	102.7	99.9	101.4	105.3	101.1	100.2
有色金属合金制造	100.2	100.3	100.4	98.1	99.9	100.2
有色金属压延加工	100.2	100.5	99.0	99.2	100.2	100.9
金属制品业	**101.3**	**100.2**	**98.2**	**99.3**	**100.5**	**100.3**
结构性金属制品制造	100.0	100.0	100.0	100.0	102.7	100.0
集装箱及金属包装容器制造	98.3	100.0	100.0	100.2	100.0	100.0
金属丝绳及其制品制造	101.4	100.4	96.6	98.6	101.0	100.7
建筑、安全用金属制品制造	102.3	100.1	101.4	101.1	100.0	100.0
金属制日用品制造	97.4	99.4	97.3	98.5	103.8	100.5
其他金属制品制造	108.9	100.0	99.8	99.5	99.9	99.8
通用设备制造业	**105.1**	**100.1**	**100.0**	**100.1**	**99.9**	**100.0**
锅炉及原动设备制造	108.1	100.0	99.9	100.1	100.0	100.0

3-25 续表 3

(上月=100)

类　别	1月	2月	3月	4月	5月	6月
泵、阀门、压缩机及类似机械制造	99.8	100.3	100.0	100.0	99.5	99.6
轴承、齿轮和传动部件制造	100.1	100.0	100.0	100.0	100.0	100.0
烘炉、风机、衡器、包装等设备制造	100.0	100.0	100.0	100.0	100.0	100.0
通用零部件制造	100.0	100.0	99.5	99.6	100.2	100.0
专用设备制造业	**100.9**	**100.7**	**100.6**	**102.1**	**100.1**	**99.2**
环保、社会公共服务及其他专用设备制造	100.9	100.7	100.6	102.1	100.1	99.2
汽车制造业	**99.8**	**99.8**	**100.2**	**100.1**	**100.1**	**99.8**
汽车整车制造	100.0	100.0	100.0	100.0	100.0	99.7
汽车车身、挂车制造	100.0	100.0	100.0	100.0	100.0	100.0
汽车零部件及配件制造	99.7	99.7	100.2	100.1	100.1	99.9
铁路、船舶、航空航天和其他运输设备制造业	**99.3**	**100.8**	**100.7**	**100.4**	**98.6**	**101.7**
铁路运输设备制造	100.0	100.0	98.7	100.0	99.9	100.2
摩托车制造	99.2	100.9	101.0	100.5	98.4	101.9
电气机械和器材制造业	**100.8**	**100.0**	**100.6**	**100.1**	**100.7**	**99.5**
电机制造	100.0	100.0	100.0	100.0	99.9	99.9
输配电及控制设备制造	100.0	100.0	100.0	100.0	100.0	100.0
电线、电缆、光缆及电工器材制造	102.5	100.0	101.6	100.2	101.9	98.6
电池制造	99.7	99.4	100.1	99.8	100.3	100.0
照明器具制造	100.0	100.0	100.0	100.0	100.0	100.0
计算机、通信和其他电子设备制造业	**100.1**	**100.1**	**99.9**	**99.9**	**100.2**	**100.2**
计算机制造	99.5	100.0	100.9	100.4	100.0	99.0
通信设备制造	99.9	99.9	100.0	96.7	100.0	100.0
广播电视设备制造	100.0	100.0	100.0	100.0	100.0	100.0
电子器件制造	100.2	100.3	99.8	99.8	100.3	100.1
电子元件制造	100.0	99.9	100.0	100.0	100.1	100.5
其他电子设备制造	100.0	100.0	100.0	100.0	100.0	100.0
仪器仪表制造业	**100.0**	**100.0**	**100.0**	**100.0**	**100.0**	**100.0**
通用仪器仪表制造	100.0	100.0	100.0	100.0	100.0	100.0
光学仪器及眼镜制造	102.3	101.9	100.6	101.7	100.5	101.6
废弃资源综合利用业	**102.2**	**100.9**	**100.6**	**99.5**	**102.2**	**99.7**
金属废料和碎屑加工处理	102.4	100.8	100.6	99.6	101.8	100.2
非金属废料和碎屑加工处理	101.2	101.2	100.3	99.3	103.9	98.2
金属制品、机械和设备修理业	**102.8**	**100.0**	**100.4**	**100.0**	**100.0**	**100.0**
专用设备修理	102.8	100.0	100.4	100.0	100.0	100.0
电力、热力生产和供应业	**112.0**	**99.7**	**99.7**	**97.2**	**98.5**	**96.9**
电力供应	112.4	99.8	99.7	97.0	98.7	96.6
热力生产和供应	107.0	98.1	100.0	100.0	97.3	100.4
燃气生产和供应业	**100.9**	**100.1**	**100.2**	**99.3**	**97.7**	**98.6**
水的生产和供应业	**100.3**	**100.1**	**100.0**	**100.0**	**100.2**	**100.0**
自来水生产和供应	100.4	100.1	100.0	100.0	100.3	100.0
其他水的处理、利用与分配	98.3	99.9	100.0	100.0	97.0	102.8

3-25 续表 4

(上月=100)

类 别	7月	8月	9月	10月	11月	12月
总指数	**100.1**	**100.1**	**100.5**	**100.6**	**100.3**	**100.2**
农业	**99.8**	**99.8**	**99.7**	**100.0**	**100.1**	**100.4**
谷物种植	99.5	99.7	99.5	99.9	100.5	100.5
豆类、油料和薯类种植	100.0	99.8	100.2	99.8	99.8	100.4
棉、麻、糖、烟草种植	100.4	99.6	99.2	101.6	99.8	100.0
蔬菜、食用菌及园艺作物种植	99.7	99.2	100.0	99.8	100.1	101.0
水果种植	100.1	100.0	100.3	99.9	99.1	99.9
坚果、含油果、香料和饮料作物种植	101.1	100.5	99.8	100.0	100.0	100.8
中药材种植	99.3	100.7	99.8	99.6	99.4	100.4
其他农业	100.0	98.7	100.2	98.9	99.0	100.0
林业	**100.5**	**99.7**	**100.5**	**100.1**	**100.1**	**99.0**
木材和竹材采运	100.5	99.6	100.4	100.8	99.9	98.9
林产品采集	100.6	99.9	100.7	98.9	100.5	99.2
畜牧业	**98.6**	**103.2**	**100.3**	**100.8**	**101.0**	**101.1**
牲畜饲养	96.5	105.9	99.6	102.7	102.0	103.0
家禽饲养	100.6	101.1	101.7	99.3	99.9	99.6
其他畜牧业	100.1	100.1	98.6	98.1	100.8	98.2
煤炭开采和洗选业	**100.2**	**100.3**	**100.1**	**100.3**	**100.8**	**100.1**
烟煤和无烟煤开采洗选	100.2	100.3	100.2	100.3	100.8	100.1
其他煤炭采选	100.0	99.4	96.0	100.4	101.1	100.0
石油和天然气开采业	**103.2**	**99.2**	**101.3**	**102.2**	**98.7**	**98.0**
石油开采	102.2	99.3	103.8	103.5	95.9	95.0
天然气开采	104.2	99.0	99.1	101.0	101.5	100.8
黑色金属矿采选业	**98.7**	**99.4**	**99.6**	**101.3**	**100.4**	**100.6**
铁矿采选	98.8	99.6	99.6	101.0	100.4	100.7
锰矿、铬矿采选	96.9	95.5	100.0	104.8	100.8	98.3
有色金属矿采选业	**100.3**	**97.0**	**104.4**	**99.7**	**100.7**	**99.5**
常用有色金属矿采选	98.9	95.0	102.1	99.5	101.2	99.8
稀有稀土金属矿采选	102.6	100.1	107.8	100.0	100.1	99.0
非金属矿采选业	**100.0**	**100.1**	**100.6**	**100.3**	**101.8**	**101.5**
土砂石开采	100.3	100.2	100.2	100.2	103.2	102.6
化学矿开采	99.5	100.2	101.2	100.1	100.0	99.9
采盐	99.4	100.0	100.6	99.4	100.0	100.5
石棉及其他非金属矿采选	99.9	98.6	101.2	101.9	100.2	100.1
农副食品加工业	**101.2**	**100.8**	**100.6**	**100.7**	**99.5**	**100.3**
谷物磨制	99.3	99.4	100.1	99.4	100.0	100.1
饲料加工	101.5	97.6	99.6	103.0	106.7	95.5
植物油加工	100.0	99.7	99.9	99.9	99.5	99.6
制糖业	98.4	99.5	99.0	99.6	100.4	100.1
屠宰及肉类加工	103.4	102.3	101.5	101.4	98.8	100.9
水产品加工	92.1	101.6	100.9	104.6	98.5	93.2
蔬菜、水果和坚果加工	100.1	100.0	101.0	100.8	99.9	100.4
其他农副食品加工	99.2	100.3	99.7	103.7	99.8	100.7

3-25 续表 5

(上月=100)

类别	7月	8月	9月	10月	11月	12月
食品制造业	**101.0**	**104.1**	**99.6**	**99.4**	**99.0**	**100.4**
乳制品制造	101.7	108.1	99.1	102.9	98.2	101.3
调味品、发酵制品制造	101.7	103.0	99.9	99.2	99.1	98.8
其他食品制造	100.0	100.0	100.0	95.2	100.0	100.0
酒、饮料和精制茶制造业	**99.9**	**100.0**	**100.2**	**100.0**	**99.9**	**100.1**
酒的制造	99.6	100.0	100.1	99.9	99.7	100.0
饮料制造	100.0	100.0	100.0	100.0	100.0	100.0
精制茶加工	101.6	100.0	101.5	100.7	100.9	101.1
烟草制品业	**100.0**	**100.0**	**100.0**	**100.0**	**100.0**	**100.0**
烟叶复烤	100.0	100.0	100.0	100.0	100.0	100.0
其他烟草制品制造	100.0	100.0	99.6	100.0	100.0	100.0
纺织业	**100.3**	**99.6**	**100.0**	**100.2**	**99.8**	**99.7**
棉纺织及印染精加工	100.3	99.7	100.0	100.3	99.8	99.7
毛纺织及染整精加工	100.0	106.1	105.5	100.0	100.0	97.8
麻纺织及染整精加工	100.0	100.0	103.1	102.2	101.7	101.9
丝绢纺织及印染精加工	100.5	98.8	99.0	99.3	99.5	99.2
非家用纺织制成品制造	107.6	100.0	100.0	100.0	101.1	100.0
皮革、毛皮、羽毛及其制品和制鞋业	**100.0**	**100.2**	**99.9**	**100.0**	**100.2**	**100.0**
皮革鞣制加工	100.1	100.3	99.6	99.9	100.2	100.1
羽毛(绒)加工及制品制造	99.7	99.7	102.4	100.3	100.6	98.9
木材加工和木、竹、藤、棕、草制品业	**100.3**	**99.9**	**100.4**	**100.5**	**100.0**	**99.7**
木材加工	100.4	100.0	100.6	100.0	100.0	99.4
人造板制造	100.4	99.5	99.7	101.9	99.9	100.6
木制品制造	100.0	100.0	100.6	100.9	100.1	100.4
竹、藤、棕、草等制品制造	98.9	99.3	100.0	99.4	101.5	98.7
造纸和纸制品业	**100.2**	**99.4**	**99.7**	**100.3**	**98.4**	**99.9**
纸浆制造	100.0	100.2	100.7	103.7	99.3	101.6
造纸	100.2	98.7	99.1	99.0	97.2	99.1
纸制品制造	100.1	99.9	100.0	99.9	99.9	99.9
印刷和记录媒介复制业	**103.8**	**100.1**	**99.8**	**100.1**	**100.0**	**99.9**
印刷	103.8	100.1	99.8	100.1	100.0	99.9
石油加工、炼焦和核燃料加工业	**102.5**	**99.4**	**99.5**	**102.7**	**100.4**	**98.6**
精炼石油产品制造	104.0	98.9	99.1	100.9	100.2	97.9
炼焦	100.7	100.0	99.9	104.9	100.7	99.4
化学原料和化学制品制造业	**99.6**	**100.1**	**100.4**	**100.6**	**100.5**	**99.1**
基础化学原料制造	99.6	100.0	100.3	100.1	100.2	99.5
肥料制造	100.1	99.6	101.1	100.0	101.7	98.4
农药制造	101.5	100.4	101.0	96.9	117.7	98.8
涂料、油墨、颜料及类似产品制造	100.0	99.4	97.6	100.0	100.1	99.9
合成材料制造	99.2	101.2	101.8	102.1	100.7	97.5
专用化学产品制造	99.6	99.7	100.0	100.2	100.3	99.0
炸药、火工及焰火产品制造	100.1	100.0	100.0	100.0	100.1	99.9
日用化学产品制造	100.7	93.7	100.9	110.7	100.0	100.2

3-25 续表 6

(上月=100)

类 别	7月	8月	9月	10月	11月	12月
医药制造业	**99.6**	**100.4**	**104.2**	**101.1**	**100.8**	**101.3**
化学药品原料药制造	99.6	100.5	104.9	101.1	100.7	101.5
中成药生产	100.0	100.0	101.1	101.4	105.6	100.6
兽用药品制造	99.1	100.0	97.0	100.0	94.6	98.4
生物药品制造	99.9	99.6	99.4	100.3	100.0	99.8
化学纤维制造业	**99.9**	**101.9**	**100.8**	**99.2**	**99.9**	**98.5**
纤维素纤维原料及纤维制造	98.5	100.7	101.1	100.9	98.4	99.7
合成纤维制造	100.0	102.0	100.8	99.1	100.0	98.4
橡胶和塑料制品业	**96.4**	**100.3**	**99.5**	**100.5**	**100.1**	**99.7**
橡胶制品业	99.5	100.1	99.9	100.1	99.8	100.1
塑料制品业	96.1	100.3	99.5	100.5	100.1	99.7
非金属矿物制品业	**99.9**	**99.7**	**99.7**	**101.1**	**104.1**	**101.5**
水泥、石灰和石膏制造	100.9	100.0	100.2	102.2	105.4	102.1
砖瓦、石材等建筑材料制造	99.1	101.0	101.1	100.6	101.1	101.1
玻璃制造	99.1	100.0	100.1	100.0	100.0	100.4
玻璃制品制造	96.1	98.8	99.6	97.3	101.3	100.2
玻璃纤维和玻璃纤维增强塑料制品制造	100.0	100.1	100.6	103.9	99.2	99.7
陶瓷制品制造	100.0	100.0	100.0	100.0	100.0	100.0
耐火材料制品制造	100.6	100.3	100.8	100.0	100.2	100.0
石墨及其他非金属矿物制品制造	99.3	98.8	96.1	99.3	101.6	100.2
黑色金属冶炼和压延加工业	**100.8**	**100.6**	**101.2**	**100.7**	**100.2**	**99.3**
炼铁	100.2	100.5	103.1	100.4	100.2	101.2
炼钢	100.6	100.5	102.0	100.1	100.2	98.8
黑色金属铸造	99.9	101.9	99.1	101.7	97.9	97.2
钢压延加工	100.7	100.7	100.9	100.7	100.3	99.3
铁合金冶炼	103.0	98.8	99.7	102.7	100.1	100.6
有色金属冶炼和压延加工业	**99.2**	**99.4**	**100.2**	**100.3**	**99.9**	**99.9**
常用有色金属冶炼	98.5	99.5	100.9	100.2	99.6	100.4
贵金属冶炼	100.0	100.0	100.0	100.0	100.0	100.0
稀有稀土金属冶炼	98.8	99.8	97.8	109.4	103.2	99.7
有色金属合金制造	99.6	99.9	100.4	100.0	99.9	99.8
有色金属压延加工	100.4	99.1	99.4	99.1	100.0	99.2
金属制品业	**97.8**	**100.2**	**100.2**	**100.7**	**100.0**	**100.4**
结构性金属制品制造	100.0	100.0	100.1	100.0	100.0	100.0
集装箱及金属包装容器制造	94.1	99.7	101.5	101.0	100.2	99.8
金属丝绳及其制品制造	99.5	100.4	99.5	100.7	99.9	100.9
建筑、安全用金属制品制造	102.2	122.7	100.0	101.2	99.6	100.2
金属制日用品制造	96.4	102.0	101.7	98.9	97.3	99.0
其他金属制品制造	100.1	99.9	100.0	100.0	99.9	99.9
通用设备制造业	**100.2**	**99.9**	**100.6**	**100.3**	**100.3**	**100.3**
锅炉及原动设备制造	100.3	99.9	100.9	100.7	100.7	100.7

3-25 续表 7

(上月=100)

类 别	7月	8月	9月	10月	11月	12月
泵、阀门、压缩机及类似机械制造	100.0	100.0	100.0	100.9	99.2	100.0
轴承、齿轮和传动部件制造	100.3	99.9	99.9	98.0	100.0	99.1
烘炉、风机、衡器、包装等设备制造	100.0	100.0	100.0	100.0	100.0	100.0
通用零部件制造	100.6	100.0	100.4	100.5	100.0	100.3
专用设备制造业	**99.4**	**99.1**	**99.1**	**100.1**	**99.2**	**100.1**
环保、社会公共服务及其他专用设备制造	99.4	99.1	99.1	100.1	99.2	100.1
汽车制造业	**99.7**	**100.1**	**100.7**	**100.0**	**100.1**	**99.9**
汽车整车制造	97.3	100.0	100.0	99.7	100.0	100.0
汽车车身、挂车制造	100.0	100.0	100.0	100.0	100.0	100.0
汽车零部件及配件制造	100.1	100.1	100.8	100.1	100.1	99.9
铁路、船舶、航空航天和其他运输设备制造业	**102.3**	**99.6**	**100.0**	**99.9**	**99.9**	**101.9**
铁路运输设备制造	99.9	99.8	100.0	100.0	100.0	100.0
摩托车制造	102.6	99.6	100.0	99.9	99.9	102.2
电气机械和器材制造业	**100.7**	**100.2**	**100.1**	**100.2**	**100.1**	**99.7**
电机制造	99.9	99.9	100.2	99.8	100.1	100.0
输配电及控制设备制造	100.0	100.0	100.0	100.0	100.1	99.7
电线、电缆、光缆及电工器材制造	102.0	100.5	100.3	100.6	100.3	99.4
电池制造	100.0	100.6	100.0	100.2	100.2	99.9
照明器具制造	100.0	100.0	96.6	99.9	96.6	106.7
计算机、通信和其他电子设备制造业	**100.7**	**101.9**	**98.2**	**99.9**	**100.4**	**99.8**
计算机制造	99.4	100.0	100.0	100.0	100.2	100.3
通信设备制造	100.0	100.0	100.0	100.0	100.0	100.0
广播电视设备制造	100.0	100.0	100.0	100.0	100.0	100.0
电子器件制造	100.7	103.5	97.9	99.2	100.2	99.7
电子元件制造	101.1	99.9	98.3	101.0	100.8	100.0
其他电子设备制造	100.0	100.0	100.0	100.0	100.0	100.0
仪器仪表制造业	**100.0**	**100.0**	**100.0**	**100.0**	**100.0**	**100.0**
通用仪器仪表制造	100.0	100.0	100.0	100.0	100.0	100.0
光学仪器及眼镜制造	100.5	100.0	100.0	100.5	99.9	99.9
废弃资源综合利用业	**100.7**	**101.3**	**101.1**	**101.0**	**100.7**	**98.0**
金属废料和碎屑加工处理	100.9	101.1	100.3	101.9	101.1	98.8
非金属废料和碎屑加工处理	100.0	102.0	104.1	98.1	99.3	95.2
金属制品、机械和设备修理业	**100.0**	**94.9**	**101.3**	**100.0**	**100.0**	**97.0**
专用设备修理	100.0	94.9	101.3	100.0	100.0	97.0
电力、热力生产和供应业	**97.3**	**98.1**	**100.0**	**100.2**	**100.8**	**103.9**
电力供应	97.1	97.9	100.0	100.1	100.3	104.3
热力生产和供应	100.5	100.0	100.0	101.6	106.8	99.4
燃气生产和供应业	**101.7**	**100.8**	**107.0**	**101.1**	**103.3**	**105.5**
水的生产和供应业	**100.0**	**100.0**	**100.0**	**100.0**	**100.0**	**100.0**
自来水生产和供应	100.0	100.0	100.0	100.0	100.0	100.0
其他水的处理、利用与分配	99.5	99.5	100.3	103.1	98.0	99.4

3-26 分月新建商品住宅销售价格指数(2018年)

城市＼月份	同比(上年同月=100)											
	1月	2月	3月	4月	5月	6月	7月	8月	9月	10月	11月	12月
成　都	98.7	100.0	100.8	101.1	103.4	105.3	106.5	108.2	108.9	110.0	111.8	112.7
泸　州	106.6	106.8	106.7	106.7	107.2	107.7	107.9	110.2	113.0	114.1	113.7	111.8
南　充	109.9	110.8	110.1	110.1	110.8	110.5	111.0	113.1	114.3	115.1	114.6	114.0

3-26 续表

城市＼月份	环比(上月=100)											
	1月	2月	3月	4月	5月	6月	7月	8月	9月	10月	11月	12月
成　都	100.2	100.0	100.2	100.3	102.1	101.6	101.0	101.1	100.7	101.7	101.8	101.3
泸　州	100.8	100.4	100.3	100.4	100.7	101.3	100.5	101.8	102.6	101.6	100.5	100.2
南　充	100.3	101.7	100.6	101.0	101.4	101.2	100.8	102.6	101.8	101.6	100.3	100.0

3-27 分月二手住宅销售价格指数(2018年)

城市＼月份	同比(上年同月=100)											
	1月	2月	3月	4月	5月	6月	7月	8月	9月	10月	11月	12月
成　都	103.5	103.2	102.0	101.1	101.6	101.9	103.2	104.5	104.7	104.6	105.1	105.8
泸　州	104.4	104.6	104.7	104.8	106.2	106.2	107.4	108.8	110.6	111.1	110.7	110.3
南　充	107.0	107.5	107.6	108.0	108.1	108.1	108.8	110.7	111.8	111.4	110.6	109.9

3-27 续表

城市＼月份	环比(上月=100)											
	1月	2月	3月	4月	5月	6月	7月	8月	9月	10月	11月	12月
成　都	99.7	100.2	99.6	99.7	100.6	100.4	101.6	101.4	100.6	100.5	100.5	100.9
泸　州	100.3	100.1	100.4	100.3	101.6	100.5	101.4	101.5	102.1	100.8	100.6	100.3
南　充	100.5	100.6	100.7	100.7	100.8	100.8	101.1	102.3	101.7	100.3	100.0	99.9

3-28 成都市新建商品住宅销售环比价格指数(2018年)

(上月=100)

	1月	2月	3月	4月	5月	6月	7月	8月	9月	10月	11月	12月
新建商品住宅	**100.2**	**100.0**	**100.2**	**100.3**	**102.1**	**101.6**	**101.0**	**101.1**	**100.7**	**101.7**	**101.8**	**101.3**
(一)90平方米以下	99.8	100.1	100.4	100.1	102.2	101.7	101.1	101.3	101.1	101.8	102.1	101.4
(二)90-144平方米	100.5	99.8	100.0	100.5	102.0	101.5	101.0	100.8	100.3	101.9	101.4	101.3
(三)144平方米以上	100.5	100.0	100.1	100.2	102.2	101.6	100.9	101.5	100.5	101.3	101.6	101.2

3-29 泸州市新建商品住宅销售环比价格指数(2018年)

(上月=100)

	1月	2月	3月	4月	5月	6月	7月	8月	9月	10月	11月	12月
新建商品住宅	**100.8**	**100.4**	**100.3**	**100.4**	**100.7**	**101.3**	**100.5**	**101.8**	**102.6**	**101.6**	**100.5**	**100.2**
(一)90平方米以下	101.0	100.3	100.8	100.4	100.7	100.9	100.5	102.6	102.8	101.5	100.7	100.0
(二)90-144平方米	100.7	100.3	100.2	100.4	100.7	101.6	100.4	101.5	102.5	101.6	100.4	100.2
(三)144平方米以上	101.0	100.7	99.6	99.9	101.3	100.9	100.6	102.0	102.6	102.2	100.3	101.2

3-30 南充市新建商品住宅销售环比价格指数(2018年)

(上月=100)

	1月	2月	3月	4月	5月	6月	7月	8月	9月	10月	11月	12月
新建商品住宅	**100.3**	**101.7**	**100.6**	**101.0**	**101.4**	**101.2**	**100.8**	**102.6**	**101.8**	**101.6**	**100.3**	**100.0**
(一)90平方米以下	100.3	101.6	100.8	100.7	102.2	100.2	100.9	102.5	101.7	101.7	100.2	99.9
(二)90-144平方米	100.3	101.8	100.5	101.1	101.0	101.6	100.8	102.6	101.8	101.7	100.3	100.0
(三)144平方米以上	101.2	101.9	100.2	100.4	101.2	100.3	100.2	103.0	102.0	100.9	100.0	100.5

3-31　固定资产投资价格指数(1998-2018年)

(上年＝100)

年　份	固定资产投资价格指数	建筑安装工程	设备、工器具购置	其他费用
1998	97.5	97.7	95.8	99.5
1999	100.5	101.8	96.5	101.9
2000	100.9	103.4	93.6	100.0
2001	101.5	103.9	94.7	100.8
2002	100.5	102.0	96.1	99.9
2003	102.2	103.8	97.7	101.8
2004	106.8	110.1	99.5	101.7
2005	103.9	105.3	99.8	103.5
2006	102.9	103.4	101.4	103.0
2007	104.7	106.4	101.0	103.4
2008	112.5	118.8	101.8	104.4
2009	98.3	97.1	98.8	101.4
2010	102.5	103.2	100.8	101.9
2011	105.2	107.1	101.9	102.5
2012	101.0	101.6	99.2	100.9
2013	100.4	100.2	99.5	101.6
2014	100.5	100.6	99.9	101.1
2015	97.9	96.4	99.7	100.2
2016	99.8	100.1	98.9	99.8
2017	107.7	112.3	101.3	100.3
2018	106.4	109.0	101.0	103.7

3-32 农产品生产价格总指数(2018年)

(上年同期=100)

农产品名称	全年	1季度	2季度	3季度	4季度
全省总指数	**100.2**	**98.4**	**94.9**	**98.5**	**105.0**
农业产品	**101.7**	**104.3**	**101.9**	**100.7**	**101.9**
谷物	99.9	101.4	101.8	97.6	99.7
稻谷	98.8	100.8	98.3	97.0	98.7
晚籼稻	98.2	101.2	99.2	95.9	96.4
中籼稻	99.3	100.4	97.3	98.0	100.9
小麦	102.5	110.0	103.2	100.0	97.1
玉米	101.7	101.6	103.4	99.1	103.2
薯类	107.8	106.7	111.1	114.1	111.0
马铃薯	102.6	95.0	99.6	114.1	105.7
甘薯	113.0	109.0	125.0		113.5
油料	103.0	106.6	102.5	104.2	103.3
花生	105.5	108.2	103.3	104.5	106.4
油菜籽	101.5	103.3	102.2	100.2	100.0
豆类	102.8	101.5	104.2	100.9	105.2
大豆	102.2	99.2	103.8	100.8	105.3
绿豆	109.3	109.1	110.1		
干豌豆	103.7	109.2	101.2	101.2	103.6
生麻	114.0	109.4	129.2	105.5	110.7
糖料	106.2	111.0	103.0		104.8
未加工烟草	102.3			101.5	103.1
未去梗烤烟叶	102.3			101.5	103.1
蔬菜及食用菌	103.2	104.4	100.8	104.4	103.2
蔬菜	103.1	103.7	100.8	104.6	103.2
叶菜类蔬菜	102.4	100.7	104.1	100.2	105.6
芹菜	104.2	100.7	107.5	100.9	110.6
油菜	103.7	107.5	103.4		101.4
菠菜	99.8	98.2	103.3		98.6
空心菜	99.9		100.3	100.0	99.3
香菜	99.0	94.8	101.3	97.7	104.1
小白菜	100.9	99.0	101.6	98.3	104.9
冬寒菜	104.7	116.6	100.0		99.0
白菜类蔬菜	105.1	95.1	99.6	114.9	106.8
大白菜	105.1	95.1	99.6	114.9	106.8
紫菜薹	104.5	104.3	100.0		107.8
芥菜类蔬菜	107.8	117.7	112.4	108.8	98.7
叶用芥菜	110.2	126.0	109.2	108.8	104.9
茎用芥菜	103.0	106.5	115.5		92.6
甘蓝类蔬菜	101.7	99.1	100.8	101.9	98.9
结球甘蓝	104.3	105.0	113.0	105.4	97.7
花椰菜	95.0	92.2	84.8		104.8
青花菜	92.0	100.0	95.9	71.6	98.3
根茎类蔬菜	101.8	102.6	105.5	99.5	104.8
白萝卜	101.6	103.4	110.8	94.6	105.5
红萝卜	101.7	110.5	104.8	97.3	96.3
胡萝卜	98.6	90.5	96.5	104.2	102.9
生姜	103.2	102.7	100.3	107.7	101.4
芋头	107.1			101.5	112.4

3-32 续表 1

(上年同期＝100)

农产品名称	全年	1季度	2季度	3季度	4季度
瓜菜类蔬菜	99.2	103.0	94.4	97.0	98.0
黄瓜	96.3	101.0	93.5	91.6	97.1
冬瓜	98.9	102.3	92.6	105.5	94.8
西葫芦	110.3	126.0	100.0		
苦瓜	90.7	70.4	97.6	94.1	104.0
南瓜	99.9	101.0	96.8	109.6	93.3
丝瓜	104.7		95.4	106.2	119.1
豆类蔬菜	103.3	100.0	97.4	107.5	102.0
豇豆	98.3		99.3	100.0	95.9
豌豆	101.7	100.0	102.7	103.0	
四季豆	105.2		95.6	116.3	104.8
毛豆	111.0		110.4	139.4	100.0
茄果类蔬菜	105.3	114.1	101.5	107.9	105.2
茄子	109.8	122.6	107.9	100.7	106.4
青椒	109.8	110.9	107.1	105.4	114.6
辣椒	110.4	121.0	95.3	124.0	99.7
西红柿	75.9	21.5	98.8	87.7	106.3
莴苣及菊苣类蔬菜	104.1	104.3	105.3	105.0	101.9
莴笋	104.1	104.3	105.3	105.0	101.9
葱蒜类蔬菜	104.7	112.7	101.8	103.5	105.7
洋葱	95.2		115.2	85.7	
大葱	109.2	124.3	96.2	118.8	98.3
细香葱	102.7	96.8	102.1	107.0	103.1
大蒜	103.2	109.1	102.4	93.8	
蒜苗	99.7	103.3	96.6	100.0	97.9
蒜苔	101.5		101.5		
韭菜	114.5	123.7	113.8	98.9	124.3
水生蔬菜	105.1	101.1	98.1	119.9	101.3
莲藕	105.1	101.1	98.1	119.9	101.3
养植蔬菜	89.3	104.4	89.2	100.0	88.0
豌豆苗	98.4	104.4	100.0	100.0	88.0
食用菌	103.6	108.5	101.0	102.5	103.1
平菇	102.8	107.3	99.3	101.8	103.3
金针菇	104.3	110.6	96.8	107.5	104.0
香菇	104.7	109.8	104.7	101.2	103.6
黑木耳	101.9	105.0	99.6	103.1	100.0
水果及坚果	99.5	109.9	97.4	98.5	102.1
水果(园林水果)	99.2	109.9	97.4	98.5	101.3
梨	99.8			99.8	100.0
柑橘类水果	105.0	109.9	104.2	105.4	102.7
柑橘	106.2	110.6	104.1		102.9
橙	104.9	106.9	104.2	105.4	103.2
柚类	100.2	101.5			99.1
葡萄	93.5		90.1	97.0	
瓜类水果	98.6		90.8	109.9	
其他水果	89.6	101.4	93.1	85.4	94.8
桃	88.7		93.1	84.8	
猕猴桃	96.0	101.4		91.6	94.8

3-32 续表 2

(上年同期=100)

农产品名称	全年	1季度	2季度	3季度	4季度
食用坚果	102.1			98.3	104.0
核桃	103.0			100.4	104.1
板栗	95.9			88.0	103.2
茶及饮料原料	108.1	116.3	103.2	102.2	103.4
茶叶	108.1	116.3	103.2	102.2	103.4
绿茶	108.1	116.3	103.2	102.2	103.4
中草药材	101.0	114.8	106.9	94.5	92.5
林业产品	**101.3**	**101.7**	**101.2**	**102.8**	**101.1**
木材采伐产品	100.0	100.0	100.0	100.0	100.0
原木	100.0	100.0	100.0	100.0	100.0
针叶原木	100.0	100.0	100.0	100.0	100.0
竹材采伐产品	102.3	102.0	101.4	105.7	102.9
竹材	102.3	102.0	101.4	105.7	102.9
毛竹	102.3	102.0	101.3	106.2	100.0
其他竹材	101.9	100.5	101.6	99.9	105.6
林产品	105.8	105.8	105.9		
其他林产品	105.8	105.8	105.9		
竹笋干	105.8	105.8	105.9		
饲养动物及其产品	**98.7**	**94.3**	**89.6**	**96.5**	**108.6**
活牲畜	92.7	86.6	78.1	92.3	109.9
猪	90.8	86.0	75.4	91.2	110.1
牛	102.6	104.1	99.8	99.8	107.5
羊	104.6	103.1	103.1	102.9	108.8
山羊	104.6	103.1	103.1	102.9	108.8
活家禽	108.0	115.9	104.9	103.7	106.0
活鸡	110.5	124.6	106.8	102.9	107.9
活鸭	102.4	101.6	101.0	105.4	102.1
畜禽产品	106.1	116.6	103.5	104.0	106.9
生奶	103.9	103.3	103.6	105.4	103.5
禽蛋	105.8	110.3	103.2	102.5	107.3
动物毛类	115.1	157.5	114.8	118.7	110.0
绵羊毛	116.6	171.4	115.1	133.1	107.9
兔毛	113.9	114.3	114.8	106.7	121.7
渔业产品	**101.0**	**102.9**	**98.2**	**101.1**	**101.9**
淡水养殖产品	101.0	102.9	98.2	101.1	101.9
养殖淡水鱼	101.0	102.9	98.2	101.1	101.9
养殖淡水鲤鱼	102.6	108.5	97.0	102.2	102.8
养殖淡水草鱼	100.3	104.4	97.7	100.1	98.9
养殖淡水鳙鱼(胖头鱼)	103.5	111.6	103.4	98.2	101.3
养殖淡水罗非鱼	101.2				101.2
养殖淡水鲢鱼	102.2	101.7	98.7	101.1	107.8
养殖淡水鲫鱼	97.8	96.4	95.6	102.0	97.8
养殖淡水鳊鲂	88.9	88.9			
养殖淡水鲶鱼	104.5	100.0	124.2	95.7	102.9
养殖淡水鮰鱼	100.5	94.4	104.3		103.3

3-33 农产品集贸市场价格(2018年)

单位：元/公斤

指　标	1月	2月	3月	4月	5月	6月	7月	8月	9月	10月	11月	12月
粮食类												
籼稻	2.61	2.61	2.63	2.61	2.60	2.59	2.58	2.54	2.56	2.57	2.57	2.58
粳稻	3.00	3.00	3.00	3.00	3.00	3.00	3.00	3.00	3.00	3.00	3.00	3.00
小麦	2.44	2.43	2.44	2.44	2.40	2.38	2.40	2.41	2.42	2.42	2.42	2.42
玉米	2.36	2.37	2.38	2.39	2.35	2.32	2.31	2.32	2.32	2.31	2.31	2.32
大豆	6.23	6.26	6.24	6.33	6.31	6.31	6.44	6.45	6.44	6.44	6.45	6.46
籼米	4.87	4.87	4.90	4.91	4.91	4.91	4.91	4.93	4.97	4.98	4.98	4.99
粳米	5.93	5.93	5.93	5.93	5.93	5.93	5.93	5.93	5.93	5.93	5.93	5.93
经济作物类												
棉花(籽棉)												
花生仁	13.18	13.14	13.16	13.18	13.16	13.09	13.27	13.19	13.01	13.23	13.35	13.35
油菜籽	5.26	5.25	5.24	5.20	5.26	5.29	5.27	5.28	5.29	5.28	5.28	5.29
畜产品类												
活猪	15.55	15.64	14.02	12.71	11.83	11.71	12.42	13.99	14.70	15.34	15.78	17.82
仔猪	22.47	22.50	21.09	19.91	18.07	17.35	17.54	18.85	19.04	19.01	18.59	20.09
猪肉	25.56	25.66	23.19	21.67	19.89	19.82	21.02	22.66	23.89	25.04	26.47	29.16
活牛	27.56	27.90	27.67	27.67	27.57	27.57	27.62	27.74	28.01	28.00	28.46	29.03
牛肉	62.19	63.84	62.34	62.44	62.34	62.34	62.44	62.64	63.14	63.14	64.54	65.48
活羊	28.26	29.00	26.66	26.43	26.21	26.21	26.14	26.38	28.91	29.54	30.32	31.48
羊肉	58.60	59.54	58.37	57.70	57.48	57.26	57.06	57.37	59.03	61.03	63.09	64.50
活鸡	23.80	24.10	22.99	22.49	22.24	22.10	22.09	22.39	23.06	22.81	22.83	23.41
鸡蛋	11.58	11.73	10.96	10.77	10.68	10.66	11.00	12.23	12.43	12.01	11.95	11.94
水产品类												
草鱼	17.48	18.14	17.50	17.66	17.44	17.44	17.20	17.22	17.28	17.42	17.44	17.44
鲤鱼	17.45	18.56	17.76	17.86	17.86	17.96	17.86	17.96	18.06	18.06	18.06	18.06
鲢鱼	22.11	22.89	22.44	22.33	22.22	22.28	22.28	22.28	22.61	22.22	22.00	22.11
带鱼	21.67	22.40	22.40	22.40	22.40	22.40	22.40	22.40	22.40	22.40	23.20	23.60
蔬菜类												
大白菜	2.72	3.04	2.85	3.20	3.83	3.53	3.93	3.94	4.16	4.03	3.85	3.26
黄瓜	6.48	7.19	7.09	4.89	4.27	3.86	5.10	5.42	5.87	5.97	6.25	7.14
西红柿	6.04	6.31	5.84	5.55	5.20	4.35	6.26	6.26	8.00	8.82	7.43	7.58
菜椒	9.52	9.54	7.33	6.33	5.32	4.93	6.15	6.30	7.42	7.97	7.37	7.26
四季豆	8.59	9.29	8.15	6.64	5.02	5.48	6.65	6.87	8.15	7.55	7.20	7.05
水果类												
红富士苹果	10.96	10.89	10.85	10.88	10.78	10.74	11.10	11.12	11.36	11.38	11.32	11.64
香蕉	6.72	7.40	7.38	7.46	7.24	7.12	7.05	7.17	7.34	7.36	7.43	7.50
橙子	5.82	6.16	5.93	5.62	5.20	5.26	5.33	5.70	5.70	5.69	5.56	5.82

3-34 农产品集贸市场价格同比指数(2018年)

(上年同期=100)

指 标	1月	2月	3月	4月	5月	6月	7月	8月	9月	10月	11月	12月
粮食类												
籼稻	100.0	100.0	100.8	100.0	100.0	98.9	99.2	98.1	98.8	99.2	98.5	98.9
粳稻	100.0	100.0	100.0	100.0	100.0	100.0	100.0	100.0	100.0	100.0	100.0	100.0
小麦	102.1	101.7	102.1	102.5	101.3	100.9	100.8	100.4	100.8	99.6	99.2	98.8
玉米	99.6	100.9	102.2	102.1	100.9	100.0	99.6	99.6	99.2	98.3	98.3	98.3
大豆	99.2	99.7	99.7	101.4	101.1	101.1	103.2	103.4	103.4	103.2	103.4	103.5
籼米	100.8	100.2	100.6	100.8	100.8	100.8	100.8	101.2	102.1	102.3	102.3	102.9
粳米	100.0	100.0	100.0	100.0	100.0	100.0	100.0	100.0	100.0	100.0	100.0	100.0
经济作物类												
棉花(籽棉)												
花生仁	98.3	98.9	99.2	99.2	100.6	100.2	101.1	99.3	99.3	103.3	102.6	102.6
油菜籽	104.0	103.4	103.6	102.8	102.9	102.3	101.2	100.0	100.2	100.0	99.6	100.4
畜产品类												
活猪	83.2	85.0	80.2	76.3	77.0	82.0	90.1	95.3	96.2	101.1	103.3	114.4
仔猪	78.3	75.6	71.5	70.1	68.5	69.5	76.3	80.5	80.7	83.7	84.3	91.4
猪肉	86.3	88.9	83.8	80.3	78.3	83.1	90.6	91.4	94.3	98.9	106.1	113.7
活牛	99.8	101.2	100.4	100.6	100.9	101.3	101.7	101.4	102.4	102.0	103.6	105.3
牛肉	102.8	106.3	104.0	104.0	104.2	103.9	103.7	103.4	103.7	103.2	105.5	106.0
活羊	102.2	105.7	96.8	96.1	101.3	101.9	102.0	102.5	105.7	108.2	109.6	109.5
羊肉	105.3	107.5	104.6	103.4	104.3	104.6	104.6	104.5	105.6	108.2	109.0	108.1
活鸡	108.7	113.6	112.3	110.1	109.7	110.3	107.9	100.8	99.9	96.1	96.9	99.6
鸡蛋	110.0	115.9	112.4	116.8	119.2	109.1	109.6	107.6	104.6	106.3	102.6	98.1
水产品类												
草鱼	102.2	105.1	100.8	101.7	99.8	99.0	98.0	99.1	99.3	100.5	100.8	100.6
鲤鱼	100.5	106.5	101.9	102.2	101.7	102.2	101.1	102.2	103.3	103.8	103.2	103.8
鲢鱼	96.6	100.0	99.0	97.6	97.5	96.9	96.0	95.5	98.3	99.0	98.5	99.5
带鱼	104.8	108.4	108.4	106.7	106.7	107.5	106.7	106.7	104.2	104.2	107.1	108.9
蔬菜类												
大白菜	97.5	121.1	111.8	108.5	129.0	113.5	115.6	106.8	113.7	111.9	120.3	116.0
黄瓜	89.1	105.7	121.4	97.6	104.7	99.0	130.1	115.3	116.2	94.5	104.2	118.6
西红柿	77.0	91.6	91.4	89.7	92.4	86.8	114.9	108.5	128.4	128.2	114.7	119.8
菜椒	118.7	138.1	108.3	93.0	96.7	99.8	128.4	114.6	117.8	122.2	108.9	91.7
四季豆	99.5	121.4	112.1	90.2	91.9	98.7	110.8	99.3	111.3	103.6	100.8	86.8
水果类												
红富士苹果	96.9	97.7	96.1	96.2	94.9	95.0	98.5	98.3	101.8	102.5	102.5	106.0
香蕉	106.0	118.0	117.1	108.3	102.3	99.9	101.7	106.2	110.9	118.3	117.2	117.7
橙子	110.4	112.2	105.9	104.5	94.6	91.5	92.7	99.1	99.1	99.0	96.9	100.9

3-35 农产品集贸市场价格环比指数(2018年)

(上月同期=100)

指 标	1月	2月	3月	4月	5月	6月	7月	8月	9月	10月	11月	12月
粮食类												
籼稻	100.0	100.0	100.8	99.2	99.6	99.6	99.6	98.5	100.8	100.4	100.0	100.4
粳稻	100.0	100.0	100.0	100.0	100.0	100.0	100.0	100.0	100.0	100.0	100.0	100.0
小麦	99.6	99.6	100.4	100.0	98.4	99.2	100.8	100.4	100.4	100.0	100.0	100.0
玉米	100.0	100.4	100.4	100.4	98.3	98.7	99.6	100.4	100.0	99.6	100.0	100.4
大豆	99.8	100.5	99.7	101.4	99.7	100.0	102.1	100.2	99.8	100.0	100.2	100.2
籼米	100.4	100.0	100.6	100.2	100.0	100.0	100.0	100.4	100.8	100.2	100.0	100.2
粳米	100.0	100.0	100.0	100.0	100.0	100.0	100.0	100.0	100.0	100.0	100.0	100.0
经济作物类												
棉花(籽棉)												
花生仁	101.3	99.7	100.2	100.2	99.9	99.5	101.4	99.4	98.6	101.7	100.9	100.0
油菜籽	99.8	99.8	99.8	99.2	101.2	100.6	99.6	100.2	100.2	99.8	100.0	100.2
畜产品类												
活猪	99.8	100.6	89.6	90.7	93.1	99.0	106.1	112.6	105.1	104.4	102.9	112.9
仔猪	102.2	100.1	93.7	94.4	90.8	96.0	101.1	107.5	101.0	99.8	97.8	108.1
猪肉	99.7	100.4	90.4	93.5	91.8	99.7	106.1	107.8	105.4	104.8	105.7	110.2
活牛	100.0	101.2	99.2	100.0	99.6	100.0	100.2	100.4	101.0	100.0	101.6	102.0
牛肉	100.7	102.7	97.7	100.2	99.8	100.0	100.2	100.3	100.8	100.0	102.2	101.5
活羊	98.3	102.6	91.9	99.1	99.2	100.0	99.7	100.9	109.6	102.2	102.6	103.8
羊肉	98.2	101.6	98.0	98.9	99.6	99.6	99.7	100.5	102.9	103.4	103.4	102.2
活鸡	101.3	101.3	95.4	97.8	98.9	99.4	100.0	101.4	103.0	98.9	100.1	102.5
鸡蛋	95.2	101.3	93.4	98.3	99.2	99.8	103.2	111.2	101.6	96.6	99.5	99.9
水产品类												
草鱼	100.8	103.8	96.5	100.9	98.8	100.0	98.6	100.1	100.4	100.8	100.1	100.0
鲤鱼	100.3	106.4	95.7	100.6	100.0	100.6	99.4	100.6	100.6	100.0	100.0	100.0
鲢鱼	99.5	103.5	98.0	99.5	99.5	100.3	100.0	100.0	101.5	98.3	99.0	100.5
带鱼	100.0	103.4	100.0	100.0	100.0	100.0	100.0	100.0	100.0	100.0	103.6	101.7
蔬菜类												
大白菜	96.8	111.8	93.8	112.3	119.7	92.2	111.3	100.3	105.6	96.9	95.5	84.7
黄瓜	107.6	111.0	98.6	69.0	87.3	90.4	132.1	106.3	108.3	101.7	104.7	114.2
西红柿	95.4	104.5	92.6	95.0	93.7	83.7	143.9	100.0	127.8	110.3	84.2	102.0
菜椒	120.2	100.2	76.8	86.4	84.0	92.7	124.8	102.4	117.8	107.4	92.5	98.5
四季豆	105.8	108.2	87.7	81.5	75.6	109.2	121.4	103.3	118.6	92.6	95.4	97.9
水果类												
红富士苹果	99.8	99.4	99.6	100.3	99.1	99.6	103.4	100.2	102.2	100.2	99.5	102.8
香蕉	105.5	110.1	99.7	101.1	97.1	98.3	99.0	101.7	102.4	100.3	101.0	100.9
橙子	100.9	105.8	96.3	94.8	92.5	101.2	101.3	106.9	100.0	99.8	97.7	104.7

主要统计指标解释

居民消费价格指数 是度量一定时期内居民消费商品和服务价格水平变动的相对数，综合反映居民消费商品和服务价格水平的变动趋势和变动程度。

城市居民消费价格指数 是度量一定时期内城市居民消费商品和服务价格水平变动的相对数，综合反映居民消费商品和服务价格水平的变动趋势和变动程度。

农村居民消费价格指数 是度量一定时期内农村居民消费商品和服务价格水平变动的相对数，综合反映居民消费商品和服务价格水平的变动趋势和变动程度。

商品零售价格指数 是反映一定时期内城乡商品零售价格变动趋势和程度的相对数。商品零售价格的变动直接影响到城乡居民的生活支出和国家的财政收入，影响居民购买力和市场供需的平衡，影响到消费与积累的比例关系。

农业生产资料价格指数 指反映一定时期内农业生产资料价格变动趋势和程度的相对数。农业生产资料价格指数分为小农具、饲料、产品畜、役畜、半机械化农具、机械化农具、化学肥料、农药及农药械、农机用油、其他农业生产资料十大类。

代表规格品 选择用来反映某个基本分类价格变化的具有特定产地、规格、等级、牌号、花色等特征的具体商品和服务，称为代表规格品。

价格调查点 抽选一部分有代表性的商业业态、农贸市场以及服务类单位实施抽样调查。选取用来采集计算 CPI 的原始价格的地点和场所称为价格调查点。

工业生产者价格 包括工业企业产品第一次出售时的出厂价格和企业作为中间投入的原材料、燃料、动力购进价格。工业生产者价格调查的目的在于及时、准确、科学地反映全国及各地区的各工业行业产品价格水平和各种工业产品价格的变动趋势及幅度，为国民经济核算、计算工业发展速度、宏观经济分析和调控、理顺价格体系提供科学、准确的依据。

房地产价格指数 70 个大中城市的新建住宅销售价格、面积、金额等资料直接采用当地房地产管理部门的网签数据。二手住宅销售价格调查为非全面调查，采用重点调查和典型调查相结合的方法，按照房地产经纪机构上报、房地产管理部门提供与调查员实地采价相结合的方式收集基础数据。

固定资产投资价格 固定资产投资价格调查的目的在于及时、准确地反映全社会及各类工程固定资产投资中涉及的各类投资品和取费项目价格的变动趋势和变动幅度，消除按现价计算的固定资产投资指标中的价格变动因素，真实地反映全社会及各类工程固定资产投资的规模、速度、结构和效益，为国家及各部门科学地制定、检查固定资产投资计划和进行国民经济核算提供科学的、可靠的依据。

农产品生产价格 是指农产品生产者第一手(直接)出售其产品时实际获得的单位产品价格。

农产品生产价格指数 是反映一定时期内，农产品生产者出售的农产品价格水平变动趋势及幅度的相对数。

农产品集贸市场价格 是指全国农产品主产区集贸市场主要农产品的成交价格。

四 农业调查

4-1 四川粮食生产情况(2018年)

单位：千公顷、公斤/公顷、万吨

指　　标	播种面积	单位面积产量	总产量
粮食	6265.6	5576	3493.7
其中：夏收粮食	1113.2	3768	419.5
秋收粮食	5152.4	5967	3074.2
一、谷物	4479.5	6320	2830.9
1.稻谷	1874.0	7890	1478.6
2.小麦	635.0	3895	247.3
3.玉米	1856.0	5745	1066.3
4.谷子			
5.高粱	36.0	5278	19.0
6.其他谷物	78.5	2510	19.7
其中：大麦	11.5	3826	4.4
二、豆类	524.9	2315	121.5
其中：大豆	377.0	2355	88.8
三、薯类(折粮)	1261.2	4292	541.3
马铃薯	677.2	4177	282.9
红　苕	584.0	4425	258.4

说明：1. 计算机小数点自动收舍，分项有微小出入；2. 粮食生产相关数据根据第三次全国农业普查结果进行了修订(下同)。

4-2 四川粮食作物播种面积(2017-2018年)

单位：千公顷

指 标	2018	2017	增长%
粮食	6265.6	6292.0	-0.4
其中：夏收粮食	1113.2	1135.3	-1.9
秋收粮食	5152.4	5156.7	-0.1
一、谷物	4479.5	4507.7	-0.6
1.稻谷	1874.0	1874.9	0.0
2.小麦	635.0	652.7	-2.7
3.玉米	1856.0	1863.9	-0.4
4.谷子			
5.高粱	36.0	33.0	9.1
6.其他谷物	78.5	83.3	-5.8
其中：大麦	11.5	11.7	-1.7
二、豆类	524.9	518.4	1.3
其中：大豆	377.0	369.3	2.1
三、薯类(折粮)	1261.2	1265.9	-0.4
马铃薯	677.2	684.1	-1.0
红 苕	584.0	581.8	0.4

4-3 四川粮食作物单位面积产量(2017-2018年)

单位：公斤/公顷

指　　标	2018	2017	增长%
粮食	5576	5545	0.6
其中：夏收粮食	3768	3723	1.2
秋收粮食	5967	5946	0.3
一、谷物	6320	6282	0.6
1.稻谷	7890	7860	0.4
2.小麦	3895	3855	1.0
3.玉米	5745	5730	0.3
4.谷子			
5.高粱	5278	5394	-2.2
6.其他谷物	2510	2485	1.0
其中：大麦	3826	3761	1.7
二、豆类	2315	2299	0.7
其中：大豆	2355	2326	1.3
三、薯类(折粮)	4292	4248	1.0
马铃薯	4177	4147	0.7
红　苕	4425	4367	1.3

4-4 四川粮食作物产量(2017-2018年)

单位：万吨

指　　标	2018	2017	增长%
粮食	3493.7	3488.9	0.1
其中：夏收粮食	419.5	422.6	-0.7
秋收粮食	3074.2	3066.3	0.3
一、谷物	2830.9	2831.8	0.0
1.稻谷	1478.6	1473.7	0.3
2.小麦	247.3	251.6	-1.7
3.玉米	1066.3	1068.0	-0.2
4.谷子			
5.高粱	19.0	17.8	6.7
6.其他谷物	19.7	20.7	-4.8
其中：大麦	4.4	4.4	
二、豆类	121.5	119.2	1.9
其中：大豆	88.8	85.9	3.4
三、薯类(折粮)	541.3	537.9	0.6
马铃薯	282.9	283.8	-0.3
红　苕	258.4	254.1	1.7

4-5 四川粮食生产情况(1985-2018年)

单位：千公顷、公斤/公顷、万吨

年 份	全年粮食			夏收粮食			小麦		
	播种面积	单位面积产量	总产量	播种面积	单位面积产量	总产量	播种面积	单位面积产量	总产量
1985	6636.0	4392	2914.6	2069.7	3077	636.8	1516.0	3344	507.0
1986	6678.0	4411	2945.5	2056.1	3113	640.1	1511.0	3319	501.5
1987	6715.0	4331	2908.6	2078.1	3105	645.2	1545.0	3367	520.2
1988	6798.0	4219	2868.0	2046.9	2767	566.3	1597.0	2948	470.8
1989	6887.0	4442	3058.9	2078.9	2861	594.7	1638.0	3059	501.1
1990	6985.0	4717	3294.8	2176.9	3154	686.7	1680.0	3349	562.7
1991	7048.0	4727	3331.5	2146.6	3244	696.4	1716.0	3433	589.1
1992	7029.0	4791	3367.4	2163.3	3248	702.7	1734.0	3443	597.0
1993	7050.3	4411	3110.1	2228.5	2839	632.6	1779.0	3023	537.8
1994	7015.0	4319	3029.9	2187.1	3202	700.4	1768.0	3394	600.0
1995	7055.0	4659	3286.8	2198.8	3283	721.8	1780.0	3490	621.3
1996	7138.0	4760	3398.0	2225.6	3131	696.8	1810.0	3310	599.1
1997	7214.0	4798	3461.3	2272.7	3186	724.1	1826.0	3347	611.1
1998	7337.7	4797	3519.7	2315.5	3064	709.5	1864.6	3224	601.2
1999	7296.7	4867	3551.4	2264.4	2853	646.0	1818.3	2986	543.0
2000	6854.5	4920	3372.4	2060.3	3101	638.8	1604.9	3315	532.0
2001	6702.4	4354	2918.5	1965.2	2781	546.6	1499.3	2971	445.5
2002	6645.9	4713	3132.4	1937.6	2961	573.8	1456.9	3151	459.0
2003	6387.2	4782	3054.1	1772.9	3009	533.5	1319.1	3231	426.2
2004	6476.5	4859	3146.7	1798.7	3048	548.2	1255.8	3310	415.7
2005	6564.9	4891	3211.1	1803.1	3134	565.0	1262.3	3386	427.4
2006	6455.5	4430	2859.7	1803.0	3206	578.0	1287.2	3446	443.6
2007	6434.6	4713	3032.7	1712.8	3306	566.2	1257.1	3440	432.5
2008	6408.8	4854	3111.0	1626.1	3285	534.1	1172.5	3400	398.7
2009	6213.0	5022	3120.4	1537.3	3250	499.6	1111.4	3295	366.2
2010	6195.1	5138	3182.8	1470.8	3357	493.7	1051.2	3386	355.9
2011	6196.7	5244	3249.5	1419.4	3399	482.4	998.5	3469	346.4
2012	6255.6	5229	3271.3	1369.7	3443	471.6	934.1	3549	331.5
2013	6269.9	5321	3336.1	1333.6	3448	459.8	878.7	3539	311.0
2014	6249.6	5320	3324.6	1274.8	3546	452.1	814.3	3660	298.0
2015	6286.1	5400	3394.6	1199.8	3682	441.8	746.9	3809	284.5
2016	6291.3	5515	3469.9	1147.8	3705	425.3	684.0	3795	259.6
2017	6292.0	5545	3488.9	1135.3	3722	422.6	652.7	3855	251.6
2018	6265.6	5576	3493.7	1113.2	3768	419.5	635.0	3895	247.3

说明：2007年后的粮食生产数据根据第三次全国农业普查结果进行了核定和修订(下同)。

4-5 续表

单位：千公顷、公斤/公顷、万吨

年份	秋收粮食			稻谷(2005年前为中稻)			玉米		
	播种面积	单位面积产量	总产量	播种面积	单位面积产量	总产量	播种面积	单位面积产量	总产量
1985	4566.3	4988	2277.8	2308.0	6609	1525.3	1072.0	3894	417.4
1986	4621.9	4988	2305.3	2292.0	6639	1521.7	1120.0	3970	444.6
1987	4636.9	4881	2263.4	2222.0	6688	1486.1	1154.0	3362	388.0
1988	4751.1	4845	2301.7	2255.0	6698	1510.4	1158.0	3565	412.8
1989	4808.1	5125	2464.2	2292.0	7014	1607.6	1166.0	3682	429.3
1990	4808.1	5424	2608.1	2300.0	6688	1538.3	1199.0	4150	497.6
1991	4901.4	5376	2635.1	2293.0	7158	1641.4	1228.0	4023	494.0
1992	4865.7	5476	2664.7	2298.0	7435	1708.6	1211.0	3902	472.5
1993	4821.8	5138	2477.5	2237.0	6889	1541.0	1200.0	3688	442.5
1994	4827.9	4825	2329.5	2184.0	6751	1474.4	1198.0	3336	399.6
1995	4856.2	5282	2565.0	2203.0	7330	1614.9	1202.0	3759	451.8
1996	4912.4	5499	2701.2	2218.0	7596	1684.9	1247.0	4260	531.2
1997	4941.3	5539	2737.2	2185.5	7559	1651.9	1288.3	4508	580.7
1998	5022.3	5595	2810.1	2150.0	7599	1633.8	1364.8	4566	623.1
1999	5032.3	5773	2905.4	2163.5	7769	1680.7	1359.2	4709	640.0
2000	4794.2	5702	2733.6	2115.9	7661	1620.9	1235.5	4413	545.2
2001	4737.2	5007	2371.9	2087.0	6828	1425.0	1200.8	3767	452.3
2002	4708.3	5434	2558.7	2070.7	7246	1500.5	1207.9	4347	525.1
2003	4614.4	5462	2520.6	2036.4	7214	1469.1	1161.3	4454	517.3
2004	4677.8	5555	2598.5	2059.1	7367	1516.9	1172.6	4750	557.0
2005	4761.8	5557	2646.1	2083.1	7215	1503.0	1196.6	4854	580.8
2006	4652.5	4904	2281.7	2081.9	6421	1336.7	1291.7	4282	553.1
2007	4721.8	5224	2466.6	2024.0	6974	1411.6	1369.4	4755	651.2
2008	4782.7	5388	2576.9	2011.6	7358	1480.1	1402.3	4812	674.8
2009	4675.7	5605	2620.8	1990.9	7501	1493.3	1454.8	4819	701.0
2010	4724.3	5692	2689.1	1966.9	7545	1484.1	1520.9	4936	750.7
2011	4777.3	5792	2767.1	1943.2	7607	1478.1	1574.3	5147	810.3
2012	4885.9	5730	2799.6	1929.8	7690	1484.0	1629.8	5115	833.6
2013	4936.4	5827	2876.2	1905.4	7785	1483.4	1685.8	5458	920.1
2014	4974.9	5774	2872.5	1892.4	7665	1450.5	1739.1	5444	946.7
2015	5086.3	5805	2952.8	1878.7	7799	1465.2	1816.9	5462	992.3
2016	5143.5	5919	3044.6	1874.0	7830	1467.3	1866.0	5670	1058.0
2017	5156.7	5946	3066.3	1874.9	7860	1473.7	1863.9	5730	1068.0
2018	5152.4	5967	3074.2	1874.0	7890	1478.6	1856.0	5745	1066.3

4-6 产粮大县粮食产量抽样调查数据(2018年)

单位：千公顷、公斤/公顷、万吨

年　份	全年粮食			夏收粮食			秋收粮食		
	播种面积	单位面积产量	总产量	播种面积	单位面积产量	总产量	播种面积	单位面积产量	总产量
新都区	20.0	7144	14.3	4.9	4659	2.3	15.1	7944	12.0
双流区	18.0	6729	12.1	1.8	4109	0.7	16.2	7015	11.4
金堂县	48.9	5363	26.2	9.0	3904	3.5	40.0	5690	22.7
郫　县	5.6	7704	4.3	0.4	4602	0.2	5.2	7954	4.1
大邑县	24.9	6299	15.7	7.8	4432	3.5	17.1	7149	12.2
都江堰市	14.0	7369	10.3	0.6	4485	0.2	13.4	7487	10.1
彭州市	37.1	6903	25.6	4.6	4196	1.9	32.5	7286	23.7
邛崃市	37.5	6306	23.7	8.0	4389	3.5	29.5	6826	20.1
崇州市	31.3	6967	21.8	7.8	4457	3.5	23.5	7796	18.3
简阳市	112.7	4985	56.2	16.4	2325	3.8	96.3	5438	52.4
沿滩区	26.6	6155	16.4	2.5	3463	0.9	24.2	6432	15.5
荣　县	67.2	6282	42.2	5.9	3399	2.0	61.4	6557	40.3
富顺县	85.6	6320	54.1	10.2	3496	3.6	75.4	6703	50.5
江阳区	31.8	6418	20.4	3.1	3257	1.0	28.7	6763	19.4
纳溪区	45.6	6194	28.2	3.9	3567	1.4	41.7	6438	26.8
泸　县	82.1	6538	53.7	4.6	3146	1.5	77.4	6742	52.2
合江县	78.0	6457	50.4	7.8	3519	2.7	70.2	6783	47.6
叙永县	73.0	4872	35.6	9.7	3523	3.4	63.3	5080	32.2
古蔺县	73.6	4706	34.6	8.4	3433	2.9	65.2	4869	31.7
旌阳区	34.7	6701	23.2	12.6	4856	6.1	22.1	7753	17.1
中江县	143.8	5652	81.2	31.9	4449	14.2	111.8	5995	67.0
广汉市	43.7	7037	30.8	18.7	5257	9.8	25.1	8364	21.0
什邡市	26.3	7239	19.0	6.2	4754	3.0	20.0	8014	16.0
绵竹市	44.9	6142	27.6	20.1	4252	8.5	24.8	7673	19.0
游仙区	38.7	6172	23.9	12.1	4314	5.2	26.6	7015	18.7
安州区	38.3	6764	25.9	9.4	4460	4.2	28.9	7513	21.7
三台县	117.1	5628	65.9	26.7	4219	11.3	90.3	6045	54.6
盐亭县	52.1	5611	29.2	16.7	4305	7.2	35.4	6226	22.1
梓潼县	50.9	5698	29.0	17.1	4101	7.0	33.8	6508	22.0
江油市	45.7	6271	28.7	10.1	4326	4.4	35.6	6823	24.3
旺苍县	43.3	5370	23.2	14.7	4173	6.1	28.6	5986	17.1
剑阁县	88.8	5108	45.4	29.4	4106	12.1	59.4	5605	33.3
苍溪县	79.7	5433	43.3	25.4	4138	10.5	54.4	6037	32.8
安居区	76.9	5159	39.7	21.0	3715	7.8	55.9	5703	31.9
蓬溪县	58.5	5482	32.0	16.3	3827	6.2	42.2	6122	25.8
射洪县	71.8	5274	37.9	17.4	3955	6.9	54.4	5695	31.0
大英县	38.5	5345	20.6	7.5	3960	3.0	31.0	5679	17.6
东兴区	67.0	5496	36.9	6.1	3292	2.0	61.0	5715	34.9
威远县	61.8	5443	33.6	5.2	3573	1.9	56.6	5616	31.8
资中县	106.6	5260	56.1	7.4	3089	2.3	99.1	5424	53.8
隆昌市	50.1	6477	32.5	2.1	3076	0.7	48.0	6627	31.8
犍为县	43.1	6306	27.2	1.5	3918	0.6	41.6	6392	26.6

4-6 续表

单位：千公顷、公斤/公顷、万吨

年　份	全年粮食			夏收粮食			秋收粮食		
	播种面积	单位面积产量	总产量	播种面积	单位面积产量	总产量	播种面积	单位面积产量	总产量
井研县	42.0	5674	23.8	1.2	2627	0.3	40.8	5765	23.5
高坪区	35.9	5770	20.7	8.4	4149	3.5	27.5	6265	17.2
嘉陵区	66.4	5269	35.0	17.4	3786	6.6	49.0	5794	28.4
南部县	95.1	5351	50.9	30.5	4002	12.2	64.6	5988	38.7
营山县	68.6	5726	39.3	17.8	4050	7.2	50.8	6313	32.1
蓬安县	53.6	5619	30.1	12.5	4141	5.2	41.2	6066	25.0
仪陇县	75.5	5645	42.6	16.6	3903	6.5	58.9	6136	36.1
西充县	55.1	5622	31.0	14.1	4131	5.8	40.9	6137	25.1
阆中市	83.3	5190	43.3	23.1	4098	9.4	60.3	5608	33.8
东坡区	37.6	7838	29.5	0.7	4072	0.3	36.9	7906	29.2
仁寿县	113.8	5667	64.5	14.9	3734	5.6	98.9	5959	58.9
翠屏区	51.8	6569	34.0	2.4	3875	0.9	49.3	6701	33.1
南溪区	27.3	6923	18.9	0.7	4009	0.3	26.6	6995	18.6
叙州区	99.1	5697	56.5	10.4	3972	4.1	88.7	5899	52.3
江安县	38.0	6733	25.6	1.9	3725	0.7	36.1	6892	24.9
长宁县	34.7	6420	22.3	1.2	3466	0.4	33.5	6525	21.9
高　县	45.7	5740	26.3	2.9	3261	1.0	42.8	5909	25.3
兴文县	39.5	6070	24.0	4.2	3938	1.6	35.3	6321	22.3
广安区	54.0	6097	32.9	9.2	3573	3.3	44.8	6616	29.6
岳池县	71.6	6732	48.2	6.9	3759	2.6	64.7	7050	45.6
武胜县	49.9	6477	32.3	4.3	3456	1.5	45.6	6761	30.8
邻水县	76.0	5971	45.4	9.2	2971	2.7	66.8	6386	42.7
达川区	88.1	6057	53.4	12.3	3364	4.1	75.8	6495	49.2
宣汉县	94.4	6115	57.7	15.4	3595	5.5	78.9	6607	52.2
开江县	51.6	5848	30.1	8.5	3255	2.8	43.1	6358	27.4
大竹县	111.3	5460	60.8	25.2	3085	7.8	86.1	6155	53.0
渠　县	117.5	5514	64.8	19.3	3378	6.5	98.3	5934	58.3
万源市	60.5	5294	32.0	11.3	3723	4.2	49.2	5656	27.8
巴州区	59.9	5573	33.4	19.5	4034	7.9	40.4	6317	25.5
恩阳区	60.3	5599	33.8	18.4	3962	7.3	41.9	6319	26.5
通江县	81.7	5603	45.8	19.1	3956	7.5	62.6	6105	38.2
南江县	68.9	5613	38.7	19.3	3912	7.6	49.6	6276	31.1
平昌县	67.5	5770	38.9	18.2	3997	7.3	49.3	6425	31.7
雁江区	110.5	4690	51.8	20.3	2624	5.3	90.3	5153	46.5
安岳县	143.9	5117	73.6	15.1	2825	4.3	128.7	5387	69.3
乐至县	81.7	4972	40.6	7.5	2194	1.7	74.2	5254	39.0
西昌市	41.5	5851	24.3	11.0	3575	3.9	30.5	6672	20.3
会理县	67.5	5014	33.8	17.2	3272	5.6	50.2	5612	28.2
会东县	55.4	4601	25.5	14.6	3099	4.5	40.8	5139	20.9
冕宁县	43.6	4974	21.7	12.0	3767	4.5	31.6	5433	17.2

4-7 四川主要畜禽生产情况(2017-2018年)

指标名称	计量单位	2018	2017	增长%
一、畜禽存栏	—		—	—
1.猪	万头	4258.5	4376.6	-2.7
其中：能繁殖母猪	万头	402.9	430.0	-6.3
2.牛	万头	824.3	853.2	-3.4
其中：肉牛	万头	476.2	494.8	-3.8
奶牛	万头	76.9	79.0	-2.7
役用牛	万头	271.2	279.4	-2.9
3.羊	万只	1462.9	1599.3	-8.5
其中：山羊	万只	1303.5	1425.9	-8.6
绵羊	万只	159.4	173.3	-8.0
4.活家禽	万只	38440.7	36619.2	5.0
其中：活鸡	万只	23278.8	22699.0	2.6
其中：肉鸡	万只	13082.6	12677.4	3.2
蛋鸡	万只	10196.2	10021.6	1.7
二、畜禽出栏	—		—	—
1.猪	万头	6638.3	6579.1	0.9
2.牛	万头	276.2	267.3	3.3
3.羊	万只	1740.9	1780.4	-2.2
4.活家禽	万只	66071.0	65259.8	1.2
三、畜禽产品产量	—		—	—
1.猪肉	万吨	481.2	472.2	1.9
2.牛肉	万吨	34.5	33.3	3.5
3.羊肉	万吨	26.3	27.2	-3.4
4.禽肉	万吨	100.6	99.0	1.6
5.禽蛋	万吨	148.8	144.5	3.0
6.生牛奶	万吨	64.2	63.7	0.8

4-8　四川生猪生产情况(2011-2018年)

计量单位：万头、万吨

年　份	出栏头数	存栏头数	#能繁母猪	猪肉产量
2011	7000.4	4705.0	467.2	484.7
2012	7170.7	4718.5	468.5	496.4
2013	7314.1	4507.7	470.0	510.8
2014	7445.0	4510.2	455.3	527.2
2015	7236.5	4288.4	427.2	512.4
2016	6907.8	4078.8	400.3	492.3
2017	6579.1	4376.6	430.0	472.2
2018	6638.3	4258.5	402.9	481.2

说明：根据第三次全国农业普查情况对2011-2017年数据重新核定修订。

4-9　四川牛生产情况(2011-2018年)

计量单位：万头、万吨

年　份	出栏头数	存栏头数	牛肉产量
2011	235.3	935.4	27.1
2012	238.2	857.2	27.2
2013	242.0	858.7	28.4
2014	251.6	869.9	30.2
2015	263.3	857.8	31.5
2016	268.6	831.2	32.4
2017	267.3	853.2	33.3
2018	276.2	824.3	34.5

说明：根据第三次全国农业普查情况对2011-2017年数据重新核定修订。

4-10 四川羊生产情况(2011-2018年)

计量单位：万只、万吨

年 份	出栏只数	存栏只数	羊肉产量
2011	1550.8	1424.6	23.9
2012	1562.7	1390.8	24.0
2013	1583.6	1362.8	24.5
2014	1632.7	1369.7	25.3
2015	1698.0	1352.3	26.3
2016	1739.2	1296.0	26.8
2017	1780.4	1599.3	27.2
2018	1740.9	1462.9	26.3

说明：根据第三次全国农业普查情况对2011-2017年数据重新核定修订。

4-11 四川家禽生产情况(2011-2018年)

计量单位：万只、万吨

年 份	出栏只数	存栏只数	禽肉产量
2011	57942.7	37714.5	86.7
2012	61999.6	36245.8	93.0
2013	63774.7	36052.6	95.6
2014	64667.6	37353.5	97.4
2015	66154.9	39869.8	99.7
2016	68489.7	38754.1	103.1
2017	65259.8	36619.2	99.0
2018	66071.0	38440.7	100.6

说明：根据第三次全国农业普查情况对2011-2017年数据重新核定修订。

4-12 四川蛋奶生产情况(2011-2018年)

计量单位：万吨

年 份	牛奶	禽蛋
2011	71.2	145.0
2012	71.7	146.4
2013	70.6	145.2
2014	70.8	145.3
2015	67.5	146.7
2016	62.8	149.7
2017	63.7	144.5
2018	64.2	148.8

说明：根据第三次全国农业普查情况对2011-2017年数据重新核定修订。

4-13 各生猪调出大县生猪生产情况(2018年)

计量单位：万头、万吨

县　名	生猪存栏	#能繁母猪存栏	生猪出栏	猪肉产量
金堂县	38.07	3.82	61.60	4.46
大邑县	37.90	3.84	61.80	4.44
蒲江县	38.59	3.94	57.59	4.26
彭州市	27.03	2.61	41.51	3.01
邛崃市	71.50	6.97	111.70	8.40
崇州市	37.01	3.69	58.45	4.25
简阳市	64.54	6.39	102.10	7.35
荣　县	38.10	3.58	63.40	4.63
富顺县	35.58	3.58	59.18	4.35
江阳区	21.53	1.78	38.21	2.78
纳溪区	33.29	2.84	53.17	3.84
泸　县	71.26	7.23	107.80	7.83
合江县	49.03	4.58	78.65	5.69
叙永县	35.03	3.53	57.71	4.10
古蔺县	33.18	3.42	55.41	3.98
旌阳区	27.01	2.34	41.70	2.96
中江县	65.03	6.45	105.12	7.49
罗江区	23.20	1.93	40.00	2.83
广汉市	20.60	1.78	31.70	2.38
绵竹市	31.02	3.17	50.70	3.77
三台县	65.67	6.59	110.50	7.96
盐亭县	26.15	2.45	43.66	3.17
梓潼县	33.50	3.22	50.06	3.70
江油市	34.17	3.39	48.12	3.50
昭化区	38.66	3.85	59.54	4.22
旺苍县	35.35	3.16	58.00	4.21
剑阁县	59.35	5.33	94.80	6.83
苍溪县	62.10	5.65	94.60	6.93
船山区	33.30	3.25	58.80	4.37
安居区	57.16	5.34	94.55	6.82
蓬溪县	46.19	4.21	69.52	5.10
射洪县	56.65	5.28	95.15	6.87
大英县	35.38	3.01	57.20	4.14
东兴区	38.64	3.83	63.35	4.61
威远县	31.10	2.85	50.18	3.55
资中县	46.54	4.69	77.40	5.63
隆昌市	25.85	2.58	42.96	3.14
乐山市中区	30.29	3.11	45.23	3.25
犍为县	39.54	3.54	63.37	4.55
井研县	43.38	4.08	72.50	5.26
高坪区	32.13	3.32	52.80	3.80

4-13 续表

计量单位：万头、万吨

县　名	生猪存栏	#能繁母猪存栏	生猪出栏	猪肉产量
嘉陵区	35.62	3.51	57.62	4.26
南部县	53.61	4.68	87.80	6.41
营山县	50.10	4.61	75.80	5.48
蓬安县	35.65	3.68	52.89	3.86
仪陇县	57.90	5.63	83.10	6.03
西充县	50.07	4.64	73.14	5.33
阆中市	49.01	4.31	75.70	5.57
东坡区	37.13	3.81	60.00	4.50
仁寿县	73.06	6.76	116.20	8.44
翠屏区	32.52	3.33	44.53	3.40
南溪区	25.21	2.42	40.70	3.16
叙州区	53.15	5.32	87.18	6.51
江安县	36.10	3.61	50.71	3.83
长宁县	33.16	3.33	49.20	3.74
高　县	30.18	3.15	45.36	3.46
珙　县	31.05	3.09	44.53	3.45
筠连县	31.58	3.06	46.38	3.58
兴文县	35.50	3.65	50.51	3.84
广安区	52.65	5.35	85.59	6.24
岳池县	53.03	4.89	86.20	6.23
武胜县	60.37	6.15	98.50	7.23
邻水县	50.28	5.04	78.41	5.78
达川区	48.82	4.37	75.22	5.41
宣汉县	52.37	5.26	78.20	5.64
大竹县	51.11	4.63	77.50	5.56
渠　县	62.93	5.92	95.04	6.85
万源市	23.04	2.08	34.60	2.50
名山区	36.80	3.21	53.00	3.82
巴州区	36.65	3.48	59.77	4.32
恩阳区	33.16	3.01	51.80	3.74
通江县	52.90	4.75	83.40	6.09
南江县	47.65	4.23	70.33	5.09
平昌县	48.50	4.45	84.16	6.10
雁江区	62.55	5.66	92.50	6.71
安岳县	84.08	7.77	125.90	9.06
乐至县	47.26	4.74	78.80	5.74
西昌市	31.25	3.09	54.20	3.99
盐源县	25.12	2.22	34.10	2.13
会理县	54.02	4.82	80.20	5.82
会东县	30.47	3.05	46.30	3.50
冕宁县	26.02	2.33	42.17	3.16

主要统计指标解释

粮食 按收获季节分包括夏粮、早稻、秋粮；按作物品种分包括谷物、薯类、豆类。

夏收粮食 指上年秋、冬季和本年春季播种、夏季收获的全部粮食作物，如冬小麦、夏收春小麦、大麦、元麦、蚕豆、豌豆、夏收马铃薯等。

早稻 指早籼稻。

秋收粮食 指本年春、夏季播种，秋季收获的粮食作物。如：中稻、晚稻、玉米、高粱、谷子、甘薯、大豆等。

谷物 指禾本科和蓼科粮食作物。这类作物具体包括稻谷、小麦、玉米、谷子、高粱和其他谷物。其他谷物包括大麦、燕麦、荞麦等，其中西藏、青海、甘肃等地种植的青稞是大麦中的裸麦，按大麦统计。

薯类 包括甘薯和马铃薯。不包括芋头、木薯等。芋头作为蔬菜统计，木薯作为其他作物统计。

豆类 是以食用种籽及其制成品为主的一类豆科植物，包括大豆、绿豆、红小豆、杂豆等。

粮食播种面积 指农业生产经营者应在日历年度内收获的粮食作物在全部土地（耕地或非耕地）上的播种或移植面积。凡是本年内收获的粮食作物，无论是本年还是上年播种，都算为当年播种面积，但不包括本年播种，下年收获的粮食作物面积。移植的粮食作物面积按移植后的面积计算，不计算移植前的秧田面积。如果因灾害等原因，应该收获却未能收获，也要按原播种面积计算，新补或改种，并在本年收获的，也要按复种作物计算面积。间种、混种的作物面积按比例折算各个作物的面积，如果完全混合、同步生长、收获的作物，按混合面积平均分配。复种、套种的作物，按次数计算面积，每种一次计算一次。再生稻、再生高粱等，因其没有经过播种或移植，不计入播种面积。

粮食产量 指稻谷、小麦、玉米、高粱等谷物及薯类和豆类的全社会的产量。包括国有经济经营的、集体统一经营的和农民家庭经营的粮食产量，还包括工矿企业办的农场和其他生产单位的产量。其产量计算方法，豆类按去荚后的干豆计算；薯类（包括甘薯和马铃薯，不包括芋头和木薯），按每5公斤鲜薯折1公斤粮食计算。城市效区作为蔬菜的薯类（如马铃薯等）不作粮食统计。其他粮食一律按脱粒后的原粮计算。

生猪期（年）末存栏 指本调查期末饲养生猪的总量，包括15公斤以下仔猪、待育肥猪（架子猪）和种猪等数量之和。

能繁母猪 是指猪龄约在9个月（包括9个月）以上的、具备繁殖能力的母猪。

生猪期内增加头数 指本调查期内以各种形式增加的生猪总量。增加的方式主要有自繁、购进、他人赠送等。

生猪期内减少头数 指本调查期内以各种形式减少的生猪总量。减少方式主要有自宰活肥猪、出售活肥猪、出售仔猪、待育肥猪（架子猪）、种猪等，以及赠送、丢失、死亡、疫病捕杀等。

猪肉产量 指本调查期内出栏肥猪头数折算出的鲜、冷鲜、冷冻猪肉总量，按胴体重计算。

牛总量 指肉牛、奶牛、役用牛的合计数量。

牛期（年）末存栏 指本调查期末饲养各类型的牛总量，包括牛犊、待育肥牛（架子牛）、奶牛和种牛等数量之和。

牛期内增加头数 指本调查期内以各种形式增加的牛犊、架子牛、成年牛等数量。增加的方式主要有自行繁殖、购进、他人赠送等。

牛期内减少头数 指本调查期内以各种形式减少的牛数量。减少的方式主要有自宰育肥肉牛、出售育肥肉牛、出售牛犊、架子牛、奶牛、种牛，赠送他人、丢失、死亡、疫病捕杀等。

牛肉产量 指本调查期内出栏肉牛头数折算出的鲜、冷鲜、冷冻牛肉产量，按胴体重计算。

生牛奶产量 指本调查期内奶牛所生产的牛奶总产量。

羊期末存栏 指本调查期末饲养各种羊只总量。包括羊羔、待育肥羊（架子羊）、奶羊和种羊等数量之和。

羊期内增加头数 指本调查期内以各种形式增加的羊只总量，增加的方式主要有自行繁殖、购进、他人赠送等。

羊期内减少头数 指本调查期内因各种原因减少的羊只数量。减少的方式主要有自宰肥羊、出售肥羊、出售羊羔或待育肥羊、出售种羊，赠送他人、丢失、死亡、疫病捕杀等。

羊肉产量 指本调查期内出栏肥羊头数折算出的鲜、冷鲜、冷冻羊肉产量，按胴体重计算。

绵羊毛产量 指本调查期内绵羊所生产的羊毛总量。

山羊绒产量 指本调查期内山羊所生产的羊绒总量。

家禽种类 主要包括鸡、鸭、鹅三个种类。

家禽期末存栏 指本调查期末饲养家禽的总量，包括幼禽、肉用家禽、蛋用家禽和种家禽等。

家禽期内减少只数 指本调查期内以各种形式减少的家禽总量。减少的方式主要有自宰活家禽、出售活家禽、出售幼禽、赠送他人、丢失、死亡、疫病捕杀等。

禽肉产量 指本调查期内出栏肉用家禽产出的禽肉总量。

禽蛋产量 指本调查期内饲养的蛋用家禽生产的禽蛋总重量。包括出售的和农民自产自用的部分。品种主要为鸡鸭鹅。

肉类总产量 指调查期内各种牲畜及家禽、兔等动物肉产量总计。猪、牛、羊、马、驴、骡、骆驼肉产量按去掉头蹄下水后带骨肉的胴体重量计算，兔禽肉产量按屠宰后去毛和内脏后的重量计算。猪牛羊禽四个品种肉产量由主要畜禽监测抽样调查获得，马、驴、骡、骆驼、兔肉产量由全面统计获得，其他特种养殖肉产量可用住户调查资料推算获得。

五 企业调查

5-1 全国及四川制造业采购经理指数(2014-2018年)

单位：%

年份、月份	四川	中国	年份、月份	四川	中国
2014.01	51.2	50.5	2016.07	48.0	49.9
2014.02	50.2	50.2	2016.08	48.6	50.4
2014.03	50.1	50.3	2016.09	50.1	50.4
2014.04	50.3	50.4	2016.10	51.6	51.2
2014.05	50.5	50.8	2016.11	52.3	51.7
2014.06	50.5	51.0	2016.12	51.7	51.4
2014.07	50.7	51.7	2017.01	50.1	51.3
2014.08	50.3	51.1	2017.02	51.1	51.6
2014.09	49.7	51.1	2017.03	51.2	51.8
2014.10	49.5	50.8	2017.04	50.5	51.2
2014.11	49.1	50.3	2017.05	49.4	51.2
2014.12	48.7	50.1	2017.06	50.6	51.7
2015.01	48.5	49.8	2017.07	49.3	51.4
2015.02	49.5	49.9	2017.08	48.6	51.7
2015.03	49.8	50.1	2017.09	50.9	52.4
2015.04	49.0	50.1	2017.10	50.7	51.6
2015.05	49.2	50.2	2017.11	52.5	51.8
2015.06	48.7	50.2	2017.12	50.4	51.6
2015.07	48.2	50.0	2018.01	50.1	51.3
2015.08	47.4	49.7	2018.02	49.0	50.3
2015.09	48.3	49.8	2018.03	51.9	51.5
2015.10	48.7	49.8	2018.04	51.1	51.4
2015.11	49.0	49.6	2018.05	50.3	51.9
2015.12	49.0	49.7	2018.06	50.1	51.5
2016.01	48.7	49.4	2018.07	49.5	51.2
2016.02	48.5	49.0	2018.08	49.7	51.3
2016.03	49.5	50.2	2018.09	50.3	50.8
2016.04	49.7	50.1	2018.10	47.2	50.2
2016.05	48.9	50.1	2018.11	47.7	50.0
2016.06	48.2	50.0	2018.12	48.5	49.4

5-2 制造业采购经理指数(2018年)

单位：%

项　目	全年	1月	2月	3月	4月	5月	6月
全　省	**49.6**	**50.1**	**49.0**	**51.9**	**51.1**	**50.3**	**50.1**
一、按行业大类分							
农副食品加工业	49.4	50.5	46.3	44.3	45.9	48.4	51.0
食品制造业	51.8	53.0	55.1	44.4	49.1	46.3	55.7
酒饮料和精制茶制造业	51.7	63.0	56.8	47.4	51.4	50.8	50.1
纺织业	47.9	44.5	40.3	56.0	50.7	52.0	49.6
纺织服装/皮革毛皮其制品业和制鞋业	49.4	47.8	31.5	57.4	53.1	53.9	52.1
木材加工/家具制造业	47.8	47.4	35.4	55.4	47.5	48.9	50.4
造纸/印刷/文教工美体育用品制造业	48.0	53.0	48.9	49.3	46.5	45.6	45.0
石油加工、炼焦及核燃料加工业	50.1	49.0	51.5	45.6	50.5	63.9	46.6
化学原料和化学制品制造业	48.8	48.4	51.7	51.5	50.5	46.3	47.7
医药制造业	53.6	57.4	53.0	54.6	50.1	50.7	49.8
化学纤维制造业/橡胶和塑料制品业	48.4	48.1	46.2	49.7	51.0	50.1	51.7
非金属矿物制品业	48.3	46.0	44.0	54.3	54.1	50.3	45.2
黑色金属冶炼及压延加工业	49.5	48.2	51.8	49.2	54.5	49.2	54.3
有色金属冶炼及压延加工业	46.6	39.8	56.3	46.2	50.0	46.3	48.7
金属制品业	49.6	49.4	47.9	53.6	47.0	50.1	46.6
通用设备制造业	49.7	50.3	44.7	53.2	49.0	53.2	50.7
专用设备制造业	49.8	52.6	57.9	54.8	54.4	52.3	56.6
交通运输设备制造业	49.7	52.3	52.8	62.2	50.5	48.6	42.9
电气机械及器材制造业	48.5	42.4	44.0	64.4	54.5	51.8	50.6
计算机、通信和其他电子设备制造业	51.3	48.6	49.8	59.9	52.5	52.6	55.1
二、按企业规模分							
大型企业	52.6	49.4	52.5	56.1	54.0	53.3	53.9
中型企业	50.4	51.5	47.2	53.7	51.2	50.3	50.8
小微型企业	48.4	49.5	49.3	49.8	50.2	49.6	48.9
三、按特殊类型分							
出口企业	50.7	49.7	48.5	55.9	52.6	51.9	52.9
上市公司	50.3	47.9	48.1	54.7	51.9	54.4	52.0
国有控股企业	50.9	48.6	49.4	52.2	53.4	51.4	52.2
四、按重点产业分							
装备制造产业	49.8	49.7	49.9	54.6	51.5	51.6	50.7
高新技术产业	51.9	51.2	51.3	55.1	52.4	52.7	54.8
高耗能产业	48.3	47.0	47.9	51.3	51.5	49.2	48.7
消费品产业	50.4	54.6	50.7	50.6	49.4	49.3	49.2

5-2 续表

单位：%

项　　目	7月	8月	9月	10月	11月	12月
全　　省	**49.5**	**49.7**	**50.3**	**47.2**	**47.7**	**48.5**
一、按行业大类分						
农副食品加工业	48.7	52.9	55.4	49.6	47.4	52.6
食品制造业	57.2	55.1	56.7	52.9	48.1	47.7
酒饮料和精制茶制造业	45.9	43.8	52.9	51.4	50.0	56.9
纺织业	44.3	46.8	54.0	42.8	48.7	45.0
纺织服装/皮革毛皮其制品业和制鞋业	52.1	50.4	49.5	47.1	51.0	46.5
木材加工/家具制造业	54.1	47.9	55.1	44.5	42.1	44.7
造纸/印刷/文教工美体育用品制造业	55.7	48.0	43.7	41.5	48.7	49.8
石油加工、炼焦及核燃料加工业	44.9	55.4	46.6	47.9	47.6	51.8
化学原料和化学制品制造业	49.2	49.9	51.4	46.4	45.8	47.1
医药制造业	51.9	56.6	59.0	48.7	54.1	58.0
化学纤维制造业/橡胶和塑料制品业	46.0	52.3	45.8	47.8	43.7	48.3
非金属矿物制品业	43.2	48.5	48.0	48.6	46.9	50.4
黑色金属冶炼及压延加工业	50.9	51.9	49.2	49.1	43.8	41.3
有色金属冶炼及压延加工业	48.8	42.4	47.0	43.9	49.0	40.7
金属制品业	53.5	54.2	50.3	46.3	49.1	47.4
通用设备制造业	51.9	49.1	50.4	47.4	48.1	48.5
专用设备制造业	47.8	49.0	43.6	44.6	41.3	42.3
交通运输设备制造业	47.2	43.9	51.7	46.9	51.7	46.3
电气机械及器材制造业	46.9	49.3	45.1	45.5	43.7	43.8
计算机、通信和其他电子设备制造业	53.7	53.3	46.5	45.9	48.6	49.2
二、按企业规模分						
大型企业	53.6	53.7	55.3	48.4	50.8	49.8
中型企业	50.3	52.0	51.8	47.8	49.0	48.6
小微型企业	48.1	47.5	48.3	46.7	45.2	48.0
三、按特殊类型分						
出口企业	51.7	52.2	50.4	47.0	47.2	48.6
上市公司	51.2	52.1	50.9	46.1	47.5	46.5
国有控股企业	52.2	51.9	51.9	48.6	48.9	49.6
四、按重点产业分						
装备制造产业	50.7	49.4	48.2	46.3	48.0	46.9
高新技术产业	54.6	53.4	49.2	46.4	50.1	51.8
高耗能产业	47.5	49.3	49.1	46.7	45.2	46.6
消费品产业	49.3	49.0	53.0	48.6	49.9	51.4

5-3 制造业生产指数(2018年)

单位：%

项 目	全年	1月	2月	3月	4月	5月	6月
全 省	**51.1**	**50.8**	**49.1**	**55.1**	**54.3**	**52.2**	**52.5**
一、按行业大类分							
农副食品加工业	50.3	49.7	45.8	43.8	42.9	50.8	57.9
食品制造业	53.8	55.6	63.7	41.0	50.8	43.7	59.0
酒饮料和精制茶制造业	56.2	69.7	65.4	68.3	53.3	52.9	52.9
纺织业	50.7	45.8	30.3	62.4	58.3	56.6	56.5
纺织服装/皮革毛皮其制品业和制鞋业	51.5	52.1	27.2	60.7	55.7	58.3	55.4
木材加工/家具制造业	48.0	50.2	24.2	64.6	45.7	49.0	53.7
造纸/印刷/文教工美体育用品制造业	48.6	56.5	59.0	50.2	46.0	46.3	45.1
石油加工、炼焦及核燃料加工业	53.7	45.2	68.1	42.9	58.7	77.7	45.7
化学原料和化学制品制造业	49.0	46.9	59.4	55.1	53.3	45.9	46.1
医药制造业	55.5	65.7	51.1	59.3	56.0	45.9	45.0
化学纤维制造业/橡胶和塑料制品业	50.7	46.2	36.8	57.6	58.5	54.2	59.8
非金属矿物制品业	48.3	42.8	42.2	57.5	59.5	49.5	40.4
黑色金属冶炼及压延加工业	51.2	49.6	61.8	51.9	61.7	48.8	55.8
有色金属冶炼及压延加工业	46.3	36.7	72.6	42.6	50.8	45.6	50.0
金属制品业	51.6	45.4	47.4	55.6	43.9	52.9	46.6
通用设备制造业	51.8	56.5	32.0	57.5	52.1	59.5	54.7
专用设备制造业	53.2	55.8	68.4	59.2	59.8	56.0	68.7
交通运输设备制造业	52.2	53.3	44.5	82.0	54.6	51.3	43.1
电气机械及器材制造业	49.4	41.9	42.4	58.0	61.3	56.2	60.4
计算机、通信和其他电子设备制造业	52.7	45.2	43.5	58.5	56.8	55.4	58.8
二、按企业规模分							
大型企业	54.9	47.0	54.1	60.4	57.3	60.1	57.5
中型企业	52.4	53.5	44.5	57.3	55.1	50.4	54.4
小微型企业	49.6	50.1	50.6	52.4	53.2	51.3	50.4
三、按特殊类型分							
出口企业	52.2	48.6	43.9	60.0	56.9	55.3	56.8
上市公司	51.1	41.9	46.3	58.3	53.7	57.5	54.1
国有控股企业	53.1	45.0	49.1	54.5	59.1	56.6	57.6
四、按重点产业分							
装备制造产业	51.6	50.0	45.1	59.1	54.9	54.9	54.3
高新技术产业	54.2	51.3	47.0	59.1	57.4	54.3	58.5
高耗能产业	49.4	45.9	51.1	54.4	56.6	50.3	49.0
消费品产业	52.0	57.8	51.7	52.8	50.5	49.8	51.2

5-3 续表

单位：%

项　　目	7月	8月	9月	10月	11月	12月
全　　省	**49.8**	**50.2**	**52.1**	**48.2**	**48.8**	**50.5**
一、按行业大类分						
农副食品加工业	47.7	55.7	57.7	52.2	44.8	54.5
食品制造业	59.6	56.8	65.5	53.9	48.2	48.1
酒饮料和精制茶制造业	43.6	43.2	58.2	53.8	50.5	62.9
纺织业	41.5	50.6	60.7	46.5	53.2	46.5
纺织服装/皮革毛皮其制品业和制鞋业	57.8	47.2	51.0	45.2	58.7	48.3
木材加工/家具制造业	58.2	47.2	56.3	41.3	43.1	43.0
造纸/印刷/文教工美体育用品制造业	59.4	44.3	41.1	40.7	48.3	46.5
石油加工、炼焦及核燃料加工业	41.3	59.7	53.4	51.9	46.6	52.8
化学原料和化学制品制造业	47.4	48.1	53.3	44.8	43.8	43.6
医药制造业	52.6	51.7	63.7	52.7	58.9	63.7
化学纤维制造业/橡胶和塑料制品业	51.3	58.6	40.2	50.1	45.5	50.1
非金属矿物制品业	38.7	49.7	49.0	50.4	45.6	54.6
黑色金属冶炼及压延加工业	52.0	55.8	47.5	50.1	38.9	40.5
有色金属冶炼及压延加工业	44.7	36.6	45.8	43.8	49.9	36.9
金属制品业	58.1	58.4	54.8	47.6	54.0	53.9
通用设备制造业	53.3	51.6	49.4	50.8	48.6	55.7
专用设备制造业	49.6	50.9	39.7	41.8	43.8	44.6
交通运输设备制造业	47.0	36.1	58.3	47.4	57.7	51.2
电气机械及器材制造业	49.4	52.0	39.4	46.7	44.7	40.6
计算机、通信和其他电子设备制造业	58.4	55.7	49.4	45.7	53.8	51.1
二、按企业规模分						
大型企业	55.4	54.1	58.9	49.1	54.2	51.1
中型企业	50.3	54.1	54.9	50.0	51.6	52.0
小微型企业	48.3	47.2	49.1	47.1	46.1	49.5
三、按特殊类型分						
出口企业	51.0	53.7	51.5	47.1	50.1	51.7
上市公司	49.3	58.5	54.3	47.4	48.0	44.5
国有控股企业	52.4	53.1	54.7	49.1	52.1	54.3
四、按重点产业分						
装备制造产业	52.5	49.7	49.7	47.0	51.6	50.3
高新技术产业	59.0	53.4	52.6	46.7	55.6	55.4
高耗能产业	46.2	50.5	49.6	47.5	45.4	46.4
消费品产业	49.3	47.8	56.6	50.1	51.9	54.3

5-4 制造业新订单指数(2018年)

单位：%

项　目	全年	1月	2月	3月	4月	5月	6月
全　省	**49.8**	**50.2**	**47.0**	**54.5**	**52.0**	**50.8**	**50.7**
一、按行业大类分							
农副食品加工业	50.2	51.4	45.4	41.9	44.5	48.1	52.6
食品制造业	54.4	53.5	64.7	41.9	49.3	44.5	62.8
酒饮料和精制茶制造业	52.8	71.9	67.6	41.9	50.6	50.0	52.0
纺织业	45.0	38.8	25.4	60.0	50.9	54.0	49.7
纺织服装/皮革毛皮其制品业和制鞋业	49.5	46.2	17.7	60.6	54.3	58.8	53.8
木材加工/家具制造业	47.0	44.2	14.7	59.7	44.2	51.6	52.0
造纸/印刷/文教工美体育用品制造业	47.5	51.5	50.6	51.4	44.7	42.0	42.0
石油加工、炼焦及核燃料加工业	49.6	49.9	42.9	49.9	50.5	69.9	39.8
化学原料和化学制品制造业	47.9	46.6	49.8	55.9	52.0	43.7	43.1
医药制造业	57.3	58.9	51.3	60.7	48.9	54.3	50.7
化学纤维制造业/橡胶和塑料制品业	47.1	48.6	36.1	51.0	47.7	49.0	52.0
非金属矿物制品业	47.3	45.7	30.0	58.3	57.2	52.2	44.4
黑色金属冶炼及压延加工业	50.0	49.3	53.8	50.9	57.8	49.6	58.1
有色金属冶炼及压延加工业	43.3	26.9	58.7	45.2	46.0	41.0	48.5
金属制品业	48.9	52.3	45.4	56.9	48.9	54.2	48.1
通用设备制造业	50.3	49.2	37.1	58.8	51.7	55.2	50.6
专用设备制造业	49.2	53.2	68.4	56.8	55.3	53.7	54.2
交通运输设备制造业	49.4	54.5	54.9	62.9	50.0	46.5	39.2
电气机械及器材制造业	49.1	36.8	34.1	55.9	63.6	57.0	53.1
计算机、通信和其他电子设备制造业	53.0	47.4	52.5	58.5	56.7	54.9	62.0
二、按企业规模分							
大型企业	54.6	50.2	51.1	61.5	57.8	53.3	58.1
中型企业	50.7	51.5	41.3	57.1	51.7	51.6	50.7
小微型企业	48.2	49.5	49.5	51.1	50.9	49.7	48.9
三、按特殊类型分							
出口企业	51.4	49.4	45.6	61.3	55.4	52.7	54.4
上市公司	50.8	48.6	37.1	60.2	55.3	61.4	53.6
国有控股企业	52.2	49.9	43.7	56.2	56.3	53.4	54.9
四、按重点产业分							
装备制造产业	50.4	49.5	49.8	58.6	54.1	52.8	51.4
高新技术产业	54.0	50.7	51.6	58.7	55.1	55.0	59.1
高耗能产业	47.3	45.4	41.0	54.5	52.2	48.9	47.6
消费品产业	51.6	57.0	53.6	51.7	48.8	49.3	50.1

5-4 续表

单位：%

项 目	7月	8月	9月	10月	11月	12月
全 省	**49.4**	**50.1**	**51.4**	**46.6**	**47.2**	**47.9**
一、按行业大类分						
农副食品加工业	49.6	56.5	60.9	50.5	46.6	54.8
食品制造业	65.0	60.7	60.5	54.8	49.3	46.0
酒饮料和精制茶制造业	45.6	40.0	53.8	50.2	50.4	59.3
纺织业	36.3	44.7	55.1	33.6	49.3	41.7
纺织服装/皮革毛皮其制品业和制鞋业	53.8	55.3	50.9	50.0	46.1	46.0
木材加工/家具制造业	62.1	51.4	63.2	44.5	35.5	40.7
造纸/印刷/文教工美体育用品制造业	57.4	51.6	41.1	36.9	46.1	54.3
石油加工、炼焦及核燃料加工业	44.3	63.3	41.5	45.2	43.2	55.3
化学原料和化学制品制造业	48.3	48.9	52.8	45.2	42.3	46.5
医药制造业	52.4	68.8	67.4	45.6	60.7	67.9
化学纤维制造业/橡胶和塑料制品业	40.0	56.1	47.4	50.6	36.7	49.6
非金属矿物制品业	38.0	45.5	47.4	50.8	47.6	50.0
黑色金属冶炼及压延加工业	50.4	52.7	49.8	48.8	43.2	35.3
有色金属冶炼及压延加工业	53.8	33.1	45.8	41.5	46.1	33.3
金属制品业	51.1	52.0	47.4	43.2	44.9	42.4
通用设备制造业	55.3	48.1	54.7	44.8	52.6	45.4
专用设备制造业	42.9	49.0	40.6	45.2	33.9	36.7
交通运输设备制造业	46.8	41.6	51.6	46.7	54.3	44.2
电气机械及器材制造业	48.1	54.5	49.4	44.1	47.1	46.0
计算机、通信和其他电子设备制造业	58.6	54.6	44.8	46.2	49.5	50.5
二、按企业规模分						
大型企业	56.6	54.7	61.6	47.2	51.5	50.8
中型企业	51.0	54.8	54.2	47.4	48.8	48.4
小微型企业	46.9	46.5	47.6	46.0	45.2	47.0
三、按特殊类型分						
出口企业	54.2	52.4	52.8	46.1	45.1	47.2
上市公司	53.1	50.2	54.3	40.5	46.1	48.7
国有控股企业	56.3	53.1	54.6	49.9	49.2	49.1
四、按重点产业分						
装备制造产业	51.6	49.3	48.3	45.8	48.6	45.4
高新技术产业	58.5	58.0	49.2	45.6	51.9	54.6
高耗能产业	45.3	48.6	49.3	45.6	44.3	45.1
消费品产业	50.2	50.4	56.0	48.7	50.4	53.2

5-5 制造业新出口订单指数(2018年)

单位：%

项　目	全年	1月	2月	3月	4月	5月	6月
全　省	**48.5**	**50.5**	**43.2**	**53.1**	**49.4**	**46.2**	**53.2**
一、按行业大类分							
农副食品加工业	43.3	52.0	16.9	42.9	23.1	47.7	42.5
食品制造业	47.1	58.5	31.7	42.9	61.5	37.1	62.3
酒饮料和精制茶制造业	45.8	97.6	63.5		30.7	20.4	43.7
纺织业	36.4	29.7	14.1	55.1	38.4	55.7	51.0
纺织服装/皮革毛皮其制品业和制鞋业	47.8	57.8	42.3	47.7	50.3	62.0	64.9
木材加工/家具制造业	56.4		84.6	57.2	61.5	59.6	51.0
造纸/印刷/文教工美体育用品制造业	24.4	26.0	21.2	17.2		9.5	25.5
石油加工、炼焦及核燃料加工业	55.9	52.0	84.6	42.9	46.1	47.7	51.0
化学原料和化学制品制造业	45.0	36.9	50.8	54.4	55.0	36.7	46.9
医药制造业	52.8	52.0	36.3	42.9	57.6	53.7	43.7
化学纤维制造业/橡胶和塑料制品业	46.5	65.0	10.6	67.4	32.9	40.9	58.3
非金属矿物制品业	49.0	46.2	33.9	60.7	55.3	33.4	56.1
黑色金属冶炼及压延加工业	48.6	52.0	50.8	36.8	46.1	57.2	63.7
有色金属冶炼及压延加工业	42.8	46.2	21.2	47.7	39.5	39.8	43.7
金属制品业	42.3	41.6	42.3	32.2	61.5	38.2	59.5
通用设备制造业	48.4	29.3	37.0	55.5	40.7	52.5	56.3
专用设备制造业	53.2	52.0	59.2	53.6	55.3	35.8	62.7
交通运输设备制造业	49.9	62.4	59.2	42.9	53.3	49.3	43.9
电气机械及器材制造业	49.3	52.0	46.2	46.2	43.0	47.7	58.3
计算机、通信和其他电子设备制造业	51.8	51.1	42.3	63.2	53.3	53.5	57.1
二、按企业规模分							
大型企业	49.3	48.7	53.2	58.5	50.2	45.3	51.0
中型企业	48.6	52.0	34.2	53.9	50.0	49.5	54.4
小微型企业	47.6	50.2	45.1	46.0	47.6	41.8	54.2
三、按特殊类型分							
出口企业	48.5	50.2	43.2	54.7	49.2	45.7	52.9
上市公司	47.5	40.0	37.6	59.6	46.1	42.3	49.6
国有控股企业	46.5	44.3	44.3	54.1	52.7	36.1	49.4
四、按重点产业分							
装备制造产业	50.5	50.8	47.3	55.1	51.0	49.8	55.1
高新技术产业	52.5	52.8	46.6	59.1	55.6	53.6	55.9
高耗能产业	44.8	43.8	35.7	52.5	46.9	40.1	50.1
消费品产业	48.0	58.5	45.6	48.0	47.3	45.3	49.0

5-5 续表

单位：%

项　　目	7月	8月	9月	10月	11月	12月
全　　省	**53.6**	**45.8**	**48.4**	**47.4**	**44.1**	**47.2**
一、按行业大类分						
农副食品加工业	51.6	50.8	48.4	51.5	36.4	55.7
食品制造业	56.7	45.2	32.2	57.2	32.4	47.7
酒饮料和精制茶制造业	64.5	25.4	48.4	42.9	58.3	53.7
纺织业	51.6	25.4	40.3	20.6	16.2	38.2
纺织服装/皮革毛皮其制品业和制鞋业	51.6	25.4	29.0	41.2	48.6	53.0
木材加工/家具制造业	103.2	76.2	96.8	51.5		35.8
造纸/印刷/文教工美体育用品制造业	34.4	40.7	48.4	20.6	9.7	39.8
石油加工、炼焦及核燃料加工业	51.6	50.8	48.4	51.5	48.6	95.5
化学原料和化学制品制造业	42.0	34.6	40.6	45.3	52.1	44.5
医药制造业	57.3	59.3	64.5	51.5	48.6	65.6
化学纤维制造业/橡胶和塑料制品业	58.9	29.0	55.3	45.1	34.7	59.7
非金属矿物制品业	45.8	56.5	53.2	51.5	53.5	42.4
黑色金属冶炼及压延加工业	38.7	50.8	48.4	51.5	48.6	38.2
有色金属冶炼及压延加工业	60.2	36.3	34.5	68.7	41.7	34.1
金属制品业	51.6	42.4	48.4	25.7	24.3	39.8
通用设备制造业	54.5	58.8	51.1	57.2	51.2	37.1
专用设备制造业	51.6	70.4	48.4	51.5	41.1	56.4
交通运输设备制造业	46.4	41.0	56.2	51.5	50.1	42.4
电气机械及器材制造业	65.3	37.3	41.9	48.1	51.8	53.3
计算机、通信和其他电子设备制造业	60.5	52.6	51.9	45.2	41.8	49.5
二、按企业规模分						
大型企业	52.8	43.5	50.7	47.0	45.0	45.5
中型企业	59.2	45.3	46.9	46.0	43.3	48.2
小微型企业	46.0	50.0	47.6	50.6	44.2	47.7
三、按特殊类型分						
出口企业	53.0	45.6	48.2	47.5	44.0	47.7
上市公司	55.7	39.8	52.3	43.4	47.2	56.1
国有控股企业	50.1	40.2	49.1	42.3	47.9	47.1
四、按重点产业分						
装备制造产业	56.1	50.5	51.3	48.1	44.8	46.4
高新技术产业	60.6	52.3	54.1	45.0	42.6	51.7
高耗能产业	47.5	39.1	45.3	47.2	44.8	44.9
消费品产业	50.9	44.5	47.1	47.3	43.3	49.5

5-6 制造业积压订单指数(2018年)

单位：%

项　　目	全年	1月	2月	3月	4月	5月	6月
全　　省	**43.6**	**46.1**	**40.9**	**46.7**	**43.2**	**44.0**	**42.7**
一、按行业大类分							
农副食品加工业	42.5	47.0	36.7	39.6	38.8	40.2	46.0
食品制造业	42.1	38.6	39.5	46.4	39.7	30.9	48.7
酒饮料和精制茶制造业	43.0	47.1	43.8	30.9	43.6	43.2	40.1
纺织业	41.8	40.0	34.9	46.4	37.1	44.0	45.8
纺织服装/皮革毛皮其制品业和制鞋业	42.9	45.8	17.2	48.1	51.3	46.4	40.0
木材加工/家具制造业	40.9	39.6	26.9	48.2	35.6	40.6	46.7
造纸/印刷/文教工美体育用品制造业	41.7	48.3	36.4	40.4	31.5	40.5	42.3
石油加工、炼焦及核燃料加工业	42.6	43.8	34.9	37.6	45.2	52.7	35.6
化学原料和化学制品制造业	44.9	47.5	42.0	43.8	44.6	47.8	40.8
医药制造业	47.7	51.5	44.8	47.6	46.8	47.2	47.8
化学纤维制造业/橡胶和塑料制品业	40.5	50.1	39.3	46.4	43.1	40.9	42.7
非金属矿物制品业	41.7	42.8	35.4	47.4	46.5	41.4	35.6
黑色金属冶炼及压延加工业	41.4	41.1	38.1	44.6	40.8	40.2	44.0
有色金属冶炼及压延加工业	43.5	29.7	51.5	57.1	38.1	44.7	36.5
金属制品业	43.1	47.8	34.6	49.7	43.2	39.8	41.6
通用设备制造业	43.9	49.3	43.7	43.8	45.4	47.7	42.7
专用设备制造业	46.5	56.1	48.1	53.6	48.0	46.8	49.4
交通运输设备制造业	44.2	49.9	48.2	46.4	43.7	44.4	39.5
电气机械及器材制造业	41.2	40.5	41.6	43.5	45.0	43.6	41.0
计算机、通信和其他电子设备制造业	47.1	48.1	48.3	57.6	45.4	49.4	47.2
二、按企业规模分							
大型企业	46.8	44.8	44.1	51.2	44.3	49.8	45.2
中型企业	44.1	48.5	39.3	47.0	43.6	45.1	40.8
小微型企业	42.6	45.1	41.1	45.3	42.7	42.1	43.1
三、按特殊类型分							
出口企业	46.0	47.7	44.5	52.1	46.0	46.6	44.9
上市公司	45.5	42.9	44.6	51.2	44.6	48.4	44.6
国有控股企业	45.8	46.4	42.1	47.4	44.9	49.3	43.3
四、按重点产业分							
装备制造产业	44.9	48.9	45.8	50.8	45.1	45.9	43.5
高新技术产业	47.6	49.5	48.3	56.0	45.7	49.3	48.3
高耗能产业	42.3	42.9	38.2	45.5	42.1	43.8	40.5
消费品产业	43.6	47.6	40.3	43.6	41.8	41.8	42.5

5-6 续表

单位：%

项　　目	7月	8月	9月	10月	11月	12月
全　　省	**43.6**	**43.5**	**45.2**	**42.6**	**42.0**	**42.7**
一、按行业大类分						
农副食品加工业	41.4	48.5	43.5	45.4	39.9	43.5
食品制造业	41.3	56.9	51.0	35.3	41.4	35.8
酒饮料和精制茶制造业	43.1	38.7	47.3	45.3	45.5	47.9
纺织业	46.0	37.2	51.6	35.2	37.9	45.9
纺织服装/皮革毛皮其制品业和制鞋业	43.1	42.0	52.9	43.3	48.0	36.6
木材加工/家具制造业	44.1	34.4	49.3	43.1	38.7	43.7
造纸/印刷/文教工美体育用品制造业	50.4	34.4	37.8	37.4	46.3	54.7
石油加工、炼焦及核燃料加工业	49.0	45.1	37.0	42.7	42.0	46.1
化学原料和化学制品制造业	44.1	50.0	47.3	44.2	43.5	43.2
医药制造业	41.1	46.1	50.6	42.4	53.0	53.3
化学纤维制造业/橡胶和塑料制品业	37.4	39.7	39.2	36.3	38.1	32.9
非金属矿物制品业	38.4	39.6	46.6	44.0	43.3	39.8
黑色金属冶炼及压延加工业	38.1	45.0	44.2	44.4	37.5	39.1
有色金属冶炼及压延加工业	52.1	35.6	47.6	48.8	41.4	39.2
金属制品业	40.4	51.6	40.4	42.5	42.9	42.9
通用设备制造业	49.2	38.7	41.1	40.0	43.2	42.5
专用设备制造业	46.8	44.2	43.3	42.8	39.2	39.3
交通运输设备制造业	45.3	41.3	41.5	47.8	41.3	41.6
电气机械及器材制造业	37.7	43.9	43.0	37.4	38.8	38.9
计算机、通信和其他电子设备制造业	47.9	47.4	47.7	40.2	41.4	44.6
二、按企业规模分						
大型企业	46.3	47.9	49.6	45.0	45.5	47.5
中型企业	44.9	45.9	47.1	43.5	42.3	41.8
小微型企业	42.2	41.3	43.1	41.7	41.1	42.0
三、按特殊类型分						
出口企业	46.2	46.2	46.5	43.2	43.0	45.2
上市公司	47.6	46.3	46.4	43.1	41.0	45.8
国有控股企业	47.9	46.0	51.0	44.6	44.6	42.1
四、按重点产业分						
装备制造产业	45.6	44.0	43.4	42.0	41.2	42.1
高新技术产业	46.4	46.8	47.7	40.6	44.3	48.1
高耗能产业	42.2	42.6	45.0	42.9	41.0	41.1
消费品产业	43.5	43.2	45.7	44.1	44.1	44.9

5-7 制造业产成品库存指数(2018年)

单位：%

项 目	全年	1月	2月	3月	4月	5月	6月
全 省	**45.4**	**45.5**	**42.2**	**47.5**	**46.5**	**44.8**	**43.8**
一、按行业大类分							
农副食品加工业	44.1	44.7	35.0	55.1	46.6	40.4	45.3
食品制造业	42.5	31.8	34.1	48.9	43.1	47.2	33.2
酒饮料和精制茶制造业	49.5	52.4	41.7	32.6	55.9	50.9	48.1
纺织业	48.5	50.0	43.6	53.3	41.5	43.2	50.3
纺织服装/皮革毛皮其制品业和制鞋业	43.6	44.6	31.4	45.3	41.4	45.5	38.2
木材加工/家具制造业	42.9	44.3	30.6	50.7	51.6	45.3	41.0
造纸/印刷/文教工美体育用品制造业	44.6	45.8	36.5	42.6	40.5	48.9	45.0
石油加工、炼焦及核燃料加工业	41.8	47.1	26.5	39.6	53.7	43.1	48.1
化学原料和化学制品制造业	44.9	46.0	46.0	45.1	42.2	42.9	40.8
医药制造业	48.7	55.0	49.0	42.4	60.3	48.9	48.1
化学纤维制造业/橡胶和塑料制品业	45.6	46.7	43.0	47.5	46.8	46.4	40.7
非金属矿物制品业	46.5	42.4	47.3	49.9	47.5	47.8	42.1
黑色金属冶炼及压延加工业	42.2	38.4	41.5	43.3	46.2	38.8	45.0
有色金属冶炼及压延加工业	46.8	50.4	51.0	43.2	43.1	43.8	41.5
金属制品业	42.6	49.9	37.9	57.0	44.4	40.3	37.3
通用设备制造业	40.9	36.4	42.8	44.8	37.4	40.0	37.4
专用设备制造业	47.6	54.7	43.8	54.3	50.9	50.8	45.2
交通运输设备制造业	49.7	48.1	52.0	48.9	46.1	50.8	49.6
电气机械及器材制造业	41.7	42.4	37.9	40.7	43.0	37.7	44.1
计算机、通信和其他电子设备制造业	44.6	45.4	41.8	47.7	48.0	43.9	43.6
二、按企业规模分							
大型企业	47.6	47.9	42.7	50.5	50.5	52.7	44.4
中型企业	46.5	47.7	44.7	48.6	48.8	45.4	43.9
小微型企业	44.3	43.7	40.6	46.2	44.5	42.8	43.6
三、按特殊类型分							
出口企业	45.5	44.3	42.4	48.5	48.5	47.1	42.5
上市公司	44.9	45.0	44.1	45.1	44.5	44.6	41.9
国有控股企业	45.5	42.8	45.3	48.6	48.0	46.7	39.9
四、按重点产业分							
装备制造产业	45.0	45.3	44.0	47.8	45.3	44.8	43.4
高新技术产业	46.1	46.7	45.2	47.8	50.6	45.5	46.1
高耗能产业	45.1	43.9	43.8	46.2	44.8	43.8	43.7
消费品产业	46.7	47.8	40.9	48.1	48.8	47.3	45.2

5-7 续表

单位：%

项　　目	7月	8月	9月	10月	11月	12月
全　　省	**46.8**	**45.7**	**45.3**	**44.8**	**45.0**	**46.8**
一、按行业大类分						
农副食品加工业	43.3	49.0	43.6	41.2	40.9	43.5
食品制造业	47.9	48.3	47.7	47.2	36.1	44.6
酒饮料和精制茶制造业	49.1	48.4	53.9	51.2	54.9	55.5
纺织业	58.8	44.2	49.4	48.3	45.2	54.2
纺织服装/皮革毛皮其制品业和制鞋业	46.2	42.6	49.4	41.3	48.0	49.8
木材加工/家具制造业	40.1	35.2	45.7	37.0	44.1	49.8
造纸/印刷/文教工美体育用品制造业	51.3	33.3	41.1	47.3	62.3	40.7
石油加工、炼焦及核燃料加工业	61.3	53.1	27.8	31.7	24.9	44.9
化学原料和化学制品制造业	48.6	42.2	42.2	43.9	46.7	51.8
医药制造业	43.1	46.0	40.3	48.0	49.8	53.1
化学纤维制造业/橡胶和塑料制品业	45.8	48.7	35.4	45.5	53.7	46.4
非金属矿物制品业	47.0	53.7	49.9	50.1	36.4	44.0
黑色金属冶炼及压延加工业	46.4	41.6	44.9	43.5	35.8	41.0
有色金属冶炼及压延加工业	42.8	53.4	44.3	47.2	53.3	48.2
金属制品业	39.7	42.5	40.5	40.3	45.9	35.4
通用设备制造业	42.0	37.5	38.4	37.3	49.1	47.4
专用设备制造业	50.6	47.9	46.3	43.4	39.7	43.3
交通运输设备制造业	50.1	50.5	53.8	49.7	47.3	49.2
电气机械及器材制造业	44.3	41.5	44.1	41.0	44.5	39.6
计算机、通信和其他电子设备制造业	44.8	44.0	43.4	44.2	43.0	45.9
二、按企业规模分						
大型企业	47.7	50.0	43.6	44.1	47.9	49.4
中型企业	49.2	47.6	45.1	45.9	44.4	46.7
小微型企业	45.3	43.6	45.9	44.4	44.6	46.2
三、按特殊类型分						
出口企业	46.4	46.8	41.8	44.5	45.7	47.9
上市公司	42.4	42.0	44.4	44.8	48.4	51.8
国有控股企业	44.8	50.0	44.6	44.7	42.2	47.8
四、按重点产业分						
装备制造产业	45.5	44.5	45.3	43.5	45.0	45.0
高新技术产业	45.3	44.5	42.9	45.7	44.6	48.4
高耗能产业	48.9	45.9	44.0	46.3	43.0	47.1
消费品产业	46.8	46.1	47.9	46.0	47.5	48.5

5-8 制造业采购量指数(2018年)

单位：%

项目	全年	1月	2月	3月	4月	5月	6月
全省	**49.6**	**52.0**	**47.0**	**54.4**	**50.3**	**49.7**	**49.5**
一、按行业大类分							
农副食品加工业	49.7	53.7	41.3	45.7	40.3	50.7	48.4
食品制造业	52.7	53.3	56.5	43.5	55.0	48.5	56.1
酒饮料和精制茶制造业	49.5	61.5	56.4	29.0	48.9	49.2	45.7
纺织业	48.8	52.4	37.0	57.4	49.7	51.3	55.5
纺织服装/皮革毛皮其制品业和制鞋业	49.3	48.1	21.6	54.8	59.8	51.9	59.6
木材加工/家具制造业	45.8	48.1	19.2	60.3	50.7	48.3	50.9
造纸/印刷/文教工美体育用品制造业	44.9	52.6	41.7	54.8	44.2	39.2	42.7
石油加工、炼焦及核燃料加工业	46.7	40.9	41.7	41.5	56.3	56.1	38.9
化学原料和化学制品制造业	48.0	51.3	48.1	52.2	48.8	41.5	44.7
医药制造业	53.7	59.2	55.5	49.3	50.3	50.2	52.2
化学纤维制造业/橡胶和塑料制品业	47.8	49.4	56.3	48.2	39.8	41.2	56.1
非金属矿物制品业	50.3	48.1	38.9	63.4	56.6	56.5	45.0
黑色金属冶炼及压延加工业	48.9	54.2	47.0	51.2	50.7	48.3	53.5
有色金属冶炼及压延加工业	45.2	38.8	67.3	53.6	44.0	48.5	36.8
金属制品业	51.5	52.7	41.7	54.9	57.0	57.7	49.6
通用设备制造业	50.5	50.1	44.0	58.6	50.0	48.8	50.9
专用设备制造业	50.1	54.5	63.4	55.1	53.8	48.2	62.3
交通运输设备制造业	48.8	53.4	53.8	65.3	52.4	50.7	39.3
电气机械及器材制造业	47.1	51.5	33.7	48.1	53.2	48.1	53.0
计算机、通信和其他电子设备制造业	52.6	47.7	51.5	61.1	52.1	54.1	56.5
二、按企业规模分							
大型企业	53.1	51.2	51.7	59.4	55.6	54.4	51.9
中型企业	50.8	56.0	47.0	56.0	51.0	49.6	50.3
小微型企业	48.2	49.8	45.9	52.3	48.8	48.7	48.5
三、按特殊类型分							
出口企业	51.5	52.0	49.9	59.1	55.1	48.6	54.7
上市公司	49.4	48.7	45.4	55.8	48.2	48.7	50.1
国有控股企业	50.4	47.3	47.7	55.8	53.6	49.2	49.6
四、按重点产业分							
装备制造产业	50.3	51.3	49.4	58.1	52.4	51.6	51.2
高新技术产业	52.8	52.3	52.8	57.8	52.2	53.7	55.5
高耗能产业	48.3	49.9	45.0	54.6	49.5	48.2	47.4
消费品产业	50.1	55.9	49.2	52.0	48.3	48.8	47.3

5-8 续表

单位：%

项　　目	7月	8月	9月	10月	11月	12月
全　　省	**49.0**	**48.7**	**51.1**	**48.6**	**47.4**	**48.0**
一、按行业大类分						
农副食品加工业	45.4	49.7	58.4	54.4	53.1	55.4
食品制造业	51.5	61.9	62.5	51.1	45.0	47.8
酒饮料和精制茶制造业	45.2	41.3	54.6	51.7	49.5	60.9
纺织业	55.1	41.8	54.3	44.5	44.5	41.8
纺织服装/皮革毛皮其制品业和制鞋业	46.2	43.0	60.0	53.1	46.6	46.2
木材加工/家具制造业	53.5	48.9	51.2	36.8	46.6	35.5
造纸/印刷/文教工美体育用品制造业	53.2	45.8	36.6	36.6	48.3	42.9
石油加工、炼焦及核燃料加工业	45.4	59.4	41.7	50.8	37.9	49.2
化学原料和化学制品制造业	49.9	46.8	51.1	50.8	43.8	46.6
医药制造业	48.8	64.0	60.2	46.5	49.1	59.5
化学纤维制造业/橡胶和塑料制品业	47.5	43.3	51.4	44.1	46.6	49.7
非金属矿物制品业	42.8	53.9	51.3	50.4	46.6	50.1
黑色金属冶炼及压延加工业	54.1	47.4	45.9	52.7	44.3	37.8
有色金属冶炼及压延加工业	44.4	40.1	54.3	37.9	45.0	31.8
金属制品业	47.6	58.1	52.6	47.8	54.0	43.7
通用设备制造业	57.2	48.4	47.0	51.1	48.0	52.0
专用设备制造业	46.2	48.5	36.0	43.9	46.6	42.4
交通运输设备制造业	42.7	38.0	53.8	43.5	49.9	43.0
电气机械及器材制造业	42.7	55.1	42.6	50.9	40.7	46.2
计算机、通信和其他电子设备制造业	57.3	54.1	49.2	49.3	48.2	49.5
二、按企业规模分						
大型企业	52.5	54.9	58.2	49.0	50.6	47.7
中型企业	51.4	50.5	51.4	48.9	49.9	48.2
小微型企业	46.9	46.3	49.3	48.3	45.3	47.9
三、按特殊类型分						
出口企业	53.7	51.7	50.2	50.4	46.6	45.5
上市公司	50.0	52.1	54.6	50.6	43.9	44.2
国有控股企业	52.3	50.7	51.6	50.5	49.3	47.1
四、按重点产业分						
装备制造产业	50.2	49.4	48.0	47.6	48.2	46.6
高新技术产业	55.4	54.5	50.5	48.8	47.9	52.5
高耗能产业	49.4	47.5	49.7	48.5	45.1	44.6
消费品产业	46.9	47.4	55.2	48.6	50.4	51.7

5-9 制造业进口指数(2018年)

单位：%

项目	全年	1月	2月	3月	4月	5月	6月
全省	**48.6**	**52.4**	**50.9**	**53.0**	**48.3**	**45.5**	**51.0**
一、按行业大类分							
农副食品加工业	47.4	56.7	38.2	48.7	49.0	44.4	68.3
食品制造业	54.1	68.1	76.4	44.9	81.7	64.6	38.4
酒饮料和精制茶制造业	46.3	62.0	68.8		49.0	32.3	51.2
纺织业	23.5	17.0	38.2	56.1	12.3	32.3	51.2
纺织服装/皮革毛皮其制品业和制鞋业	56.9	51.0	19.1	59.9	85.8	67.8	71.7
木材加工/家具制造业	33.2	51.0			24.5	24.2	51.2
造纸/印刷/文教工美体育用品制造业	31.9	30.6	15.3	35.9	29.4	19.4	51.2
石油加工、炼焦及核燃料加工业	52.0	51.0	114.6	22.5	49.0	72.6	68.3
化学原料和化学制品制造业	48.5	39.7	43.7	58.7	57.2	38.7	32.6
医药制造业	52.6	72.9	63.7	44.9	49.0	48.4	51.2
化学纤维制造业/橡胶和塑料制品业	46.5	56.7	38.2	49.9	55.1	59.2	29.3
非金属矿物制品业	53.6	62.4	48.6	53.1	53.5	33.9	56.9
黑色金属冶炼及压延加工业	51.5	68.1	47.8	38.5	42.0	56.5	51.2
有色金属冶炼及压延加工业	38.7	38.3	50.9	22.5	36.8	32.3	51.2
金属制品业	47.0	51.0	76.4	44.9	49.0	48.4	51.2
通用设备制造业	40.6	35.3	41.1	56.1	43.6	35.2	51.2
专用设备制造业	52.0	57.4	76.4	67.4	49.0	53.8	44.8
交通运输设备制造业	43.9	43.8	34.2	44.9	49.0	41.5	43.9
电气机械及器材制造业	56.1	63.8	65.5	49.9	49.0	53.3	56.4
计算机、通信和其他电子设备制造业	52.0	53.3	60.1	64.2	46.1	50.3	54.1
二、按企业规模分							
大型企业	47.4	51.8	45.4	53.3	50.3	43.9	47.2
中型企业	49.6	56.4	50.9	55.2	47.2	49.0	49.9
小微型企业	48.4	44.3	60.7	48.1	46.7	42.2	58.7
三、按特殊类型分							
出口企业	48.4	53.5	48.6	57.1	47.2	44.0	47.4
上市公司	43.7	47.6	39.6	47.5	40.8	42.0	42.7
国有控股企业	48.2	48.3	47.4	49.2	50.7	45.8	52.1
四、按重点产业分							
装备制造产业	48.8	49.6	52.6	58.5	46.8	47.6	50.8
高新技术产业	52.2	56.0	58.9	60.1	47.5	49.2	54.3
高耗能产业	47.5	49.9	45.2	48.3	47.1	44.2	47.0
消费品产业	47.8	56.8	47.6	48.2	51.9	42.4	50.5

5-9 续表

单位：%

项　　目	7月	8月	9月	10月	11月	12月
全　　省	**51.3**	**49.4**	**47.2**	**45.5**	**42.3**	**46.0**
一、按行业大类分						
农副食品加工业	50.3	60.0	39.2	51.6	23.8	38.8
食品制造业	83.9	50.7	49.0	38.7	15.9	36.4
酒饮料和精制茶制造业	35.2	69.8	57.2	28.7	39.0	63.0
纺织业		50.7				24.2
纺织服装/皮革毛皮其制品业和制鞋业	50.3	60.9	39.2	51.6	66.7	58.2
木材加工/家具制造业	50.32		49.0	51.6	47.7	48.5
造纸/印刷/文教工美体育用品制造业	40.3	40.6	40.8	43.0	20.4	16.2
石油加工、炼焦及核燃料加工业	33.5	50.7	36.8	68.8	23.8	32.3
化学原料和化学制品制造业	45.3	56.4	49.0	74.6	47.7	38.8
医药制造业	58.7	50.7	36.8	44.2	41.7	69.3
化学纤维制造业/橡胶和塑料制品业	50.3	43.5	35.0	45.2	40.9	54.5
非金属矿物制品业	55.4	57.1	66.8	45.9	47.7	62.3
黑色金属冶炼及压延加工业	58.7	50.7	65.3	43.0	47.7	48.5
有色金属冶炼及压延加工业	50.3	50.7	36.8	34.4	35.7	24.2
金属制品业	37.7	38.1	49.0	34.4	35.7	48.5
通用设备制造业	41.9	50.7	40.1	31.8	27.8	32.3
专用设备制造业	56.6	45.1	42.9	40.1	41.7	48.5
交通运输设备制造业	52.3	37.1	47.1	43.7	51.2	37.7
电气机械及器材制造业	54.9	57.1	54.5	61.0	43.3	64.6
计算机、通信和其他电子设备制造业	56.2	48.7	49.9	45.5	47.7	47.6
二、按企业规模分						
大型企业	49.0	48.7	47.7	47.5	41.4	42.7
中型企业	52.2	49.4	47.8	45.2	44.0	48.5
小微型企业	54.0	50.7	45.3	42.4	40.9	47.2
三、按特殊类型分						
出口企业	52.3	46.7	45.9	47.6	44.7	45.9
上市公司	47.0	47.1	42.2	49.9	36.7	41.6
国有控股企业	49.4	47.0	47.2	48.8	48.5	44.2
四、按重点产业分						
装备制造产业	52.6	45.6	47.6	43.6	45.5	45.0
高新技术产业	55.0	48.4	49.7	48.5	46.2	52.1
高耗能产业	49.2	52.0	50.1	51.6	41.8	44.0
消费品产业	53.2	51.5	46.8	39.5	40.4	44.4

5-10 制造业购进价格指数(2018年)

单位：%

项　　目	全年	1月	2月	3月	4月	5月	6月
全　　省	**54.8**	**57.6**	**53.1**	**52.9**	**53.4**	**54.0**	**55.1**
一、按行业大类分							
农副食品加工业	57.9	59.3	52.3	47.8	48.7	40.8	51.8
食品制造业	54.7	51.0	51.7	48.8	46.7	48.2	53.8
酒饮料和精制茶制造业	52.3	56.1	53.6	48.8	54.8	54.0	53.9
纺织业	53.0	58.0	54.3	52.1	53.6	48.8	61.8
纺织服装/皮革毛皮其制品业和制鞋业	53.6	54.7	49.9	52.4	53.6	55.1	52.1
木材加工/家具制造业	52.6	60.6	48.0	48.8	52.0	53.6	52.2
造纸/印刷/文教工美体育用品制造业	55.4	57.0	53.0	61.4	58.0	73.4	61.7
石油加工、炼焦及核燃料加工业	54.0	49.3	42.4	55.7	50.2	58.8	50.3
化学原料和化学制品制造业	53.7	54.7	51.0	49.9	51.2	51.0	49.8
医药制造业	53.6	53.1	51.2	51.3	54.0	51.3	55.6
化学纤维制造业/橡胶和塑料制品业	56.1	66.6	60.7	51.4	57.9	58.9	52.9
非金属矿物制品业	59.9	62.7	55.3	53.6	54.9	57.3	61.5
黑色金属冶炼及压延加工业	55.2	54.9	53.7	56.2	50.2	56.4	56.8
有色金属冶炼及压延加工业	52.5	49.3	57.6	56.3	62.3	63.7	52.1
金属制品业	56.9	59.8	52.3	55.7	57.7	58.7	59.1
通用设备制造业	56.8	62.9	56.8	56.2	57.1	56.2	58.0
专用设备制造业	55.0	58.0	55.3	54.2	53.2	55.9	57.5
交通运输设备制造业	53.0	61.7	54.4	48.8	52.1	53.4	52.8
电气机械及器材制造业	51.1	51.6	45.1	52.8	48.1	56.2	55.6
计算机、通信和其他电子设备制造业	53.6	55.0	53.3	53.9	55.7	54.3	53.9
二、按企业规模分							
大型企业	54.2	56.9	52.5	52.6	53.1	53.8	55.6
中型企业	54.5	58.4	53.3	49.9	51.7	54.8	56.9
小微型企业	55.1	57.3	53.1	54.7	54.3	53.7	54.0
三、按特殊类型分							
出口企业	54.3	58.6	52.3	52.4	53.7	53.5	56.2
上市公司	56.4	56.8	54.4	51.9	53.1	52.8	53.3
国有控股企业	54.2	58.0	54.6	52.4	50.7	54.0	54.1
四、按重点产业分							
装备制造产业	54.2	58.3	53.4	53.5	54.2	55.2	55.5
高新技术产业	53.5	55.4	51.8	53.0	55.0	53.2	54.4
高耗能产业	55.4	57.3	53.7	53.4	53.3	56.1	55.6
消费品产业	54.6	57.8	52.8	51.7	52.1	51.4	53.7

5-10 续表

单位：%

项　　目	7月	8月	9月	10月	11月	12月
全　　省	**54.9**	**56.7**	**58.8**	**57.1**	**53.2**	**51.1**
一、按行业大类分						
农副食品加工业	58.2	67.3	70.7	68.7	66.1	63.0
食品制造业	57.0	52.6	59.2	63.0	65.5	58.6
酒饮料和精制茶制造业	52.7	52.9	51.0	49.4	48.7	51.0
纺织业	54.1	57.9	65.7	50.5	36.3	42.9
纺织服装/皮革毛皮其制品业和制鞋业	57.0	52.7	57.9	54.8	52.3	50.0
木材加工/家具制造业	53.6	56.5	57.9	49.4	48.7	50.0
造纸/印刷/文教工美体育用品制造业	51.7	54.2	53.8	49.4	47.0	44.6
石油加工、炼焦及核燃料加工业	60.8	63.5	59.9	55.5	57.9	43.3
化学原料和化学制品制造业	50.6	54.5	60.3	60.6	57.8	52.6
医药制造业	59.8	52.2	53.1	55.9	50.0	55.3
化学纤维制造业/橡胶和塑料制品业	51.7	67.8	62.1	58.2	42.5	42.3
非金属矿物制品业	61.4	54.6	61.4	70.3	67.6	58.6
黑色金属冶炼及压延加工业	54.3	61.2	61.5	58.9	55.0	43.5
有色金属冶炼及压延加工业	37.4	50.8	55.7	49.4	50.4	44.8
金属制品业	62.0	59.7	60.8	59.5	51.3	46.1
通用设备制造业	58.1	61.4	59.6	54.8	52.9	47.2
专用设备制造业	53.8	58.1	56.6	52.4	48.7	56.1
交通运输设备制造业	51.7	53.4	57.0	53.3	48.2	49.5
电气机械及器材制造业	53.9	47.6	54.8	56.7	45.6	44.7
计算机、通信和其他电子设备制造业	55.4	54.1	53.3	52.9	50.3	51.6
二、按企业规模分						
大型企业	52.7	54.1	61.3	58.7	51.3	48.1
中型企业	54.2	57.7	57.5	57.2	52.3	50.1
小微型企业	55.8	56.8	58.9	56.7	54.2	52.3
三、按特殊类型分						
出口企业	54.8	53.2	57.6	55.7	51.5	51.8
上市公司	56.1	57.4	65.1	63.7	55.1	56.5
国有控股企业	54.5	54.4	57.1	57.4	53.2	49.8
四、按重点产业分						
装备制造产业	55.2	55.6	56.5	54.3	49.5	49.5
高新技术产业	55.9	53.9	53.5	53.9	50.3	51.9
高耗能产业	53.5	57.6	60.9	59.9	55.1	48.8
消费品产业	55.0	56.4	58.5	57.1	54.5	54.0

5-11 制造业原材料库存指数(2018年)

单位：%

项　　目	全年	1月	2月	3月	4月	5月	6月
全　　省	**46.5**	**47.7**	**46.2**	**47.2**	**47.1**	**48.0**	**47.0**
一、按行业大类分							
农副食品加工业	45.8	51.8	38.5	47.5	44.7	43.3	43.3
食品制造业	47.2	49.9	43.9	47.5	49.5	54.1	47.8
酒饮料和精制茶制造业	47.7	50.4	50.4	31.7	48.0	54.2	43.5
纺织业	45.0	45.4	48.4	45.4	39.4	49.4	43.2
纺织服装/皮革毛皮其制品业和制鞋业	44.4	38.8	33.1	49.3	51.2	50.6	46.1
木材加工/家具制造业	42.6	42.2	36.5	43.9	47.7	41.2	45.7
造纸/印刷/文教工美体育用品制造业	45.4	45.2	36.6	49.1	41.8	47.4	49.7
石油加工、炼焦及核燃料加工业	46.8	47.4	39.1	40.7	58.2	50.6	54.4
化学原料和化学制品制造业	45.9	51.0	44.6	44.9	46.0	42.8	46.2
医药制造业	49.7	55.0	54.4	42.5	48.2	53.2	58.1
化学纤维制造业/橡胶和塑料制品业	42.2	53.9	58.8	34.7	45.7	38.9	44.8
非金属矿物制品业	46.9	46.2	44.9	50.6	49.5	46.3	46.0
黑色金属冶炼及压延加工业	46.3	47.3	42.9	43.9	46.4	51.9	52.0
有色金属冶炼及压延加工业	46.0	46.0	45.1	45.7	47.8	43.6	46.1
金属制品业	47.0	47.5	43.9	48.7	55.7	49.3	47.5
通用设备制造业	43.5	37.4	48.1	50.2	35.8	43.6	47.1
专用设备制造业	47.2	49.9	49.7	48.6	49.5	48.5	52.4
交通运输设备制造业	49.0	49.9	58.6	47.5	50.5	52.6	45.3
电气机械及器材制造业	42.7	47.5	39.9	39.6	49.5	40.0	39.6
计算机、通信和其他电子设备制造业	48.1	45.7	47.3	51.4	47.6	52.6	50.1
二、按企业规模分							
大型企业	49.9	48.6	51.1	49.7	51.1	51.6	51.4
中型企业	47.3	49.9	47.6	48.3	49.4	50.0	47.7
小微型企业	45.2	46.2	44.2	46.0	45.0	46.2	45.6
三、按特殊类型分							
出口企业	47.6	47.7	48.7	47.5	47.6	48.4	50.8
上市公司	46.7	49.9	48.6	43.3	44.5	46.2	49.9
国有控股企业	47.8	48.0	46.5	50.5	51.2	49.0	47.0
四、按重点产业分							
装备制造产业	46.8	46.0	49.3	48.7	47.6	49.1	47.4
高新技术产业	48.3	47.7	50.6	48.8	47.1	52.5	50.3
高耗能产业	45.6	47.6	45.4	45.2	46.6	46.0	47.3
消费品产业	47.5	50.2	46.9	48.1	47.7	49.3	46.4

5-11 续表

单位：%

项　　目	7月	8月	9月	10月	11月	12月
全　　省	**47.3**	**47.1**	**46.8**	**43.8**	**44.0**	**45.4**
一、按行业大类分						
农副食品加工业	47.7	48.5	46.5	42.4	45.4	50.1
食品制造业	48.2	48.5	48.2	42.8	40.4	46.2
酒饮料和精制茶制造业	44.9	46.1	47.8	50.7	50.3	54.2
纺织业	54.1	42.4	44.1	39.3	38.6	50.8
纺织服装/皮革毛皮其制品业和制鞋业	39.2	52.1	49.9	38.6	43.4	40.4
木材加工/家具制造业	37.8	38.6	42.5	42.0	45.1	47.7
造纸/印刷/文教工美体育用品制造业	53.4	41.7	43.2	39.7	50.6	46.1
石油加工、炼焦及核燃料加工业	42.6	52.1	49.9	40.3	42.7	43.0
化学原料和化学制品制造业	48.0	47.2	44.8	42.5	44.3	48.6
医药制造业	54.4	52.1	46.0	44.4	43.7	44.4
化学纤维制造业/橡胶和塑料制品业	39.8	40.1	39.7	30.6	41.3	38.2
非金属矿物制品业	47.4	50.4	49.9	45.3	40.4	45.9
黑色金属冶炼及压延加工业	51.1	44.1	49.3	45.2	43.2	38.0
有色金属冶炼及压延加工业	44.6	48.5	46.5	44.5	48.8	44.5
金属制品业	46.5	45.6	49.9	44.6	51.4	33.9
通用设备制造业	45.3	41.2	40.2	45.5	40.6	46.8
专用设备制造业	47.5	51.0	46.8	40.5	40.9	41.5
交通运输设备制造业	47.1	47.9	52.4	47.7	46.9	41.7
电气机械及器材制造业	46.2	44.3	49.9	38.0	34.3	43.3
计算机、通信和其他电子设备制造业	48.8	51.7	44.7	46.5	44.1	46.4
二、按企业规模分						
大型企业	50.0	53.4	48.6	48.4	47.6	48.0
中型企业	48.6	47.5	47.1	43.0	44.8	44.2
小微型企业	45.9	45.4	46.2	43.2	42.8	45.5
三、按特殊类型分						
出口企业	46.6	50.6	46.0	45.4	45.9	45.9
上市公司	45.7	50.6	45.6	46.8	46.7	43.1
国有控股企业	48.1	51.8	47.1	46.6	44.1	43.6
四、按重点产业分						
装备制造产业	47.1	47.6	47.1	44.9	43.5	43.4
高新技术产业	49.8	51.2	45.0	46.4	43.5	47.2
高耗能产业	48.0	45.7	46.1	42.0	42.6	44.6
消费品产业	46.8	48.2	47.5	44.8	46.4	48.0

5-12　制造业从业人员指数(2018年)

单位：%

项　　目	全年	1月	2月	3月	4月	5月	6月
全　　省	**48.3**	**48.6**	**49.8**	**48.7**	**49.1**	**49.1**	**47.8**
一、按行业大类分							
农副食品加工业	49.1	48.1	48.2	44.0	50.6	49.0	46.7
食品制造业	53.1	56.0	56.4	48.8	48.7	50.4	54.2
酒饮料和精制茶制造业	48.2	55.4	52.7	32.5	52.7	48.9	46.5
纺织业	47.2	44.9	48.8	53.3	48.7	48.1	44.9
纺织服装/皮革毛皮其制品业和制鞋业	44.9	46.8	27.1	56.1	50.5	48.7	47.2
木材加工/家具制造业	48.7	48.6	43.4	45.1	56.0	50.4	48.8
造纸/印刷/文教工美体育用品制造业	48.3	53.7	44.0	47.3	48.7	47.3	44.1
石油加工、炼焦及核燃料加工业	48.4	53.1	53.5	41.9	37.3	53.4	50.7
化学原料和化学制品制造业	49.2	48.3	51.4	43.9	48.2	47.3	52.7
医药制造业	50.4	53.1	57.8	51.4	47.5	49.1	49.3
化学纤维制造业/橡胶和塑料制品业	46.7	42.4	51.8	40.9	48.7	50.4	45.5
非金属矿物制品业	47.5	45.2	46.6	51.5	48.7	50.9	46.4
黑色金属冶炼及压延加工业	49.2	44.8	48.4	48.2	50.6	49.1	52.0
有色金属冶炼及压延加工业	50.4	48.6	52.0	54.5	55.5	52.1	47.2
金属制品业	47.8	46.9	47.0	48.8	43.9	44.1	44.3
通用设备制造业	46.8	47.0	50.1	44.8	45.4	49.0	45.0
专用设备制造业	48.8	47.2	53.9	52.1	53.6	51.4	51.7
交通运输设备制造业	46.8	49.5	53.5	48.8	48.7	46.4	43.2
电气机械及器材制造业	45.3	42.1	49.7	44.8	42.6	50.4	45.4
计算机、通信和其他电子设备制造业	48.1	51.0	49.7	52.4	48.7	50.4	50.7
二、按企业规模分							
大型企业	49.0	49.2	51.9	49.5	48.1	48.8	47.4
中型企业	48.6	49.1	50.3	49.5	48.5	49.4	47.7
小微型企业	48.0	48.2	49.0	48.0	49.6	49.0	48.0
三、按特殊类型分							
出口企业	48.7	49.1	50.4	50.2	48.1	50.4	47.4
上市公司	49.3	48.0	53.4	52.0	50.1	48.9	49.2
国有控股企业	47.7	48.7	52.0	47.0	46.1	45.1	46.1
四、按重点产业分							
装备制造产业	47.4	48.4	50.9	49.5	47.6	48.8	47.0
高新技术产业	48.8	51.6	52.0	52.3	48.0	49.3	49.9
高耗能产业	48.2	46.7	49.1	47.6	48.7	49.2	48.7
消费品产业	49.0	51.7	50.2	49.6	50.4	49.4	47.1

5-12 续表

单位：%

项　　目	7月	8月	9月	10月	11月	12月
全　　省	**49.2**	**49.1**	**47.9**	**46.3**	**47.0**	**47.1**
一、按行业大类分						
农副食品加工业	48.8	50.3	52.1	49.2	52.2	50.4
食品制造业	59.5	57.2	53.1	55.5	47.1	49.9
酒饮料和精制茶制造业	45.1	43.2	50.2	50.2	48.8	52.5
纺织业	48.4	44.6	48.5	46.5	46.5	42.8
纺织服装/皮革毛皮其制品业和制鞋业	45.5	40.3	44.2	41.5	48.8	42.5
木材加工/家具制造业	54.7	48.0	47.9	46.9	46.9	48.0
造纸/印刷/文教工美体育用品制造业	54.1	48.4	46.4	43.9	52.3	49.9
石油加工、炼焦及核燃料加工业	44.8	48.6	43.5	48.7	51.8	53.2
化学原料和化学制品制造业	51.8	52.4	49.7	46.7	49.3	48.3
医药制造业	49.4	51.8	52.3	50.0	46.2	47.3
化学纤维制造业/橡胶和塑料制品业	48.1	46.5	48.4	46.2	46.3	44.8
非金属矿物制品业	48.6	49.1	45.4	43.4	46.7	47.8
黑色金属冶炼及压延加工业	50.1	51.8	49.7	50.6	48.2	47.3
有色金属冶炼及压延加工业	47.2	53.6	49.7	43.7	50.5	49.9
金属制品业	54.6	54.4	47.2	47.5	46.2	48.6
通用设备制造业	49.3	48.9	49.7	44.7	44.0	43.6
专用设备制造业	50.7	45.5	47.7	44.8	44.8	42.8
交通运输设备制造业	44.7	49.7	43.8	44.9	44.4	44.5
电气机械及器材制造业	49.7	45.2	42.3	42.5	45.7	43.5
计算机、通信和其他电子设备制造业	49.9	49.7	44.5	42.1	42.5	45.5
二、按企业规模分						
大型企业	50.1	53.2	48.1	46.8	47.2	47.3
中型企业	50.2	49.2	48.2	45.9	47.4	47.4
小微型企业	48.6	48.1	47.7	46.4	46.8	46.9
三、按特殊类型分						
出口企业	50.7	52.0	47.4	45.4	45.5	47.4
上市公司	51.5	48.8	46.8	48.0	48.1	46.3
国有控股企业	49.2	50.5	48.2	45.8	45.8	47.6
四、按重点产业分						
装备制造产业	49.1	49.0	45.5	44.1	44.2	44.7
高新技术产业	49.6	51.0	46.7	44.5	44.0	46.4
高耗能产业	49.3	49.6	48.1	46.4	48.1	47.1
消费品产业	48.2	48.2	48.9	47.5	48.3	48.3

5-13 制造业供应商配送时间指数(2018年)

单位：%

项目	全年	1月	2月	3月	4月	5月	6月
全省	**49.9**	**48.3**	**49.0**	**51.4**	**50.4**	**50.9**	**50.2**
一、按行业大类分							
农副食品加工业	51.0	48.4	51.1	49.6	50.5	52.5	53.1
食品制造业	54.0	54.6	57.5	49.6	53.0	57.0	56.6
酒饮料和精制茶制造业	49.9	48.8	53.7	49.6	48.5	50.6	49.7
纺织业	50.4	48.2	52.5	54.1	51.8	52.4	52.0
纺织服装/皮革毛皮其制品业和制鞋业	46.6	49.3	47.7	47.7	47.8	53.5	46.3
木材加工/家具制造业	51.2	49.3	45.4	49.6	53.2	53.8	53.4
造纸/印刷/文教工美体育用品制造业	50.0	46.3	48.7	52.8	48.0	51.6	51.3
石油加工、炼焦及核燃料加工业	49.8	51.8	48.3	49.6	49.5	47.1	49.7
化学原料和化学制品制造业	47.9	47.7	48.3	49.6	50.0	47.5	46.7
医药制造业	50.7	53.1	50.9	54.8	52.1	48.8	49.7
化学纤维制造业/橡胶和塑料制品业	47.8	46.7	50.8	45.5	47.0	47.5	49.7
非金属矿物制品业	49.3	47.8	44.4	53.9	50.1	50.6	48.2
黑色金属冶炼及压延加工业	51.2	51.8	49.6	54.0	53.3	52.7	51.0
有色金属冶炼及压延加工业	49.5	45.5	47.5	53.4	47.8	48.4	49.7
金属制品业	48.3	45.8	46.0	47.2	52.0	53.8	54.7
通用设备制造业	48.6	45.9	46.2	53.7	46.8	48.7	46.3
专用设备制造业	50.4	46.1	52.5	49.6	51.5	53.1	49.7
交通运输设备制造业	50.4	49.3	47.7	49.6	52.0	51.6	52.7
电气机械及器材制造业	51.1	49.3	49.9	51.6	50.6	51.1	48.7
计算机、通信和其他电子设备制造业	49.5	45.6	46.9	49.2	51.1	49.7	50.1
二、按企业规模分							
大型企业	49.0	48.1	46.3	50.2	48.6	50.7	50.0
中型企业	50.1	48.3	49.2	50.9	50.4	51.2	49.2
小微型企业	50.0	48.4	49.5	52.0	50.8	50.7	50.8
三、按特殊类型分							
出口企业	49.1	46.4	48.2	50.4	50.1	51.1	48.3
上市公司	49.5	45.5	46.0	52.7	49.5	51.5	49.7
国有控股企业	49.9	48.3	46.1	52.4	50.0	51.1	50.5
四、按重点产业分							
装备制造产业	49.8	47.0	47.7	51.2	50.7	50.9	50.3
高新技术产业	49.8	46.9	46.4	51.5	51.4	49.8	50.3
高耗能产业	49.2	48.4	48.1	51.9	50.3	49.8	49.2
消费品产业	50.7	49.7	51.2	51.8	50.4	51.9	51.7

5-13 续表

单位：%

项 目	7月	8月	9月	10月	11月	12月
全 省	**49.4**	**49.6**	**49.7**	**49.6**	**50.0**	**49.9**
一、按行业大类分						
农副食品加工业	51.0	51.9	50.0	51.6	51.7	50.8
食品制造业	58.1	56.3	56.4	49.7	48.0	51.5
酒饮料和精制茶制造业	48.1	48.5	51.6	48.1	50.2	51.3
纺织业	48.4	49.5	46.1	47.3	50.9	51.0
纺织服装/皮革毛皮其制品业和制鞋业	42.7	42.2	49.5	42.3	44.2	46.1
木材加工/家具制造业	57.2	51.3	45.9	51.6	53.5	49.8
造纸/印刷/文教工美体育用品制造业	49.6	49.5	49.5	49.7	51.5	51.6
石油加工、炼焦及核燃料加工业	46.7	55.7	52.6	49.7	43.5	53.1
化学原料和化学制品制造业	49.1	46.9	48.0	46.1	46.6	47.7
医药制造业	48.3	49.5	49.5	51.0	51.0	49.8
化学纤维制造业/橡胶和塑料制品业	49.6	49.5	47.0	48.4	45.9	45.9
非金属矿物制品业	49.6	50.0	50.1	50.2	47.6	49.2
黑色金属冶炼及压延加工业	49.0	50.8	49.5	51.6	51.6	49.8
有色金属冶炼及压延加工业	49.6	49.5	51.2	51.4	48.0	51.5
金属制品业	45.9	43.3	47.0	49.7	48.4	45.8
通用设备制造业	48.9	48.1	48.8	48.3	51.8	49.8
专用设备制造业	49.6	50.5	50.5	49.7	51.7	49.8
交通运输设备制造业	48.1	49.5	49.5	51.1	51.7	52.2
电气机械及器材制造业	50.6	49.5	49.5	53.9	55.0	53.0
计算机、通信和其他电子设备制造业	50.0	51.1	51.5	49.7	50.1	49.4
二、按企业规模分						
大型企业	48.3	47.9	49.8	48.4	49.7	49.8
中型企业	49.6	50.2	50.2	49.7	50.3	52.0
小微型企业	49.5	49.7	49.4	49.9	49.9	48.9
三、按特殊类型分						
出口企业	47.5	49.2	49.7	48.1	50.4	50.3
上市公司	46.0	49.5	53.1	47.5	50.4	51.9
国有控股企业	49.1	50.5	50.5	49.4	50.0	51.0
四、按重点产业分						
装备制造产业	49.0	49.3	49.9	50.2	51.3	50.2
高新技术产业	49.6	50.9	50.9	49.7	50.8	50.0
高耗能产业	48.9	49.3	48.9	49.0	48.1	49.0
消费品产业	49.6	50.1	50.6	50.0	50.3	50.9

5-14 制造业生产经营活动预期指数(2018年)

单位：%

项　　目	全年	1月	2月	3月	4月	5月	6月
全　　省	**56.1**	**57.1**	**57.2**	**57.4**	**56.6**	**56.8**	**55.5**
一、按行业大类分							
农副食品加工业	56.2	49.1	45.4	51.7	45.2	51.4	54.5
食品制造业	62.0	67.1	58.5	45.0	62.8	63.1	58.4
酒饮料和精制茶制造业	58.9	71.4	54.8	60.1	55.3	53.5	50.3
纺织业	52.0	53.5	56.1	59.4	50.1	47.3	51.8
纺织服装/皮革毛皮其制品业和制鞋业	55.2	58.8	50.2	55.1	64.5	61.4	63.9
木材加工/家具制造业	54.2	45.2	55.8	46.8	51.5	54.6	47.1
造纸/印刷/文教工美体育用品制造业	50.4	45.9	43.8	49.4	46.4	47.7	53.0
石油加工、炼焦及核燃料加工业	53.0	55.8	58.5	49.3	53.6	62.8	49.9
化学原料和化学制品制造业	53.3	52.9	60.8	56.6	54.2	55.5	51.4
医药制造业	60.2	66.3	58.8	61.6	50.4	54.9	54.4
化学纤维制造业/橡胶和塑料制品业	52.2	49.2	53.1	60.9	52.9	58.7	50.3
非金属矿物制品业	51.5	41.4	53.9	62.7	57.0	51.4	45.7
黑色金属冶炼及压延加工业	57.8	61.0	55.8	55.9	59.3	65.2	70.6
有色金属冶炼及压延加工业	53.2	54.2	64.7	60.6	63.3	49.1	49.3
金属制品业	57.2	57.4	60.1	56.8	62.3	61.0	60.9
通用设备制造业	57.0	59.6	61.1	63.8	57.3	58.6	54.4
专用设备制造业	57.7	64.0	65.1	62.1	63.3	58.0	63.8
交通运输设备制造业	55.4	59.4	66.1	45.0	57.0	54.4	47.7
电气机械及器材制造业	60.5	60.2	56.8	57.2	67.9	66.8	69.5
计算机、通信和其他电子设备制造业	58.6	63.2	60.2	61.0	61.9	63.7	63.1
二、按企业规模分							
大型企业	59.0	60.3	59.6	58.8	57.5	65.4	58.8
中型企业	58.1	58.9	61.6	58.3	59.2	57.3	56.9
小微型企业	54.3	55.2	54.0	56.5	54.9	54.5	53.9
三、按特殊类型分							
出口企业	58.9	62.5	61.7	61.3	60.6	63.6	59.7
上市公司	58.8	63.3	58.9	62.9	55.6	66.3	62.9
国有控股企业	57.5	58.1	60.2	59.4	57.8	62.4	57.2
四、按重点产业分							
装备制造产业	57.7	61.0	61.9	59.8	60.7	60.1	58.3
高新技术产业	60.2	65.4	61.3	62.0	60.2	62.9	61.8
高耗能产业	53.3	51.4	56.6	58.0	55.9	55.4	53.6
消费品产业	57.0	59.6	54.1	53.7	53.2	54.5	53.0

5-14 续表

单位：%

项　　目	7月	8月	9月	10月	11月	12月
全　　省	**55.8**	**57.9**	**56.2**	**56.4**	**54.3**	**52.2**
一、按行业大类分						
农副食品加工业	62.6	68.9	59.9	63.4	62.5	60.4
食品制造业	70.4	73.5	69.7	63.9	55.7	55.4
酒饮料和精制茶制造业	49.2	57.5	58.1	59.3	66.6	70.8
纺织业	45.0	57.5	57.9	51.9	47.8	46.1
纺织服装/皮革毛皮其制品业和制鞋业	46.9	55.6	60.9	54.6	41.7	49.2
木材加工/家具制造业	60.4	64.6	60.9	65.8	54.6	42.6
造纸/印刷/文教工美体育用品制造业	55.8	51.7	54.8	49.1	54.2	53.4
石油加工、炼焦及核燃料加工业	43.1	48.4	47.0	56.4	49.0	62.8
化学原料和化学制品制造业	48.1	54.5	55.7	52.9	48.0	49.6
医药制造业	62.0	63.8	59.4	62.5	68.3	59.7
化学纤维制造业/橡胶和塑料制品业	47.0	54.7	53.0	51.2	46.5	49.7
非金属矿物制品业	49.0	56.1	51.1	56.3	50.5	42.9
黑色金属冶炼及压延加工业	64.4	55.3	52.4	54.2	48.3	51.1
有色金属冶炼及压延加工业	59.6	48.4	51.9	57.4	43.9	36.3
金属制品业	55.0	54.5	57.8	51.2	58.0	51.0
通用设备制造业	60.4	54.5	55.5	54.8	55.2	48.3
专用设备制造业	52.4	53.4	48.9	54.3	55.0	52.0
交通运输设备制造业	52.9	62.5	58.2	57.9	56.2	47.1
电气机械及器材制造业	61.3	58.8	60.0	54.6	57.3	55.4
计算机、通信和其他电子设备制造业	63.7	55.4	54.5	55.1	50.2	51.4
二、按企业规模分						
大型企业	58.5	60.4	61.9	58.9	53.1	54.7
中型企业	58.9	60.9	57.2	59.0	56.7	51.7
小微型企业	53.5	55.7	54.3	54.4	53.2	52.0
三、按特殊类型分						
出口企业	60.2	59.5	59.5	55.5	51.4	51.6
上市公司	56.1	61.1	62.0	54.4	51.1	51.4
国有控股企业	55.0	56.6	60.3	57.4	54.4	50.6
四、按重点产业分						
装备制造产业	58.0	57.0	55.7	55.3	54.5	50.3
高新技术产业	64.0	59.0	57.5	57.9	55.9	54.8
高耗能产业	51.6	54.5	53.2	54.0	48.4	47.5
消费品产业	56.1	62.9	59.2	59.9	60.3	57.3

5-15 非制造业商务活动指数(2018年)

单位：%

行　　业	全年	1月	2月	3月	4月	5月	6月
全　　省	**50.8**	**54.3**	**52.0**	**48.5**	**49.4**	**49.9**	**49.8**
一、按行业大类分							
建筑业	52.6	50.5	43.7	51.7	53.0	52.2	55.6
批发业	45.2	47.3	26.3	51.0	53.0	52.6	49.2
零售业	52.0	55.1	75.0	41.3	41.7	53.0	48.7
交通运输、仓储和邮政业	53.6	53.8	57.4	56.9	59.6	40.2	50.3
住宿业	48.3	40.3	53.0	45.4	56.2	48.6	48.5
餐饮业	46.6	50.9	58.5	34.0	38.6	44.4	48.5
信息传输、软件和信息技术服务业	58.3	66.4	52.2	63.8	47.1	52.1	56.0
房地产业	46.9	47.3	40.1	51.4	46.2	49.8	49.2
社会服务业	49.0	45.6	43.7	54.8	59.1	46.3	51.6
二、按企业规模分							
大型	53.5	52.4	39.6	59.0	62.6	58.6	58.2
中型	51.8	54.4	49.0	49.7	52.1	51.4	53.6
小型	49.5	52.3	51.3	50.2	48.8	47.5	47.0
三、服务业性质分							
生产性服务业	52.0	55.2	49.7	55.1	52.2	52.1	53.4
消费性服务业	50.0	56.0	55.0	48.4	49.5	50.0	48.6
物流业	57.7	56.6	57.2	62.4	67.3	56.4	56.6

5-15 续表

单位：%

行　　业	7月	8月	9月	10月	11月	12月
全　　省	**50.1**	**52.4**	**51.3**	**51.8**	**49.2**	**51.0**
一、按行业大类分						
建筑业	52.1	55.4	53.3	51.9	53.7	57.6
批发业	49.5	51.3	41.9	34.8	45.2	40.7
零售业	48.9	58.7	54.8	49.9	43.5	53.5
交通运输、仓储和邮政业	50.8	55.8	57.8	57.9	51.9	51.3
住宿业	42.4	52.5	41.9	51.6	45.4	53.4
餐饮业	42.5	46.4	56.7	53.2	39.5	45.4
信息传输、软件和信息技术服务业	63.4	61.2	58.9	51.1	63.2	64.4
房地产业	47.2	40.7	50.6	47.6	47.6	44.9
社会服务业	51.8	48.7	45.0	43.2	49.7	49.1
二、按企业规模分						
大型	49.6	54.6	54.5	46.0	53.6	53.4
中型	49.4	54.9	53.7	55.7	48.3	50.1
小型	51.2	49.2	48.1	50.2	47.9	50.6
三、服务业性质分						
生产性服务业	42.5	56.2	55.8	48.8	49.2	53.7
消费性服务业	42.4	54.2	49.9	51.4	45.0	49.5
物流业	42.5	53.5	61.5	61.2	60.9	56.3

5-16 非制造业新订单指数(2018年)

单位：%

行业	全年	1月	2月	3月	4月	5月	6月
全省	**47.9**	**51.2**	**49.6**	**44.9**	**46.8**	**46.8**	**46.9**
一、按行业大类分							
建筑业	45.6	39.6	47.7	42.2	49.6	47.6	48.4
批发业	43.7	47.7	23.5	47.5	51.3	42.4	46.6
零售业	48.6	50.7	65.9	37.2	42.6	46.7	44.4
交通运输、仓储和邮政业	49.5	51.0	49.9	49.1	52.7	43.0	48.4
住宿业	46.8	43.6	52.6	45.6	46.9	40.6	49.4
餐饮业	43.9	51.5	53.7	32.2	42.9	38.3	45.5
信息传输、软件和信息技术服务业	53.9	61.5	43.9	57.7	43.7	51.0	55.3
房地产业	43.3	43.9	41.6	46.8	44.5	49.7	40.7
社会服务业	46.0	44.2	40.8	51.5	54.9	40.9	47.2
二、按企业规模分							
大型	50.3	51.1	39.3	54.0	54.1	52.2	53.1
中型	48.3	53.4	45.9	46.9	47.5	48.2	48.4
小型	46.2	47.7	46.8	46.7	44.2	45.0	44.8
三、服务业性质分							
生产性服务业	49.6	53.9	46.1	51.3	48.3	48.0	53.6
消费性服务业	47.1	49.1	48.3	46.0	49.5	45.6	48.8
物流业	53.1	54.6	50.4	56.4	63.2	52.1	49.2

5-16 续表

单位：%

行业	7月	8月	9月	10月	11月	12月
全省	**47.6**	**50.4**	**47.8**	**46.9**	**46.5**	**49.1**
一、按行业大类分						
建筑业	48.6	45.0	40.7	43.1	46.8	47.8
批发业	49.8	48.3	42.4	37.1	45.7	42.6
零售业	46.3	53.7	52.6	47.0	43.9	52.0
交通运输、仓储和邮政业	49.4	52.9	54.7	48.2	45.4	49.7
住宿业	41.6	51.2	43.0	49.3	42.2	56.1
餐饮业	36.1	41.8	50.5	44.4	40.0	49.5
信息传输、软件和信息技术服务业	62.8	59.5	57.0	41.8	51.7	60.5
房地产业	42.4	41.6	37.5	43.7	45.1	42.2
社会服务业	48.0	52.4	40.6	41.1	45.2	45.7
二、按企业规模分						
大型	50.3	54.3	47.8	43.9	53.5	50.0
中型	45.5	50.9	50.0	49.6	47.6	45.6
小型	48.7	48.6	46.2	45.5	43.9	45.7
三、服务业性质分						
生产性服务业	38.5	53.7	52.3	45.5	50.4	53.6
消费性服务业	41.6	50.0	47.5	44.5	44.3	49.4
物流业	36.1	56.4	64.3	49.1	50.8	54.8

5-17 非制造业国外新订单指数(2018年)

单位：%

行　　业	全年	1月	2月	3月	4月	5月	6月
全　　省	**46.6**	**42.5**	**54.1**	**47.4**	**41.7**	**46.0**	**40.7**
一、按行业大类分							
建筑业	50.6	50.1	44.9	51.8	36.0	59.8	32.9
批发业	40.4	30.2	23.8	49.5	53.9	49.8	39.5
零售业	34.8	52.9	55.5	37.1		49.8	24.7
交通运输、仓储和邮政业	38.9	52.9	55.5	49.5	33.7		39.5
住宿业	50.4	70.6	69.4	38.5	33.7	49.8	49.4
餐饮业	47.6	52.9	97.1	35.3	22.5	33.2	49.4
信息传输、软件和信息技术服务业	44.0	21.2	47.6	49.5	33.7	31.1	39.5
房地产业	27.4			49.5			49.4
社会服务业	47.4	13.2	69.4	56.5	67.4	41.5	49.4
二、按企业规模分							
大型	49.9	49.4	52.0	58.2	24.5	53.6	24.7
中型	45.0	42.3	48.6	45.1	47.2	47.8	45.2
小型	46.0	36.6	68.3	43.5	49.0	31.7	46.5
三、服务业性质分							
生产性服务业	43.4	35.3	44.4	49.5	42.1	39.3	41.6
消费性服务业	46.2	39.1	61.7	43.8	49.6	43.5	45.7
物流业	39.3	52.9	55.5	49.5	33.7		39.5

5-17 续表

单位：%

行　　业	7月	8月	9月	10月	11月	12月
全　　省	**48.9**	**50.1**	**44.2**	**44.6**	**44.5**	**54.0**
一、按行业大类分						
建筑业	47.5	60.3	54.7	60.2	52.2	56.4
批发业	47.8	52.4	30.5	19.2	39.4	48.5
零售业	47.8	44.9		48.0		56.6
交通运输、仓储和邮政业	39.9	29.9	33.9	40.0	42.1	49.5
住宿业	52.6	44.9	50.8	48.0	52.6	45.2
餐饮业	41.9	44.9	50.8	48.0	52.6	42.4
信息传输、软件和信息技术服务业	47.8	44.9	50.8	48.0	43.8	70.7
房地产业	47.8		50.8	48.0	26.3	56.6
社会服务业	56.5	57.8	29.0	42.0	30.0	56.6
二、按企业规模分						
大型	54.7	56.2	59.3	48.0	62.1	56.6
中型	47.8	42.6	38.1	45.2	38.0	52.5
小型	46.7	52.4	39.9	40.8	40.2	56.6
三、服务业性质分						
生产性服务业	47.8	44.9	39.5	36.0	42.1	58.7
消费性服务业	52.6	49.6	38.1	36.5	45.4	49.3
物流业	41.9	29.9	33.9	38.4	39.4	56.6

5-18 非制造业积压订单指数(2018年)

单位：%

行　　业	全年	1月	2月	3月	4月	5月	6月
全　　省	**40.5**	**41.7**	**40.2**	**40.1**	**39.7**	**41.0**	**39.4**
一、按行业大类分							
建筑业	39.2	36.8	40.6	41.5	40.8	38.4	35.4
批发业	40.8	41.5	34.4	47.8	45.6	43.1	45.1
零售业	40.8	43.6	29.5	33.1	38.6	42.6	42.5
交通运输、仓储和邮政业	37.1	41.6	42.6	36.1	35.0	35.8	40.0
住宿业	41.6	39.1	45.3	38.6	46.2	46.7	35.9
餐饮业	40.6	44.6	49.2	28.7	32.4	35.2	40.5
信息传输、软件和信息技术服务业	42.1	46.1	39.1	41.7	36.0	43.5	39.8
房地产业	37.7	37.6	38.5	44.5	34.2	37.5	39.2
社会服务业	39.7	41.5	29.3	36.6	41.6	44.6	36.2
二、按企业规模分							
大型	46.0	44.7	46.9	53.0	44.2	45.6	43.8
中型	39.9	41.7	38.9	39.5	38.4	40.8	40.0
小型	39.2	38.3	38.4	38.7	39.9	40.1	37.7
三、服务业性质分							
生产性服务业	41.6	45.1	39.8	42.4	41.3	43.6	41.2
消费性服务业	41.6	44.0	42.0	39.4	40.4	43.2	40.4
物流业	36.9	41.2	36.8	33.8	31.6	35.5	42.1

5-18 续表

单位：%

行　　业	7月	8月	9月	10月	11月	12月
全　　省	**41.2**	**42.7**	**41.6**	**39.3**	**39.6**	**39.6**
一、按行业大类分						
建筑业	39.4	38.5	42.9	38.7	39.1	38.2
批发业	37.8	41.3	33.7	35.3	43.4	41.0
零售业	45.5	44.9	50.1	37.1	40.2	41.3
交通运输、仓储和邮政业	38.0	38.2	36.1	31.9	36.6	33.6
住宿业	40.8	38.6	46.8	44.8	32.5	43.8
餐饮业	41.6	43.0	48.0	45.9	35.5	43.0
信息传输、软件和信息技术服务业	44.2	48.3	42.1	43.5	39.2	41.3
房地产业	31.7	40.8	36.7	38.9	34.5	38.1
社会服务业	42.6	48.2	39.2	37.3	41.8	37.8
二、按企业规模分						
大型	45.6	49.7	47.8	40.1	47.5	43.6
中型	37.1	39.9	42.0	40.6	39.8	40.5
小型	43.6	42.7	39.3	37.6	37.1	37.0
三、服务业性质分						
生产性服务业	41.2	44.7	39.1	37.9	42.6	40.5
消费性服务业	40.8	43.7	42.9	40.5	39.9	41.5
物流业	41.6	40.2	36.7	33.4	39.0	31.3

5-19 非制造业存货指数(2018年)

单位：%

行　　业	全年	1月	2月	3月	4月	5月	6月
全　　省	**45.4**	**45.2**	**50.3**	**43.5**	**42.6**	**42.7**	**44.6**
一、按行业大类分							
建筑业	42.8	43.5	41.1	45.8	42.0	42.2	47.8
批发业	49.3	49.7	46.5	50.3	47.0	46.2	54.4
零售业	52.2	52.9	49.0	36.6	47.6	46.2	52.4
交通运输、仓储和邮政业	46.2	42.1	54.4	46.9	46.0	44.3	44.0
住宿业	46.2	39.8	64.7	46.5	45.4	42.6	42.7
餐饮业	45.9	52.1	67.6	30.8	35.8	42.0	40.3
信息传输、软件和信息技术服务业	45.5	42.9	45.9	49.8	47.6	46.9	38.5
房地产业	34.7	28.0	33.0	39.7	32.3	30.3	33.9
社会服务业	42.3	42.7	43.3	46.8	41.7	36.2	42.3
二、按企业规模分							
大型	49.0	47.1	47.3	55.3	49.2	48.5	50.1
中型	45.8	42.0	48.2	43.8	44.6	43.7	45.5
小型	43.2	40.5	49.5	43.0	40.2	39.4	42.3
三、服务业性质分							
生产性服务业	46.8	45.5	47.8	49.9	46.9	45.4	46.3
消费性服务业	47.0	47.4	53.6	44.1	44.2	43.7	45.5
物流业	46.5	42.4	56.3	48.4	43.9	43.8	43.7

5-19 续表

单位：%

行　　业	7月	8月	9月	10月	11月	12月
全　　省	**45.2**	**47.6**	**46.7**	**44.5**	**46.0**	**46.1**
一、按行业大类分						
建筑业	45.7	43.4	44.7	38.3	42.1	37.0
批发业	52.5	44.1	45.8	47.3	52.6	54.7
零售业	51.7	59.9	61.8	49.7	56.6	61.6
交通运输、仓储和邮政业	45.1	47.1	49.3	45.0	46.3	44.6
住宿业	42.6	47.6	43.8	45.0	45.0	48.6
餐饮业	39.8	50.4	49.3	55.1	39.0	48.6
信息传输、软件和信息技术服务业	47.8	49.6	44.8	41.7	47.2	42.6
房地产业	34.3	36.2	38.2	37.4	39.8	33.3
社会服务业	40.7	46.1	43.9	38.0	44.1	42.5
二、按企业规模分						
大型	51.2	46.6	49.3	43.4	52.1	47.6
中型	45.1	49.6	48.5	46.8	44.6	47.8
小型	42.7	46.0	43.7	42.4	45.1	43.5
三、服务业性质分						
生产性服务业	41.0	47.6	47.3	44.7	50.4	48.5
消费性服务业	42.6	49.6	48.8	46.9	47.1	50.5
物流业	39.8	48.1	51.3	44.3	51.3	44.9

5-20 非制造业投入价格指数(2018年)

单位：%

行　业	全年	1月	2月	3月	4月	5月	6月
全　省	**53.3**	**52.8**	**53.9**	**50.7**	**52.1**	**53.6**	**53.2**
一、按行业大类分							
建筑业	56.9	54.4	52.9	53.0	52.4	56.8	59.1
批发业	52.0	52.4	45.9	49.0	57.5	59.8	52.4
零售业	51.4	53.2	48.0	50.7	51.5	55.6	49.3
交通运输、仓储和邮政业	52.1	49.6	52.5	53.1	51.4	52.4	54.9
住宿业	53.1	51.4	65.2	49.2	50.4	50.1	49.5
餐饮业	58.0	55.9	69.0	45.4	49.2	48.0	51.3
信息传输、软件和信息技术服务业	50.2	51.0	48.5	51.7	50.4	50.1	51.8
房地产业	52.7	50.7	51.9	53.5	55.5	54.6	52.4
社会服务业	52.9	52.2	54.9	52.7	53.0	51.7	52.8
二、按企业规模分							
大型	54.6	53.8	48.4	50.7	58.6	60.3	53.6
中型	53.5	51.2	54.9	52.3	51.6	53.4	54.2
小型	52.8	51.9	54.3	51.1	52.0	51.9	52.8
三、服务业性质分							
生产性服务业	52.1	52.0	49.1	52.0	53.8	54.9	53.6
消费性服务业	52.7	52.5	54.8	49.2	51.7	52.9	52.0
物流业	53.0	51.3	50.7	55.3	53.6	52.4	54.9

5-20 续表

单位：%

行　业	7月	8月	9月	10月	11月	12月
全　省	**54.2**	**54.0**	**54.3**	**54.4**	**53.4**	**53.0**
一、按行业大类分						
建筑业	56.4	59.1	59.8	60.5	62.4	55.8
批发业	55.6	50.3	58.5	58.7	43.2	40.7
零售业	51.8	51.2	55.3	53.6	47.9	49.2
交通运输、仓储和邮政业	52.1	51.1	53.0	53.1	53.0	49.2
住宿业	53.8	54.0	50.0	53.9	52.2	57.9
餐饮业	59.7	62.6	62.6	61.0	61.6	70.2
信息传输、软件和信息技术服务业	51.9	49.2	47.9	47.6	52.5	49.7
房地产业	51.9	53.7	51.7	52.0	53.2	51.9
社会服务业	56.4	57.3	50.5	50.7	51.4	51.2
二、按企业规模分						
大型	57.1	54.0	60.8	61.8	50.4	45.9
中型	53.7	54.3	54.1	54.3	54.8	53.6
小型	53.9	53.9	52.3	52.2	53.1	54.5
三、服务业性质分						
生产性服务业	57.2	50.6	52.3	52.0	49.8	48.2
消费性服务业	53.8	53.6	54.3	54.0	51.5	52.5
物流业	59.7	51.5	52.1	49.2	53.1	51.8

5-21 非制造业收费价格指数(2018年)

单位：%

行业	全年	1月	2月	3月	4月	5月	6月
全省	**50.1**	**50.4**	**51.5**	**49.9**	**49.5**	**51.1**	**49.8**
一、按行业大类分							
建筑业	52.0	51.0	51.3	52.2	50.1	51.9	52.5
批发业	50.4	51.8	46.4	48.8	52.8	56.4	49.0
零售业	49.7	52.7	46.5	48.9	50.1	54.0	47.1
交通运输、仓储和邮政业	49.4	49.6	49.6	50.1	51.0	47.4	49.8
住宿业	49.1	45.0	63.1	45.2	46.6	48.1	45.1
餐饮业	49.1	49.2	57.3	46.2	42.6	46.5	48.0
信息传输、软件和信息技术服务业	46.6	49.2	42.8	48.2	46.9	48.9	47.8
房地产业	52.3	50.9	53.5	56.9	53.4	57.8	51.7
社会服务业	51.3	51.7	53.2	52.5	51.1	49.5	53.2
二、按企业规模分							
大型	51.0	52.9	48.3	47.3	54.7	57.4	48.8
中型	50.2	49.4	51.1	52.0	49.4	51.4	50.1
小型	49.7	49.8	51.7	49.9	48.4	49.0	50.0
三、服务业性质分							
生产性服务业	49.7	51.2	47.3	50.5	51.3	51.5	50.3
消费性服务业	49.2	50.0	51.5	48.1	49.1	50.5	48.7
物流业	50.5	51.8	48.8	51.5	51.9	47.8	50.3

5-21 续表

单位：%

行业	7月	8月	9月	10月	11月	12月
全省	**50.3**	**50.5**	**50.9**	**49.4**	**48.8**	**48.9**
一、按行业大类分						
建筑业	53.0	52.2	53.0	49.3	53.6	53.5
批发业	52.2	51.6	58.3	55.1	43.4	39.6
零售业	47.6	49.0	55.2	50.8	46.1	48.5
交通运输、仓储和邮政业	49.2	49.7	49.3	47.1	49.4	50.0
住宿业	46.9	50.6	48.6	52.4	46.3	51.1
餐饮业	49.7	50.1	49.3	51.4	48.0	50.9
信息传输、软件和信息技术服务业	42.9	46.2	44.4	44.7	49.5	47.2
房地产业	53.4	52.8	53.7	47.3	48.9	47.6
社会服务业	54.6	53.6	48.2	47.9	50.1	49.4
二、按企业规模分						
大型	53.9	51.2	55.6	52.8	46.5	42.5
中型	48.3	49.9	51.7	49.2	49.5	50.8
小型	50.9	50.7	48.8	48.5	49.0	49.3
三、服务业性质分						
生产性服务业	48.5	49.1	51.1	50.1	49.0	46.2
消费性服务业	46.9	49.9	50.6	49.7	47.4	47.8
物流业	49.7	49.7	50.6	50.1	53.0	51.4

5-22 非制造业从业人员指数(2018年)

单位：%

行　　业	全年	1月	2月	3月	4月	5月	6月
全　　省	**47.4**	**47.6**	**49.5**	**46.8**	**46.8**	**47.2**	**48.1**
一、按行业大类分							
建筑业	48.7	50.1	38.6	47.4	48.2	51.3	52.1
批发业	47.1	44.8	47.7	49.5	50.1	49.4	48.2
零售业	49.2	51.0	55.0	45.9	47.7	49.5	49.4
交通运输、仓储和邮政业	47.4	42.9	49.1	50.0	50.3	45.2	47.3
住宿业	45.2	43.0	50.9	46.4	44.0	41.4	46.7
餐饮业	45.7	49.4	59.9	33.6	41.3	44.7	46.4
信息传输、软件和信息技术服务业	46.1	48.4	50.4	48.8	44.6	41.1	43.8
房地产业	47.8	46.1	46.2	55.9	50.6	52.7	48.1
社会服务业	46.5	45.1	47.4	51.2	53.2	44.8	46.3
二、按企业规模分							
大型	49.5	43.6	45.4	51.0	52.8	51.7	50.6
中型	47.3	46.4	49.1	49.9	47.7	46.7	49.4
小型	46.7	44.8	48.1	47.4	47.1	46.3	46.2
三、服务业性质分							
生产性服务业	47.6	45.4	48.6	49.8	48.3	45.9	47.3
消费性服务业	46.5	46.5	51.4	45.5	46.0	45.1	46.7
物流业	49.5	44.7	50.9	53.7	54.8	45.7	50.0

5-22 续表

单位：%

行　　业	7月	8月	9月	10月	11月	12月
全　　省	**47.6**	**47.5**	**46.1**	**47.0**	**47.0**	**47.3**
一、按行业大类分						
建筑业	51.4	50.6	47.6	47.8	48.0	51.2
批发业	45.2	45.8	46.4	42.8	46.6	48.9
零售业	45.4	49.0	50.1	50.5	48.3	48.9
交通运输、仓储和邮政业	46.6	46.4	47.0	47.3	50.2	46.8
住宿业	44.1	43.1	45.5	44.0	46.2	47.1
餐饮业	47.5	42.9	43.5	50.3	44.9	43.7
信息传输、软件和信息技术服务业	47.2	50.0	41.1	44.9	45.0	48.3
房地产业	46.6	44.6	46.8	47.5	46.4	42.2
社会服务业	45.8	46.0	44.0	43.6	45.2	45.9
二、按企业规模分						
大型	50.4	52.8	48.0	48.9	49.2	49.1
中型	46.9	46.2	46.3	46.0	45.6	47.1
小型	47.3	46.8	45.4	47.2	47.4	46.8
三、服务业性质分						
生产性服务业	46.1	49.8	46.5	46.6	48.3	48.7
消费性服务业	44.1	46.7	45.5	46.6	46.4	47.0
物流业	47.5	48.1	49.6	48.6	55.1	45.9

5-23 非制造业供应商配送时间指数(2018年)

单位：%

行　业	全年	1月	2月	3月	4月	5月	6月
全　　省	**51.3**	**49.9**	**49.6**	**52.5**	**51.8**	**51.1**	**51.3**
一、按行业大类分							
建筑业	50.1	46.0	47.1	52.5	53.2	51.2	50.9
批发业	50.1	48.6	48.5	54.3	49.1	48.3	51.5
零售业	52.8	53.6	53.1	52.9	49.2	53.3	49.8
交通运输、仓储和邮政业	51.8	53.8	50.3	51.3	53.5	51.2	51.4
住宿业	50.9	49.8	50.9	48.4	52.1	51.9	50.9
餐饮业	50.6	49.2	51.4	50.1	50.3	50.6	49.8
信息传输、软件和信息技术服务业	50.5	45.9	43.0	54.7	52.5	49.5	50.3
房地产业	53.0	52.8	47.8	55.4	54.9	51.5	55.2
社会服务业	51.7	51.2	52.1	53.2	52.9	52.1	52.2
二、按企业规模分							
大型	49.5	49.2	49.4	51.4	48.8	50.1	50.8
中型	51.5	48.9	49.0	52.8	52.9	52.1	51.3
小型	51.6	50.5	49.0	52.9	52.1	50.9	51.6
三、服务业性质分							
生产性服务业	51.5	49.7	48.3	54.5	51.8	50.1	51.4
消费性服务业	51.2	50.3	50.6	51.8	51.1	50.8	51.0
物流业	53.6	55.1	50.9	53.6	54.1	53.1	51.8

5-23 续表

单位：%

行　业	7月	8月	9月	10月	11月	12月
全　　省	**51.5**	**50.8**	**51.7**	**52.5**	**51.2**	**51.2**
一、按行业大类分						
建筑业	51.1	50.8	49.8	51.8	49.1	48.1
批发业	50.7	48.5	49.8	50.6	51.4	49.9
零售业	53.7	53.4	55.0	53.1	52.9	53.5
交通运输、仓储和邮政业	49.5	52.0	53.1	52.2	50.2	53.3
住宿业	51.3	49.6	52.9	52.6	52.6	47.5
餐饮业	51.5	51.2	50.3	53.2	50.6	48.8
信息传输、软件和信息技术服务业	50.6	47.9	50.4	55.1	53.0	52.7
房地产业	52.1	49.5	53.3	54.9	52.3	56.2
社会服务业	52.5	52.1	51.7	50.7	48.3	51.1
二、按企业规模分						
大型	49.7	49.2	48.8	48.4	48.1	50.3
中型	51.8	51.4	52.5	53.1	51.7	50.9
小型	51.7	51.0	52.1	53.4	51.9	51.7
三、服务业性质分						
生产性服务业	51.4	50.6	52.4	52.9	52.0	52.6
消费性服务业	51.3	50.5	51.6	52.7	51.3	51.1
物流业	51.5	52.3	56.8	55.3	52.2	56.8

5-24 非制造业业务活动预期指数(2018年)

单位：%

行　　业	全年	1月	2月	3月	4月	5月	6月
全　　省	**57.4**	**62.8**	**52.3**	**53.4**	**58.2**	**56.7**	**57.7**
一、按行业大类分							
建筑业	60.8	60.9	70.0	64.3	65.2	65.5	66.5
批发业	55.6	48.6	50.2	54.1	62.0	56.2	53.5
零售业	57.9	61.4	45.0	46.2	53.6	56.7	52.8
交通运输、仓储和邮政业	57.9	68.5	59.8	54.9	58.0	49.4	57.8
住宿业	56.5	65.2	34.4	45.3	61.3	57.3	55.0
餐饮业	54.3	67.8	30.8	33.8	49.8	45.8	52.1
信息传输、软件和信息技术服务业	61.4	65.9	51.8	52.5	59.4	59.5	61.7
房地产业	52.8	54.3	53.6	58.0	54.5	55.3	52.5
社会服务业	53.1	58.7	53.8	58.0	60.4	57.4	56.3
二、按企业规模分							
大型	61.6	59.0	60.7	60.5	67.2	62.4	59.2
中型	58.1	59.6	50.6	53.7	58.4	56.3	58.8
小型	55.2	61.9	51.0	52.1	57.5	54.1	55.0
三、服务业性质分							
生产性服务业	59.7	60.0	56.8	57.0	61.8	57.3	58.8
消费性服务业	56.9	64.2	46.7	49.4	57.0	54.8	55.0
物流业	64.4	62.9	70.1	63.4	63.6	50.8	60.9

5-24 续表

单位：%

行　　业	7月	8月	9月	10月	11月	12月
全　　省	**59.1**	**58.4**	**57.9**	**57.6**	**57.1**	**57.6**
一、按行业大类分						
建筑业	63.1	60.4	56.6	59.2	51.8	45.7
批发业	54.0	61.4	62.2	55.6	56.8	52.4
零售业	61.2	67.2	66.9	66.4	59.1	58.0
交通运输、仓储和邮政业	55.1	55.4	57.3	56.4	56.9	65.8
住宿业	59.2	55.5	66.6	55.3	61.1	62.0
餐饮业	60.5	58.9	63.0	58.5	62.8	68.3
信息传输、软件和信息技术服务业	68.1	60.5	55.7	67.5	67.1	67.1
房地产业	54.2	52.3	50.4	51.1	47.8	49.0
社会服务业	55.3	51.4	46.3	44.5	47.7	47.9
二、按企业规模分						
大型	65.7	63.5	61.1	60.7	61.1	58.2
中型	61.7	60.1	59.9	58.8	60.0	59.0
小型	55.0	54.8	55.4	55.5	53.9	56.6
三、服务业性质分						
生产性服务业	59.9	60.9	59.9	62.8	61.2	60.1
消费性服务业	59.2	58.7	59.2	57.5	59.1	61.7
物流业	60.5	65.8	69.4	73.6	66.1	65.3

主要统计指标解释

采购经理指数 又称采购经理人指数，英文缩写为 PMI (Purchasing Managers’Index)，它是通过对采购经理的月度问卷调查结果统计汇总、编制而成的指数。PMI 涉及生产与流通、制造业与非制造业等领域，是世界通行的宏观经济监测指标体系之一，对国家和地区经济活动的监测和预测具有重要作用。从国际上看，PMI 指标体系包括制造业 PMI、非制造业 PMI、服务业 PMI，也有一些国家建立了建筑业 PMI。PMI 以 50%作为经济强弱的分界点，PMI 高于 50%时，预示总体经济扩张；低于 50%时，则预示总体经济处于收缩状态。其中，指数为 50%-53%，表示经济缓慢增长；53%-56%，表示经济较快增长；56%以上，表示经济加速增长；47%-50%，表示经济缓慢下降；44%-47%，表示经济下降较快；44%以下，表示经济加速下降。

生产量 是指企业报告期内生产的符合产品质量要求的主要产品的实物数量。

订货量 指本企业报告期内接到的订货数量，即报告期内签订的生产订、供货合同或接到的其他形式的需求总量，不考虑是否完成。

出口订货量 是指企业报告期内主要产品订货数量中用于出口的部分。

剩余订货量 指本企业报告期末止尚未兑现的订货数量，即企业现存的订货数量。

产成品库存 指企业报告期末尚存在企业产成品仓库中而暂未售出的产品的实物数量。

采购量 是指企业报告期内购进的主要原材料（包括零部件）的实物数量。

进口 是指企业报告期内进口的主要原材料（包括零部件）的实物数量。

购进价格 是指企业报告期内购进的主要原材料（包括零部件）价格的简单平均水平。

出厂价格 是指企业报告期内生产的符合产品质量要求的主要产品出厂价格的加权平均水平。

主要原材料库存 是指企业报告期末已经购进并登记入库但尚未使用的主要原材料的实物数量。

生产经营人员 是指企业报告期末主要生产经营人员的数量。

供应商配送时间 是指企业报告期内收到的主要供应商的交货时间。

生产经营活动预期 是指对本企业未来 3 个月内生产经营活动整体水平的预测。

附　　录

6-1 全国及各省(市、区)农产品生产价格总指数(2018年)

(上年同期=100)

地 区	全 年	1季度	2季度	3季度	4季度
全国总计	**99.1**	**98.7**	**97.0**	**100.3**	**100.3**
北 京	103.6	96.0	98.9	107.2	105.3
天 津	104.2	105.0	99.1	107.7	109.1
河 北	104.7	103.8	105.4	109.7	107.0
山 西	104.7	106.2	100.5	105.5	111.4
内蒙古	102.0	104.6	101.0	103.7	103.5
辽 宁	103.7	103.5	104.2	106.9	104.2
吉 林	106.1	116.7	112.9	103.7	103.2
黑龙江	100.8	116.1	100.6	97.4	101.3
上 海	100.5	113.2	102.4	97.6	98.6
江 苏	100.9	100.6	100.0	102.7	99.4
浙 江	100.8	98.4	95.3	100.8	102.2
安 徽	99.0	99.1	97.8	98.9	98.5
福 建	102.6	103.6	99.8	103.0	107.7
江 西	97.4	98.4	94.0	97.9	97.5
山 东	100.5	100.1	101.5	104.3	104.1
河 南	97.9	94.6	94.7	101.0	101.6
湖 北	96.6	99.5	94.3	97.7	97.5
湖 南	95.4	94.8	89.8	93.4	98.6
广 东	101.3	104.0	99.2	99.3	102.3
广 西	97.3	98.9	94.0	96.1	100.3
海 南	97.3	108.5	92.9	98.0	97.9
重 庆	99.7	93.5	99.0	104.3	106.0
四 川	**100.2**	**98.4**	**94.9**	**98.5**	**105.0**
贵 州	92.6	87.6	88.3	94.6	100.4
云 南	96.9	98.5	90.9	95.9	98.5
西 藏					
陕 西	100.9	98.7	99.5	101.8	114.7
甘 肃	101.7	100.3	100.9	101.2	104.2
青 海	100.3	100.2	95.8	106.1	102.7
宁 夏	105.0	100.7	104.1	108.5	108.4
新 疆	106.3	108.7	112.7	106.3	104.5

6-2 全国及各省(市、区)城镇居民人均可支配收入(2013-2018年)

单位：元/人

地区	2013	2014	2015	2016	2017	2018
全 国	**26467**	**28844**	**31195**	**33616**	**36396**	**39251**
北 京	44564	48532	52859	57275	62406	67990
天 津	28980	31506	34101	37110	40278	42976
河 北	22227	24141	26152	28249	30548	32977
山 西	22258	24069	25828	27352	29132	31035
内蒙古	26004	28350	30594	32975	35670	38305
辽 宁	26697	29082	31126	32876	34993	37342
吉 林	21331	23218	24901	26530	28319	30172
黑龙江	20848	22609	24203	25736	27446	29191
上 海	44878	48841	52962	57692	62596	68034
江 苏	31585	34346	37173	40152	43622	47200
浙 江	37080	40393	43714	47237	51261	55574
安 徽	22789	24839	26936	29156	31640	34393
福 建	28174	30722	33275	36014	39001	42121
江 西	22120	24309	26500	28673	31198	33819
山 东	26882	29222	31545	34012	36789	39549
河 南	21741	23672	25576	27233	29558	31874
湖 北	22668	24852	27051	29386	31889	34455
湖 南	24352	26570	28838	31284	33948	36698
广 东	29537	32148	34757	37684	40975	44341
广 西	22689	24669	26416	28324	30502	32436
海 南	22411	24487	26356	28453	30817	33349
重 庆	23058	25147	27239	29610	32193	34889
四 川	**22228**	**24234**	**26205**	**28335**	**30727**	**33216**
贵 州	20565	22548	24580	26743	29080	31592
云 南	22460	24299	26373	28611	30996	33488
西 藏	20394	22016	25457	27802	30671	33797
陕 西	22346	24366	26420	28440	30810	33319
甘 肃	19873	21804	23767	25693	27763	29957
青 海	20352	22307	24542	26757	29169	31515
宁 夏	21476	23285	25186	27153	29472	31895
新 疆	21091	23214	26275	28463	30775	32764

6-3 全国及各省(市、区)农村居民人均可支配收入(2013-2018年)

单位：元/人

地 区	2013	2014	2015	2016	2017	2018
全 国	**9430**	**10489**	**11422**	**12363**	**13432**	**14617**
北 京	17101	18867	20569	22310	24240	
天 津	15353	17014	18482	20076	21754	23065
河 北	9188	10186	11051	11919	12881	14031
山 西	7949	8809	9454	10082	10788	11750
内蒙古	8985	9976	10776	11609	12584	13803
辽 宁	10161	11191	12057	12881	13747	14656
吉 林	9781	10780	11326	12123	12950	13748
黑龙江	9369	10453	11095	11832	12665	13804
上 海	19208	21192	23205	25520	27825	30375
江 苏	13521	14958	16257	17606	19158	20845
浙 江	17494	19373	21125	22866	24956	27302
安 徽	8850	9916	10821	11720	12758	13996
福 建	11405	12650	13793	14999	16335	17821
江 西	9089	10117	11139	12138	13242	14460
山 东	10687	11882	12930	13954	15118	16297
河 南	8969	9966	10853	11697	12719	13831
湖 北	9692	10849	11844	12725	13812	14978
湖 南	9029	10060	10993	11930	12936	14093
广 东	11068	12246	13360	14512	15780	17168
广 西	7793	8683	9467	10359	11325	12435
海 南	8802	9913	10858	11843	12902	13989
重 庆	8493	9490	10505	11549	12638	13781
四 川	**8381**	**9348**	**10247**	**11203**	**12227**	**13331**
贵 州	5898	6671	7387	8090	8869	9716
云 南	6724	7456	8242	9020	9862	10768
西 藏	6553	7359	8244	9094	10330	11450
陕 西	7092	7932	8689	9396	10265	11213
甘 肃	5589	6277	6936	7457	8076	8804
青 海	6462	7283	7933	8664	9462	10393
宁 夏	7599	8410	9119	9852	10738	11708
新 疆	7847	8724	9425	10183	11045	11975

6-4 全国及各省(市、区)全体居民人均可支配收入(2013-2018年)

单位：元/人

地　区	2013	2014	2015	2016	2017	2018
全　国	**18311**	**20167**	**21966**	**23821**	**25974**	**28228**
北　京	40830	44489	48458	52530	57230	62361
天　津	26359	28832	31291	34074	37022	39506
河　北	15190	16647	18118	19725	21484	23446
山　西	15120	16538	17854	19049	20420	21990
内蒙古	18693	20559	22310	24127	26212	28376
辽　宁	20818	22820	24576	26040	27835	29701
吉　林	15998	17520	18684	19967	21368	22798
黑龙江	15903	17404	18593	19838	21206	22726
上　海	42174	45966	49867	54305	58988	64183
江　苏	24776	27173	29539	32070	35024	38096
浙　江	29775	32658	35537	38529	42046	45840
安　徽	15154	16796	18363	19998	21863	23984
福　建	21218	23331	25404	27608	30048	32644
江　西	15100	16734	18437	20110	22031	24080
山　东	19008	20864	22703	24685	26930	29205
河　南	14204	15695	17125	18443	20170	21964
湖　北	16472	18283	20026	21787	23757	25815
湖　南	16005	17622	19317	21115	23103	25241
广　东	23421	25685	27859	30296	33003	35810
广　西	14082	15557	16873	18305	19905	21485
海　南	15733	17476	18979	20653	22553	24579
重　庆	16569	18352	20110	22034	24153	26386
四　川	**14231**	**15749**	**17221**	**18808**	**20580**	**22461**
贵　州	11083	12371	13697	15121	16704	18430
云　南	12578	13772	15223	16720	18348	20084
西　藏	9740	10730	12254	13639	15457	17286
陕　西	14372	15837	17395	18874	20635	22528
甘　肃	10954	12185	13467	14670	16011	17488
青　海	12948	14374	15813	17302	19001	20757
宁　夏	14566	15907	17329	18832	20562	22400
新　疆	13670	15097	16859	18355	19975	21500

6-5 全国与四川主要价格分类指数(2016-2018年)

(上年=100)

指 标	2016		2017		2018	
	全国平均	四川	全国平均	四川	全国平均	四川
居民消费价格总指数	**102.0**	**101.9**	**101.6**	**101.4**	**102.1**	**101.7**
一、食品烟酒	103.8	104.1	99.6	98.6	101.9	101.3
粮 食	100.5	101.1	101.5	101.0	100.8	100.3
鲜 菜	111.7	107.9	91.9	93.5	107.1	109.2
畜 肉	111.0	113.4	95.0	92.2	96.2	96.0
水产品	104.6	102.8	104.4	104.0	102.3	100.9
蛋	96.8	96.7	96.0	97.8	112.0	109.6
鲜 果	97.4	97.7	103.8	104.0	105.6	104.5
二、衣着	101.4	100.6	101.3	102.5	101.2	101.1
三、居住	101.6	101.2	102.6	102.4	102.4	102.6
四、生活用品及服务	100.5	100.3	101.1	101.2	101.6	101.5
五、交通和通信	98.7	98.6	101.1	101.6	101.7	101.2
六、教育文化和娱乐	101.6	102.5	102.4	104.1	102.2	101.5
七、医疗保健	103.8	101.6	106.0	104.2	104.3	102.8
八、其他用品和服务	102.8	102.9	102.4	103.7	101.2	102.4
商品零售价格总指数	**100.7**	**100.8**	**101.1**	**100.5**	**101.9**	**101.4**
一、食品	103.9	104.5	99.4	98.3	102.1	101.5
二、饮料、烟酒	101.2	100.8	100.9	101.4	101.5	101.6
三、服装、鞋帽	101.3	100.1	101.1	101.6	101.3	100.9
四、纺织品	100.5	99.8	100.4	100.6	100.8	100.6
五、家用电器及音像器材	98.2	98.9	99.8	100.1	99.5	98.7
六、文化办公用品	98.9	96.2	99.6	94.7	100.0	99.4
七、日用品	100.2	99.7	100.5	99.7	101.1	100.9
八、体育娱乐用品	100.4	99.8	100.6	100.3	100.8	103.8
九、交通、通信用品	97.8	97.4	98.5	99.0	98.6	96.4
十、家具	100.7	99.3	102.0	103.0	102.5	103.8
十一、化妆品	101.1	101.7	101.2	101.2	101.0	99.7
十二、金银珠宝	106.8	106.3	101.9	102.3	97.9	98.5
十三、中西药品及医疗保健用品	104.1	104.2	105.4	102.6	104.5	104.9
十四、书报杂志及电子出版物	101.3	102.1	101.7	101.4	103.5	102.8
十五、燃料	97.0	98.5	108.4	108.1	109.7	109.1
十六、建筑材料及五金电料	100.3	99.8	102.1	102.0	102.8	102.8
农业生产资料价格指数	**100.1**	**103.7**	**100.6**	**99.8**	**103.1**	**101.8**

6-6 全国及各省(市、区)居民消费价格指数(2007-2018年)

(上年=100)

地 区	2007	2008	2009	2010	2011	2012	2013	2014	2015	2016	2017	2018
全国平均	**104.8**	**105.9**	**99.3**	**103.3**	**105.4**	**102.6**	**102.6**	**102.0**	**101.4**	**102.0**	**101.6**	**102.1**
北 京	102.4	105.1	98.5	102.4	105.6	103.3	103.3	101.6	101.8	101.4	101.9	102.5
天 津	104.2	105.4	99.0	103.5	104.9	102.7	103.1	101.9	101.7	102.1	102.1	102.0
河 北	104.7	106.2	99.3	103.1	105.7	102.6	103.0	101.7	100.9	101.5	101.7	102.4
山 西	104.6	107.2	99.6	103.0	105.2	102.5	103.1	101.7	100.6	101.1	101.1	101.8
内蒙古	104.6	105.7	99.7	103.2	105.6	103.1	103.2	101.6	101.1	101.2	101.7	101.8
辽 宁	105.1	104.6	100.0	103.0	105.2	102.8	102.4	101.7	101.4	101.6	101.4	102.5
吉 林	104.8	105.1	100.1	103.7	105.2	102.5	102.9	102.0	101.7	101.6	101.6	102.1
黑龙江	105.4	105.6	100.2	103.9	105.8	103.2	102.2	101.5	101.1	101.5	101.3	102.0
上 海	103.2	105.8	99.6	103.1	105.2	102.8	102.3	102.7	102.4	103.2	101.7	101.6
江 苏	104.3	105.4	99.6	103.8	105.3	102.6	102.3	102.2	101.7	102.3	101.7	102.3
浙 江	104.2	105.0	98.5	103.8	105.4	102.2	102.3	102.1	101.4	101.9	102.1	102.3
安 徽	105.3	106.2	99.1	103.1	105.6	102.3	102.4	101.6	101.3	101.8	101.2	102.0
福 建	105.2	104.6	98.2	103.2	105.3	102.4	102.5	102.0	101.7	101.7	101.2	101.5
江 西	104.8	106.0	99.3	103.0	105.2	102.7	102.5	102.3	101.5	102.0	102.0	102.1
山 东	104.4	105.3	100.0	102.9	105.0	102.1	102.2	101.9	101.2	102.1	101.5	102.5
河 南	105.4	107.0	99.4	103.5	105.6	102.5	102.9	101.9	101.3	101.9	101.4	102.3
湖 北	104.8	106.3	99.6	102.9	105.8	102.9	102.8	102.0	101.5	102.2	101.5	101.9
湖 南	105.6	106.0	99.6	103.1	105.5	102.0	102.5	101.9	101.4	101.9	101.4	102.0
广 东	103.7	105.6	97.7	103.1	105.3	102.8	102.5	102.3	101.5	102.3	101.5	102.2
广 西	106.1	107.8	97.9	103.0	105.9	103.2	102.2	102.1	101.5	101.6	101.6	102.3
海 南	105.0	106.9	99.3	104.8	106.1	103.2	102.8	102.4	101.0	102.8	102.8	102.5
重 庆	104.7	105.6	98.4	103.2	105.3	102.6	102.7	101.8	101.3	101.8	101.0	102.0
四 川	**105.9**	**105.1**	**100.8**	**103.2**	**105.3**	**102.5**	**102.8**	**101.6**	**101.5**	**101.9**	**101.4**	**101.7**
贵 州	106.4	107.6	98.7	102.9	105.1	102.7	102.5	102.4	101.8	101.4	100.9	101.8
云 南	105.9	105.7	100.4	103.7	104.9	102.7	103.1	102.4	101.9	101.5	100.9	101.6
西 藏	103.4	105.7	101.4	102.2	105.0	103.5	103.6	102.9	102.0	102.5	101.6	101.7
陕 西	105.1	106.4	100.5	104.0	105.7	102.8	103.0	101.6	101.0	101.3	101.6	102.1
甘 肃	105.5	108.2	101.3	104.1	105.9	102.7	103.2	102.1	101.6	101.3	101.4	102.0
青 海	106.6	110.1	102.6	105.4	106.1	103.1	103.9	102.8	102.6	101.8	101.5	102.5
宁 夏	105.4	108.5	100.7	104.1	106.3	102.0	103.4	101.9	101.1	101.5	101.6	102.3
新 疆	105.5	108.1	100.7	104.3	105.9	103.8	103.9	102.1	100.6	101.4	102.2	102.0

6-7 全国及各省(市、区)商品零售价格指数(2007-2018年)

(上年=100)

地 区	2007	2008	2009	2010	2011	2012	2013	2014	2015	2016	2017	2018
全国平均	**103.8**	**105.9**	**98.8**	**103.1**	**104.9**	**102.0**	**101.4**	**101.0**	**100.1**	**100.7**	**101.1**	**101.9**
北 京	100.8	104.4	97.8	100.4	103.2	100.6	99.8	99.1	98.5	98.1	99.2	101.1
天 津	103.2	105.1	98.9	103.4	104.7	103.0	101.7	100.9	100.3	100.5	100.8	101.6
河 北	104.1	106.7	99.0	103.1	105.0	102.2	102.2	101.0	100.2	101.2	101.4	102.2
山 西	104.2	107.2	99.1	102.3	104.9	101.8	101.8	100.6	99.3	100.5	101.3	101.7
内蒙古	103.6	104.7	99.5	103.0	104.9	102.5	102.6	100.7	100.5	100.6	101.2	101.6
辽 宁	104.4	105.3	99.8	103.2	105.0	102.2	101.6	101.0	100.5	101.0	100.7	101.4
吉 林	103.3	106.2	99.3	104.1	104.9	101.7	101.6	101.2	99.8	101.3	101.4	102.4
黑龙江	105.6	105.8	98.9	103.1	104.9	102.2	101.1	100.8	100.1	101.1	99.9	101.1
上 海	102.4	105.3	99.4	101.7	104.1	101.2	100.2	100.9	101.1	100.8	100.9	101.6
江 苏	102.9	104.9	98.9	103.2	104.6	102.1	101.4	101.6	100.6	100.8	101.9	102.6
浙 江	103.8	106.3	98.8	103.9	105.5	101.9	101.0	100.9	99.9	101.0	101.4	102.1
安 徽	104.5	106.3	99.0	103.2	105.3	102.1	101.3	100.4	99.7	100.8	101.7	101.9
福 建	104.3	105.7	97.9	103.4	104.8	101.8	101.1	101.1	99.9	100.7	100.6	101.5
江 西	104.0	106.1	99.1	102.7	104.8	102.1	101.5	101.2	100.5	100.6	101.0	101.0
山 东	103.6	104.9	99.4	102.7	104.7	101.6	101.4	101.0	100.2	101.3	100.8	102.2
河 南	104.4	107.5	99.4	103.7	105.7	102.3	101.9	101.0	99.8	100.3	101.3	102.9
湖 北	104.2	106.3	98.6	103.1	105.6	102.6	101.8	100.9	100.5	100.8	100.3	101.2
湖 南	104.3	105.6	98.5	103.1	105.5	101.7	101.7	101.2	99.9	101.0	101.3	102.3
广 东	103.4	106.0	96.8	103.3	105.1	102.2	101.0	101.4	99.6	100.8	101.6	102.1
广 西	104.8	107.6	98.0	103.0	106.0	102.3	101.2	101.4	100.1	100.4	101.2	101.6
海 南	103.8	106.7	98.5	104.6	105.4	102.7	101.5	101.2	99.8	101.0	102.0	102.5
重 庆	103.7	105.0	97.3	101.7	104.7	101.6	101.8	100.9	100.2	101.3	100.8	101.2
四 川	**105.3**	**105.3**	**100.1**	**103.0**	**104.6**	**101.6**	**101.7**	**100.6**	**100.2**	**100.8**	**100.5**	**101.4**
贵 州	104.2	107.2	97.6	103.0	105.5	102.0	101.5	101.2	100.1	100.2	100.9	101.8
云 南	104.4	106.1	100.1	103.6	105.1	102.4	102.6	101.6	100.8	100.7	101.3	101.5
西 藏	101.7	103.9	99.5	101.0	103.7	102.9	103.0	102.2	101.4	102.1	101.4	101.5
陕 西	105.0	106.9	99.9	103.6	104.8	102.3	101.8	100.7	99.8	100.3	101.3	102.1
甘 肃	104.4	107.9	101.8	104.6	105.4	102.6	102.6	101.7	101.0	100.9	101.4	101.7
青 海	106.0	110.6	101.6	104.3	105.4	102.1	102.7	101.5	101.0	100.4	101.2	102.1
宁 夏	104.1	108.5	99.5	103.2	105.3	101.0	102.4	100.9	100.1	100.7	101.8	102.9
新 疆	105.1	108.5	100.4	104.6	105.1	103.3	103.3	101.7	99.6	100.5	100.9	100.9

6-8 全国及36个大中城市居民消费价格指数(2007-2018年)

(上年=100)

地　区	2007	2008	2009	2010	2011	2012	2013	2014	2015	2016	2017	2018
全国平均	**103.9**	**105.7**	**99.2**	**103.1**	**105.3**	**102.8**	**102.7**	**102.1**	**101.7**	**102.2**	**101.8**	**102.2**
北　京	102.4	105.1	98.5	102.4	105.6	103.3	103.3	101.6	101.8	101.4	101.9	102.5
天　津	104.2	105.4	99.0	103.5	104.9	102.7	103.1	101.9	101.7	102.1	102.1	102.0
石家庄	104.3	106.7	100.3	103.0	105.7	102.8	102.9	102.0	101.0	101.6	101.4	102.3
太　原	104.1	107.4	99.9	103.0	105.4	102.1	103.1	102.2	100.4	101.2	101.8	101.8
呼和浩特	103.7	104.6	100.1	102.6	105.5	103.1	103.8	101.2	101.8	101.4	101.4	102.1
沈　阳	104.5	104.4	99.9	102.9	105.4	103.0	102.5	102.2	101.2	101.7	101.4	103.0
大　连	104.0	104.4	100.2	102.7	105.4	103.4	102.5	102.0	101.6	101.9	102.1	103.0
长　春	103.7	104.4	99.8	103.6	105.5	102.3	103.0	102.2	101.3	101.4	101.3	102.0
哈尔滨	104.1	104.7	100.2	103.7	105.6	103.2	102.1	102.0	101.4	101.8	101.6	102.5
上　海	103.2	105.8	99.6	103.1	105.2	102.8	102.3	102.7	102.4	103.2	101.7	101.6
南　京	103.7	106.2	100.1	104.2	105.4	102.7	102.7	102.6	102.0	102.7	101.9	102.4
杭　州	103.5	104.9	98.6	103.9	104.8	102.5	102.5	102.0	101.8	102.6	102.5	102.3
宁　波	103.9	105.0	99.4	103.7	105.3	101.7	102.2	101.9	101.8	102.1	101.8	102.2
合　肥	105.6	106.4	99.1	102.7	105.7	102.2	102.7	102.0	101.6	102.6	101.4	102.0
福　州	104.1	104.2	98.7	103.5	104.9	102.0	102.6	101.7	101.4	102.5	101.4	101.5
厦　门	104.6	104.9	97.3	103.0	105.2	102.1	102.3	102.2	101.7	101.7	102.0	101.8
南　昌	104.3	106.1	99.7	103.3	105.0	102.9	102.3	102.5	101.6	102.1	102.1	102.3
济　南	103.9	105.7	100.3	102.1	105.4	102.4	102.8	102.2	101.9	102.7	102.0	102.6
青　岛	104.5	104.7	100.5	102.2	105.0	102.7	102.5	102.6	101.2	102.5	102.0	102.1
郑　州	105.6	106.1	99.8	103.0	104.9	102.7	102.8	102.0	101.1	102.3	101.8	102.4
武　汉	104.1	105.7	99.4	103.0	105.2	102.8	102.4	101.9	101.4	102.4	101.9	101.9
长　沙	104.9	105.2	99.4	102.9	105.5	102.3	102.8	102.7	101.1	101.9	101.3	102.0
广　州	103.4	105.9	97.5	103.2	105.5	103.0	102.6	102.3	101.7	102.7	102.3	102.4
深　圳	104.1	105.9	98.7	103.5	105.4	102.8	102.7	102.0	102.2	102.4	101.4	102.8
南　宁	104.4	108.4	98.2	102.5	105.7	102.9	102.1	101.6	101.9	101.4	102.3	102.5
海　口	104.4	105.8	99.9	104.2	105.4	103.3	102.9	102.2	101.2	103.0	103.3	102.4
重　庆	104.7	105.6	98.4	103.2	105.3	102.6	102.7	101.8	101.3	101.8	101.0	102.0
成　都	105.2	104.3	100.3	103.0	105.4	103.0	103.1	101.3	101.1	102.2	102.0	101.4
贵　阳	105.1	107.0	97.7	102.9	105.5	102.6	103.2	102.7	102.3	101.1	101.0	101.7
昆　明	105.8	105.8	100.8	104.2	104.9	103.1	103.9	103.1	102.4	101.7	100.5	101.7
拉　萨	103.2	106.4	101.7	102.2	105.0	103.2	103.4	103.0	102.2	102.6	101.4	101.1
西　安	104.7	106.0	99.7	103.5	105.6	102.8	102.7	101.4	100.7	100.9	102.0	101.9
兰　州	105.3	107.2	99.6	103.8	105.4	102.4	103.5	102.2	101.3	100.8	101.5	101.7
西　宁	106.4	108.2	102.2	104.5	105.7	102.7	103.8	102.8	102.5	102.1	101.8	102.7
银　川	105.3	107.6	99.7	103.8	105.5	102.6	103.5	102.1	101.6	101.7	101.7	102.2
乌鲁木齐	104.6	107.0	100.4	102.7	104.5	103.4	103.5	102.8	100.7	101.5	102.8	102.2

6-9　全国及36个大中城市商品零售价格指数(2007-2018年)

(上年=100)

地　区	2007	2008	2009	2010	2011	2012	2013	2014	2015	2016	2017	2018
全国平均	**102.6**	**105.3**	**98.6**	**102.5**	**104.5**	**101.8**	**101.0**	**100.8**	**99.8**	**100.7**	**100.9**	**101.7**
北　京	100.8	104.4	97.8	100.4	103.2	100.6	99.8	99.1	98.5	98.1	99.2	101.1
天　津	103.2	105.1	98.9	103.4	104.7	103.0	101.7	100.9	100.3	100.5	100.8	101.6
石家庄	104.4	107.7	100.1	103.4	104.9	101.9	102.1	101.2	100.2	101.7	100.9	101.9
太　原	102.9	107.9	99.1	102.6	104.8	101.2	101.3	100.7	98.6	100.8	101.7	101.7
呼和浩特	102.7	105.4	99.9	102.6	104.7	101.5	101.9	98.6	99.5	101.1	101.2	101.6
沈　阳	103.2	105.0	97.9	102.6	105.2	102.4	101.6	101.3	100.0	100.6	101.0	101.7
大　连	101.9	106.0	99.4	104.0	104.4	102.5	101.0	101.0	99.5	102.0	101.5	101.5
长　春	102.1	105.6	99.6	104.6	104.8	101.8	101.3	101.2	99.1	101.2	101.2	102.9
哈尔滨	103.7	105.3	98.5	101.9	104.4	102.5	101.2	101.5	100.2	101.6	99.7	100.7
上　海	102.4	105.3	99.4	101.7	104.1	101.2	100.2	100.9	101.1	100.8	100.9	101.6
南　京	99.9	103.7	98.7	103.5	104.2	101.4	101.2	102.0	100.6	100.5	101.6	102.8
杭　州	103.1	106.0	98.6	103.7	104.4	101.9	101.5	100.8	100.2	101.5	101.0	102.0
宁　波	103.3	107.1	98.8	103.9	105.7	101.8	101.0	100.3	100.4	101.8	101.1	102.1
合　肥	104.6	106.3	99.8	102.1	105.1	101.9	101.2	100.3	99.5	100.8	102.3	101.7
福　州	103.1	104.4	99.1	102.9	104.0	101.1	101.0	100.6	99.4	100.7	100.3	101.5
厦　门	103.9	104.5	97.8	102.8	104.7	101.6	100.4	100.7	100.0	100.0	100.8	101.8
南　昌	103.5	106.2	99.4	103.0	105.2	102.4	101.3	101.1	100.5	100.4	101.0	100.8
济　南	102.2	104.5	98.7	101.3	104.6	101.8	101.3	101.2	100.3	100.8	101.0	102.6
青　岛	102.7	103.9	98.6	101.4	104.5	101.7	101.4	102.3	100.0	102.0	100.8	101.8
郑　州	102.7	106.0	100.3	102.7	104.9	102.4	101.4	101.1	99.0	100.2	101.7	103.6
武　汉	103.0	105.1	98.4	103.1	104.7	102.3	100.9	100.5	100.0	101.3	100.1	101.4
长　沙	102.3	103.9	97.7	103.8	105.4	101.5	101.2	101.7	99.6	100.9	101.4	102.5
广　州	102.9	105.7	96.8	103.2	105.1	101.9	100.5	101.5	99.1	101.2	102.0	102.2
深　圳	103.5	106.5	97.5	103.2	105.3	102.4	100.7	101.0	99.7	100.3	101.5	102.0
南　宁	103.1	107.9	98.5	102.3	104.9	101.7	100.8	100.7	100.4	99.8	100.9	101.1
海　口	103.4	105.6	99.2	103.7	105.0	102.8	101.6	101.2	100.2	100.9	101.7	102.4
重　庆	103.7	105.0	97.3	101.7	104.7	101.6	101.8	100.9	100.2	101.3	100.8	101.2
成　都	104.2	104.5	99.0	102.4	104.3	101.4	101.7	100.4	99.5	100.8	99.4	100.7
贵　阳	102.8	105.4	98.2	103.2	105.0	102.0	101.9	101.2	99.7	99.5	101.4	102.3
昆　明	103.4	105.4	100.0	103.6	104.9	102.0	102.5	101.8	100.7	100.8	101.3	101.1
拉　萨	101.2	104.6	100.1	101.2	103.9	102.9	103.5	102.3	101.5	102.4	101.2	101.1
西　安	103.7	105.4	99.5	102.7	104.4	102.3	101.7	100.7	99.7	100.1	101.7	102.2
兰　州	103.1	107.2	100.5	103.9	105.4	102.4	102.7	101.8	100.6	100.7	101.8	101.7
西　宁	105.7	110.1	102.3	104.6	106.0	102.3	102.5	101.2	100.2	100.6	101.4	102.0
银　川	103.6	105.9	98.5	102.5	104.2	100.6	102.3	100.8	100.2	100.8	101.5	102.7
乌鲁木齐	104.6	108.7	100.1	103.4	104.1	102.9	103.5	102.4	99.4	100.6	100.7	100.5

6-10 全国及各省(市、区)工业生产者出厂价格指数(2011-2018年)

(上年＝100)

地区	2011	2012	2013	2014	2015	2016	2017	2018
全国	**106.0**	**98.3**	**98.1**	**98.1**	**94.8**	**98.6**	**106.3**	**103.5**
北京	102.3	98.4	97.4	99.1	96.9	98.1	100.7	100.0
天津	103.8	97.0	97.0	96.3	90.3	97.9	108.4	105.4
河北	107.7	94.7	96.6	95.2	89.1	99.9	115.0	106.2
山西	107.5	94.5	90.7	91.4	87.7	96.8	119.4	106.7
内蒙古	107.8	100.2	97.0	97.3	94.0	98.9	110.6	103.2
辽宁	106.5	99.9	99.0	98.2	93.9	98.8	108.1	104.8
吉林	105.4	99.1	98.7	99.1	95.3	98.4	103.1	102.8
黑龙江	112.0	100.0	98.0	97.1	86.0	95.1	109.3	109.0
上海	102.9	98.4	98.2	98.9	96.1	98.8	103.5	101.7
江苏	106.2	97.1	98.0	98.3	95.3	98.1	104.8	102.8
浙江	105.0	97.3	98.2	98.8	96.4	98.3	104.8	103.4
安徽	108.3	98.3	98.2	97.4	93.9	98.5	108.0	103.0
福建	103.9	98.7	98.4	98.6	97.0	99.1	104.1	102.8
江西	111.3	96.5	98.5	97.8	93.7	98.6	107.9	104.2
山东	106.0	98.4	98.4	98.4	95.2	98.5	105.5	103.7
河南	107.2	99.4	98.5	98.1	95.4	99.0	106.8	103.6
湖北	106.6	100.3	99.2	98.4	96.7	99.0	105.6	104.2
湖南	108.5	99.1	98.5	98.4	96.3	98.9	105.8	103.2
广东	103.7	99.5	98.8	98.9	96.8	99.4	103.3	101.8
广西	108.5	97.8	98.2	98.4	97.0	99.1	107.6	103.2
海南	108.8	100.8	99.5	97.6	89.8	96.0	108.8	108.2
重庆	103.8	99.9	98.0	98.3	97.2	98.6	104.1	102.1
四川	**107.3**	**98.6**	**98.7**	**98.7**	**96.4**	**98.9**	**106.5**	**103.6**
贵州	105.4	101.0	97.4	98.7	96.1	97.9	107.2	101.8
云南	104.7	97.9	97.5	97.8	94.9	97.6	105.2	102.4
西藏	104.3	99.7	99.8	99.0	93.2	102.9	110.0	100.1
陕西	107.2	100.7	97.3	97.1	90.8	97.6	110.8	105.4
甘肃	111.0	96.8	96.9	96.7	87.0	94.9	114.5	109.5
青海	107.4	96.9	97.0	96.1	93.1	98.5	116.7	104.8
宁夏	109.5	97.4	96.0	96.3	93.7	99.1	112.1	107.3
新疆	114.8	96.9	96.5	96.2	82.4	94.5	113.7	111.2

6-11 全国及各省(市、区)工业生产者出厂价格指数(2018年)

(上年同期=100)

地 区	全年	1月	2月	3月	4月	5月	6月	7月	8月	9月	10月	11月	12月
全 国	**103.5**	**104.3**	**103.7**	**103.1**	**103.4**	**104.1**	**104.7**	**104.6**	**104.1**	**103.6**	**103.3**	**102.7**	**100.9**
北 京	100.0	100.0	100.0	99.6	99.3	99.6	100.1	100.5	100.6	100.6	100.3	100.1	99.5
天 津	105.4	106.3	104.8	104.8	105.9	107.1	108.1	107.9	106.1	105.8	105.6	103.2	99.7
河 北	106.2	109.3	107.5	106.1	107.7	108.4	109.3	107.5	105.6	105.1	105.2	104.0	100.1
山 西	106.7	107.5	107.3	106.8	105.7	105.9	108.6	108.4	107.6	106.2	105.5	106.4	104.5
内蒙古	103.2	104.8	104.0	103.3	103.0	104.0	105.0	104.7	103.7	102.3	101.2	101.9	100.3
辽 宁	104.8	106.1	105.8	105.0	105.1	105.8	106.3	106.4	105.3	104.5	104.2	103.3	100.7
吉 林	102.8	102.2	102.3	102.2	102.8	103.8	104.0	103.7	103.2	103.3	103.1	102.1	100.4
黑龙江	109.0	105.7	105.6	103.5	106.5	108.9	112.1	114.8	113.2	114.0	113.6	108.7	102.4
上 海	101.7	102.5	102.0	101.2	101.2	101.8	102.6	102.7	102.3	101.9	101.6	101.0	99.9
江 苏	102.8	103.6	102.7	102.2	102.5	103.4	103.9	103.7	103.4	103.0	102.6	102.0	100.5
浙 江	103.4	104.1	103.5	103.0	103.4	104.3	104.7	104.4	104.1	103.7	103.0	102.2	100.9
安 徽	103.0	104.3	103.6	103.2	103.6	103.9	104.3	103.9	103.1	102.5	102.3	101.6	100.1
福 建	102.8	102.4	101.9	101.5	101.3	102.1	102.6	103.3	103.9	104.1	104.1	103.6	102.4
江 西	104.2	107.7	106.2	105.2	105.2	106.1	106.2	105.2	103.8	102.3	101.8	101.5	100.2
山 东	103.7	104.4	103.9	103.5	103.6	104.4	104.9	104.9	104.2	103.8	103.6	102.4	100.6
河 南	103.6	105.2	104.6	104.5	104.2	104.5	104.7	104.1	103.3	102.6	102.4	102.1	100.9
湖 北	104.2	105.0	104.4	103.8	103.9	104.6	105.1	105.2	104.7	104.2	104.3	103.7	102.1
湖 南	103.2	103.7	103.5	103.2	103.3	103.7	104.2	104.2	103.7	103.1	102.8	102.4	101.1
广 东	101.8	101.4	100.7	100.4	100.8	101.2	101.7	102.3	102.7	102.9	102.8	102.7	101.8
广 西	103.2	103.9	103.3	102.9	103.7	104.8	104.9	104.7	103.9	103.0	102.5	102.1	99.5
海 南	108.2	106.5	106.1	104.9	105.7	108.2	109.9	110.6	112.4	112.8	112.3	107.7	102.3
重 庆	102.1	103.0	102.3	101.9	101.6	102.0	102.3	102.4	102.3	102.1	101.9	101.7	101.3
四 川	**103.6**	**106.2**	**105.3**	**104.4**	**104.2**	**104.3**	**104.2**	**104.1**	**103.7**	**102.8**	**102.3**	**101.6**	**100.9**
贵 州	101.8	100.6	100.8	101.5	101.2	101.7	103.0	103.5	103.1	101.7	101.1	102.2	101.8
云 南	102.4	104.1	103.6	102.8	102.5	103.1	103.6	103.3	102.1	101.4	101.1	100.9	100.3
西 藏	100.1	100.5	101.6	99.5	100.2	101.5	101.5	100.7	99.4	100.3	99.7	98.4	98.6
陕 西	105.4	104.1	103.9	104.2	104.3	105.0	106.8	107.4	106.9	107.0	106.7	106.1	102.9
甘 肃	109.5	110.2	109.3	107.2	109.7	112.5	114.3	113.6	110.2	108.8	109.2	109.1	101.3
青 海	104.8	108.9	108.5	105.8	106.3	106.9	107.8	107.8	104.7	102.9	101.9	99.8	98.1
宁 夏	107.3	110.6	110.0	107.6	107.1	108.3	108.9	108.6	107.6	106.4	105.7	104.9	102.3
新 疆	111.2	109.9	109.2	105.8	109.7	112.2	115.0	116.7	115.4	114.4	114.9	109.6	102.7

6-12 全国及各省(市、区)工业生产者购进价格指数(2018年)

(上年同期=100)

地区	全年	1月	2月	3月	4月	5月	6月	7月	8月	9月	10月	11月	12月
全国	**104.1**	**105.2**	**104.4**	**103.7**	**103.7**	**104.3**	**105.1**	**105.2**	**104.8**	**104.2**	**104.0**	**103.3**	**101.6**
北京	100.8	100.8	100.5	100.0	100.3	100.4	100.7	100.9	101.2	101.4	100.9	101.2	100.9
天津	106.2	108.0	106.9	106.1	106.0	106.5	107.8	107.9	107.0	106.2	105.7	104.7	101.7
河北	104.0	105.6	104.7	103.0	103.0	103.4	104.9	104.7	104.2	103.4	104.4	104.5	102.2
山西	105.5	107.0	106.7	106.5	105.6	105.6	107.1	106.8	106.0	104.4	103.4	103.9	103.1
内蒙古	102.4	103.8	103.4	102.8	102.3	102.7	103.0	102.7	102.0	101.6	101.6	101.2	101.2
辽宁	104.5	105.0	104.9	103.8	103.8	104.3	105.4	105.7	105.1	104.7	104.7	104.3	102.0
吉林	103.5	103.8	103.6	103.0	103.6	104.0	104.6	104.4	103.9	104.0	103.8	102.8	100.3
黑龙江	109.0	106.7	106.2	104.3	106.4	108.9	111.5	114.1	112.7	113.0	112.9	108.8	103.0
上海	105.2	105.4	103.8	102.8	103.1	103.9	105.9	107.2	107.2	106.9	107.0	106.5	102.6
江苏	104.6	106.4	105.3	104.3	104.7	105.3	106.0	105.8	105.3	104.6	104.1	102.8	100.6
浙江	105.1	106.7	105.6	104.6	104.6	105.6	106.6	106.7	106.1	105.3	104.6	103.4	101.2
安徽	105.3	107.1	106.8	106.5	105.5	105.9	106.7	106.5	105.4	104.5	103.6	103.0	102.0
福建	102.8	103.3	102.5	101.9	101.6	102.2	102.9	103.9	104.2	103.8	103.2	102.9	101.2
江西	103.2	104.6	103.9	103.0	103.3	104.0	104.2	104.2	103.5	102.4	102.3	102.1	100.7
山东	103.6	104.6	103.7	103.1	103.4	104.1	104.8	104.7	104.2	103.6	103.5	102.8	101.3
河南	104.0	105.1	104.4	103.8	104.2	105.1	105.2	104.7	104.8	103.9	103.2	102.5	101.8
湖北	104.8	105.5	104.6	104.0	103.9	105.1	106.1	106.0	106.1	105.1	104.9	104.4	101.9
湖南	103.5	104.6	103.8	103.5	103.3	104.0	104.3	104.2	103.7	103.1	102.9	102.8	101.7
广东	102.5	102.9	102.5	101.9	101.1	101.3	102.7	103.0	103.1	102.9	103.4	102.9	101.6
广西	103.4	104.7	103.5	103.1	102.8	103.3	104.1	104.3	103.6	103.3	103.3	102.7	101.6
海南	110.8	102.9	104.8	104.5	104.9	106.7	111.2	116.4	114.9	114.6	118.6	118.1	112.4
重庆	102.5	103.2	102.5	102.3	102.4	102.6	102.9	102.8	102.8	102.5	102.2	102.0	101.5
四川	**105.3**	**107.5**	**106.9**	**106.1**	**105.4**	**105.9**	**105.9**	**106.1**	**105.4**	**104.3**	**104.0**	**103.8**	**102.9**
贵州	103.4	103.7	102.3	102.4	103.0	103.7	104.1	104.8	104.4	104.1	103.2	102.9	102.2
云南	104.4	105.1	105.0	106.0	105.5	106.0	106.0	105.3	104.5	103.7	103.3	101.7	101.0
西藏													
陕西	104.2	104.0	103.4	102.6	104.1	104.3	105.1	105.5	105.1	104.8	104.7	104.3	103.0
甘肃	109.8	110.9	110.3	107.1	107.9	110.1	112.5	113.8	111.5	111.6	111.1	108.0	103.2
青海	104.5	105.9	107.0	105.4	106.5	105.8	105.1	106.3	103.9	102.8	104.6	101.2	99.4
宁夏	106.5	107.0	106.9	106.0	106.2	106.1	106.9	108.7	107.8	107.1	106.3	106.1	103.1
新疆	109.2	112.7	110.6	107.8	108.3	109.2	110.0	110.5	109.7	109.7	110.4	108.2	104.1

6-13 全国70个大中城市二手住宅同比价格指数(2018年)

(上年同月=100)

城 市	1月	2月	3月	4月	5月	6月	7月	8月	9月	10月	11月	12月
北 京	96.9	95.4	93.2	93.1	94.3	95.4	96.5	97.4	97.8	98.0	97.9	98.1
天 津	98.2	100.2	98.8	99.4	101.3	103.6	104.1	105.8	106.1	106.4	106.2	106.0
石家庄	99.8	100.0	99.6	99.6	100.9	101.8	103.9	105.0	105.2	104.6	104.4	104.6
太 原	108.3	107.2	108.3	108.7	109.0	108.8	109.5	110.1	111.0	110.5	110.9	109.9
呼和浩特	102.8	103.6	104.0	104.5	105.2	106.0	108.1	110.6	112.6	114.0	116.9	117.9
沈 阳	107.3	107.3	106.7	105.9	105.4	105.7	106.0	106.3	107.1	107.3	107.7	107.7
大 连	105.9	106.5	106.5	106.3	106.3	106.7	107.4	108.2	108.9	108.4	108.9	108.7
长 春	105.5	105.8	105.7	105.7	106.3	107.7	107.8	108.8	108.9	109.7	110.0	110.1
哈尔滨	106.6	107.6	108.5	109.1	109.0	108.5	110.2	110.6	111.3	110.8	111.1	110.9
上 海	100.8	100.2	98.9	98.0	97.7	97.5	97.8	97.9	97.9	97.4	97.5	97.3
南 京	97.6	98.3	99.0	99.9	99.7	99.2	99.3	99.6	100.2	100.4	101.0	101.1
杭 州	106.9	106.7	106.5	106.6	106.7	106.7	106.8	106.8	106.2	105.4	104.6	104.6
宁 波	107.2	107.2	107.4	107.1	106.7	105.8	106.2	106.7	106.9	106.2	105.5	104.8
合 肥	99.3	100.0	100.1	100.5	100.6	101.6	101.3	101.9	102.7	103.2	103.1	103.1
福 州	104.9	103.8	102.0	101.1	99.8	99.0	99.7	100.1	99.9	100.4	100.0	99.7
厦 门	102.2	99.6	94.5	94.8	94.9	95.2	95.0	95.1	95.1	94.7	94.3	94.4
南 昌	103.1	102.4	102.5	102.6	103.0	103.4	105.0	106.4	107.2	108.2	109.6	110.5
济 南	102.3	101.8	100.8	99.9	99.8	100.0	102.7	106.3	107.8	108.6	109.4	110.1
青 岛	110.6	108.0	107.7	107.7	107.5	107.2	108.8	110.4	110.9	111.4	111.9	111.2
郑 州	99.7	99.1	98.5	97.7	97.6	97.8	98.7	100.1	100.6	101.0	101.0	101.0
武 汉	108.8	108.2	107.0	105.7	106.7	105.6	105.8	106.3	106.3	106.7	107.5	107.9
长 沙	110.6	110.3	108.4	104.6	104.0	104.6	107.0	108.0	107.9	108.0	108.0	108.0
广 州	107.6	105.5	102.4	101.8	102.3	101.7	101.9	102.5	102.5	102.7	102.3	102.3
深 圳	102.6	104.7	105.0	104.4	105.0	105.6	105.6	106.9	107.0	105.9	105.5	104.8
南 宁	107.0	107.2	107.1	106.2	105.4	104.3	103.0	104.2	104.4	104.4	104.7	106.7
海 口	100.6	100.7	101.3	102.3	103.5	104.8	108.2	110.7	111.1	111.4	111.8	111.5
重 庆	108.0	107.7	107.2	107.1	107.2	107.1	107.2	108.2	108.5	108.7	108.9	109.2
成 都	103.5	103.2	102.0	101.1	101.6	101.9	103.2	104.5	104.7	104.6	105.1	105.8
贵 阳	104.9	105.4	105.4	105.0	104.9	105.5	107.1	108.5	110.9	112.6	112.8	112.6
昆 明	106.4	107.8	107.3	106.9	107.8	108.1	110.3	112.0	114.4	115.5	115.3	115.4
西 安	108.9	108.3	108.4	109.4	109.5	109.5	109.7	111.3	114.1	115.7	115.9	115.0
兰 州	103.5	104.8	104.8	104.6	104.4	104.6	104.8	106.3	108.1	110.0	111.0	110.4
西 宁	102.5	103.1	103.1	102.8	102.8	103.3	103.5	104.7	106.1	106.8	106.8	107.2
银 川	101.2	101.6	101.7	101.8	101.6	102.3	103.2	104.0	105.4	105.7	105.5	105.4
乌鲁木齐	109.5	111.4	113.8	115.0	116.2	115.8	114.5	115.3	115.7	115.5	114.1	113.7

6-13 续表

(上年同月=100)

城　　市	1月	2月	3月	4月	5月	6月	7月	8月	9月	10月	11月	12月
唐　山	103.3	103.5	103.3	102.0	102.3	102.5	103.5	104.6	105.5	106.1	107.4	108.1
秦皇岛	105.4	105.0	104.2	103.6	104.4	105.2	105.8	107.2	107.7	108.7	110.0	110.3
包　头	102.6	103.8	102.9	102.9	103.0	103.3	104.1	105.4	105.6	106.0	106.1	105.9
丹　东	102.7	102.9	103.0	104.2	105.3	105.9	106.0	106.5	106.7	106.4	106.7	106.6
锦　州	100.2	100.4	100.8	101.4	101.9	102.1	102.5	102.5	104.1	104.5	105.7	107.5
吉　林	103.8	103.8	103.7	103.7	103.9	104.4	105.4	106.3	106.9	107.2	108.5	108.5
牡丹江	102.9	103.5	103.4	103.1	103.4	103.5	103.8	104.6	104.9	105.3	105.3	104.8
无　锡	108.5	108.1	106.3	104.4	103.3	102.2	102.7	103.6	105.3	105.8	105.2	104.9
扬　州	105.5	105.3	104.5	104.0	103.4	103.3	104.5	106.0	107.6	108.8	109.8	109.4
徐　州	105.3	105.6	105.6	105.7	105.2	104.4	105.4	107.5	108.2	109.0	109.2	109.3
温　州	106.4	105.9	105.5	104.6	103.9	102.6	102.2	102.1	101.6	101.2	100.7	100.8
金　华	107.5	108.3	108.0	107.3	107.2	107.0	107.8	108.4	107.4	106.7	105.9	104.9
蚌　埠	107.1	106.5	106.0	104.9	103.4	101.6	102.6	104.6	105.3	105.9	106.5	107.2
安　庆	105.9	105.9	105.0	103.3	102.4	102.7	102.5	104.3	105.5	107.6	108.2	107.8
泉　州	105.9	105.0	104.1	102.9	102.4	102.2	103.0	103.6	103.1	102.9	102.5	101.8
九　江	104.4	104.2	103.7	103.5	103.2	102.9	103.3	104.5	105.0	105.8	106.7	106.9
赣　州	102.7	102.4	102.3	102.5	102.8	103.3	103.8	105.3	106.6	107.4	107.9	108.4
烟　台	106.5	106.7	106.5	106.2	105.9	105.9	107.3	108.8	110.0	110.7	111.0	111.2
济　宁	106.6	107.7	108.1	108.4	108.8	108.6	110.4	112.3	113.8	115.1	115.8	116.7
洛　阳	104.2	104.3	104.2	104.3	103.8	103.4	104.6	106.2	107.6	108.0	109.5	110.4
平顶山	105.6	106.3	106.3	106.4	106.3	105.9	106.1	106.1	107.1	107.4	107.7	108.4
宜　昌	106.6	106.8	106.6	105.9	105.1	104.4	106.5	109.1	111.1	111.9	111.6	111.2
襄　阳	105.7	104.9	104.5	104.5	104.4	103.9	105.2	107.5	108.5	109.0	109.5	110.1
岳　阳	104.6	104.8	104.5	104.4	104.4	104.4	104.6	106.8	108.0	107.9	107.4	106.9
常　德	104.2	104.3	103.9	103.9	103.6	103.3	103.1	106.4	107.3	107.8	107.9	107.9
惠　州	106.0	106.1	105.0	104.1	103.1	102.9	103.8	104.8	105.6	106.0	106.8	106.9
湛　江	107.4	107.0	106.8	105.7	104.5	104.2	104.6	105.1	105.1	104.9	104.7	104.3
韶　关	105.1	104.8	103.2	102.6	102.8	102.8	103.0	104.6	105.5	106.0	106.9	107.3
桂　林	103.1	103.3	103.6	103.4	103.3	103.4	103.4	103.3	104.6	105.2	106.0	106.5
北　海	108.0	107.6	107.3	106.2	104.3	103.5	103.2	104.8	106.6	106.7	107.4	107.9
三　亚	101.7	101.4	101.0	102.3	104.4	106.9	110.4	112.4	113.0	112.6	112.0	113.0
泸　州	104.4	104.6	104.7	104.8	106.2	106.2	107.4	108.8	110.6	111.1	110.7	110.3
南　充	107.0	107.5	107.6	108.0	108.1	108.1	108.8	110.7	111.8	111.4	110.6	109.9
遵　义	105.3	106.4	106.4	106.3	106.3	106.9	108.1	109.2	109.6	109.9	110.8	110.5
大　理	102.9	104.3	104.6	104.9	105.4	105.7	107.3	109.2	110.1	111.7	113.9	114.5

6-14　全国70个大中城市二手住宅环比价格指数(2018年)

(上月=100)

城　市	1月	2月	3月	4月	5月	6月	7月	8月	9月	10月	11月	12月
北　京	99.4	99.5	99.8	99.9	100.3	100.1	100.4	100.0	99.8	99.8	99.4	99.8
天　津	100.6	100.7	100.2	101.7	101.4	101.4	99.8	100.8	99.9	99.9	99.7	99.8
石家庄	99.6	100.2	100.1	100.4	101.2	100.7	101.5	101.1	100.3	99.8	99.8	99.9
太　原	100.9	99.9	101.5	101.3	100.9	100.6	101.1	101.0	101.0	100.2	101.1	100.1
呼和浩特	100.3	100.4	100.5	100.5	100.8	101.0	102.3	102.5	102.1	101.6	103.3	101.4
沈　阳	100.1	100.2	100.1	100.3	100.6	101.4	101.3	100.9	101.1	100.3	100.8	100.5
大　连	100.7	100.6	100.4	100.5	100.8	101.0	100.9	101.2	100.9	100.1	101.0	100.2
长　春	100.5	100.2	100.5	100.6	101.0	102.0	100.4	101.1	100.7	101.0	101.0	100.6
哈尔滨	100.2	100.4	101.0	100.9	100.8	101.0	101.9	101.5	101.2	100.5	100.5	100.6
上　海	100.1	99.6	99.4	99.8	99.7	99.7	99.9	99.9	99.8	99.8	99.9	99.7
南　京	99.6	99.9	100.4	100.7	99.8	100.0	99.9	100.3	100.2	100.1	100.2	99.9
杭　州	100.2	100.4	100.7	100.8	100.9	100.8	100.9	100.7	100.0	99.6	99.5	100.0
宁　波	100.4	100.3	100.9	100.5	100.7	100.4	101.0	101.1	100.5	99.7	99.6	99.6
合　肥	100.0	99.9	100.1	100.2	100.0	100.6	100.2	100.9	100.8	100.3	99.9	100.2
福　州	99.9	99.7	99.8	99.9	99.5	99.9	101.0	100.5	100.0	100.5	99.6	99.5
厦　门	99.2	99.4	99.5	99.6	99.8	99.9	99.6	99.7	99.7	99.1	99.3	99.4
南　昌	99.9	99.8	100.4	100.9	101.0	101.1	101.8	101.8	100.6	100.7	101.4	100.6
济　南	99.6	100.0	100.3	100.2	100.5	101.0	102.5	102.8	101.2	100.6	100.5	100.5
青　岛	100.1	100.3	101.4	101.3	100.8	100.7	102.2	101.9	100.8	100.9	100.7	99.5
郑　州	99.5	99.8	99.9	99.8	100.0	100.5	101.0	100.9	100.2	100.0	99.6	99.8
武　汉	100.3	100.1	99.9	100.0	101.8	100.3	101.3	101.2	100.4	100.8	100.9	100.6
长　沙	100.2	100.9	100.0	100.6	100.3	101.0	102.2	101.5	100.3	100.4	100.2	100.1
广　州	99.9	100.2	100.2	100.5	101.0	100.3	100.3	100.6	100.2	99.8	99.7	99.6
深　圳	100.9	101.3	100.7	100.2	100.8	100.3	100.6	101.1	100.0	99.4	99.8	99.7
南　宁	100.2	99.8	100.4	100.0	100.1	100.7	100.2	101.6	100.3	100.5	100.7	102.0
海　口	100.5	100.7	101.7	101.0	101.3	101.7	103.0	102.0	99.8	99.8	99.9	99.9
重　庆	100.1	100.1	100.3	100.9	101.0	101.3	101.2	101.6	100.8	100.5	100.3	100.6
成　都	99.7	100.2	99.6	99.7	100.6	100.4	101.6	101.4	100.6	100.5	100.5	100.9
贵　阳	100.5	100.3	100.4	100.6	100.4	101.0	101.7	101.6	102.7	101.7	100.8	100.5
昆　明	100.7	100.5	100.4	100.3	101.6	100.8	102.3	102.0	102.6	101.2	100.6	101.4
西　安	100.0	99.8	101.3	102.3	101.5	101.6	101.0	102.4	102.5	101.5	100.7	99.7
兰　州	100.7	100.3	100.2	100.3	100.4	100.6	100.6	101.8	101.8	101.7	101.4	100.3
西　宁	100.3	100.1	100.0	99.9	100.0	100.8	100.3	101.2	101.8	100.7	100.8	101.1
银　川	100.2	99.9	100.1	100.2	100.0	100.8	100.9	100.9	101.4	100.2	100.5	100.2
乌鲁木齐	101.1	101.2	102.1	101.4	101.8	100.3	100.2	101.6	101.2	101.0	100.5	100.4

6-14 续表

(上月=100)

城　市	1月	2月	3月	4月	5月	6月	7月	8月	9月	10月	11月	12月
唐　山	100.0	100.1	100.3	99.9	100.4	100.8	101.2	101.1	100.9	101.1	101.4	100.6
秦皇岛	100.0	100.5	100.8	100.6	100.5	100.7	100.9	102.2	101.4	100.7	101.1	100.4
包　头	99.9	100.0	100.2	100.5	100.4	100.6	100.9	101.6	100.5	100.2	100.7	100.4
丹　东	100.3	100.1	100.3	101.4	101.3	100.6	100.4	100.6	100.4	99.9	100.6	100.4
锦　州	100.0	100.1	100.4	100.5	100.6	100.5	100.4	100.0	101.4	100.4	101.3	101.7
吉　林	100.2	100.1	100.4	100.4	100.7	100.8	101.2	101.2	101.0	100.5	101.5	100.4
牡丹江	99.8	100.0	100.1	100.2	100.6	100.7	100.7	100.9	100.7	100.7	100.2	100.3
无　锡	99.9	100.0	100.1	100.2	100.3	100.4	101.0	102.1	101.5	100.1	99.4	99.7
扬　州	100.2	100.3	100.4	100.7	100.4	100.4	101.8	101.7	101.3	101.3	100.5	100.1
徐　州	100.3	100.5	100.3	100.9	100.6	100.5	101.2	102.1	100.9	101.0	100.5	100.3
温　州	99.9	99.8	100.1	100.2	100.6	100.3	100.3	100.4	100.0	99.8	99.7	99.9
金　华	100.3	100.6	100.4	100.7	100.8	100.5	101.2	101.1	99.9	100.0	99.7	99.6
蚌　埠	100.0	100.2	100.1	100.2	100.3	100.1	101.6	102.2	100.8	100.6	100.5	100.5
安　庆	99.9	100.5	100.0	99.8	100.1	100.7	100.7	102.3	101.4	101.9	100.4	99.8
泉　州	100.0	100.2	100.2	100.1	100.3	100.5	100.7	100.6	99.9	99.9	99.8	99.6
九　江	100.3	100.2	100.1	100.1	100.4	100.6	101.0	101.5	100.7	100.7	101.0	100.3
赣　州	100.4	100.5	100.2	100.2	100.6	100.9	101.0	101.6	101.1	100.6	100.5	100.4
烟　台	100.3	100.2	100.3	100.6	100.7	100.9	102.0	102.0	101.4	101.1	100.6	100.7
济　宁	100.2	100.3	101.2	101.0	101.2	100.9	102.6	102.5	101.7	101.4	101.2	101.5
洛　阳	100.2	100.1	100.2	100.6	100.2	100.5	101.5	101.7	101.6	100.5	101.8	101.0
平顶山	100.6	100.5	100.2	100.8	100.5	100.1	101.1	101.0	101.4	100.6	100.7	100.5
宜　昌	101.0	100.5	100.6	100.5	100.6	100.5	102.0	102.2	101.8	100.5	100.4	100.2
襄　阳	100.7	100.0	100.1	100.7	100.4	100.3	101.6	102.3	101.2	100.5	101.0	100.9
岳　阳	100.2	100.3	100.2	100.4	100.5	100.7	100.7	102.3	101.3	100.3	100.0	99.9
常　德	100.0	100.1	100.2	100.3	100.4	100.6	100.5	103.2	101.3	100.6	100.4	100.2
惠　州	100.3	100.4	100.5	100.4	100.0	100.4	101.2	101.1	100.8	100.5	100.8	100.2
湛　江	100.3	100.0	100.2	100.1	100.3	100.5	101.1	101.3	100.5	100.2	100.1	99.8
韶　关	99.7	100.2	100.0	100.5	100.7	100.7	100.9	101.3	101.2	100.4	100.9	100.6
桂　林	100.1	99.9	100.3	100.1	100.2	100.8	100.5	100.7	101.4	100.7	101.3	100.4
北　海	99.9	99.8	100.2	100.4	100.5	100.9	100.5	102.2	101.9	100.4	100.7	100.3
三　亚	100.1	100.1	100.9	101.2	101.5	101.7	103.1	102.1	100.6	99.8	100.1	101.2
泸　州	100.3	100.1	100.4	100.3	101.6	100.5	101.4	101.5	102.1	100.8	100.6	100.3
南　充	100.5	100.6	100.7	100.7	100.8	100.8	101.1	102.3	101.7	100.3	100.0	99.9
遵　义	100.7	100.4	100.5	100.3	100.4	100.9	101.6	101.7	100.8	100.6	101.5	100.6
大　理	100.7	100.4	100.3	100.5	100.6	100.8	101.5	101.9	101.2	101.8	102.6	101.5

6-15 全国70个大中城市新建商品住宅同比价格指数(2018年)

(上年同月=100)

城 市	1月	2月	3月	4月	5月	6月	7月	8月	9月	10月	11月	12月
北 京	98.8	99.7	99.4	99.3	99.5	99.9	100.2	100.2	100.4	100.8	101.4	102.3
天 津	99.9	100.6	100.4	100.6	100.9	101.2	101.3	101.6	101.9	101.9	101.9	101.7
石家庄	102.6	102.7	102.5	102.7	104.0	103.9	105.7	106.5	107.5	110.7	112.0	114.9
太 原	107.8	107.5	107.6	107.7	107.5	106.9	107.7	109.5	110.0	109.8	110.8	111.2
呼和浩特	106.8	107.4	107.6	108.1	109.3	110.1	111.8	113.9	116.7	117.6	119.6	121.0
沈 阳	111.4	112.1	111.4	110.3	110.0	109.8	110.3	111.0	111.7	112.7	112.6	112.7
大 连	110.4	110.7	110.8	110.9	111.6	113.0	113.2	113.8	113.8	113.8	114.3	114.4
长 春	109.5	109.0	109.3	109.3	109.5	110.2	110.3	110.8	110.2	110.6	111.9	111.8
哈尔滨	111.5	110.8	111.1	112.0	111.1	110.9	112.6	113.3	113.8	114.3	114.9	114.4
上 海	99.8	99.4	99.7	99.8	99.6	99.8	99.8	99.8	99.8	99.6	100.1	100.4
南 京	98.0	98.5	98.3	98.4	98.4	98.2	98.1	98.4	98.7	99.0	100.8	100.7
杭 州	99.0	99.5	99.6	99.7	99.9	100.3	101.1	101.9	102.4	103.7	104.4	105.6
宁 波	106.2	106.0	105.5	105.6	104.8	104.2	104.8	106.6	107.1	106.9	106.7	106.1
合 肥	99.7	99.7	99.6	99.4	99.7	99.8	100.1	101.8	102.9	103.5	103.8	104.2
福 州	97.7	98.5	98.2	98.3	97.2	99.5	101.0	103.5	105.1	106.1	108.0	108.5
厦 门	102.3	102.2	100.1	100.4	101.2	100.7	100.5	100.3	100.5	100.6	99.9	99.6
南 昌	106.0	105.3	104.6	104.2	103.9	105.3	106.8	107.4	107.9	108.0	108.8	109.3
济 南	100.9	101.4	100.9	100.6	100.5	103.9	106.9	110.2	112.3	113.3	115.4	115.9
青 岛	103.6	103.9	103.3	103.1	104.8	107.0	108.8	110.1	110.4	110.7	112.2	113.3
郑 州	99.0	99.6	99.2	99.6	101.4	103.2	104.7	106.7	107.3	108.4	109.4	109.4
武 汉	100.7	101.3	101.2	100.5	101.5	102.3	103.2	104.8	105.2	107.9	109.7	110.8
长 沙	105.4	105.2	104.4	103.8	104.5	106.3	108.5	110.3	110.9	110.6	110.9	111.1
广 州	103.7	103.1	100.8	99.2	100.1	101.5	101.6	103.3	104.3	104.7	104.9	108.3
深 圳	96.6	97.5	97.7	97.8	98.3	98.7	99.3	100.3	100.0	99.6	99.6	100.1
南 宁	108.4	108.4	107.6	106.6	105.7	106.7	106.2	107.4	107.6	107.6	107.6	108.9
海 口	101.7	105.2	104.8	107.2	110.1	113.1	119.0	121.4	121.7	122.4	123.0	122.1
重 庆	108.3	108.2	107.7	107.4	107.5	107.7	108.2	109.0	110.0	110.6	111.1	111.6
成 都	98.7	100.0	100.8	101.1	103.4	105.3	106.5	108.2	108.9	110.0	111.8	112.7
贵 阳	111.2	110.9	110.3	110.1	109.7	110.3	111.3	112.5	114.0	118.3	119.6	118.8
昆 明	110.6	111.4	111.5	110.4	110.8	112.1	114.7	115.9	118.0	119.2	118.6	116.6
西 安	111.1	111.3	111.2	111.2	111.0	110.4	110.6	113.5	120.0	120.7	121.8	122.4
兰 州	105.3	105.8	105.6	105.7	105.7	106.2	106.6	107.8	108.9	110.4	110.7	110.8
西 宁	105.7	106.2	106.0	105.5	105.1	107.5	107.8	109.0	110.5	111.6	111.6	112.0
银 川	104.1	105.2	105.9	106.2	106.2	107.1	107.7	109.0	109.6	109.7	108.9	109.2
乌鲁木齐	107.5	108.7	109.3	110.1	110.8	111.3	111.2	112.1	111.9	111.6	110.5	109.8

6-15 续表

(上年同月=100)

城　市	1月	2月	3月	4月	5月	6月	7月	8月	9月	10月	11月	12月
唐　山	106.9	106.7	106.6	104.9	104.8	105.1	106.7	109.6	111.4	112.9	113.8	113.1
秦皇岛	105.8	107.0	107.7	107.3	107.0	108.0	108.2	110.7	113.2	115.0	115.7	117.4
包　头	103.8	106.8	107.2	107.1	107.4	108.2	109.7	111.8	112.0	113.1	112.5	111.4
丹　东	104.2	103.6	104.1	106.1	111.7	115.0	114.9	114.9	115.8	116.2	116.3	117.1
锦　州	100.9	103.4	103.9	104.4	104.6	104.7	105.1	105.8	107.4	108.7	110.2	112.6
吉　林	108.1	107.5	106.9	106.7	106.1	106.9	107.6	109.3	109.9	111.0	112.1	112.6
牡丹江	106.9	106.6	106.5	106.4	105.8	107.8	108.8	109.2	110.9	112.2	111.9	111.7
无　锡	97.3	98.8	98.4	98.0	97.7	97.8	99.2	102.9	103.6	104.4	105.6	105.2
扬　州	109.1	108.7	107.7	106.8	105.9	105.5	108.0	109.0	110.3	111.2	113.3	113.4
徐　州	108.3	109.8	110.0	109.5	109.1	107.8	109.8	113.0	113.9	115.5	116.6	117.6
温　州	107.2	107.1	106.5	105.0	103.6	103.1	102.3	103.2	103.4	103.0	102.2	101.9
金　华	109.3	109.2	108.2	107.8	107.0	106.3	106.1	106.9	106.5	106.0	105.3	104.5
蚌　埠	108.4	107.6	107.0	104.7	101.5	99.2	100.1	102.3	104.3	105.5	106.8	107.7
安　庆	105.7	105.3	103.9	102.5	102.2	103.0	103.9	105.8	106.5	108.5	109.1	109.0
泉　州	100.1	100.0	99.6	100.0	100.1	99.8	100.0	101.0	101.8	101.5	102.2	101.5
九　江	108.3	107.4	106.5	105.5	104.6	104.4	104.9	106.1	107.0	107.3	108.9	109.8
赣　州	101.1	101.8	101.8	101.5	101.8	101.9	102.2	103.8	104.7	105.6	106.3	107.5
烟　台	109.5	108.7	108.4	109.1	108.6	108.4	110.6	111.4	111.6	112.3	112.3	113.5
济　宁	109.8	109.1	108.5	108.1	107.1	107.1	107.7	108.8	108.6	110.1	111.8	112.6
洛　阳	108.9	109.2	108.2	108.0	107.0	104.7	105.1	105.2	106.9	108.0	110.1	111.0
平顶山	107.0	107.7	107.2	107.1	107.4	106.1	106.4	106.8	107.6	107.5	107.8	108.0
宜　昌	108.2	108.6	108.5	106.6	105.7	105.7	108.7	110.1	111.5	112.1	112.1	112.9
襄　阳	106.7	106.7	106.5	106.2	105.4	104.2	105.9	108.6	108.7	111.6	112.5	114.1
岳　阳	107.9	108.7	108.6	108.1	108.0	107.4	107.4	109.0	109.7	109.6	109.5	108.5
常　德	110.2	108.5	107.2	107.3	106.5	105.4	104.4	106.4	107.5	109.2	110.2	110.7
惠　州	103.7	104.3	103.1	102.7	102.2	102.1	102.6	103.2	103.5	103.9	103.8	103.9
湛　江	108.3	108.1	108.2	107.4	104.8	104.6	104.7	106.2	107.1	108.5	107.3	107.7
韶　关	104.3	107.3	106.0	104.8	104.1	104.4	103.4	104.9	105.1	105.4	106.0	105.4
桂　林	107.2	108.7	108.5	107.8	107.5	107.2	106.4	106.0	106.8	107.0	108.1	108.2
北　海	110.5	112.2	112.3	111.1	108.9	108.0	106.8	109.1	109.5	110.0	110.9	111.8
三　亚	103.3	103.9	102.2	105.4	108.2	112.6	116.5	121.2	119.6	118.1	116.4	115.7
泸　州	106.6	106.8	106.7	106.7	107.2	107.7	107.9	110.2	113.0	114.1	113.7	111.8
南　充	109.9	110.8	110.1	110.1	110.8	110.5	111.0	113.1	114.3	115.1	114.6	114.0
遵　义	107.9	108.7	109.3	109.4	110.0	110.2	110.1	110.9	111.4	112.7	114.1	113.8
大　理	106.4	106.9	108.1	108.7	109.3	109.9	111.4	112.9	113.9	116.0	118.5	118.8

6-16　全国70个大中城市新建商品住宅环比价格指数(2018年)

(上月=100)

城　市	1月	2月	3月	4月	5月	6月	7月	8月	9月	10月	11月	12月
北　京	100.2	99.7	100.1	100.2	100.2	100.0	100.2	100.0	100.0	100.2	100.6	101.0
天　津	100.5	100.1	100.0	100.1	100.5	100.3	100.0	100.2	100.3	100.1	99.7	100.1
石家庄	100.1	100.1	100.7	100.3	101.2	100.3	102.0	100.9	101.1	103.3	101.4	102.5
太　原	100.5	100.0	100.6	101.4	100.7	100.6	101.2	101.9	101.0	100.5	101.3	100.9
呼和浩特	100.1	100.5	100.5	101.0	101.6	101.1	102.4	102.9	102.8	101.6	102.9	101.9
沈　阳	100.9	100.3	100.5	100.8	101.7	101.4	101.4	101.1	101.3	101.5	100.7	100.5
大　连	101.6	101.0	100.7	101.1	101.7	101.8	101.0	101.0	100.6	100.7	101.4	100.9
长　春	100.7	100.0	101.0	100.9	101.3	101.6	100.9	100.8	100.2	100.9	101.9	101.1
哈尔滨	100.1	100.7	100.9	101.3	101.2	101.4	102.2	100.9	101.3	102.0	100.9	100.5
上　海	99.6	99.8	100.2	99.9	99.8	100.0	99.9	100.1	99.9	100.1	100.5	100.6
南　京	99.7	99.9	99.7	99.8	99.8	99.8	99.9	100.0	100.4	100.2	101.5	99.9
杭　州	100.0	99.9	100.3	100.1	100.0	100.6	100.8	100.6	100.2	101.2	100.7	101.1
宁　波	100.7	100.2	100.3	101.1	100.5	100.3	100.9	102.0	100.3	100.0	100.0	99.8
合　肥	99.9	99.7	100.0	99.8	100.2	100.1	100.6	101.6	100.9	100.6	100.4	100.4
福　州	100.0	99.9	99.6	99.9	98.9	102.2	101.3	102.2	101.1	101.0	102.0	100.3
厦　门	99.7	99.9	99.8	100.3	101.1	100.0	100.0	99.9	100.0	99.9	99.5	99.6
南　昌	99.9	99.8	100.6	100.3	100.7	101.6	101.8	101.4	100.8	100.4	101.3	100.5
济　南	100.5	99.9	100.2	100.1	100.4	103.6	103.0	102.8	101.3	100.7	101.7	100.7
青　岛	100.1	100.0	100.4	100.1	102.0	102.4	102.0	101.6	100.4	100.6	101.8	101.2
郑　州	99.7	100.0	99.9	100.5	101.6	101.8	101.3	101.5	100.4	101.0	100.8	100.3
武　汉	100.4	99.9	99.8	99.8	101.1	101.2	101.1	101.4	100.3	102.5	101.6	101.3
长　沙	100.4	100.2	100.3	100.2	101.6	102.0	102.7	102.0	100.6	100.1	100.3	100.4
广　州	99.6	99.6	100.2	99.9	101.8	101.9	100.6	100.9	100.4	100.2	100.0	103.0
深　圳	100.0	99.4	99.9	100.1	99.9	100.3	100.5	100.5	99.8	99.5	99.8	100.4
南　宁	100.1	100.3	100.5	100.2	100.3	102.0	100.8	101.7	100.4	100.3	100.5	101.6
海　口	100.4	100.2	102.1	101.9	102.1	103.9	102.3	100.9	100.3	100.6	100.3	101.4
重　庆	100.3	100.3	100.7	101.1	100.9	101.8	101.3	101.0	101.1	100.8	101.1	100.8
成　都	100.2	100.0	100.2	100.3	102.1	101.6	101.0	101.1	100.7	101.7	101.8	101.3
贵　阳	101.0	100.4	100.7	101.3	100.6	101.2	101.8	101.8	102.1	104.2	101.9	100.6
昆　明	101.4	100.3	100.8	100.7	100.9	101.9	102.9	101.5	102.0	101.4	100.7	100.9
西　安	100.6	100.5	100.9	101.6	101.6	101.1	101.2	103.0	106.2	101.3	101.4	101.1
兰　州	100.4	100.5	100.4	100.5	100.7	101.3	100.7	101.2	101.2	101.7	100.9	100.9
西　宁	100.2	100.7	100.0	99.8	100.1	102.7	100.4	101.5	102.1	101.0	101.3	101.4
银　川	100.4	100.5	100.8	100.6	100.4	101.4	101.0	101.7	100.9	100.2	100.3	100.8
乌鲁木齐	100.4	101.3	100.8	101.1	101.2	100.9	100.2	101.4	100.4	100.3	100.9	100.4

6-16 续表

(上月=100)

城市	1月	2月	3月	4月	5月	6月	7月	8月	9月	10月	11月	12月
唐山	100.7	100.2	100.8	100.7	100.3	101.2	101.7	102.9	101.4	101.2	101.3	100.0
秦皇岛	100.8	100.6	101.4	100.7	100.6	101.1	100.9	102.8	101.9	102.1	101.5	101.6
包头	100.8	100.4	100.6	100.6	100.8	101.0	101.8	102.5	100.5	101.4	100.4	100.0
丹东	100.1	99.8	100.4	102.0	105.3	103.3	100.5	100.4	101.0	100.4	101.0	101.9
锦州	100.4	100.8	100.9	100.7	100.3	100.5	100.5	100.6	101.9	101.4	101.7	102.3
吉林	100.5	100.3	100.3	100.6	100.4	101.3	101.6	102.3	101.1	101.5	101.4	100.7
牡丹江	100.3	100.2	100.5	100.8	100.0	102.1	101.4	101.3	101.5	101.7	100.4	100.9
无锡	99.7	99.6	99.9	99.8	99.9	99.9	101.5	103.4	100.5	100.4	100.9	99.8
扬州	100.9	100.5	100.6	100.9	100.6	100.5	102.8	101.2	101.4	101.2	101.7	100.4
徐州	100.6	101.0	100.7	100.8	101.3	100.6	102.3	103.3	101.2	101.9	101.6	101.0
温州	100.4	100.0	99.9	99.9	100.1	100.4	100.2	100.7	100.2	99.9	99.7	100.3
金华	100.2	100.0	100.3	101.3	100.6	100.3	101.2	101.1	99.9	100.1	99.7	99.8
蚌埠	99.9	100.0	99.7	100.0	100.2	99.7	102.1	101.8	101.8	100.6	101.2	100.6
安庆	100.5	100.3	100.0	99.7	99.9	101.1	100.5	101.9	101.6	102.2	100.5	100.5
泉州	99.7	100.1	100.1	100.0	99.9	100.4	99.9	100.9	100.0	100.2	100.3	99.9
九江	100.5	100.4	100.5	100.2	100.8	100.6	101.1	101.5	100.7	100.6	101.5	100.9
赣州	100.2	100.0	100.2	100.2	100.4	100.6	100.5	102.0	101.1	100.6	100.6	100.9
烟台	101.0	100.3	100.4	101.2	100.8	100.9	102.9	101.2	100.7	101.2	100.8	101.5
济宁	100.2	100.4	100.4	100.6	100.8	101.3	101.4	101.7	100.6	101.9	101.7	101.1
洛阳	100.5	100.0	100.4	100.7	100.4	100.2	101.1	100.7	101.8	101.4	102.3	101.0
平顶山	100.6	100.5	100.1	101.2	100.8	99.7	100.8	100.7	101.4	100.3	100.9	100.7
宜昌	100.9	100.6	100.9	100.3	100.8	101.4	102.9	101.2	101.3	100.3	100.6	101.1
襄阳	101.2	99.8	100.2	100.6	100.1	100.7	102.3	102.9	100.6	102.5	101.1	101.4
岳阳	100.0	100.4	100.7	100.2	101.0	100.7	100.8	102.3	101.2	100.7	100.3	99.8
常德	100.3	99.8	100.0	100.5	100.7	100.5	100.1	102.7	101.4	102.1	101.1	101.0
惠州	100.0	100.4	99.9	100.1	100.3	100.5	100.4	100.7	100.4	100.6	100.3	100.2
湛江	100.1	100.1	100.3	100.2	100.1	100.4	101.0	101.9	100.8	101.5	100.4	100.7
韶关	99.5	100.3	100.6	100.4	100.5	100.7	100.4	101.4	100.6	100.4	100.6	99.8
桂林	99.8	100.1	100.6	100.7	100.6	100.7	100.5	100.6	101.0	100.7	102.3	100.4
北海	99.7	100.4	100.8	100.8	101.1	101.3	100.4	103.1	100.8	101.2	101.1	100.6
三亚	100.9	101.0	100.7	101.9	102.4	103.2	103.7	100.1	100.2	99.9	100.4	100.2
泸州	100.8	100.4	100.3	100.4	100.7	101.3	100.5	101.8	102.6	101.6	100.5	100.2
南充	100.3	101.7	100.6	101.0	101.4	101.2	100.8	102.6	101.8	101.6	100.3	100.0
遵义	101.1	100.6	100.9	100.8	100.7	100.9	101.0	101.5	101.1	101.9	101.7	100.7
大理	100.7	100.9	100.9	101.2	100.8	101.2	101.6	101.9	101.5	102.1	102.8	101.8

6-17 全国及各省(市、区)固定资产投资价格指数(2013-2018年)

(上年=100)

地 区	2013	2014	2015	2016	2017	2018
全 国	**100.3**	**100.5**	**98.2**	**99.4**	**105.8**	**105.4**
北 京	99.9	100.0	97.6	99.7	104.7	103.8
天 津	99.5	100.5	99.9	99.4	104.3	104.5
河 北	99.9	100.2	98.0	99.4	106.7	105.0
山 西	100.5	99.6	98.2	100.0	106.3	104.5
内蒙古	99.6	99.8	98.0	99.5	103.4	103.6
辽 宁	100.0	99.7	97.9	99.2	104.0	103.5
吉 林	100.0	100.2	97.6	98.7	104.7	104.6
黑龙江	100.1	100.0	99.0	99.4	103.4	103.3
上 海	100.2	100.5	97.0	99.6	106.7	105.6
江 苏	100.5	101.1	96.2	98.8	107.6	106.0
浙 江	100.0	100.6	97.4	99.5	105.8	105.7
安 徽	100.2	100.3	96.9	99.2	107.4	105.8
福 建	100.1	100.4	98.3	100.0	105.6	104.9
江 西	100.4	100.1	96.8	100.0	106.1	106.4
山 东	100.4	100.3	97.7	99.1	105.8	106.1
河 南	99.9	100.0	97.6	99.2	107.4	105.4
湖 北	100.5	101.0	99.4	100.1	105.9	106.6
湖 南	101.3	101.5	100.4	100.4	105.7	104.8
广 东	101.4	101.5	99.0	100.3	105.3	106.2
广 西	100.1	101.6	98.8	99.5	104.4	104.5
海 南	99.3	100.6	99.4	100.1	104.1	106.2
重 庆	100.5	100.3	98.2	98.9	105.3	105.0
四 川	**100.4**	**100.5**	**97.9**	**99.8**	**107.7**	**106.4**
贵 州	100.9	101.1	98.4	98.6	106.1	105.2
云 南	101.1	101.0	99.1	100.1	104.9	104.9
西 藏						
陕 西	102.0	101.1	98.8	99.9	105.3	105.4
甘 肃	100.4	100.1	97.7	98.7	105.9	104.6
青 海	101.5	100.9	98.2	99.6	106.1	104.3
宁 夏	99.8	100.8	97.5	99.6	105.9	103.5
新 疆	100.5	100.3	98.3	99.9	103.5	103.7

6-18 全国及各省(市、区)固定资产投资价格指数(2018年)

(上年=100)

地　区	固定资产投资	建安工程	设备、工器具购置	其他费用
全　国	**105.4**	**107.2**	**101.0**	**101.2**
北　京	103.8	108.2	100.4	100.6
天　津	104.5	106.9	101.0	100.5
河　北	105.0	106.7	101.3	100.6
山　西	104.5	106.5	101.0	100.9
内蒙古	103.6	104.6	101.0	100.8
辽　宁	103.5	104.4	100.8	101.2
吉　林	104.6	107.8	100.8	100.9
黑龙江	103.3	104.4	100.8	100.4
上　海	105.6	109.2	100.8	101.0
江　苏	106.0	109.6	100.7	102.3
浙　江	105.7	108.8	100.7	101.9
安　徽	105.8	108.5	101.0	100.8
福　建	104.9	106.7	100.8	100.4
江　西	106.4	109.2	100.1	101.0
山　东	106.1	108.7	101.5	101.5
河　南	105.4	107.4	101.5	101.0
湖　北	106.6	108.8	101.1	102.3
湖　南	104.8	105.8	100.7	102.6
广　东	106.2	108.4	101.1	101.3
广　西	104.5	106.3	100.6	100.3
海　南	106.2	108.0	101.0	101.7
重　庆	105.0	106.3	101.0	100.5
四　川	**106.4**	**109.0**	**101.0**	**103.7**
贵　州	105.2	106.0	101.7	101.1
云　南	104.9	105.7	100.9	100.6
西　藏				
陕　西	105.4	107.1	100.6	103.1
甘　肃	104.6	105.4	101.8	101.5
青　海	104.3	105.2	101.0	102.2
宁　夏	103.5	104.7	100.9	100.0
新　疆	103.7	104.5	101.1	100.2

6-19 全国及各省(市、区)生猪生产情况(2018年)

单位：万头、万吨

单 位	出栏头数	存栏头数	猪肉产量
全 国	**69382.4**	**42817.1**	**5403.7**
北 京	169.4	45.4	13.5
天 津	278.6	196.9	21.2
河 北	3709.6	1820.8	286.3
山 西	814.6	549.5	62.5
内 蒙 古	896.0	497.3	71.8
辽 宁	2495.8	1262.2	210.1
吉 林	1570.4	870.4	127.0
黑 龙 江	1964.4	1353.2	149.9
上 海	148.9	96.5	11.3
江 苏	2680.9	1552.0	205.5
浙 江	911.6	516.8	74.0
安 徽	2837.4	1356.3	243.9
福 建	1421.3	799.9	113.1
江 西	3124.0	1587.3	246.3
山 东	5082.3	2985.6	421.0
河 南	6402.4	4337.2	479.0
湖 北	4363.5	2521.8	333.2
湖 南	5993.7	3822.0	446.8
广 东	3757.4	2024.3	281.5
广 西	3465.8	2298.3	263.9
海 南	561.6	382.4	45.6
重 庆	1758.2	1167.2	132.2
四 川	**6638.3**	**4258.5**	**481.2**
贵 州	1869.9	1549.3	164.8
云 南	3850.5	3055.5	323.8
西 藏	17.9	38.8	1.0
陕 西	1150.8	839.0	86.6
甘 肃	691.6	545.2	50.6
青 海	116.5	78.2	9.2
宁 夏	112.5	73.8	8.8
新 疆	526.7	335.8	38.1

6-20 全国及贫困地区农村贫困人口(2018年)

地区	全国农村		贫困地区	
	贫困人口(万人)	贫困发生率(%)	贫困人口(万人)	贫困发生率(%)
全国	**1660.0**	**1.7**	**1115.0**	**4.2**
北京				
天津				
河北	63.0	1.1	56.0	4.0
山西	74.0	3.0	28.0	5.0
内蒙古	14.0	1.0	13.0	1.9
辽宁	24.0	1.1		
吉林	26.0	1.8	4.0	4.1
黑龙江	27.0	1.4	22.0	4.1
上海				
江苏				
浙江				
安徽	67.0	1.3	57.0	2.9
福建				
江西	63.0	1.8	38.0	3.1
山东				
河南	168.0	2.1	96.0	3.2
湖北	67.0	1.6	48.0	4.0
湖南	105.0	1.8	82.0	4.1
广东				
广西	140.0	3.3	46.0	4.4
海南	7.0	1.3	3.0	3.7
重庆	13.0	0.6	11.0	1.3
四川	**98.0**	**1.4**	**56.0**	**3.3**
贵州	173.0	5.0	155.0	5.4
云南	179.0	4.8	166.0	6.4
西藏	13.0	5.1	13.0	5.1
陕西	83.0	3.1	56.0	4.2
甘肃	121.0	5.8	106.0	6.5
青海	10.0	2.6	10.0	2.6
宁夏	9.0	2.2	7.0	3.4
新疆	64.0	5.7	43.0	5.8

6-21　全国及贫困地区农村居民收入对比(2018年)

地　区	全国农村		贫困地区	
	人均可支配收入(元)	增长(%)	人均可支配收入(元)	增长(%)
全　国	**14617**	**8.8**	**10371**	**10.6**
北　京	26490	9.3		
天　津	23065	6.0		
河　北	14031	8.9	10393	11.4
山　西	11750	8.9	8250	12.6
内蒙古	13803	9.7	10965	11.3
辽　宁	14656	6.6		
吉　林	13748	6.2	9330	11.6
黑龙江	13804	9.0	9621	12.2
上　海	30375	9.2		
江　苏	20845	8.8		
浙　江	27302	9.4		
安　徽	13996	9.7	12078	10.5
福　建	17821	9.1		
江　西	14460	9.2	10635	10.8
山　东	16297	7.8		
河　南	13831	8.7	11911	10.4
湖　北	14978	8.4	11552	10.3
湖　南	14093	8.9	9875	10.9
广　东	17168	8.8		
广　西	12435	9.8	10761	10.7
海　南	13989	8.4	11545	12.0
重　庆	13781	9.0	12470	10.6
四　川	**13331**	**9.0**	**10837**	**11.0**
贵　州	9716	9.6	9528	9.8
云　南	10768	9.2	9595	10.4
西　藏	11450	10.8	11450	10.8
陕　西	11213	9.2	10267	10.4
甘　肃	8804	9.0	7687	10.3
青　海	10393	9.8	10393	9.8
宁　夏	11708	9.0	9744	10.6
新　疆	11975	8.4	10907	9.2

6-22 全国及贫困地区农村居民消费支出对比(2018年)

地　　区	全国农村居民消费支出(元)	贫困地区农村居民消费支出(元)
全　　国	**12124**	**8956**
北　　京	20195	
天　　津	16863	
河　　北	11383	8913
山　　西	9172	7006
内 蒙 古	12661	10206
辽　　宁	11455	
吉　　林	10826	8652
黑 龙 江	11417	8132
上　　海	19965	
江　　苏	16567	
浙　　江	19707	
安　　徽	12748	11210
福　　建	14943	
江　　西	10885	8984
山　　东	11270	
河　　南	10392	8669
湖　　北	13946	10647
湖　　南	12721	9644
广　　东	15411	
广　　西	10617	9352
海　　南	10956	9159
重　　庆	11977	11058
四　　川	**12723**	**9652**
贵　　州	9170	8895
云　　南	9123	7677
西　　藏	7452	7452
陕　　西	10071	9250
甘　　肃	9065	7241
青　　海	10352	10352
宁　　夏	10790	8904
新　　疆	9421	7056

6-23　扶贫重点县农村居民人均收入及增长情况(2018年)

地　区	人均可支配收入(元)	名义增长(%)
全　国	**10284**	**11.1**
北　京		
天　津		
河　北	10414	13.3
山　西	8313	11.9
内蒙古	10965	11.3
辽　宁		
吉　林	9330	11.6
黑龙江	9254	18.0
上　海		
江　苏		
浙　江		
安　徽	12077	10.8
福　建		
江　西	10572	10.8
山　东		
河　南	11905	10.1
湖　北	11590	11.0
湖　南	9469	11.0
广　东		
广　西	10632	9.6
海　南	11545	12.0
重　庆	12470	10.6
四　川	**10645**	**11.0**
贵　州	9332	9.9
云　南	9568	12.3
西　藏		
陕　西	10347	12.4
甘　肃	7343	11.7
青　海	9238	10.9
宁　夏	9744	10.6
新　疆	9509	7.3

6-24 扶贫重点县农村居民人均消费及增长情况(2018年)

地　区	人均消费(元)	名义增长(%)
全　国	**8935**	**13.0**
北　京		
天　津		
河　北	8893	13.6
山　西	7009	11.4
内蒙古	10206	12.0
辽　宁		
吉　林	8652	13.2
黑龙江	7752	16.0
上　海		
江　苏		
浙　江		
安　徽	11127	10.3
福　建		
江　西	8866	10.6
山　东		
河　南		
湖　北	10785	14.6
湖　南	9751	14.8
广　东		
广　西	9443	14.5
海　南	9159	15.2
重　庆	11058	9.5
四　川	**9372**	**10.5**
贵　州	8839	15.3
云　南	7479	16.3
西　藏		
陕　西	9112	13.6
甘　肃	7135	15.3
青　海	8299	-5.3
宁　夏	8904	10.2
新　疆	6722	12.1

注：青海重点县样本量较小，受上年住房及购买交通工具存在大额支出影响较大。

6-25　全国与四川农民工总量(2013-2018年)

单位：万人

年　份	总量		外出农民工		本地农民工	
	全国	四川	全国	四川	全国	四川
2013	26894	2049.7	16610	1521.3	10284	528.4
2014	27395	2061.4	16821	1535.6	10574	525.8
2015	27747	2110.3	16884	1569.4	10863	540.9
2016	28171	2116.7	16934	1531.4	11237	585.3
2017	28652	2162.8	17185	1539.4	11467	623.4
2018	28836	2163.0	17266	1552.7	11570	610.3